His Holiness the Dalai Lama:

The Oral Biography

달라이 라마
54명이 들려주는 위대한 영혼과의 만남

발행일 2006년 10월 15일 초판 1쇄 발행
지은이 데브라 하트 스트로버, 제럴드 S. 스트로버
옮긴이 황정연
발행인 강학경 | 발행처 즐거운 텍스트
공급처 시그마프레스(주)
에디터 김진주 | 디자인 성덕
등록번호 제10-965호
주소 서울특별시 마포구 성산동 210-13 한성빌딩 5층
전자우편 sigma@spress.co.kr | 홈페이지 http://www.sigmapress.co.kr
전화 02-323-4845~7(영업부), 02-323-0658~9(편집부) | 팩시밀리 (02)323-4197
인쇄 백산인쇄
ISBN 89-8445-261-0 03220
ISBN 978-89-8445-261-9
가격 19,500원

His Holiness the Dalai Lama : The Oral Biography

54명이 들려주는 위대한 영혼과의 만남

달라이 라마

세 살 되던 해,
13대 달라이 라마의 유물만을 골라냄으로써
그의 환생으로 인정받아 14대 달라이 라마가 되었다.
조국에 돌아가지 못하는 망명정부의 불운한 지도자이지만
현재, 티베트를 넘어 세계적인 성인으로 추앙받고 있다.
다양한 종교적, 정치적 입장을 가진 54명의 사람들이
그의 과거와 현재, 그리고 미래를 말한다…

한 말씀 드리자면, 티베트의 지명이나 그 나라 사람들의 인명에서 때
때로 된소리를 쓰는 것이 발음에 가까운 표기이지만 한 가지 뜻에서 된
소리 표기는 전혀 쓰지 않았습니다. 최근 들어 발음에 가까운 표기가
표기법에 얽매이지 않은 사람들에게 대중화되고, 특히 구체적으로 정
해지지 않은 언어들의 경우에 된소리 표기가 사회적으로 서서히 용인
되고 있는 추세이기는 하지만 원칙적으로 된소리 표기는 중국어의 한
글 표현에만 허용되고 있는 것이 관행입니다. 표기법에 의하면 티베트
의 수도 라사는 라싸가 되어야 하지만 티베트는 중국 땅이 아니라는 믿
음에서 표기도 관행을 따르지 않았습니다. 원래 파리의 에펠탑이 빠리
의 에펠탑으로, 피사의 사탑이 삐사의 사탑으로, 프랑스의 철학자 파스
칼이 프랑스의 철학자 빠스깔로, 이탈리아의 인문학자 보카치오가 이
딸리아의 인문학자 보까치오로 정정되기를 바라는 사람이지만, 티베
트어 이름들을 발음 그대로 된소리로 표기해 사용하게 되면 역자로서
티베트를 중국의 영토로 인정해버리는 것만 같아서 발음과 멀지만 된
소리를 사용하지 않고 옮겼음을 밝힙니다. 또한 인터뷰 내용을 모은
글이기 때문에 말을 할 때 충분히 있을 수 있는 문법적, 논리적 오류 등

은 원 편집자의 뜻을 그대로 따라 크게 문제가 있지 않는 한 매끄럽지 않더라도 그대로 옮겼습니다. 동시에 티베트와 불교문화에 익숙하지 않은 사람들과 영어에 익숙하지 않은 사람들에 맞춰 불교용어 사용을 달리하고 어감도 달리했음을 미리 일러둡니다.

황 정 연

목차

19세기 후반의 역대 주요 미국 대통령인 케네디, 닉슨, 레이건의 구술 역사서를 출간하고 엘리자베스 2세의 재위기간을 비롯해 삶 전체에서의 행보를 연대기적으로 짚어나간 책을 마친 2003년, 우리는 방대한 관련 자료가 곳곳에 널렸을 만큼 삶 자체로, 그리고 그간 보여준 행동들로 전 세계에 큰 영향을 미친 다음 인물을 찾아내는 데 장고하고 있었다.

어김없는 스타 열풍 속에서 뜨거운 집중 조명을 받다가도 스포트라이트 앞에 떨어진 물방울처럼 이내 증발해버리지 않을 사람을 찾는 일이 우선이었다. 적어도 세상을 떠난 이후까지 우리의 기억에 남아 계속해서 영향을 미칠 영적, 세속적 지도자들 가운데서도 극적으로 두드러지는 인물을 찾아내고 싶었다. 수개월에 걸쳐 탐색하고 토론하여 후보자 탈락 작업을 마친 우리의 앞에는 달라이 라마 14세가 있었다. 그는 700년 가까이 계속된 티베트 달라이 라마 제도의 최근 화신으로서 서양에서도 관심이 높음은 물론이고 세계로 흩어진 난민을 비롯해 티베트에 남아 중화인민공화국의 압제 속에 고통받고 있는 수백만 티베트인들을 이끄는 희망이다.

〈54명이 들려주는 위대한 영혼과의 만남, 달라이 라마〉를 묶으면서, 인터뷰에 응해준 고마운 분들의 기억을 통해 가장 용기 있는 민족과 그들을 이끄는 특별한 지도자가 지금까지 걸어온 길을 생생하게 엿볼 수 있었던 데 그저 감사할 따름이다.

달라이 라마 14세 연표

― 1935년 7월 6일 : 티베트 동북부의 탁처(Taktser)라는 마을에서 농부의 다섯째 자식, 넷째 아들 라모 된둡(Lhamo Dhondrub)으로 태어났다.
― 1937년 : 13대 달라이 라마의 환생으로 인정되었다.
― 1940년 2월 22일 : 달라이 라마 14세로서 라사(Lhasa)에 모셔졌다.
― 1949년~1950년 : 중국이 티베트를 침략해 주둔군을 남겼다.
― 1950년 11월 17일 : 15세의 나이로 국가와 정부의 총수장으로서 전권을 위임받았다.
― 1954년 : 베이징에서 중국 공산당 간부 마오쩌둥(Mao Tse-tung, 毛澤東), 저우언라이(Chou En-lai, 周恩來), 덩샤오핑(Deng Xiaoping, 鄧小平) 등을 만났다.
― 1959년 3월 초 : 라람파 게셰(Geshe Lharampa, 불교철학 박사) 학위 최종시험을 통과했다.
― 1959년 3월 10일 : 라사에서 중국 점령에 반대하는 대규모 민중 봉기가 발생했다.
― 1959년 3월 17일 : 평민복을 입고 가족을 비롯해 주요 측근들과 함께 라사를 탈출했다.
― 1959년 3월 31일 : 인도 국경을 넘어 정치망명을 허가받았다.
― 1960년 : 인도 북부의 영국군 피서용 주둔지였던 다람살라로 이동해 영구 본부로 삼았다.
― 1960년대 : 티베트 망명정부를 건설했고 인도로 탈출한 티베트인 수만 명의 재정착을 도왔으며 사원을 세웠다.
― 1963년 : 망명정부는 불교원리와 세계인권선언에 의거한 헌법을 채택했다.
― 1973년 : 처음으로 영국을 비롯해 유럽 국가를 순방했다. 달라이 라마는 2004년까지 총 46 개 국가를 방문하며 국가 총수를 비롯한 지도자, 종교 지도자, 과학자 등을 만나고 강연을 하게 된다.
― 1979년 : 처음으로 미국을 방문했다.
― 1987년 : 티베트의 입지에 관대한 대책의 첫발로서 5개조 평화안(Five Point Peace Plan)을 세웠다.
― 1989년 : 노벨평화상을 수상했다.
― 1990년~현재 : 숱한 베스트셀러를 펴내고 세계 지도자들을 만나 티베트의 입장을 전달하면서 문제를 중도적으로 해결하려 노력하고 있으며 세계에서 가장 존경받는 인물로서의 입지를 확고하게 굳혔다.

01_ A. 제임스 루딘(A. James Rudin) 랍비는 전미유대인위원회(American Jewish Committee) 초종교회(Interreligious Affairs)의 감독으로서 펜실베이니아 주 그린스버그(Greensburg)에서 1999년 11월 11일에 열린 달라이 라마와의 대화에 참가했다. 감독직에서 퇴임하고 「종교뉴스봉사(Religion News Service)」 칼럼니스트로 활동 중이다. 인터뷰는 2004년 6월 21일에 뉴욕시에서 진행되었다.

02_ T. C. 테통(체왕 체갈 테통, Tsewang Choegyal Tethong)은 텐신 테통 박사의 삼촌이다. 망명 초기에 달라이 라마의 개인 집무실에서 보좌관으로 일했으며 인도 남부 카르나타카(Karnataka) 주 티베트인 정착지 감독으로 있었다. 1997년에서 2001년까지는 티베트 망명정부 정보국제관계장관을 역임했다. 인터뷰는 2004년 8월 11일과 15일 양일에 걸쳐 전화로 진행되었다.

03_ 겔렉 린포체(Gelek Rinpoché)는 티베트의 유복한 가정에 환생한 라마로서 데풍(Drepung) 사원에서 라람파 게셰 학위를 취득했다. 티베트에서 승려로서 있다가 10대 때 탈출했으며 달라이 라마에게 선택받아 교육자로 일하던 중 미국으로 떠나 유학했다. 그는 티베트 불교문화보존을 위한 보심회(Jewel Heart Organization for the Preservation of Tibetan Buddhist Culture)의 설립자다. 인터뷰는 2004년 8월 13일에 뉴욕시에서 진행되었다.

04_ 노부 체링(Norbu Tsering)은 1959년에 티베트를 탈출한 부모 사이에서 출생하였으며 유년기에 달라이 라마를 몇 번 만났다. 현재 캐나다 티베트인 망명자 단체의 일원인 그는 달라이 라마의 2004년 토론토 방문 공식 주체 단체인 캐나다 티베트센터(Tibet Center)의 온타리오 본부장이다. 인터뷰는 2004년 7월 7일에 전화로 진행되었다.

05_ 니컬러스 브릴랜드(Nicholas Vreeland) 스님은 그리스도교에서 불교로 개종했으며 1979년에 달라이 라마를 처음 만났다. 인도 라토 다창(Rato Dratsang)에서 게셰 학위를 취득했고 달라이 라마에게서 계를 받았다. 그는 뉴욕시에 위치한 티베트센터의 감독이다. 인터뷰는 2004년 9월 3일에 뉴욕시에서 진행되었다.

06_ 로널드 B. 소벨(Ronald B. Sobel) 박사는 뉴욕시에 있는 에마누엘 유대교 성전 (Congregation Temple Emanu-티)의 주임 랍비로 1998년에 성전에서 티베트국제캠페인 의 진실의 빛 상(Light of Truth Award) 수상식이 진행되면서 달라이 라마를 만났다. 인터뷰 는 2004년 6월 24일에 뉴욕시에서 진행되었다.

07_ 로렌스 프리먼(Laurence Freeman) 신부는 영국 런던 소재 왕예수 수도원(the Monastery of Christ the King)의 수도사로서 1970년대 말에 달라이 라마를 처음 만났다. 저 술가이자 강사이며 현재는 그리스도교명상세계회(World Community for Christian Meditation)의 감독직을 맡고 있다. 최근 달라이 라마가 참석한 초종교 대담에 참가했다. 인터 뷰는 2004년 4월 15일에 뉴욕시에서 진행되었다.

08_ 로버트 포드(Robert Ford, CBE*)는 1945년에서 1947년까지 티베트에서 영국공관 통 신관으로 근무하면서 달라이 라마를 처음 만났다. 1947년에서 1950년까지 티베트 정부 최초 의 통신관으로서 근무했으며, 1950년에서 1955년까지 중화인민공화국에서 복역했다. 인터뷰 는 2004년 7월 28일에 전화로 진행되었다.
*CBE는 영국 황실에서 내리는 작위의 일종.

09_ 로버트 A. F. 서먼(Robert Thurman) 교수는 1965년에 달라이 라마에게 계를 받아 최 초의 서양인 불교승이 된 전직 승려이며, 그 이후 티베트 문제 등과 관련해 성하를 가까이에서 도와주고 있다. 그는 컬럼비아대학교 인도-티베트 불교학과의 제 총 카파(Jey Tsong Khapa) 교수이며 『내면의 결심과 무한한 인생(Inner Resolution and Infinite Life)』의 저자이고 뉴욕 시 티베트하우스(Tibet House)의 공동설립자이자 회장이다. 인터뷰는 2004년 9월 29일에 뉴욕시에서 진행되었다.

10_ 로우웰 토머스 주니어(Lowell Thomas Jr.)는 세계여행가이며 방송인이자 저술가였던 고(故) 로우웰 토머스의 아들이다. 다수의 탐험대에 참가해 세계를 여행했으며 아버지와 함께 1949년에 티베트를 방문해 라사에서 달라이 라마를 만난 여덟 번째 미국인으로 기록되었다. 티베트 탐험 경험을 바탕으로 『이 세상의 밖(Out of This World)』을 집필했다. 인터뷰는 2004 년 6월 9일에 전화로 진행되었다.

11_ 롭상 탐초 니마(Lobsang Thamcho Nyima) 라마는 넨체(Nyentse) 라마의 여덟 번 째 환생으로서 넨체 계파의 지도자다. 17세였던 1993년에 티베트에서 탈출했으며 달라이 라마 는 1997년에 다람살라에서 처음 만났다. 교육자이며 인도 마날리(Manali)의 멘항/불교 의료센 터(Menhang/Buddhist Medical Center)의 설립자이다. 인터뷰는 2004년 8월 17일에 전화 로 진행되었다.

12_ 퀸둡 소파 게셰(Geshe Lhundup Sopa)는 세라(Sera) 사원에서 우등으로 게셰 학위를 취득했으며 성하의 게셰 학위시험에서 달라이 라마를 토론, 평가했다. 위스콘신대학교 남아시아학과 교수를 역임했으며 이범사원(Evam Buddhist Monastery)과 디어파크 불교센터(Deer Park Buddhist Center)의 설립자이다. 디어파크 불교센터는 위스콘신 주 오리건에 있으며 달라이 라마가 1981년에 그곳에서 칼라차크라 입문의식을 집행했다. 인터뷰는 2004년 8월 2일에 전화로 진행되었다.

13_ 리처드 기어(Richard Gere)는 배우, 사회활동가, 자선가, 불교수행자로서 달라이 라마와 친분이 깊으며 그를 1981년에 다람살라에서 처음 만났다. 그는 기어재단(Gere Foundation) 회장이며 티베트국제캠페인(International Campaign for Tibet) 이사장으로서 봉사하고 있다. 인터뷰는 2004년 10월 7일에 전화로 진행되었다.

14_ 리처드 블럼(Richard Blum)은 1972년에 달라이 라마를 처음 만났고 지미 카터와 빌 클린턴 대통령을 도와 티베트 문제 담당고문 역할을 했다. 상원의원, 샌프란시스코 시장 등의 직에 있던 부인 다이앤 파인스타인(Diane Feinstein)과 함께 로비활동을 벌여 카터 정부가 성하의 미국 방문을 허가하게끔 했다. 현재 블럼은 미국 히말라야재단(American Himalayan Foundation)의 장으로 있다. 인터뷰는 2004년 9월 3일에 전화로 진행되었다.

15_ 린첸 달로(Rinchen Dharlo)는 티베트 냐낭(Nyanang)에서 출생했으며 1959년에 가족과 함께 인도로 망명했다. 1972년에 티베트 망명정부 일을 시작했으며 1978년에서 1987년까지 네팔의 티베트와 달라이 라마 성하의 사무소* 사절직을 역임했다. 다양한 기업체 및 스노우 라이언재단(Snow Lion Foundation) 등에서 이사로 있었고 네팔의 티베트인 학교 설립을 도왔으며, 1987년에서 1997년까지 '달라이 라마 성하를 미대륙으로(His Holiness the Dalai Lama to the Americas)'의 대표직을 맡았고 뉴욕시 티베트 사무소장으로 있었으며, 현재는 티베트기금(Tibet Fund) 회장을 맡고 있다. 인터뷰는 2004년 7월 9일에 뉴욕시에서 진행되었다.
*Office of Tibet and His Holiness the Dalai Lama, 나라가 없기 때문에 대사관이나 영사관이라고 쓰지 않고 사무소로 번역.

16_ 말콤 리프킨드(Sir Malcolm Rifkind, KCMG, PC, QC)경은 달라이 라마가 1996년에 런던을 방문했을 때 당시 외무장관으로서 그를 만났다. 달라이 라마와의 만남은 홍콩 관련 중영 협상에 부정적인 영향을 미칠 것이라는 외무부 관료들의 만류가 있었지만, 그를 집무실이 아닌 관저에서 접견하는 기지를 발휘했다. 인터뷰는 2004년 5월 31일에 전화로 진행되었다.
*KCMG, PC, QC 등은 영국 황실에서 내리는 작위 및 칭호.

17_메리 마거릿 펑크(Mary Margaret Funk, OSB) 수녀는 베네딕트회 소속 수녀로서 종교 수도회 간 대화위원회(Monastic Interreligious Dialogue Board)의 총감독이며 1995년에 달라이 라마를 처음 만났다. 그는 1996년에 열린 '겟세마네에서의 만남(Gethsemani Encounter)'에서 진행을 맡았으며 그 후 티베트 답사 보고를 위해 1990년대에 다람살라를 방문한 것을 포함해 달라이 라마를 여러 차례 만났다. 인터뷰는 2004년 7월 23일에 전화로 진행되었다.

18_미키 렘리(Mickey Lemle)는 1993년에 「망명자의 동정심: 14대 달라이 라마 이야기(Compassion in Exile : The Story of the 14th Dalai Lama)」를 제작한 다큐멘터리 감독이며 달라이 라마를 1985년에 처음 만났다. 현재 티베트기금 회장직을 맡고 있다. 인터뷰는 2004년 8월 15일에 뉴욕시에서 진행되었다.

19_블루 그린버그(Blu Greenberg) 박사는 저술가이자 교육자로서 정통유대교여성운동연대(JOFA ; Jewish Orthodox Feminist Alliance)의 설립대표이다. 그는 1988년에 뉴저지 주 워싱턴과 1990년 인도 다람살라에서 열린 달라이 라마 성하와의 유대교-불교 간담회에 남편인 어빙 그린버그와 참가했다.

20_선 웨이드(Sun Wade)는 워싱턴 D.C.에 있는 중화인민공화국 대사관 대변인이다. 인터뷰는 2004년 4월 15일에 전화로 진행되었다.

21_수랴 다스(Surya Das) 라마는 제프리 밀러에서 개명하고 불교로 개종한 유대계 미국인으로서 1972년에 달라이 라마를 처음 만났다. 「내면의 부처를 깨우자(Awakening the Buddha Within)」의 저자이며 명상법 강사이자 학자이다. 서양불교스승네트워크(Western Buddhist Teachers Network) 창립자로, 달라이 라마를 위해 캘리포니아와 다람살라에서 열린 모임을 조직했으며 1980년대에 달라이 라마의 프랑스 체재를 도왔다. 인터뷰는 2004년 8월 4일에 전화로 진행되었다.

22_아벨라르도 브레네스(Abelardo Brenes) 박사는 평화대학에서 평화교육을 맡고 있다. 또한 코스타리카대학의 교수임과 동시에 대학의 심리학연구소 연구원이기도 하다. 그는 코스타리카에서 불교적 평화에 대한 세미나에 달라이 라마를 참석시키면서 1987년에 그를 처음 만났다. 인터뷰는 2004년 10월 8일에 전화로 진행되었다.

23_아쟈 린포체(Arjia Rinpoché)는 겔룩파(Gelupa) 종을 창설한 총 카파의 아버지인 룸붐계(Lumbum Gye)의 환생이다. 아쟈는 몽골 후손으로서는 유일한 티베트 불교의 고위 승려로 쿰붐(Kumbum) 사원의 주지였다. 그는 캘리포니아의 '자비와 지혜 티베트센터(Tibetan Center for Compassion and Wisdom)' 설립자다. 인터뷰는 2004년 7월 27일에 전화로 진

행되었다.

24_ 애니 워너(Annie Warner)는 뉴욕시 소재 티베트 사무소에서 문화교류 담당자로 있었다. 2004년 토론토에서 열린 세계평화 칼라차크라에서 성하를 보좌했다. 인터뷰는 2004년 8월 26일에 전화로 진행되었다.

25_ 애덤 잉글(Adam Engle)는 달라이 라마가 명예회장으로 있는 콜로라도 볼더 소재 정신과 인생연구소(Mind and Life Institute)의 공동설립자이며 회장 겸 CEO다. 그는 1986년 4월에 성하를 처음 만났다. 그 이후 성하는 정신과 인생 간담회에 다수 참가했다. 인터뷰는 2004년 8월 6일에 전화로 진행되었다.

26_ 알렉산더 버진(Alexander Berzin) 박사는 불교로 개종한 미국인으로서 티베트어자료도서관 번역국(Translation Bureau of the Library of Tibetan Works)의 공동창립자다. 인도에 29년 동안 살면서 달라이 라마를 위해 책 몇 권을 번역했다. 현재는 독일 베를린에 살면서 강의하고 있다. 인터뷰는 2004년 7월 6일 전화로 진행되었다.

27_ 아네트 랜토스(Annette Lantos)는 하원인권연맹(Congressional Human Rights Caucus)의 총감독이다. 1987년에 달라이 라마를 처음 만났으며 톰 랜토스 대표(캘리포니아 주 민주당)와 함께 깊은 친분을 유지하고 있고, 인터뷰는 2004년 9월 20일에 전화로 진행되었다.

28_ 어빙 그린버그(Irving 'Yitz' Greenberg) 랍비는 유대인생활네트워크(Jewish Life Network) 회장이며 학습과 지도력을 위한 전국유대인센터(CLAL ; National Jewish Center for Learning and Leadership) 창립회장이다. 1988년 워싱턴과 1990년 인도 다람살라에서 열린 달라이 라마 성하와의 유대교-불교 간담회에 부인과 함께 참가했다.

29_ 오빌 쉘(Orville Schell)은 캘리포니아대학 버클리 캠퍼스의 언론학부 학장으로서 중미관계 전문가이며 『버추얼 티베트(Virtual Tibet)』의 저자이다. 그는 1994년에 달라이 라마를 처음 만났다. 인터뷰는 2004년 8월 13일에 전화로 진행되었다.

30_ 요시 사리드(Yossi Sarid)는 메레츠 당(Meretz Party)의 총수이자 노동당 정부의 이스라엘 환경부 장관이었던 1994년에 달라이 라마를 처음 접견했다. 1999년에는 당시 의회 대변인이었던 아브라함 부르그(Avraham Burg)와 함께 교육장관으로서 예루살렘에서 성하를 접견했다.

31_ 윌리엄 E. 스윙(William E. Swing) 감독(Rt. Rev.)은 1980년부터 캘리포니아 총감독 (Episcopal bishop)직을 수행하고 있으며 세계종교연합선도기구(United Religions Initiative)의 장이자 설립이사다. 세계종교연합선도기구장으로서 1996년에 다람살라에서 달라이 라마를 영접했다. 스윙 일가는 예루살렘에서 성하를 만나기도 했다. 인터뷰는 2004년 8월 16일에 전화로 진행되었다.

32_ 저스틴 트뤼도(Justin Trudeau)는 교육자로서 1968년에서 1979년까지, 1980년에서 1984년까지 2회에 걸쳐 캐나다 수상을 역임한 고(故) 트뤼도 전 수상(1919~2000)의 아들이며 아버지의 이름을 딴 재단에서 활동하고 있다. 고 트뤼도 전 수상은 티베트인들의 캐나다 이민에 우호적이었으며 달라이 라마와 오랫동안 가까운 관계를 유지했다. 인터뷰는 2004년 6월 2일에 전화로 진행되었다.

33_ 조너선 머스키(Jonathan Mirsky) 교수는 중국 전문가로서 「더 타임즈 오브 런던(The Times of London)」 동아시아 담당 편집자로 활동했으며, 「뉴욕 책 리뷰(New York Review of Books)」 등에 기고하는 자유기고가이다. 그는 지난 25년 가까이 달라이 라마와 친분을 유지하면서 그를 면밀하게 관찰해왔다. 인터뷰는 2004년 8월 10일에 전화로 진행되었다.

34_ 제프리 홉킨스(Jeffrey Hopkins) 박사는 저술가이자 통역가로서 풀브라이트 장학생으로 인도에 가 있던 중인 1972년에 달라이 라마를 처음 만났다. 달라이 라마의 수석 영어통역관으로 10년 동안 활동했으며 그 후에도 때때로 달라이 라마를 위한 통역을 하고 있다. 현재 버지니아대학 종교학 교수로 재직 중이다. 인터뷰는 2004년 7월 14일에 진행되었다.

35_ 체링 샤캬(Tsering Shakya)는 네팔계 부모 사이에서 1959년에 라사에서 출생했으며 중국 당국에 의해 1967년 부모와 함께 네팔로 추방되었다. 그는 어렸을 때 달라이 라마를 처음 보게 되었다. 1972년부터 장학생으로서 영국에서 유학했고 현재 런던대학 티베트학과 특별 연구원(fellow)으로 있다. 「설원의 용(The Dragon in the Land of Snows)」을 쓰면서 달라이 라마를 인터뷰했다. 인터뷰는 2004년 3월 30일에 영국 런던에서 진행되었다.

36_ 췬마 잠파 돌카(Tsunma Jampa Dolkar)는 수 메이시(Sue Macy)에서 개명한 미국인으로서 수계한 승려다. 미국과 인도에서 달라이 라마의 가르침에 참석했으며 계를 받기 며칠 전에 다람살라에서 성하를 만났다. 인터뷰는 캐나다 토론토에서 세계평화 칼라차크라가 열리던 중인 2004년 4월 26일에 진행되었다.

37_ 췰팀 갈첸 (Tsultim Gyaltsen) 게셰는 티베트에서 출생했으며 7세 때부터 승려교육을 받던 중 10대 때 인도로 탈출했다. 티베트 불교학의 최고 학위인 라람파 게셰 학위를 취득했으며, 캘리포니아 롱비치에 소재한 툽텐 다계(Thubten Dhargye : 법이 가득한 땅, 달라이 라마가 작명)센터 설립자이자 감독, 저술가다. 인터뷰는 2004년 9월 21일에 전화로 진행되었다.

38_ 톰 랜토스(Tom Lantos) 대표(캘리포니아 주 민주당)는 1981년부터 계속 미 하원의원으로 활동하고 있으며 현재 하원국제관계위원회(House International Relations Committee) 간부이기도 하다. 그는 하원인권연맹 창립자이며 공동의장으로 있다. 인터뷰는 2004년 9월 20일에 전화로 진행되었다.

39_ 텐신 게펠(Tenzin Gephel)은 다람살라의 티베트 탈출민 가정에서 태어났으며 달라이 라마의 개인 사원인 인도의 남걀(Namgyal)사원 소속 승려. 1992년에 남걀사원불교학연구소(the Namgyal Monastery Institute of Buddhist Studies)가 연구소의 북미 석을 비롯해 서양의 유일한 지소로서 설립되었다. 인터뷰는 캐나다 토론토에서 세계평화 칼라차크라가 열리던 중인 2004년 4월 26일에 진행되었다.

40_ 텐신 카초(Tenzin Kacho) 스님은 미국인 비구니로서 1985년에 달라이 라마에게서 계를 받았다. 콜로라도 주 콜로라도스프링스의 불교티베트문화연구센터(Center for the Study of Buddhism and Tibetan Culture)에서 강의하면서 미국공군사관학교 군종 승려로서 활동하고 있다. 인터뷰는 2004년 8월 2일에 전화로 진행되었다.

41_ 텐신 테통(Tenzin Tethong) 박사는 T. C. 테통의 조카이다. 1973년에서 1986년까지 뉴욕에 있는 티베트사무소에서 성하의 사절직을 맡았고 1987년에서 1990년까지 워싱턴 D.C.에서 성하 달라이 라마의 특별 사절 및 티베트국제캠페인의 장으로 활동했으며, 1990년에서 1995년까지 다람살라에서 티베트 망명정부의 각료였다. 티베트100인위원회(The Committee of 100 for Tibet)를 비롯해 평화와 윤리를 위한 단체인 달라이 라마 재단(Dalai Lama Foundation) 등의 티베트 인권단체에서 활동했고 현재 스탠포드대학에서 티베트 관련 강의를 하고 있다. 인터뷰는 2004년 7월 20일과 21일 양일에 걸쳐 전화로 진행되었다.

42_ 툽텐 소파 린포체(Thubten Zopa Rinpoché) 라마는 라우도 라마(Lawudo Lama)의 화신으로서 델리에서 6개월 동안 공부한 후 어렸을 때에 다람살라에서 달라이 라마를 처음 만났다. 현재 대승불교(Foundation for the Preservation of the Mahayana Tradition)의 영성지도승으로 있는 그는 1986년, 1987년, 2002년에 걸쳐 티베트를 세 번 방문했다. 인터뷰는 2004년 8월 3일에 전화로 진행되었다.

43_툽텐 진파 랑리(Thubten Jinpa Langri) 박사는 망명사회에서 자랐으며 사원부속대학에서 활동하면서 달라이 라마의 눈에 띄었다. 1985년에 성하의 가르침에 참석하기 위해 다람살라를 방문하던 중 첫날 통역자로서 발탁되었으며, 지금까지도 성하의 영어 통역관으로서 일하고 있다. 인터뷰는 2004년 9월 13일에 전화로 진행되었다.

44_툽텐 최된(Thubten Chodron) 스님은 유대교에서 불교로 개종한 이승이다. 인도로 망명한 티베트인들의 정착지에서 몇 년간 살면서 달라이 라마와 함께 공부하고 활동했다. 그는 1990년 10월 다람살라에서 열린 유대교-불교 간담회에 옵서버로 참석하기도 했다. 인터뷰는 2004월 8월 12일에 전화로 진행되었다.

45_패트릭 프렌치(Patrick French)는 저명한 저술가로서 어렸을 때 영국에서 달라이 라마를 처음 만났다. 1999년에 티베트를 답사한 후 『티베트, 티베트(Tibet, Tibet)』라는 여행기를 집필했다.

46_페마 크힌조(Pema Chhinjor)는 망명을 위해 달라이 라마가 피신하던 1959년에, 뒤를 쫓는 중국 공산당을 막은 티베트 해방운동가다. 티베트청년의회(Tibetan Youth Congress) 멤버였던 그는 티베트 망명정부의 안보장관직을 역임했다. 인터뷰는 2004년 8월 26일에 전화로 진행되었다.

47_폴 데이비스(Paul Davies) 교수는 호주 시드니 소재 맥콰리(Macquarie)대학부속 호주천체생물학센터 소속 자연철학과 교수이며 1995년에 템플턴상(Templeton Prize)을 수상했다. 그는 런던에서 열린 과학 간담회에서 달라이 라마와 처음 만났다. 인터뷰는 2004년 7월 26일에 전화로 진행되었다.

48_폴라 J. 도브리언스키(Paula J. Dobriansky)는 조지 W. 부시 대통령 정부의 국제문제 담당차관으로서 티베트 문제 특별조정관직을 맡고 있다. 달라이 라마를 처음 만난 것은 20여 년 전 그가 미국을 방문했을 때였으며, 지금은 업무적인 관계를 유지하고 있다. 인터뷰는 2004년 10월 15일에 전화로 진행되었다.

49_프랭크 B. 베사크(Frank B. Bessac) 박사는 풀브라이트 장학생으로 1947년에 중국 베이징을 밟았고, 1950년 4월 29일에 티베트에 들어가 라사에서 달라이 라마를 만났다. 그는 교수직을 제의받아 미국으로 돌아왔으며, 지금은 몬태나대학교 인류학과 명예교수로 있다. 인터뷰는 2004년 9월 3일에 전화로 진행되었다.

50_피에트 헛(Piet Hut) 박사는 천체물리학자로서 뉴저지 주 소재 프린스턴대학 고등연구소 (Institute for Advanced Study)의 학제연구 교수이다. 1997년에 다람살라에서 열린 과학 대담에서 달라이 라마를 처음 만났다. 인터뷰는 2004년 9월 17일에 뉴욕시에서 진행되었다.

51_하워드 커틀러(Howard Cutler) 박사는 미국인 정신과 의사다. 티베트 의학 공부를 위해 다람살라에서 유학하면서 달라이 라마를 처음 만났다. 박사는 베스트셀러가 된 『행복론: 삶과 직장에서의 행복을 위한 지침서』를 달라이 라마와 함께 썼다. 인터뷰는 2004년 8월 28일에 뉴욕에서 진행되었다.

52_하인리히 하러(Heinrich Harrer)는 산악인이자 1936년 오스트리아 올림픽 선수단 단원이었다. 그는 1939년에 열린 인도 카슈미르 낭가 파르밧 탐험(Nanga Parbat Expedition)에 초청받았다. 제2차 세계대전 발발 시에 붙잡혀 봄베이 부근의 영국군 포로수용소에 수용되었다가 1944년에 수용소에서 탈출해 티베트로 도주해 1946년에 라사에 도착했다. 달라이 라마가 어렸을 때 그의 가족에게 신임을 얻어 성하의 친구이자 비공식 개인교사가 되었다. 중국이 침략하면서 티베트를 떠났으며 그 후 그곳에서의 경험을 담은 『티베트에서의 7년(Seven Years in Tibet)』을 펴냈다. 그는 현재 리히텐슈타인에서 살고 있으며 달라이 라마를 여러 번 초대했다. 인터뷰는 2004년 7월 22일에 전화로 진행되었다.

53_하임 페리(Chaim Peri) 박사는 이스라엘에 소재한 예민오르데윈게이트 청년마을 (Yemin Orde Wingate Youth Village)의 감독이며 1998년에 브랜다이스대학(Brandeis University)을 방문하면서 달라이 라마를 처음 만났고 2002년에 예루살렘에서 다시 만났다. 그는 예민오르데윈게이트 이스라엘-티베트 연구소(Israel-Tibet Institute) 공동창립자다. 인터뷰는 2004년 7월 1일에 이스라엘 텔아비브에서 진행되었다.

54_해리 우(Harry Wu)는 중화인민공화국의 굴라크인 라오가이(Laogai, 勞改, 라오둥가이짜오쉬(勞動改造所)의 약자)에 수감되었던 상하이 태생 중국인으로서 현재 워싱턴 D. C.에서 어린 아들을 한 명 두고 부인과 살고 있다. 인권운동가인 그는 라오가이연구재단(The Laogai Research Foundation)의 이사다. "아시지요, 해리 씨? 우리는 형제입니다"라며 달라이 라마가 이야기했을 때 감명이 깊었다고 한다. 그는 경험을 기초로 『쓸쓸한 바람: 중국의 강제 노동 수용소, 라오가이에서 보낸 몇 년(Bitter Winds : A Memoir of My Years in China's Gulag)』, 『중국 노동개조소(Laogai : The Chinese Gulag)』, 『트러블메이커 : 반 중국체제자 해리 우의 이야기(Trouble Maker:The Story of Chinese Dissident Harry Wu)』 등을 썼다.

1

평범한 승려이자 세계의 지도자

대중 속의 달라이 라마

저스틴 트위도 조금이라도 알아보겠다고 달라이 라마에 대한 책을 산 더미만큼 쌓아 놓고 읽던 생각이 나는군요. 예전에 쓰인 책에서도 그랬지만 지금도 사람들은 그와 만날 때 경험한 신체적 변화에 대해 이야기를 합니다. 솔직히 말씀드리면, 어느 정도 가능한 이야기일 수 있겠거니 하면서도 설마, 하면서 넘기곤 했습니다. 물리적으로도 뭔가를 느꼈다면 그를 만날 마음에 지나치게 흥분했거나 거의 광신이나 맹신 수준의 신자일 것이라고 생각했지요. 그리고 그를 처음 만났습니다(2004년 4월 캐나다 토론토 스카이돔(SkyDome)에 모인 군중 앞에 트위도가 달라이 라마를 소개하기 직전). 저쪽에서 걸어와 내게 인사를 건네며 선 그 앞에서 물리적인 타격을 받았습니다. 그가 앞에 서 있다는 자체만으로도 높은 파도가 밀려와 나를 강타하는 것만 같더군요. 까무러칠 뻔

27

했습니다. 강렬하게 발산되는 행복감, 힘, 수수함에 완전히 나자빠지는 줄 알았습니다. 내게 걸어주기로 되어 있는 스카프를 준비해 놓고 있다가 건넸더니 한쪽으로 치우고는 자신의 스카프 하나를 꺼내 몸을 굽히게 하고 목에 걸어주었습니다. 내가 준비한 것보다는 값이 훨씬 나가 보이기도 하고 그만큼 아름다운 것이었습니다. 달라이 라마는 보일 듯 말듯 한 웃음을 지으면서 고개를 끄덕인 다음 고맙다고 인사하더군요. 그리고는 나를 끌어당겨 관자놀이를 맞대면서 잠시 끌어안았습니다. 극히 짧은 시간 동안의 교감이었지만 그 어느 때와도 비교할 수 없는 편안함을 느꼈습니다. 참아야지 했습니다. 겨우 참고 있었습니다. 하지만 어쩔 수 없더군요. 완전히 새로운 느낌과 경험에 압도돼 눈물이 주르륵 흘러내렸습니다. 감사 인사를 전하고 단상에서 내려와 자리로 가서 앉았습니다. 그리고 그의 연설 초반 15분 동안 나는 말 그대로 백일몽에 빠져 있었습니다. 몸으로 느끼고도 믿기 어려운 충격이었죠. 정말 놀라운 경험이었습니다.

로버트 서먼 교수 사람이 낼 수 있는 카리스마에는 두 가지 종류가 있다는 생각입니다. 직책에서 나오는 것과 사람 자체에서 나오는 것. 달라이 라마의 카리스마는 분명 인간적인 카리스마입니다. 한번은 어떤 인도 남자가 저와 아내에게 이렇게 물었습니다. "달라이 라마가 기적이라든가 뭐 그런 신기한 일을 한 것을 직접 보신 적 있으세요?" 달라이 라마 주변에서 신기한 일이 일어나는 것은 몇 번 본 적이 있었습니다. 하지만 이야기하지 않는 편이 좋을 듯싶었습니다. 그때

아내가 이렇게 말하더군요. "그야 물론이지요. 기적은 엄청나게 많이 봤습니다. 여기저기 다니느라고 얼마나 바쁘신 분인지는 아시죠? 여러 곳을 같이 다녔지만 어디에서건, 누구를 만나건, 조금도 흐트러지지 않고 상대에게 완전히 집중하더라고요." 남자가 실망하는 눈치를 보이자, 아내는 사람들의 반응 역시 기적적이라고 말했습니다. 그가 서 있는 곳에 함께 서는 사람들은 평소와는 다른 공간감을 느낍니다. 일반적으로 우리가 누군가를 만나면 '저쪽에' 있는 사람과 서로 이야기를 나눕니다. 하지만 달라이 라마를 만날 때에는 다릅니다. 함께 이야기를 나누는 그는 '저쪽에' 있는 사람이 아닙니다. 그는 우리와 함께 '이쪽에' 서 있습니다.

리처드 기어 1981년에 다람살라에서 처음 만났습니다. 선불교에 발을 들이고 얼마 되지 않은 터라 불교에 대해서도 그에 대해서도 그리 아는 것이 없었지만, 만나고 싶다는 희망만큼은 정말로 컸습니다. 마침 나와 절친하던 존 애버던(John Avedon)이 그와 친분이 있었습니다. 그 친구가 『설원에서의 탈출(Exile from the Land of Snow)』이라는 책의 막바지 작업에 한창이던 때였습니다. 나는 티베트에서 무슨 일이 일어났었는지 몰랐습니다. 세상 대부분이 마찬가지겠지만요. 그도 그럴 것이, 왠지는 모르겠지만 아주 조심스럽게 감춰져 온 비밀이었더군요. 존은 내 다람살라행을 도왔고, 성하의 형제인 아리 린포체(Ngari Rinpoché)와 묵을 수 있게 해줬습니다.

손님 대접이 그렇게 능숙할 수가 없더군요. "성하께서 짬을 내실

수 있으실 것입니다. 하지만 워낙 바쁘시기 때문에 한 열흘에서 보름은 기다리셔야 만나 뵐 수 있을 것 같습니다. 기다리면서 지루하실 테니까 근방을 보여드리도록 하지요." 말 그대로 열흘에서 보름을 들여 티베트 난민촌의 모든 것을 보여주었습니다. 역시 산교육이라고 했던가요. '교육'이 끝나갈 무렵 이미 반(半) 티베트 사람이 되어버렸습니다. 그러고는 성하를 만났지요. 아리 린포체도 자리에 함께 있었습니다. 그는 다르질링(Darjeeling)의 영어학교에서 교육을 받아서 영어 실력도 상당했기 때문에 필요할 때에는 통역 역할을 하기도 했습니다.

그곳에는 애인과 함께 갔습니다. 달라이 라마는 매우 기품 있으면서도 꽤 강렬한 인상이었습니다. 호남형에 정감이 가는 사람이었습니다. 그리고 매우 잘 알려진 공인들에게 보이는 후광 같은 것도 느껴졌습니다. 정말 명료하고 직접적인 사람이더군요. 여러 면에서, 특히 명료성과 직접성에서 나의 아버지를 연상시켰습니다.

사람들이 그를 존경하는 이유는 무엇인가?

말콤 리프킨드 경 모두가 이유라고 할 수 있을 듯합니다. 넬슨 만델라 이후 한 명을 꼽으라면, 그에 필적할 만한 전 세계적 우상은 달라이 라마일 것입니다. 만델라를 떠올려 봅시다. 교황을 떠올려 봅시다. 달라이 라마도 떠올려 봅시다. 근본적인 인품과 자질만으로 그러한 인적 가치와 잘 결합된 확고부동한 정치 목표로서 범세계적 명성을 얻은 사람이 그들 외에 몇이나 될까요. 달라이 라마는 단순한 종교 지도자가 아닙니다. 단순한 정치가도 아닙니다. 그가 부각되는 것은, 앞서 말한 다른 두 인물과 견줄 만한 것은, 그 모든 가치를 그 안에 담고 있기 때문입니다.

로널드 B. 소벨 박사 제가 정치와 관련된 사람이었다면 달라이 라마, 하면 가장 먼저 떠오르는 것이 그가 기울이는 정치적 노력이었을 것입니다. 그런 노력을 인식하지 못하는 바는 아니지만 가장 먼저 떠오르는 것은 아닙니다. 제 일이 그래서 그런지는 몰라도 종교적인 측면에 더 관심이 갑니다. 달라이 라마는 종교 지도자이면서 정치 지도자이고 세계 대변인이라는 점, 즉 정교일치의 지도자라는 점은 잘 알고 있습니다. 하지만 무엇보다 인상 깊은 것은 그의 엄청난 동정심입니다. 다시 생각해 봐도 그렇습니다. 분명 우리의 신학적 신념은 다릅니다. 우리 세계관이 비슷하게라도 맞아 떨어질 리 없겠지요. 완전히 다른 문화권에 있으니 말입니다. 하지만 공감할 수 있는 점이 없는 것도 아닙니다. 망명한 그와 그를 따르는 망명한 국민들. 망명해 뿔뿔이 흩어진 유대인. 학살과 사형의 세계에서 빠져나와 조부모가 미국으로 흘러들어온 지 100년도 넘었지만 제게는 여전히 생생합니다. 저는 달라이 라마 내면에서 항상 제 안에 있었으면 하는 가치를 봅니다. 아쉽게도 제게는 그런 가치가 없습니다. 그래서 많이 배우려고 합니다. 달라이 라마는 궁극적으로 얻어내기 위해 스스로 노력해야 할 가치를 보여주는 모범입니다.

서방에까지 그가 유명한 이유는?

말콤 리프킨드 경 단순히 몇 가지 때문만은 아닐 것입니다. 여러 이유가 조합된 결과일 테지만, 한 가지를 꼽자면 중국과 티베트 사이에서 찾을 수 있는 힘의 완전한 불균형이 아닐까요? 중국 인구는 10억을 넘어서지만 티베트의 인구는 그에 비하면 새 발의 피죠. 중국은 막강한 힘을 자랑하지만 티베트는 아무런 힘도 없습니다. 중국은 세계 어디에서도 모르는 사람이 없을 대국이지만 티베트는 아직까지도 그리 잘 알려져 있지 않습니다. 소설 속에서나 볼 법한 대립구조가 아닙니까. 꼬마 다윗과 거인 골리앗의 이야기와 비교될 만한 이야기죠. 동시에 지난 20년간의 줄거리에는 '불가능은 없다'는 교훈까지 담겨 있습니다. 사람들은 불가능해 '보인다'고 말합니다. 어쩌면 '정말로' 불가능한 일일 수 있겠습니다. 하지만 지난 20년 동안 아시아 각지에서 그리고 유럽 각지에서 어떤 일이 일어났는지 아는 사람이라면 감히 불가능하다는 말은 입에 담지 못할 것입니다.

체링 샤캬 그곳에서는 태어나기 훨씬 전부터 모두가 달라이 라마를 알고 있었습니다. 태어나기 훨씬 이전부터 달라이 라마를 위한 제도가 마련되어 있었죠. 거기에 여행으로 들른 서구인, 숱한 관련 서적,

종교 인사까지, 매력을 증폭시키는 데에 큰 보탬이 되었을 것입니다. 신비롭고 특별한 달라이 라마 제도의 역사는 아주 깊습니다. 동시에 현재의 달라이 라마는 스스로의 노력으로 지금의 인성을 개발했고 서방을 비롯한 세계에서 뛰며 입지를 굳혔습니다. 달라이 라마 제도가 유구하며 매력 요소도 항상 가지고 있었기 때문이라는 말에도 일리가 있지만, 오늘날 달라이 라마로서의 그의 입지는 세계와 같이 하고자 한 노력과 그 노력의 성공적인 결과 때문이라고 보아야 할 것입니다. 14대 달라이 라마는 현대 세계와 마주 보며 함께 걸어나가고 있습니다. 달라이 라마는 여러 면에서 탈공업화 시대의 심리적, 사회적 조건의 인식에 있어 정말 굉장한 통찰력을 보입니다. 서구 사회와 좋은 관계를 형성할 수 있는 이유가 바로 그것이겠죠. 달라이 라마에게는 우리가 안고 있는 문제의 해답이 있습니다.

패트릭 프렌치 달라이 라마가 세계적인 유명인사가 된 이유는 무엇일까… 난감한 질문이네요. 티베트 불교를 따르는 사람 때문이라고도 할 수 없고, 티베트 정치에 관심 있는 사람 때문이라고 하기에도 석연치 않은 구석이 있고. 굳이 이유를 들라면 그에게는 뭔가 특별한 것이 있기 때문일까요? 인성적으로 말입니다. 그의 속에는 우리가 끝없이 상상하게끔 만드는 무엇이 있다는 사실, 인간적 실재성을 띠고 있다는 사실, 그것이 그가 오늘의 명성을 얻게 된 이유일 것입니다. 또한 예부터 이어지며 내려온 영적인 연결고리를 정말 기이한 방법으로, 즉 전(前) 달라이 라마의 유품을 인식하는 것으로써 발견돼 그대로 잇고 있다는 사실을 비롯해 매우 어린 나이에 상당한 정치 권력과 종교적 영향력을 거머쥐었다는 사실도 어느 정도는 이유가 될 것입니다. 중국 공산당과 함께 살 생각도 해보았지만 달라이 라마는 결국 히말라야 산맥을 넘어 달아나 망명하게 되지요. 진짜 흥미로운 이야기 아닙니까? 그와 가까이 하거나 이야기를 들으면 행복하게 살아갈 수 있는 비밀을 얻을 것이라는 생각도 들고요.

제가 달라이 라마와 함께 있으며 본 방문자들은 대부분 도움이 필요한 사람들이었습니다. 정서적으로, 정신적으로, 인성적으로 문제가 있는 사람들이나 몸이 불편한 사람들이 달라이 라마를 찾아와 회복의 비법을 가르쳐주거나 병을 고쳐주기를 바랐습니다. 그런 사람들을 숱하게 만나면서도 달라이 라마는 기가 막힐 정도로 침착하고 신기할 정도로 자비로웠습니다. 어떤 사람이 찾아오건 하던 일을 모두 중단하고 "얼마 전에 암 진단을 받았습니다" 혹은 "저는 완전히 망했습니다" 하는 사람들의 말에 온 정신을 기울이지요. 달라이 라마와 몇 번 만난 사람들은 보통 이런 질문을 받는다고 합니다. "달라이 라마가 어땠던가요? 가까이에서 지낸 느낌은 어땠나요?" 모두 그에게서 신기한 힘이 뿜어져 나왔다는 이야기를 듣고 싶어 던진 질문이지요. 글쎄요. 그가 유명한 이유를 꼬집어 말하기는 버겁습니다. 그가 지닌 종교적 영향력? 그 정도로 설명될 것 같지는 않습니다. 그보다 훨씬 이상이지요.

수랴 다스 라마 정말로 대단한 분입니다. 그 위치에 있는 사람에게서 그렇듯 많은 것을 보고 느끼게 될 줄은 꿈에도 몰랐습니다. 50년대와 60년대를 겪으면서 저는 그런 부류에 걸던 환상을 버렸습니다. 고위 정치가나 지도자들에게 걸었던 기대의 대부분은 버린 지 오래입니다. 하지만 그는 과거의 기대를 모두 만족시키고도 남는 존재였습니다. 그분께 느끼던 유대감은 정말 깊었습니다. 제게 정말 많은 관심을 보이던 분이었고요. 함께 있을 때만큼은 세상 그 무엇도 저보다 중요하지 않은 듯한 굉장한 느낌을 받게 해주셨습니다. 비록 한순간이라고 해도, 다른 중요한 일이 많다고 해도 말입니다.

로렌스 프리먼 신부 누구는 중요한 신분으로 태어납니다. 누구에게는 태어나고 나서 중요한 신분이 주어집니다. 그에게는 분명 범접하기 힘든 면이 있습니다. 때로는 대답하지 않는 편이 나을 질문에 답을 줍니다. 그러면 언론매체가 달려들지요. 잘 아시다시피 부정적인 기사가 없지만은 않았습니다. 우상처럼 떠받들다가도 얼마 지나면 뒤통수를 치는 언론. 하지만 총체적으로 볼 때 그에게 만큼은 언론도 우호적이었습니다. 달라이 라마는 서방 언론들이 자아내는 미묘한 상황을 조절해야 합니다. 동시에 국민의 아버지, 국민의 단합, 일체, 문화의 상징이 되어야 하기도 합니다. 티베트의 역사는 반목으로 점철되어 있습니다. 바로 지금도 티베트 종교계는 내부적인 갈등과 대립을 겪고 있고요. 그 큰 짐을 떠안아야 할 인물도 단합의 상징인 달라이 라마지요. 아무리 성격이 좋다고 하더라도 그런 상황을 헤쳐나가기는 힘들 것입니다. 어떻게 그렇게 할 수 있는지 신기하기까지 하지만 어쨌든 달라이 라마는 역할을 다하고 있습니다. 동시에 한 명의 사람으로서의 정체성도 지금까지 쭉 지켜왔고요. 어쩌면 그게 이유일지도 모르겠습니다.

수랴 다스 라마 스승이신 페마 왕걀 린포체(Tulku Pema Wangyal Rinpoché)께 여쭸습니다. "라마승 중에서도 최고의 경지에 이르신 분들, 달라이 라마까지도 귀 기울이는 설법을 하시는 분들이 계십니다. 하지만 달라이 라마처럼 널리 영향을 미치지 못하고 많이 알지도 못하는 듯이 보이는 이유는 무엇입니까?" 스승께서는 이렇게 답하셨습니다. "세계 속에서의 역할과 위치 때문에 달라이 라마의 자질은 내면에서 밖으로 나와 세계와 접하고 있다. 하지만 어떤 라마승들은 그러한 역할을 수행하지 않아도 되므로 자질은 내면에서 보다 큰 빛을 발한다." 매우 흥미로운 답이었습니다. 달라이 라마의 여러 스승들은 그보다 해탈의 경지에 가까웠지만 그의 카리스마, 대중성, 모든 현대인들을 감동시킬 능숙한 솜씨, 이종교의 사람에게도 설법할 수 있는 기술이 없다는 것이 흥미롭습니다.

해리 우 처음 만났을 때 손을 잡고는 이렇게 얘기했습니다. "아시지요, 해리 씨? 우리는 형제입니다." 달라이 라마는 매우 특별한 인물입니다. 교황 요한 바오로 2세에게 "섹스에 대해 어떻게 생각하시는지요?" 혹은 "여자와 함께 하고 싶은 생각이 들지는 않으시는지요?" 하고 물어볼 수 있을까요? 달라이 라마라면 답해줍니다. 그는 어떤 질문을 받더라도 차분하게 대답합니다. 편안한 미소도 잃지 않지요. 꼭 한 번 얼굴 가득 눈물이 가득 차 금방이고 터져 나올 것만 같은 모습을 본 적이 있었습니다. 티베트인들에 대해 이야기할 때였습니다. 그런 때를 제외한다면 그의 얼굴엔 항상 미소가 가득했습니다. 티베트에는 이런 속담이 있습니다. "비가 대양에 떨어질 때는, 물이 늘지도 줄지도 않는다." 우리는 바다입니다. 호수도 아니고 강도 아니고 연못도 아니고 저수지도 아닙니다. 우리는 바다입니다. 비가 세차게 퍼붓는다고 해도 우리는 바다입니다.

메리 마거릿 펑크 수녀 그는 자신의 가장 중요하고 우선적인 본분이 라마승이라고 생각합니다. 2001년 인디애나 블루밍턴에서 칼라차크라 입문의식을 집전하는 그의 모습을 쭉 지켜보면서 나는 그들의 문화에서는 수도사나 수녀, 특히 수도사가 되면 특권을 누리며 살 수 있겠구나 하는 생각이 들었습니다. 달라이 라마는 보살입니다. 즉 열반에서 지낼 수 있음에도 이 세계에 내려와 중생을 돕고 있는 성인입니다. 그는 모든 수도사를 이 세계의 성인이라고 여깁니다. 따라서 수도사나 수녀가 됨을 높이 평가하라고 말하지요. 그는 항상 승복을 입고 있습니다. 다른 모습을 본 적은 없습니다. 승은 그의 정체성입니다. 그가 즐겨 하는 강연의 제목은 '비구(수도사)와 비구니(수녀)의 생활양식과 독불(기도)'이고, 그는 우리의 역할이 이 세계에서 스스로 받는 고통을 줄이고 타인 모두를 높이는 것이라고 말합니다.

모순되게 보일 수 있지만 그는 민주주의자이며 종교, 국가, 속세의 분립을 믿습니다. 미국이 실험적으로 거쳐온 과정 중 그가 관심을 갖는 부분이 바로 그것입니다. 96년도에 열렸던 '겟세마네에서의 만남' 간담회에서, 그렇게 편안해 할 수 없더군요. 그가 생활하는 모습은 우리와 다를 것이 없었습니다. 한번은 그리스도교 수녀에게 다가가서 이렇게 물었답니다. "제가 지나치게 태평한 것은 아니지요?"

하임 페리 박사 티베트의 저명한 교육자들이 우리 마을(이스라엘의 예민 오르데 윈게이트 청년 마을)에 방문한 인연으로 저는 1998년 브랜다이스 대학(매사추세츠 주 보스턴 부근의 대학)에서 달라이 라마를 처음 만나게 되었습니다. 다람살라로 가서는 달라이 라마의 동생 제춘 페마(Jetsun Pema)를 만났습니다. 티베트의 헨리에타 졸드(Henrietta Szold, 1860~1945, 미국의 시온주의자, 여성 단체인 하다사(Hadassah)의 설립자)라고 할 수 있는 여성이지요. 저는 린첸 체갈 (Rinchen Choegal) 교육부 장관을 비롯해 여러 교육관계자와 회의에 참석했고, 그들과 함께 티베트 학생들의 이스라엘 유학 프로그램을 고안했습니다. 앞으로 이렇게 큰 프로그램은 찾아보기 힘들 거라고 생각했습니다. 계획이 실행되어 학생 열두 명과 교사 두 명이 여기 이스라엘로 와 석 달 동안 비행기 조종사 훈련을 받았습니다. 하지만 인티파다*가 시작되면서 프로그램은 더 이상 진행되지 않았습니다.

---

*인티파다intifada_팔레스타인의 반 이스라엘 봉기〈역주〉.

그 중에서 특히나 당찬 학생 하나가 눈에 띄었습니다. 아왕 로서 (Ngawang Loser)라는 학생이었지요. "저는 두 나라의 살아 숨 쉬는 가교가 되어 선생님의 꿈을 이루어드리겠습니다" 하고 이야기하던 학생이었습니다. 학생은 현재 히브리대학교(Hebrew University)에서 철학을 공부하고 있습니다. 히브리어는 이미 정통한 지 오래고요. 자신을 낮출 줄 알고 굳은 사명의식도 있는 학생입니다. 우리는 여기에 닻을 만들어 놓았다고 생각합니다. 외교관처럼 단순한 연결선이 아닌, 인격형성의 시기 중 몇 년 동안 이스라엘을 그대로 흡수한 단단한 닻 말입니다. 얼마 전부터 달라이 라마 정부의 관계 부처가 학생 앞으로 매달 200달러를 보냅니다. 학비는 우리가 부담하지만요. 이러한 유대는 발전해야 합니다. 키워나가야 하고 계속되어야 한다고 생각합니다. 이 청년과는 오랫동안 함께 할 수 있는 장기계획을 진행 중입니다. 달라이 라마를 두 번째 본 곳은 예루살렘의 다윗왕 호텔(King David Hotel)이었습니다. 티베트의 젊은이들이 이스라엘로 오는 사실에 상당히 만족하고 있더군요. 손을 꼭 잡으며 "우리 아이들에게 힘을 주십시오" 하고 말했습니다. 그러면서 그의 힘이 내 안으로 밀려오는 게 느껴졌습니다. 그 이후로도 힘은 계속해서 여러 가지 모습으로 제게 전달되고 있습니다.

요시 사리드 (1999년에 예루살렘에서 두 번째 회의를 할 때) 달라이 라마는 티베트 학생의 이스라엘 유학 프로그램의 규모를 확장해 달라고 부탁했습니다. 박해와 추방과 망명에 시달리고도 살아남은 유대인들의 역사를 잘 알던 그는 프로그램에 깊은 관심을 보였고, 자신의 국민들에게도 살아남고 저항해 결국 승리하리라는 의욕을 갖게 할 수 있을 것이라고 생각했을 것입니다. 물론 나는 회의 내내 협조적이었고, 결국 티베트 학생들이 우리나라에 더 올 수 있게끔 조치했습니다. 기회가 닿아 티베트 유학생들을 몇 번 만났습니다. 본인은 앞으로 티베트 학생들이 보다 많이 들어오기를 바랍니다. 망명 가정의 학생뿐 아니라 티베트 본국에 살고 있는 학생도 들어올 수 있다면 좋겠다고 생각합니다.

달라이 라마가 세계적인 명성을 얻은 것은 놀라운 일인가?

리처드 블럼 처음 알게 되었을 때에는 달라이 라마가 오늘날 서방 세계에서 누리는 존경을 얻게 되리라고는 꿈에도 생각지 못했습니다. 성하께서 설법하는 AHF 행사가 한 해 걸러 한 번씩 열립니다. 장당 200달러인 입장권은 행사 공지가 뜨기도 전에 매진되고 말지요. 산호세(San Jose) 부근에서 열린 설법회에 참석한 적이 있습니다. 앉아 있기 갑갑한 자리였습니다. 달라이 라마께서 티베트어로 이야기를 하면 통역이 간간히 붙는 정도였습니다. 예전에는 불교 유행에 휩쓸린 젊은이들이 대부분이었지만 지금의 모습은 다릅니다. 모여드는 사람들도 가지각색이고 표도 결코 싸지 않지요. 솔직히 저도 잘 모르겠습니다. 세계 전체를 흡인하는 성하의 매력은 무엇일까요? 그가 쓴 글에는 이런 내용이 있습니다. '귀의한 자라 하더라도 그리 '선' 하지 않을 수 있다. 종교에 관심이 없더라도 좋은 사람이 될 수 있다. 보다 중요한 것은 정신이다. 자신보다 남을 더 아끼는 정신, 바로 그것이다.' 종교 지도자가 세상 모두에게 건넬 수 있는 최고의 메시지가 아닐까요? 적어도 저는 그렇게 생각합니다. 그의 종교는 친절과 자비의 종교입니다. 달라이 라마는 세인이 그에게 바라는 모습 그대로를 지키고 있습니다.

인리히 하러 이곳에서 실시된 갤럽 조사에서 달라이 라마가 39퍼센트를 얻으며 1위에 올랐습니다. 2위는 교황으로 18.5퍼센트의 표를 얻었고 3위와 4위는 아프리카인이었고 5위는 서구의 과학자인 스티븐 호킹이었습니다. 성하의 인기를 보여주는 결과였지요. 매년 한두 차례 여는 칼라차크라에는 수만 명이 모입니다. 성하를 직접 보겠다고 수많은 신자들이 몰려듭니다. 달라이 라마는 저를 두 번 방문하셨습니다. 몸소 리히텐슈타인(Lichtenstein)까지 찾아왔죠. 방문에 맞춰 리히텐슈타인 정부에 건의해 티베트인들을 위한 기념우표 세 장을 만들게끔 했습니다. 그래서 달라이 라마는 공작의 성에서 머무를 수 있었습니다. 리히텐슈타인 정부가 우표를 발행한 것은 굉장한 일이었고요. 중국 정부의 항의까지 있었죠.

로버트 포드 우리가 처음 만났던 1945년, 세상은 오늘과는 딴판이었고 달라이 라마도 꼬맹이였습니다. 중국이 침략하지 않았다면 어떻게 달라졌을는지 알 수는 없지만, 지금과 같은 세계적인 입지를 얻지는 못했을 가능성이 크다고 봅니다. 아마 라사에 틀어박힌 은둔자로 남지 않았을까요? 전적으로 그렇다고는 할 수 없지만 그는 자신을 선전하지 않습니다. 명성을 위해 자신이 가야 할 길에서 벗어나는 일은 없습니다. 달라이 라마는 자신의 명성이 달라이 라마라는 위치 때문이라고 말합니다. 하지만 내 생각으로는 아닙니다. 가르침, 세상사에 대한 시각, 추구하는 것에 거는 자신의 인생, 그것들이 달라이 라마의 인기 비결이 아닐까 싶습니다.

체링 샤캬 달라이 라마가 세계적인 유명인사가 된 것이 그리 놀랄 일은 아니지요. 달라이 라마에 대한 호기심은 오래 전, 티베트로 외지인이 들어가기 시작한 19세기 말엽부터 시작되었습니다. 그들이 소개한 이미지와 달라이 라마가 지금까지 해 온 힘겨운 일들을 겹쳐서 본다면 다 이유 있는 명성이라는 생각이 들 겁니다. 그가 지금의 위치에 서게 된 이유는 자신의 책임을 저버리지 않았기 때문이라고 봅니다. '나는 현대인이다, 달라이 라마는 얼토당토않은 제도다, 나는 캘리포니아에 가서 살겠다.' 달라이 라마는 이렇게 말하지 않습니다. 신앙체계 안에서는 전통을 그대로 고수하고 있습니다. 그럼으로써 그의 권위에 보다 큰 무게가 실리는 것이겠지요. 또 한 가지 이유는 망명자 집단을 버리지 않았다는 점입니다. 이렇게 말한 적이 있습니다. "저의 최우선적인 책임은 티베트 사회입니다. 티베트 국민 모두입니다." 또 이렇게 말합니다. "달라이 라마의 미래는 그를 따르는 사람에게 달려 있습니다. 그들이 어떤 생각으로 무슨 결정을 하는지에 달려 있습니다. 달라이 라마의 필요성을 느낀다면 달라이 라마를 만들어 낼 것이고, 그렇지 않다면 달라이 라마는 없을 것입니다."

달라이 라마가 사람들에 미치는 영향

패트릭 프렌치 제 속에서 불꽃이 일게 된 계기는 달라이 라마를 만난 일이지 않았나 싶습니다. 대부분이 마찬가지라고 생각합니다. 사람들이 티베트 해방운동에 힘을 보태게 되는 이유는 달라이 라마라는 인물에 대한 흥미 때문일 것입니다. 제가 티베트행을 결심하게 된 것도 그 때문이었습니다. 한 사람에 대한 호기심으로 티베트의 문화사와 종교사 공부를 시작했고, 그러면서 나라를 탈출해 타국에서 망명살이를 하고 있는 티베트인들에 대해서도 자연스럽게 알게 되었습니다.

제가 자랐던 1970년대와 80년대의 영국에서 그는 완전히 생소한 인물이었습니다. 누군지는 모르겠지만 천대기를 말아 옷이라고 걸치고 밑창이 두꺼운 샌들을 신고 다른 불교 수도사들에 둘러싸여 있던 그 사람은 기이하고 이국적이면서도 범상치 않아 보였습니다. 신비한 매력이 있었지요.

얼마 안 있어 그에게는 강렬한 카리스마가 있다는 사실도 알게 되었습니다. 함께 대화하는 사람뿐 아니라 곁에 있거나 손을 대거나 스치거나 하는 사람들에게는 전류가 흘렀다고들 합니다. 저도 한두 번 보고 경험한 일이 아닙니다. 그는 그렇게 사람에게 영향을 미칩니다. 그에게 종교적, 정치적 혹은 문화적으로 관심이 있는 사람들에게게만 일어나는 일이 아니었습니다. 런던의 고급 호텔에서 본 적이 있었죠. 달라이 라마는 기자회견에 닳고 닳아서 세상에 신기할 게 없는 기자단과 함께 있었습니다. 그들과 함께 밖으로 나오던 때가 생각나네요. 모두가 "그런 사람은 생전 처음이야"라고 말했습니다.

T. C. 테통 먼 옛날인 1959년, 목에 카메라를 덜렁덜렁 건 「뉴욕타임스」 기자가 성하를 인터뷰하겠다고 찾아왔습니다. 집무실로 들어오는 기자의 목에 걸린 카메라를 보시고 성하께서는 즉시 카메라의 구조를 간파하셨습니다. 인터뷰가 끝나고 기자는 사진을 찍고 싶다며 카메라를 더듬다가 거의 떨어뜨릴 뻔했지요. 성하 앞에서 사람들이 어쩔 줄 몰라 하는 모습을 많이 보아왔기에 이상할 일은 아니었습니다. 성하를 항상 가까이에서 모시는 저도 매일 아침 보고 드리러 집무실에 들를 때마다 그분의 몸에서 발산되는 기운을 느낍니다.

미키 렘리 성하를 위해 (스위스 다보스(Davos)에서) 개인이 주최한 작은 환영회에 초대받은 적이 있습니다. 처음 만나 악수를 나누면서 눈을 맞췄습니다. 정말로 기품 있는 사람이었습니다. 소위 권력자라는 사람들을 만날 때면 나를 바라보면서 이 작자를 어떻게 요리해야 내 권력을 키울 수 있을까 하고 궁리하는 듯한 느낌을 받지만, 달라이 라마에게서 받은 느낌은 달랐습니다. 나를 바라보면서 이 사람은 어떤 사람일까, 도울 일은 없을까, 그는 그렇게 생각하고 있었습니다. "제 종교는 친절입니다" 하고 말씀한 적이 있습니다. 달라이 라마에게서 받는 느낌이 바로 그것입니다. 친절.

아네트 랜토스 그에게 세속적인 권력은 없습니다. 군대도 없고 정치국도 없으며 비밀경찰부대도 없습니다. 하지만 우리와 같은 사람으로서 자신을 내보이고 세속의 문제에 대한 해답을 구체화시키는 달라이 라마의 영향력은 실로 지대하다고 봅니다.

니컬러스 브릴랜드 스님 성하를 처음 만난 것은 1979년, 다람살라에 막 우기가 시작된 때였습니다. 책에 쓸 사진을 찍기 위해 알현을 신청했고, 승낙이 떨어지기까지 몇 주가 걸렸던 것으로 기억합니다. 장비를 빨리 설치해 성하의 귀한 시간을 많이 빼앗지 않도록 당부하더군요. 집무실이 사진 찍는 데 최적의 장소라고 생각했습니다. 책상에 앉아 있는 모습을 찍을 요량이었지요. 책상 뒤로 창이 나 있었기 때문에 책상에서 몸을 약간 창 쪽으로 돌려 정면 사진을 찍으면 딱이지 싶었습니다. 원래 사용하던 의자도 회전의자였으니 카메라 쪽으로 몸을 돌리는 일도 어렵지 않으리라 생각했고요. 조도를 측정했더니 이내 잔뜩 찌푸린 하늘 덕에 너무 낮게 잡혔습니다. 그제야 장비를 설치하겠다고 할 수는 없는 일이었지요. 할 수 없이 노출 시간을 길게 잡기로 했습니다. 포즈를 취한 채 1분 동안 꼼짝 않고 있지 않는다면 사진이 제대로 나오지 않을 판이었느니, 참 난감했습니다.

그때 지시사항을 전달하는 매우 낮은 톤의 목소리가 들렸습니다. 그가 다가오는 동안에 들려오던 측근의 목소리는 더 굵었습니다. 따라서 그에게서 받은 첫인상은 강렬한 힘이 느껴지는 권위였습니다. 성하의 음색은 차분하고 직설적이었습니다. 무슨 말을 하는지는 알아들을 수 없었지만 서로 주고받는 대화는 군더더기 없이 명료하다는 느낌이 들더군요. 집무실로 들어온 성하는 저를 보더니 환하게 웃었습니다. 환영한다는 뜻이었을 테지요. 그에게 흰색 스카프를 선물하면서 저는 인도로 망명한 티베트의 라마승 사진을 많이 찍었다고 설명했습니다. 성하께 자리에 앉고 나서 1분 정도는 움직이지 않아야 한다고 말씀드렸습니다. 하지만 꼭 45초 정도가 지나면 회전의자가 스르륵 돌아갔습니다. 필름을 몇 번을 갈아 끼우며 사진을 더 찍어야 했습니다. 측근들의 낯에서 불안해하는 기색이 역력했습니다. 몇 번을 시도하고 나서 성하는 갑자기 큰 소리로 웃기 시작하더군요. 저도 따라 웃었습니다. 집무실 전체를 팽팽하게 채우던 긴장감은 한 번의 웃음으로써 말끔히 사라졌습니다. 그제야 회전의자에 앉은 포즈로는 사진을 찍는 게 불가능하다는 생각이 들었습니다. 성하에게 초록빛이 감도는 집무실의 벽 가까이에 선 모습을 찍어도 되겠냐고 물었습니다. 얼굴 왼쪽으로 부드러운 벽등 조명이 비춰 괜찮은 사진이 나올 것 같았지요. 작업을 마치고 장비를 싸면서 촬영에 응해준 스님들에게 감사를 표하고 싶은데 어떻게 해야 할지 모르겠다며 건넨 말에 그는 공부를 하라고 답하더군요. 그래서 라마승에 대해 공부를 시작하게 되었습니다.

롭상 탐초 니마 라마 1997년에 다람살라에서 성하를 처음 만났습니다. 그때 완전한 계를 받아 비구가 되었지요. 성하께서는 불법을 잘 따라 좋은 스님이 되라고 말씀하셨습니다. 깊은 감명을 받아 저는 최선을 다해 가르침에 따르겠노라고 답했습니다. 그로부터 두 해 전 저는 성하가 인도 남부를 방문했을 때 먼발치에서 본 적이 있습니다. 그것만으로도 큰 감명을 받았던 기억이 납니다. 멀리서 얼굴을 보는 것만으로도 말입니다.

애덤 잉글 처음으로 한자리에 있었던 것은 1980년대 초 런던의 로열 알버트홀(Royal Albert Hall)에서 열린 법회에서였습니다. 도착하기 전에 참석자에게 전달된 안내문의 끝에는 '저의 종교는 매우 단순합니다. 저의 종교는 친절입니다'라고 써 있었습니다. 그 자체만으로도 내게는 큰 충격이었습니다. 첫 설법을 듣고는 며칠간 연이어 있던 법회에도 참석했습니다. 그렇게 인상 깊을 수가 없었습니다. 이성적으로는 가르침을 이해하기 힘들었지만 설법을 듣고 다음해에 걸쳐 뭔가 내면에서 매우 중대한 변화가 일어나는 것을 느꼈습니다.

체링 샤캬 집필에 한창이던 때에 그를 만났습니다. 이런 뜻을 전하겠다고 애썼던 기억이 나네요. "저는 역사에 대한 글을 쓰고 싶습니다. 티베트 사람들은 민족의 역사에 대해 돌아볼 필요가 있다고 생각합니다. 티베트를 세계에 알리는 데에도 한몫하겠지만 과거에 실제로 어떤 일이 일어났는지 이해할 수 있는 가장 빠른 길이기도 하기 때문에 역사 연구는 중요합니다." 수긍하며 격려해주더군요. 달라이 라마는 티베트인들에게 자신의 이야기를 기록하라고 합니다. 티베트에서 탈출한 지 얼마 되지 않은 사람들에게 "모두에게는 이야깃거리가 있을 것입니다. 우리는 이야기를 끄집어내야 합니다. 우리 모두는 우리의 미래가 이러할 것이라고 세계에 이야기해야 합니다"라고 말합니다.

적절하게 반응하기가 여간 어려운 일이 아니었습니다. 티베트 사람인 저로서는, 밖으로는 그리 보이지 않는다 할지라도 마음속으로 조아린 머리를 들지 못할 어려운 자리였기 때문에 여느 인터뷰와 같이 진행할 수 없었습니다. 제게는 참으로 복잡한 상황이었지요. 그의 뜻에 반할 수 없었기 때문에 온 정신이 긴장될 수밖에 없었고, 그렇게도 물어보고 싶은 많은 궁금증도 그의 앞에 서자 죄다 사라지고 말았습니다. 티베트 사회에서 자란 티베트 사람에게 남들이 하듯 그를 인터뷰하는 것은 거의 불가능한 일입니다.

페마 크힌조 1992년에 티베트에 다녀온 후 방문 보고를 위해 성하를 따로 만나 뵐 기회가 있었습니다. 그분과 함께 있는 것만으로도 흥분한 나머지 입을 떼기가 힘들었습니다. 눈물만 하염없이 떨어지더군요. 티베트인이라면 누구나 마찬가지입니다. 우리는 달라이 라마 성하를 가슴 깊이 믿고 있습니다. 항상 우리의 마음 깊은 곳을 차지하고 계신 분입니다.

뵈면 뵐수록 감정은 더해집니다. 2004년도 초 그가 캘리포니아 남부에 있을 때 알현한 적이 있었습니다. 아무 말도 할 수 없었습니다. 그냥 훌쩍이고 또 훌쩍일 뿐이었습니다. 이 세계에는 유명한 정치인도, 유명한 종교 지도자도 많지만 달라이 라마 만한 사람은 없습니다. 그분께서는 당신의 이익을 돌보지 않으십니다. 항상 티베트인들에 대해 생각하시고 나아가 모든 중생에 대해 생각하십니다.

애니 워너 그를 처음 만나고도 감정이 격해지지 않는 사람은 보지 못했습니다. 사람들은 멍한 표정을 짓거나 울음을 터뜨리거나 눈물을 흘리며 큰절을 하기도 합니다. 그를 만나거나 한 자리에 있는 사람들은 모두 상당한 반응을 보입니다.

피에트 헛 박사 회담(1997년 다람살라에서 열린 과학 대담)이 끝나고 고아이거나 부모가 다람살라에 거주하고 있지 않은 학생들이 다니는 한 학교의 교장에게서 과학과제발표회 초대를 받았습니다. 전시장에는 학생들이 만든 포스터도 있었고 발명품도 보였습니다. 서구 과학자들이 단체로 몰려들었으니 신기할 법도 했지만, 그것보다는 우리가 달라이 라마와 닷새를 같이했다는 사실에 훨씬 큰 흥미를 보였습니다. 우리의 몸에서 과학자의 광채를 발견한 것이 아니라 달라이 라마와 이야기하면서 얻은 후광의 자취를 발견한 것이었다고나 할까요? 한 포스터에는 제법 정밀하게 그린 로켓이 있었습니다. '미국', '중국',

'러시아'라고 써 있지 않았습니다. 로켓에는 티베트어로 '티베트'라고 써 있었습니다. 티베트도 언젠가는 로켓을 쏘아올리는 선진국가 대열에 오르리라는 아이의 희망에 내가 다 뿌듯했습니다.

애덤 잉글 처음으로 직접 만난 때는 1986년 4월이었습니다. 다람살라에서 한 시간이 허락돼 만나게 되었는데, 겸손함과 순수함이 배어나는 기품과 상대를 모두 포용하려는 친절함은 어디서도 보지 못한 것이었습니다. 기다리는 동안에는 가시방석에 앉은 것만 같았습니다. 어떻게 보면 신을 만나는 기이한 경험이었기 때문일 테지요. 당시는 지금처럼 잘 알려진 때는 아니었습니다. 노벨상을 타기도 전이었고요. 따라서 이 위인을 직접 대면하면서 받는 느낌은 '명성' 때문만은 아니라고 봅니다.

오빌 쉘 10년 전(1994년) 비공식 석상에서 처음 만났습니다. 그에게서 처음 받은 인상은 경외심과 존경심을 서서히 가지게 만드는 유일한 사람이라는 점이었습니다. 달라이 라마를 어떻게 분류해야 하는지 난감해 하는 사람들이 많습니다. 내 생각으로는 그렇듯 아연한 반응이야말로 그가 그토록 없애고자 노력하는 것인 듯합니다. 그는 항상 사람들에게 자신을 일반인 대하듯 상대해 달라고 당부합니다. 하지만 사람들은 특이한 존재로 대할 수밖에 없습니다. 따라서 달라이 라마와의 첫 대면에서는 특이한 '파드되(Pas de deux, 이인무)'가 벌어집니다. 본인 역시 고생하면서 얻은 경험이지요.

하워드 커틀러 박사 애리조나대학교 의대 졸업반에 있을 때 다람살라에서 3개월에 걸친 티베트 의학 연구를 허가받았습니다. 정부 운영 게스트하우스에 묵으면서 성하의 바로 윗형인 롭상 삼텐(Lobsang Samten)을 알게 되었지요. 그곳에 머무는 동안 성하를 만나보라는 권유가 있었습니다. 굳이 만나고 싶은 마음이 있는 것은 아니었지만 구미가 당기더군요. 티베트에도 다녀왔으니 그곳에서 찍은 사진 이야기를 하면 되겠다 싶었습니다.

아무렇지도 않았는데 이상하게 대기실에서부터 긴장되기 시작했습니다. 심장이 두근거리는 소리가 들리고 땀까지 흘리고 있었습니다. 만나려는 사람이 세계의 영적 지도자다, 한 민족의 정치 지도자다, 그는 다름 아닌 달라이 라마다 하는 생각밖에는 안 났습니다. 어떤 인상에 어떤 느낌을 받을지도 감이 잡히지 않았습니다. 경외심에 고개를 숙이게 만드는 형식적인 사람이겠지 하는 생각이 막연히 들기만 했을 뿐입니다. 하지만 직접 만나고 나니, 내 쪽으로 다가와 악수를 청하는 그의 모습은 매우 따뜻했습니다. 만나고 5분도 채 되지 않아 우리는 자리에 앉아 대화하기 시작했습니다. 인간 대 인간으로. 마주한 사람이 달라이 라마인지도 모르고 나는 이야기를 풀어놓고 있었습니다.

사람을 잘 이해하는 사람이더군요. 때로는 상당히 복잡한 지적 토론을 벌이기도 하지만 어떤 경우에도 선의를 가진 사람이라는 점을 느낄 수 있었습니다. 사람들은 바로 그 점에 감응하는 듯합니다. 달라이 라마는 사람을 가려가며 대화하지 않습니다. 어떤 이름표를 달고 다니든, 어떤 위치를 차지하고 있든, 재산이 얼마든 상관 않고 그는 모두와 이야기합니다. 그리고 누구를 만나 대화하든 간에 자신과 상대가 똑같은 존재라는 느낌을 줍니다. 몇 년에 걸쳐 알면서 느낀 점은 식당 웨이터를 대할 때에도 대통령이나 수상을 대할 때와 꼭 같은 존경심과 친절함을 보인다는 것입니다.

텐신 게펠 성하께서는 항상 자신은 승려라고 말씀하십니다. 여기에는 스님이 175분이 계시죠. 항상 자신은 그들 중 하나일 뿐이라고 말씀하십니다. 때문에 우리 모두는 아주 특별한 유대관계 속에 생활합니다. 우리 스님들은 성하를 뵙고 이야기할 일이 많습니다. 이 사원이 있는 이유가 달라이 라마의 공식 활동을 준비하기 위함이기 때문이지요. 매일 저녁 우리 중 넷은 달라이 라마의 거처로 가서 특별한 의식을 봉행합니다. 달마다 열리는 의식도 있는데 달라이 라마께서는 그 의식에도 참석하십니다.

로널드 B. 소벨 박사 달라이 라마를 처음 만난 때는 1988년 4월 30일입니다. 그가 참여한 행사에서 한 자리에 있었던 적은 그 전에 두 번 있었지만 직접 만날 기회는 없었습니다. 첫 번째는 20여 년 전(1984년) 미국과 캐나다의 개혁파 자유 랍비 대표 기구인 미국랍비중앙협의회(CCAR, Central Conference of American Rabbis)의 연례회의에서였습니다. 커다란 강당에 랍비가 오륙백은 모였고 저는 맨 끝에 앉아 있었죠. 그렇게 먼 곳에서도 그가 강당으로 걸어 들어오는 순간 몸 전체를 완전히 감싸 겸손한 기운이 발산되는 것을 느낄 수 있었습니다. 참으로 보기 힘든 미덕이기에 참된 겸손을 직접 목격하는 사람들은 완전히 압도되고 맙니다. 그 때문인 듯싶었습니다. 무슨 말을 하는지 도통 알아먹을 수 없었지만 연설이 끝날 때까지 압도된 상태에서 헤어날 수 없었습니다. 나중에 일대일로 만나고 나서 직접 느낀 충격은 수년 전의 경험과는 비교가 안 될 정도로 컸습니다.

조너선 머스키 교수 티베트 사람들은 중요한 사람을 만날 때 하얀색 스카프를 선물합니다. 그러면 보다 중요한 사람들은 덜 중요한 상대방에게 더 나은 스카프를 건넵니다. 저도 이런 스카프를 여럿 주고받았습니다. (한번은) 제가 가장 좋아하는 축구팀인 토트넘 핫스퍼(Tottenham Hotspur)의 하얀색 스카프를 준비했습니다. '토트넘'이라고 써 있던 것이었습니다. 달라이 라마를 만나 스카프를 건네주려고 꺼내 들었습니다. 5피트나 되는 긴 천이었지요. "아, 이것이 무엇인지요?" "성하, 이것은 제가 좋아하는 축구팀의 스카프입니다." 역시 답례로 제게 스카프를 전하면서 달라이 라마는 "음, 제가 그 팀에서 뛰어도(play) 될까요?" 하고 말했습니다. "성하, 영어에 뛰어나신 것은 압니다만 아직 완벽하시지는 않지 싶습니다. '뛰다(play)'와 '기도하다(pray)' 중 무엇이라고 말씀하셨습니까?" 성하는 이렇게 답했습니다. "팀을 위해 불공을 드릴 수도 있겠군요." 제가 말했습니다. "기도라는 기도는 다 그 팀으로 가야 할 것입니다. 최하위권에서 좀처럼 벗어나지를 못하는 팀이거든요." 그랬더니 이렇게 답하더군요. "그

럼 팀을 위해 기도하겠습니다." 그리고 바로 그해 갑작스럽게 팀의
운이 바뀌기 시작해 최하위에서 정상으로 치솟더니 결국 리그에서
우승하게 되었습니다.

툽텐 진파 랑리 박사 저는 인도의 티베트인 난민촌에서 자랐기 때문에
성하는 어디에서고 볼 수 있었습니다. '직접' 뵐 기회는 그리 많지
않았지만 학교마다 사진이 걸려 있었고 모두가 그의 만세무강을 빌
었습니다. 달라이 라마가 존재함은 우리 모두 아주 어릴 적부터 알고
자랐습니다.

T. C. 테통 1959년 인도에서 자동차 대여섯 대로 행렬을 이뤄 이동하
던 중에 잠깐 휴식을 취하기 위해 외진 마을에 들렀는데 이내 주민들
이 몰려들어 성하의 주위를 감쌌습니다. 봄베이에 도착해서 달라이
라마는 불교사원에 마련된 환영회에 갔습니다. 사원에 들어가 45분
동안 기도를 드리고 나온 그의 앞에는 경내를 가득 메운 인파가 기다
리고 있었습니다. 차에서 잠시라도 내리면 사람들은 부리나케 달려
와 인사했고요. 어디를 가든 생기는 일입니다. 그 많은 사람들을 유
연하게 대하는 것이 신기하기까지 합니다.

아벨라르도 브레네스 교수 1987년에 평화대학, 코스타리카 정부, 오스카
르 아리아스(Oscar Arias) 대통령 등의 도움을 얻어 성하를 코스타리카
에 개인적으로 초청해 평화를 위한 불교식 접근법을 가르쳐 달라고

부탁했습니다. 계획은 작은 세미나 규모로 세웠지만, 규모가 저절로 커지기 시작하더니 세미나는 평화의 진정한 의미에 관한 국제회의 수준으로 변모했습니다. 달라이 라마가 남미 국가의 정부에게서 국빈초청을 받은 첫 사례였지요. 또한 국립 대성당(National Basilica)에서 이종교 간 공동의식이 진행된 전례 없는 사례를 남긴 계기이기도 했습니다. 성하에게서 지대한 감명을 받았습니다. 특히 티베트와 코스타리카 사이에서 강한 유대를 세운 점이 인상적이었습니다. 그는 코스타리카에서 티베트의 미래상을 찾은 듯했습니다.

린첸 달로 그는 자신이 타인에게 얼마나 많은 영향을 미치는지 알고 있습니다. 하지만 그 때문에 우쭐해 하지 않으며, 자신은 여느 동료와 다를 것 없는 승려일 뿐이라고 생각합니다. 코스타리카 방문때에는 대규모의 이종교 간 공동의식이 가톨릭 교회에서 집전되었습니다. 오른편에는 아리아스 대통령을, 왼쪽에는 산호세의 대주교를 대동하고 성하는 중앙에서 걸어 나갔지요. 사랑하는 마음이 얼마나 깊었던지 양쪽에 선 사람들이 달라이 라마를 만져보겠다고 팔을 뻗었습니다. 코스타리카는 가톨릭 국가이며 달라이 라마와는 아무런 관계도 없었지만, 코스타리카의 그리스도교인들은 진심으로 성하에게 손이라도 대보고 싶어 했던 것이지요. 그것이 바로 달라이 라마의 힘입니다. 베네수엘라의 한 대학에서 강연을 마치고 밖으로 나왔을 때에는 달라이 라마와 악수라도 해보겠다고 기다리는 학생들이 몰려있었습니다. 운 좋게 손을 잡아본 학생들은 달라이 라마의 흔적을 나누겠다는 듯이 친구의 손을 잡더군요. 놀라운 광경이었습니다. 학생들이 그러한 행동을 보였던 이유는 성하의 사랑과 자비, 그의 무조건적인 사랑 때문이었다고 생각합니다.

텐신 테통 박사 그분은 사람들에게 자신이 어떠한 영향을 미치는지 알고 계십니다. 하지만 모두에게 영향을 미치지는 못한다는 점 또한 알고 계십니다. 그분 자신의 활동, 나아가 삶의 거의 모든 영역에 적용되는 한 가지 측면이 있습니다. 티베트 불교적 성격이 강한 특징, 살아오면서 개발해내거나 습득한 특징, 즉 세상 밖의 현실을 모두 받아들여야 한다는 것, 따라서 어떠한 일이 있어도 최선을 다해야 한다는 것, 그래야만 세상의 반응이나 결과가 자신이 쏟은 노력에 따라 나타난다는 것, 하지만 모든 일이 자신의 뜻대로 돌아가지는 않으리라는 것입니다. 아무리 노력해도 실망과 실패는 있게 마련입니다. 달라이 라마는 그러한 이치를 잊으시는 적이 없습니다. 누구를 만나 이야기하건 바른 말을 하고 바른 행동을 하면 결과는 긍정적으로 나타날 것이라는 점을 알고 계십니다. 역시 잊지 않고 있는 이치 하나는 간혹, 혹은 자주 자신이 바라는 대로 일이 풀리지 않으리라는 점입니다.

체링 샤캬 달라이 라마들은 아주 어려서부터 자신이 남들과 다르다고 배웁니다. 그러한 환경에서 자라다 보면 두 가지 중 하나의 결과가 발생하지요. 감당해내지 못하고 지쳐 쓰러지거나 그대로 받아들이고 자신을 개발한다, 이 두 가지 중 하나입니다. 달라이 라마들은 자신에게 부여된 특권을 받아들여 달라이 라마로서의 역할을 수행해 왔습니다. 어떠한 심리학적 기저 때문에 어떤 지도자들은 과도한 압력을 견뎌내고 역할을 다하는데 다른 이들은 그렇지 못하는지는 잘 모르겠습니다.

달라이 라마 14세의 사회화 교육은 일찍 시작되었습니다. 다섯 살밖에 되지 않은 어린 나이에 그는 이전과는 완전히 다른 장대하고 심원한 세계에 들어섰습니다. 새로운 세계에서 그는 흡인력 있는 지도자의 자질을 갖게 되었습니다. 자신을 집어삼킬 듯이 밝은 후광을 발견하고 자신은 특별한 존재라는 점을 알게끔 교육받았죠. 자신이 세상의 모든 이들과, 심지어 자신의 형제자매들과도 다르다는 점을 아주 어릴 때부터 알았습니다. 모두가 그를 신처럼 받들었습니다. 그러한 환경이 그가 달라이 라마가 된 이유인지도 모르겠습니다. 하지만 자신을 달라이 라마로 완성시키려는 노력에서, 끊임없이 사람을 만나려는 노력에서 달라이 라마는 자신감을 비롯해 카리스마 넘치는 권위를 발산합니다. 왕족과는 별개의 이야기죠. 태어날 때부터 자신이 남과 다름을 아는 왕자는 절대로 평민이 될 수 없습니다.

피에트 헛 박사 달라이 라마를 교황과 비교해 봅시다. 교황은 나이가 꽤 찬 다음에야 직위를 얻습니다. 평생의 경쟁 과정을 통해 점차 높은 직위로 이동하다가 마침내 교황에 이릅니다. 대개 60세 이상이 되어서야 교황으로 선출됩니다. 하지만 달라이 라마가 종신 재직권을 얻었을 때의 나이는 세 살이었습니다. 그 나이 때에 그만한 권위를 얻으면 굳이 경쟁하는 데에 에너지를 쓸 필요가 없습니다. 이미 정상에 섰으니 말입니다. 따라서 누가 언제 자신을 밟고 올라설지 걱정하지 않아도 되는 달라이 라마는 자신의 모든 자원을 맡은 책임을 완수하고 세상을 좀더 나은 곳으로 만드는 데에 쓸 수 있습니다. 지극히 민주적 방법인 선거나 경쟁을 통한 직위 상승으로 달라이 라마가 되었다면 안정성이라는 보호막도 없었을 테니 지금처럼 모든 방향으로 가지를 뻗지도 못했을 것입니다.

오빌 쉘 그가 평범한 사람이라고 할 수 있을까요? 내 생각이 다소 기이하게 들릴 수 있겠지만, 문제는 그를 앞에 놓고 이야기한다고 해도 그는 그가 아니라는 점입니다. 그가 상대하는 자는 특정 상태, 제식적일 수도 그리고 경건할 수도 있는 상태, '헤드라이트에 비춰진 사슴' 신드롬과도 같은 상태에 맞추어진 사람이라는 점입니다. 그에게서는 진한 사람 냄새가 납니다. 거드름을 피우지 않는 순수한 사람의 냄새요. 하지만 그가 누구인지 아는 사람들은 대개 그 앞에서 스타를 만난 소녀 팬처럼 되고 맙니다. 아니, 예수를 만난 그리스도교인이라고 해야 할까요. 의지와는 관계없이, 대하는 사람과 자신 사이에 초인적인 노력으로도 넘기 힘든 커다란 장애물이 던져졌으니 참 고약한 상황일 것입니다.

아네트 랜토스 그때(1987년)의 모습이나 지금의 모습이나 별반 달라진 것이 없습니다. 웃음으로 만발한 얼굴, 선의와 사랑으로 넘치는 가슴, 그는 범접하기 어려운 사람이 아닙니다. 그는 모든 이들과 관계 맺고 있습니다. 악수를 청하고 묵례를 합니다. 그가 시선을 맞출 때에는 마치 영혼의 저 뒤편까지 꿰뚫어보는 듯한 느낌을 받습니다. 그와 한 번 대화를 했더라도 돌아서면서 평생 그를 알아온 것과도 같은 느낌을 받습니다. 그가 뿜어내는 사랑과 평화를 이 세상 그 어디에서 또 접할 수 있을까요.

달라이 라마 14세의 업적을 생각해 볼 때, 후임자도 우리에게 긍정적인 영향을 미칠 수 있을까?

하워드 커틀러 박사 신임 달라이 라마는 성하에게 지대한 영향을 미친 가시밭길을 걷지 않을 것이라고 봅니다. 지금의 달라이 라마에게 귀 기울였던 것처럼 앞으로의 어린 아이 말에도 솔깃해 하지는 않을 듯싶습니다.

텐신 테통 박사 이후의 달라이 라마가 갈 길을 어렵게 만들 벤치마크를 만드셨다고 생각지는 않습니다. 그분 역시 그런 생각은 없을 것이라고 생각합니다. 단지 당신께서 처한 상황에서 할 수 있는 일을 하고 계실 뿐이며 티베트인의 선, 중생의 깨우침을 위해 최선을 다하실 뿐입니다. 더불어 자신을 바쳐 우리가 서로 이해를 높일 수 있도록 애쓸 뿐입니다.

그분께서는 다른 종교의 사람들과 이야기하는 것을 좋아하십니다. 과학관과 종교관을 서로 맞대어 보는 것도 좋아하십니다. 이상할 수도 있지만, 과학자들에게 마음을 열어야 한다고 말씀하십니다. 대체로 우리는 그 반대로 생각합니다. 항상 탐구하는 과학자는 편견이 적다는 쪽이 일반적인 믿음이겠지요. 하지만 달라이 라마께서는 극단적인 물질주의에 치우친 과학자들에게 이견을 펴십니다. 육체와 정신이라는, 단순한 물질적인 측면을 넘어 인간 정신으로 할 수 있는 것들에 대해 보다 포용하는 자세가 필요하다고 말합니다.

달라이 라마, 자신이 만들어낸 모습인가
제도가 만들어낸 인물인가?

알렉산더 버진 박사 성하 자신도 자기가 어떤 위치에 서 계신지 잘 알고 있습니다. 모든 티베트 사람들이 우러러보는 사람, 티베트의 현실정과 티베트의 국민들에 대한 모든 책임을 양 어깨에 짊어져야 하는 사람. 성하는 자신의 자리를 잘 알고 있습니다. 그렇다면 무엇이 그분을 그러한 모습으로 만들었을까요? 무엇이 원인이고 무엇이 결과일까요? '까짓것, 어차피 내 앞에 떨어진 일, 한번 해보자' 했을까요? 아니면 자신의 내면에서 자연스럽게 무엇인가를 느껴 달라이 라마라는 역할을 맡게 되었을까요? 성하의 경우에는 스스로 달라이 라마가 되었다고 할 수 없는 것이, 아무 것도 모를 네 살 때의 일이었기 때문입니다. 자신의 책임에 대해 극명하게 인식하게 된 때는 10대에 접어들고도 얼마 더 된 즈음, 중국과 마찰을 빚던 중이었을 것입니다. 그러니 성하의 경우에는 보다 유기적이고 자연스러운 이유로 달라이 라마가 되셨다고 생각합니다.

수랴 다스 라마 그분은 사람들이 바라는 모습 그대로의 인물입니다. 인간의 모습을 한 부처, 만 가지 모습을 지닌 자애와 자비의 부처입니다. 어찌 보면 우리와 똑같은 인간으로서의 불자일 뿐일 수도 있습니다. 그분 역시 자신은 일개 신자일 뿐이라고 말합니다. 인간이면 모두 동등하겠지요. 하지만 어떤 이들은 다른 사람들보다도 동등합니다. 그분은 잘 다져진 승려입니다. 55년에서 60년을 승려로 살아온 분입니다. 이러한 제도를 가지고 있는 나라, 티베트 전체에서도 최고의 환경에서 자라고 커온 분입니다. 하지만 여러 모습의 다양한 시험대를 딛고 올라가야 하기도 했습니다. 어린 나이에 국제정세의 회오리에 던져졌고, 스스로 나타나는 자신의 모든 능력을 억누르면서 숨겨진 능력을 개발해내야 했습니다. 진정 보기 드문 인물이라는 생각입니다.

로널드 B. 소벨 박사 세계 도처에 천부적인 재능을 타고나는 사람들은 많지만 환경적인 이유로 다듬어지고 완성되지 못하는 경우가 많습니다. 그러니 달라이 라마 14세를 가려내야 했던 사람들은 갓 젖이나 떼었을 아이를 선정할 때 흐뭇함을 느꼈으리라 생각합니다. 다른 사람이었다고 해도 똑같은 인물이 만들어졌을까요? 알 길은 없습니다. 텍사스 주 민주당에 가해진 정치적 제약에 손 좀 써보겠다고 존 케네디가 그해 11월에 텍사스에 가지 않았다면 미국의 역사는 지금과 다른 모습일까요? 그랬다면? 어쩌면 지나간 것들은 아무 소용도 없는 이야기일 뿐이지요. 하지만 이것만은 확실하게 이야기할 수 있습니다. 20세기 후반의 역사적 사실을 놓고 볼 때, 14대 달라이 라마가 지금의 그라는 점은 신의 가호입니다.

말콤 리프킨드 경 두 가지 사항을 우선적으로 생각해 보아야 할 것입니다. 우선 그가 세계적 인물로 부상하기 시작한 1950년대는 세계 곳곳에서 통신 혁명이 시작되던 때였습니다. 티베트 국민 이외에는 거의 알지 못했을 사람에 대해 지난 50년 동안 우리는 텔레비전과 신문 등의 여러 매체를 통해 그를 접하게 되면서, 그는 세계적인 유명인사가 됐습니다.

지금의 달라이 라마는 아주 어린 나이에 달라이 라마가 되었습니다. 다시 말해 왕세자나 황세자와 동일한 위치를 얻은 것이나 다름없고, 직위에 맞게 권력과 지위의 최고 위치에 오를 수 있도록 양육되고 교육되었습니다. 따라서 그러한 힘이 타고난 자질과 잘 조합하는 운이 따른다면 실로 대단한 결과가 나오는 것은 당연합니다. 기억해 낼 수 있는 아주 어릴 적부터 그는 자신이 국민을 책임지고 이끌어야 하는 자리에 있음을 알았을 것입니다. 그렇다면 그는 현재나 과거의 어떤 왕 또는 황제와도 같은 자리에 있는 것이라 할 수 있겠죠. 자신에게 주어진 특권을 사용하기에는 자질이 달리는 사람들이 종종 있습니다. 하지만 십분 소화해내는 경우 또한 있습니다. 그럴 수 있을 때 결과는 실로 대단해지는 것입니다.

패트릭 프렌치 달라이 라마가 어렸을 적에는 치러내야 하는 의식과 제식도 많았고 그의 앞에서 일반인들이 취할 수 있는 행동에 제약도 많았습니다. 등을 보여서는 안 되었기 때문에 몸을 조아린 채로 뒷걸음질쳐 나가야 하는 등의 관례를 그는 없애고 싶어했지요. 하지만 몸속 깊이 스며있는 무엇 때문인지, 티베트 사람들이 오히려 전적으로 수긍하지 않습니다. 그 정도니 티베트인이라면 누구든 달라이 라마와 수평적인 관계를 갖지 못합니다. 그래서인지 서양인들과 있을 때, 티베트인들과 있을 때와 다른 달라이 라마의 모습은 상당히 흥미롭습니다. 그만의 독특한 소리로 우렁차게 웃는 재미있는 달라이 라마의 모습은 티베트인들 사이에 섰을 때에는 그리 자주 볼 수 없습니다. 서양인들에게 자신이 어떠한 영향을 줄 수 있는지 알기 때문에 우리와 함께 있을 때에는 우리에 맞추는 것이 아닐까요? 제 생각에 달라이 라마는 그리 격식을 차리지 않고 편하게 대하는 서양인들도 좋아하는 듯합니다. 티베트인들이라면 감히 꺼낼 엄두도 못 낼 직설적인 질문을 받아도 그는 즐겁게 답해주지요. 아무것도 감추지 않는 그에게서 다소 갈피를 잡기 힘든 측면이 한 가지 있습니다. 그의 모습이 그 본연에서 나오는 것인지 아니면 주위 사람들에서 나오는 것인지는 도저히 알 길이 없습니다.

해리 우 우리 중국인들에게 아주 옛적부터 전해 내려오는 말이 있습니다. '역사가 영웅을 만드는가, 영웅이 역사를 만드는가?' 둘 다 맞는 말이 아닐까 싶습니다. 역사적 기회는 많은 사람에게 찾아옵니다. 걸맞은 성격이 아니고 걸맞은 능력이 없다면 아쉽게도 기회는 이내 물 건너 저곳으로 가고 말지요. 하지만 반대의 경우도 있습니다. 운이라면 징그럽게 빗겨가는 사람이라도 뛰어난 자질과 인품이 있다면 영웅이 될 수 있습니다. 당신의 삶에서든 내 삶에서든 정말 기회는 다양한 모습으로 찾아옵니다. 어느 것이 더 중요할까, 하고 선택하고 결정 내리는 것은 자신입니다. 달라이 라마 성하의 경우는 매우 특별합니다. 때때로 이런 생각을 합니다. "자식, 정말 기막히게 멋진 놈일세."

달라이 라마의 기민한 정신

미키 렘리 영화를 찍어보고 싶다며 넌지시 생각을 던졌을 때, 열심히 듣고 있던 달라이 라마는 "찍을 만한 가치가 있는 이야기일까요?" 하고 말했습니다. "성하, 제가 그리 생각하지 않았다면 지금처럼 작품을 구상하고 있지도 않았을 것입니다." "참 미국인다운 발상입니다." 재차 들어간 나의 설득에 답한 달라이 라마의 대답이었습니다. 티베트의 라마승들과 수년을 보내고 나서야 알게 되었습니다. 아무리 사소한 행동이라도 그들에게 있어 가장 중요한 것은 행동의 동기더군요. 언제인가 달라이 라마가 이런 말을 했습니다. "증오에 찬 가슴을 안고 평화행진에 나갈 참이라면 밖에 나갈 생각도 않는 편이 나을 것입니다." 자신의 이야기로 영화를 만들고자 하는 나의 동기를 알고 싶었던 것입니다. 자꾸만 빗나가는 나의 대답에 '이놈이 무슨 딴소리를 하고 있는 거야' 했을지도 모를 일이죠.

리처드 기어 무엇에라도 쫓기듯 인사를 나누고 내가 건넨 카탁을 받고는 바로 아리 린포체와 티베트어로 이야기하기 시작했습니다. 내가 어떤 사람인지 티베트어로 물어보며 이야기를 나눈 다음 영어로 말을 걸었습니다. "배우시라고 들었습니다." "예, 맞습니다" 하고 대답했지요. 잠시 생각하는 듯하더니 "궁금한 것이 하나 있는데 질문해도 될지 모르겠습니다. 연기를 하다보면 울거나 웃어야 할 때가 있지요. 다른 여러 감정도 보여주어야 하고 말입니다. 그 모든 모습들이 '진실'입니까?" 하고 물었습니다. 나는 배우들이 흔히 그렇듯이 돌려서 답했지요. "그야 물론이죠. 가능한 진짜와 같은 감정을 만들어내야만 연기가 생생해집니다." "그렇다면 '진짜'라는 말씀이로군요." 물론이죠, 하며 나왔던 자신감이 주춤거리더군요. "그게… 그런 것 같습니다."

대답을 듣고는 눈을 맞추어 그윽하게 바라보더니 달라이 라마는 배꼽이 빠져라 웃기 시작했습니다. 첫 만남에서의 천진하고 소박한 그 모습은 여러 이유로 내 기억 속에 분명하게 남았습니다. 그 한 가지는 나라는 사람의 핵심을 정확하게 집어낸 그의 능력이었습니다.

내 직업과 당시의 상황에 비추어 가르침을 주더군요. 상당히 모호하지만 생각해보면 감정은 진실이 아니라는 요점이었습니다. 내 스스로 불러일으킨 감정이었지만 나는 항상 그 감정을 믿었습니다. 우리 모두 매일의 삶에서 무수한 감정을 경험하고 그 감정들이 확고한 실제라 생각하며 감정 스스로 생겨난다고 알고 있습니다. 하지만 감정은 마술사의 속임수와 다를 것이 없습니다. 배우라면 당연히 끄집어내야 하는 오만가지 감정처럼 말입니다.

그는 동생에게 나에 대한 간단한 질문 단 두 개만 묻고는 어떤 이야기를 나누어야 내게 의미가 있을지, 어떻게 이야기해야 더 큰 의미를 줄지를 단박에 파악해냈습니다. 어쩌면 서로 단순한 이야기만 주고받은 듯이 보일 수 있는 만남이었습니다. 하지만 으레 있을 법한 길고긴 들어가는 말없이 우리 모두의 영적 이슈 속으로 재빨리 파고든 만남이었습니다.

로렌스 프리먼 신부 (좋은 마음) 세미나를 하겠다고 응했을 때 정말로 기뻤습니다. 혼자서 계속 이야기를 해야 하는 사흘에 걸친 행사였기 때문에 어떤 식으로 진행할지 듣고 조율해야 했습니다. 항상 이야기하는 주제와는 좀 다른 것이 있었으면 하는 생각이었습니다. 그래서 다소 부담이 될 듯도 싶었지만 복음에 대한 이야기도 해보는 것이 어떻겠느냐고 물었습니다. 다소 놀란 기색을 보이고는 이렇게 답하더군요. "복음에 대해서는 그리 많이 알지 못합니다. 솔직히 복음에 대해서는 아무것도 모릅니다." "그럼 내용을 맞춰볼 테니 종교 인사로서 코멘트만 간단히 붙이시는 것은 어떻겠습니까?' 하고 물었더니 "좋습니다!' 하고 답했습니다. 정신과 직관의 기민성, 맑고 투명한 정신력과 좋은 판단력을 엿볼 수 있었습니다. 수긍하기도 그렇지만 실행하는 것은 더더욱 위험천만한 일이었지요. 선뜻 내린 승낙이었지만 충동적이라기보다는 자연스러운, 보기 드문 재능인 지혜에서 그냥 자연스럽게 나온 승낙이었습니다. 변하지 않는 그의 성격이라고 봅니다.

미키 렘리 컬럼비아대학에서 명예 학위를 받았던 몇 년 전에 함께 있었습니다. 학위 수여에 이은 연설에서 그는 "이런 명예 학위를 정말 좋아합니다. 공부도 않고 공짜로 받는 것인데 누구라도 마다하겠습니까" 하고 가볍게 너스레를 떨며 말을 시작하더군요. 설법할 기회가 생기면 절대로 놓치지 않는 양반이죠. 존엄한 학자들을 한번 둘러보고는 이렇게 말했습니다. "서방의 고등교육기관에 올 때마다 걱정이 됩니다. 심성은 닦이지 않고 지성만 닦인 사람은 위험하기 때문입니다. 한 가지 묻고 싶습니다. 우리 교육제도에서 자비심을 가르치는 곳은 어디에 있을까요?'

리처드 기어 우리는 아직도 내 사진을 가지고 싸우고 있는 중입니다. 전시회 연 것 아시죠? 성하가 내 사진을 처음 본 곳은 휴스턴의 한 박물관이었습니다. 첫 박물관 전시회였지요. 사진도 좋았고 박물관 전시회도 그랬고 해서 꽤 으쓱해 있었습니다. 나는 표현주의적인 사진을 좋아합니다. 직설적이고 인포커스되어 있는 묘사 사진은 그리 좋아하지 않습니다. 직접 찍은 사진 중에서도 마음에 드는 것들은 다소 흐릿한 소프트포커스 사진들입니다. 질감이 느껴지는 그런 것들이요. 직설적인 것은 좋아하지 않습니다.

성하가 내 사진들을 보고는 조용히 한쪽으로 끌어냈습니다. 사방에 기자들이 깔렸었거든요. 그리고는 "이 사진들 정말 안 좋네요" 하더군요. 어깨가 한참 으쓱했던 터라 충격이 이만저만이 아니었습니다. 달라이 라마는 사진, 하면 떠오르는 그림이 달랐습니다. 그 후 15년 동안 계속 내 안 좋은 사진에 대한 코멘트를 날립니다. 절대로 가만히 놓아두는 법이 없습니다.

달라이 라마의 취미

애니 워너 디스커버리 채널을 무척 좋아합니다. 2003년도에 하버드대학에서 가장 좋아하는 텔레비전 프로그램이 무엇이냐고 물었더니 자연환경에서 동물들이 살아가는 모습을 보는 것이 가장 좋다고 하더군요.

린첸 달로 내셔널지오그래픽을 즐겨 봅니다. 동물이라면 종류를 안 가리고 보지요. 무기, 군수품, 비행기 등이 소재인 잡지도 즐겨 읽습니다. 비행기를 타고 어디에 갈 때면 탑승한 비행기의 엔진에서부터 좌석의 개수까지 술술 이야기할 수 있을 정도입니다. 어렸을 때에는 다양한 종류의 잡지를 읽었습니다. 기억력은 또 얼마나 끝내주는지, 한 번 읽은 내용은 머릿속에 고스란히 남깁니다. 컴퓨터 같다고나 할까요.

컴퓨터를 배워봐야겠다는 생각까지는 하지 않는 것 같습니다. 어렸을 때에는 기계나 공학 쪽의 관심이 상당했지만 나이가 든 지금은 관심이 적어진 듯하네요. 그렇다고 그쪽에 대한 취미가 완전히 사라진 것은 아닙니다. 88년도에 한 호텔에 묵을 때 에어컨이 제대로 돌아가지 않았던 적이 있었습니다. 달라이 라마는 방이 추운 정도까지 되었으면 했지요. 방에 들어가 이상한 것이 없는지 살펴보려고 에어컨 덮개를 열려는데 이렇게 말하더군요. "그냥 놓아두세요. 뭔가 잘못된 구석을 찾았다면 벌써 고쳤을 겁니다. 제가 벌써 만져봤어요. 수리공이나 불러주십시오." 기계에 문제가 생기면 달라이 라마는 직접 고치려고 했습니다. 10년 전까지만 해도 시계 따위는 뚝딱 하고 고쳐냈죠. 하지만 지금까지 그러리라고는 생각지 않습니다. 달라이 라마는 원예 쪽에도 조예가 깊습니다. 다방면에 관심이 많은 사람입니다.

T. C. 테통 성하가 외국 방문을 마치고 다람살라로 돌아올 때면 각료들이 마중합니다. 우리가 먼저 거처에 가서 도착하는 자동차 행렬을 맞는 것이죠. 한번은 기다리던 도중 성하의 서재에서 티베트어로 된 책 여럿이 특정 페이지에 펼쳐져 있는 것을 보았습니다. 책상의 한쪽

에는 원예 도구들이 놓여 있었고, 그 아래에는 갖가지 비료들이 있었습니다.

로버트 서먼 교수 몇 년 전 코스타리카에서 달라이 라마를 만났습니다. 교외로 나가자고 하니 달라이 라마는 좀 우스꽝스러운 팔랑거리는 모자를 쓰고 나왔습니다. 다람살라에 있는 것과 똑같은 식물을 발견하고는 이파리 하나를 들고 사진을 찍더군요. 매우 흡족해하는 모습으로 달라이 라마가 내게 말했습니다. "다음 생에서는 자연에 묻혀 사는 사람으로 태어나고 싶습니다."

리처드 기어 내가 마련한 점심식사 자리에서 헨리 루스(Henry Luce) 3세가 "심심할 때에는 무엇을 하십니까?" 하고 물었습니다. 질문에 내가 더 놀랐습니다. "아시다시피 제 정원도 있고 거기에는 날짐승도 있고 들짐승도 있지요." 성하는 그렇게만 대답하고 말더군요. 거짓 없는 대답이었습니다. 그는 정원 일을 좋아하고 새와 개를 돌보는 것도 좋아합니다. 랩랜드(Lapland)에서 마차에 올라 툰드라를 가로지르며 한껏 웃는 사진을 본 기억이 나서 물었더니, "그때는 정말로 신이 났었죠" 하고 대답했습니다. 그렇게까지 강조하며 이야기하는 것은 처음이었습니다.

오빌 쉘 시계를 만지작거리는 것을 좋아합니다. 명상도 즐기는 것으로 알고요. 모든 것을 솔직하게 털어놓을 수 있는 내부 그룹이 있기는 하지만 그래도 그의 삶은 여러 면에서 제한이 많습니다. 아내도 없고 자식도 없습니다. 정말로 소중히 아끼는 다른 것들 때문에 일반인의 삶을 포기한 사람입니다.

최신 과학

툽텐 진파 랑리 박사 13대 달라이 라마가 남긴 기계들을 보면서 자연스럽게 생긴 과학에 대한 관심이 첫 취미로 발전했습니다. 어렸을 때부터 승려교육을 받으면서 대화와 토론도 좋아하게 되었지요. 토론은 과학적인 사고와 판단력의 발달에 한몫했을 것입니다. 과학과 첨단 기술에 대한 관심이 한창이었을 때, 성하는 관심을 좀더 깊은 곳으로 돌려 특히 현대 세계가 실존성에 대해 이해하는 모습 등에 큰 흥미를 보였습니다. 유럽과 미국 등을 처음 방문하기 시작한 때 과학계 주요 인사들과 개인적인 친분을 쌓을 수 있었던 것은 그 때문일 것입니다.

애덤 잉글 1983년에 달라이 라마가 과학자들을 만나고 싶어한다는 소문을 들었습니다. 귀가 번쩍 뜨이는 소식이었죠. 떠다니던 말이 사실이라면 직접 만나보는 것도 가능하겠다고 생각했습니다. 이듬해인 1984년 가을, 로스앤젤레스에서 있었던 달라이 라마의 법회에서 동생인 텐신 체걀을 만날 수 있었고 그가 도와 약속을 잡게 되었습니다. 만나면 묻고 싶은 것들이 머리에 한가득이었지요. 아직도 과학자들과의 자리를 만들고 싶은지, 만나고 싶은 이유는 무엇인지, 과학자들에게서 어떤 것들을 원하는지.

폴 데이비스 교수 달라이 라마와의 첫 만남은 IBM사가 주관한 자리에서였습니다. IBM사가 휴식과 새로운 자극을 위해 매년 간부들을 위한 컨퍼런스를 열던 때였습니다. 주말을 잡아 열렸던 컨퍼런스는 절충주의적인 성격이 강했지요. 여러 발표자들이 다양하게 발제해 한 가지 난제에 대한 주요 측면을 다뤘습니다. 그때의 주제는 '시간의 특성'이었고 제가 발표를 하고 곧이어 달라이 라마가 발표를 하게 되었습니다. 제 발표 주제는 '과학에서의 시간'이었고, 달라이 라마는 '동양철학에서의 시간'이라는 주제로 이야기를 했습니다. 기괴하기까지 한 조합이 아닐 수 없지요. 저는 과학의 인기를 높이겠다고 수식과 표에 우스갯소리까지 섞어가며 프로젝터를 사용해 발표했는데, 그는 통역자를 동반하고 반듯하게 재단된 위엄 있는 모습을 하고 티베트어로 발표했습니다. 누가 보아도 신기한 조합이었을 것입니다. 우리 두 발제자의 연이은 발표가 끝나고 휴식시간이 있었습니다. 함께 밖으로 나오는데 달라이 라마가 내 손을 꼭 잡았습니다. 이상한 행동이었기 때문에 아직도 기억이 생생하네요. 그리고 달라이 라마의 팬들이 따라 나와 앞을 막고 서서는 꽃을 전달하더군요. 이 역시 일개 과학자일 뿐인 나에게는 꽤 기이한 경험이었습니다. 팬들과의 이야기가 끝나고 팬 사인회에 쓰이는 것과 같은 책상에 겨우 앉은 우리는 컨퍼런스 참가자들의 질문을 받았습니다. 다소 진부하다 싶은 설정이었지만.

어쨌든 큰 용기가 없었다면 하지 못했을 일입니다. 앞뒤가 꽉 틀어막힌 사람들은 아닐지라도 그래도 과학과 기술로 머리가 굳은 컴퓨터업계 사람들 앞에 그것도 과학을 주제로 한 컨퍼런스 장에 서다니 말입니다.

제가 느끼기에 달라이 라마는 다소 대립적인 역할 사이에서 끊임없이 중심을 잡는 사람입니다. 한편으로는 지적 호기심도 많고 이것저것 관심도 많은 사람으로 참 많은 분야를 넘나드는 멋진 사람이라는 생각이 듭니다. 하지만 다른 한편으로 그는 그의 국가, 정확하게 말하면 반쪽짜리 국가, 그것도 옳지 않다면 특정한 정치운동을 대표합니다. 따라서 항상 자신의 말과 행동이 정치 이슈가 되지는 않을지 되돌아 보아야 합니다. 하는 일만 놓고 보면 달라이 라마는 찰스 왕세자를 닮았다고 생각합니다. 다방면에 관심을 둔 사람이니 시간만 더 있다면 연구실 같은 곳에 앉아 무엇인가를 골똘히 들여다보고 있을지도 모르겠습니다. 하지만 내각을 움직여야 하는 그는 시간과 관심을 적절히 안배해야 할 것입니다.

애덤 잉글 그는 과학에 다각적인 관심을 보입니다. 더불어 정신과 실존성에 깊이 빠져 있기도 합니다. 새로운 기계장치라면 유난히 호기심을 보이며 과학자적 기질을 보이기도 하지요. 새로운 물건을 보면 실제로 만져보고 책을 들춰보기도 하면서 작동원리를 이해하려고 합니다.

한번은 불교에 모순된 점이 있고 과학자들이 반론을 제기한다면 불교는 변화해야 한다는 말을 한 적이 있습니다. 불교가 비과학적인 입장을 취한다면 세인들의 신뢰를 잃는 것이 요즘 사회라는 점을 그도 알고 있는 것이겠지요. 따라서 종교 지도자로서 과학이 인정하고 이해하는 수준에 맞게 불교를 계속 업데이트시키는 일에 큰 관심을 두고 있다고 할 수 있습니다. 그는 과학이 결코 위협이라고 생각지 않습니다.

강연을 시작하며 자주 꺼내는 주제 중에 스스로 '세속적 윤리, 새 천년의 윤리'라고 부르는 분야가 있습니다. 어떠한 종교 내에서든 교육을 받은 사람들이라면 그의 설법을 따를 수 있으리라고 믿습니다. 하지만 이 지구라는 땅덩어리 위에 사는 수십억 사람들은 종교를 문화에 녹아든 정도로만 아는 경우가 태반입니다. 그들에게는 어떤 메시지를 줄 수 있을까요? 그들이 고된 생활을 헤쳐나가며 즐겁고 건강하고 평화롭고 윤택하게 사는 데에 도움이 될 무엇인가를 전달해 줄 수 있을까요? 달라이 라마는 생활을 개선할 수 있는 장치와 기법이 오랜 전통의 불교에 담겨 있다고 믿습니다. 그는 지금까지 서구의 시험장에서 그러한 기법들을 실험했고, 상당한 효과를 보인 것들을 불교 밖 세속에 사는 사람들에게 가르쳐왔습니다.

피에트 헛 박사 내가 알기로 대담에 참가한 다른 이들은 티베트 불교에 대한 배경지식이 없었습니다. 흥미로운 문화를 체험하게 되리라고 생각하는 듯한 분위기였지요. '자신들'의 지식을 전하면 상대편이 어떻게 답할지 모두 궁금해 하더군요. 그들은 동등한 지적 수준을 갖고 대등하게 뜻을 밝히고 반박하며 토론하는 사람도 있네 하면서 흠칫 놀란 기색이었습니다. 보다 종교적이고 문화적인 주제에 초점이 맞춰지리라는 예상이 빗나갔던 것이지요.

미키 렘리 23년의 공부 끝에 그는 역사, 과학, 언어, 시, 천문학 등을 포괄하는 우리의 철학 박사와 대등한 학위를 받았습니다. 그는 과학에 넋이 나가 있는 과학도이기도 합니다. 최신 두뇌연구 기법에도 해박할 정도입니다. 정신과 육체(Mind and Body) 모임에 참가한 적이 있었는데, 참가자들은 설명을 쉽게 하겠다고 무던히도 애쓰고 있었습니다. 마치 초등학생에게 가르쳐주듯이 말입니다. 완전히 빗나간 노력이었습니다.

로버트 서먼 교수 다큐멘터리나 책에서 달라이 라마가 별스럽고 기이한 모습의 슈퍼 성자로 묘사되는 것을 볼 때마다 불만스럽습니다. 실제로 본 달라이 라마는 상당한 지성인입니다. 과학자와 나눈 이야기만 놓고 보더라도 그가 어떠한 사람인지 알 수 있습니다. 비록 서양인들이 떠들면 듣는 일이 거의 대부분이지만 말입니다. 서양 학자들이 강의라도 하듯이 물리학 기초 이론, 심리학 이론 등과 연구실의 기자재에 대해 신이 나서 이야기하면 달라이 라마는 음, 그렇군요 하는 정도입니다.

서양 과학자들은 자신이 최고의 지성인이라 믿고 있지만 티베트의 학문, 고대 인도의 철학을 비롯해 그들의 과학과 심리학 등은 알지 못합니다. 그들을 위한 수많은 기금이 조성되어 있고, 자체 내에 수많은 과학자들이 있고, 플라톤이나 소크라테스보다 100만 배나 뛰어난 부처가 있다는 사실을 인도 티베트 지역에 사는 그들에게 극명하게 가르쳐주어야 하는 사람은 바로 우리와 우리 학생들입니다. 우리가 이야기하는 상대가 동등한 지성인들이며 정복당한, 그래서 열등한 원주민들이 아님을 일깨워야 하는 것도 우리와 우리 학생들의 몫입니다. 맞습니다. 그들은 정복당했습니다. 하지만 우등하기 때문에 정복당한 것입니다.

제프리 홉킨스 박사 취미를 자기 스스로 개발했다고 생각합니다. 아니, 분명 그럴 것입니다. 진실을 탐구하고자 하는 욕구, 진실을 통해 자비의 불교교리를 접목시키고자 하는 바람, 천문학에 대한 관심, 그러면서도 티베트 천문학에는 한 치의 관심도 보이지 않는 전통과의 단절 등이 모두 조합된 산물일 테지요. 천체에 대해 공부했다는 이방인들이 와서 불교경전에서 말하는 모습과는 완전히 다른 세상의 이야기를 합니다. 충격이었을 것입니다. 하지만 그는 실험관찰법에 의거한 이야기라는 것을 알았기에 그쪽을 따랐습니다. 진리에 대해 이야기할 때에도 과거에만 머무는 전통을 똑같이 반복하지는 않습니다. 하지만 그와 동시에 그르다고 확실히 입증할 수 있는 것이 아니라면 유구한 전통을 배척하지도 않습니다. 그런 일면들로 달라이 라마가 과학에 흥미를 보이는 이유가 어느 정도는 설명되지 않을까 싶습니다.

한편으로 그는 티베트의 문화, 특히 보다 깊은 정신작용 상태에 대한 의학 등은 국제 사회에 나누어줄 수 있을 만한 자산이라고 생각합니다. 대화와 대화법에 대한 그의 흥미는 그로서 설명이 될 것입니다. 대화에 대해 특별한 흥미가 없었다면 다른 종교와 체계에서도 자비를 가르치며 자비를 행하는 사람들에게 긍정적인 결과가 있다고 이야기하는 것을 인식하고, 이해하고, 존중하게 되지는 않았을 테지요. 또한 그러했기에 철학적인 차원의 차이를 강조하여 소개하는 것보다는 인성에 미치는 유사한 영향을 들어 설법할 수 있었을 것입니다. 그도 말하듯이 불교신자들을 비롯해 다른 종교의 신자뿐 아니라 모든 사람의 귀까지 열게 할 수 있는 이야기를 불교원리에 입각해 전하고자 하는 그의 노력은 눈으로 보아 알고 있습니다. 불교를 종교로서 믿는 것이 아니라 철학으로서 이해하게 된다면 불교원리를 알고 실천하기는 하되 그것에 구속받지 않아도 되지 않겠습니까? 그가 세상에 던진 이러한 메시지를 세계인들은 매우 호의적으로 받아들이고 있습니다.

폴 데이비스 교수 (달라이 라마의 천문학에 관한 흥미에 대해) 저는 시간의 본질에 대해 이야기할 때면 주로 시간의 기원, 즉 빅뱅이나 상대성 이론에 대해 먼저 이야기합니다. 제 발표에 연이은 자신의 차례에서 그는 빅뱅 우주론에 대해 이야기한 후 우주의 본질에 대한 자신의 생각에 접목시켜 이해시키려는 노력을 보이더군요. 불교관으로 본 우주는 순환적이며 영원합니다. 이는 기본 본류가 같은 유대교, 그리스도교, 이슬람교의 세계관에서 말하는 선형적 시간과는 완전히 대치됩니다. 우리의 전통에서 볼 때에 우주의 생성은 창조에 기인한 것이므로 기원은 특정 시점이지요. 과학적 세계관은 우리의 전통적 가정에서 시작해 발전했기 때문에 과학에서 바라보는 시간 역시 선형적이며 우주는 한 방향으로만 진화해 왔습니다.

이 두 가지는 동양사상과 완전히 대치되며 불교 역시 유일신교에서 비롯된 서양의 과학 전통과도 대립됩니다. 그러니 그 상반된 차이를 탐구하고자 한 달라이 라마의 이야기는 모두에게 무척 흥미롭게 들렸을 수밖에요. 과학적 증거가 빅뱅 이론을 강하게 뒷받침한다면 동양사상으로도 빅뱅을 설명할 수 있다는 것을 보여주어 합일점을 찾아내려 노력하는 모습이었지만, 다소 추상적인 그의 이야기를 우리는 도통 알아들을 수가 없었습니다.

그날 달라이 라마의 입장은 이쪽에도 저쪽에도 치우치지 않았지만 균형을 잡지도 못하는 듯했습니다. 그럴 수밖에 없는 것이 달라이 라마와 같은 종교 지도자들이 종교와 과학 사이에서 균형을 잡기란 매우 어렵습니다. 일정한 종교, 철학적 전통을 유지해야 하는 입장이기 때문에 확고부동한 증거가 나와 애초부터 잘못되었다는 것을 증명하기 전까지는 마음을 쉽게 바꿀 수 없는 일입니다. "모든 증거를 종합해 고려해 볼 때 나는 X이론이 옳다고 생각한다" 하고 말했는데 새로운 증거가 나옵니다. 이제 "그러니까, X이론은 더 이상 유효하지 않다고 생각한다. 따라서 Y이론에 힘을 싣겠다"라고 말을 바꿉니다. 종교를 배경으로 하는 사람들은 쉽게 할 수 없는 대단한 모험입니다. 하지만 과학자들은 마음대로 번복할 수 있지요. 교황이라면 새로운 학설이 휩쓸고 지나갈 때를 대비해 특정한 과학적 이슈에 대해 입장을 밝힐 때에는 신중을 기하고 또 기해야 합니다. 그렇지 않다면 유턴을 해야 하는 일도 빈번하게 생길 것입니다. 종교 지도자들에게는 그리 보기 좋은 모습이 아니지 않습니까?

달라이 라마 자신은 아직도 배우고 있다고 생각하는가?

미키 렘리 영화 제작을 위해 인터뷰하며 시간을 어느 정도 함께 보낸 후 성하에게 물었습니다. "실수라도 하시게 된다면 주위에서 이야기해 줄 사람이 있습니까?" "전부 다이지요. 실수를 꼬집히는 것은 그리 달갑지 않은 일이기는 하지만 그렇지 않다면 제가 어떻게 발전할 수 있겠습니까?"라고 대답했습니다.

린첸 달로 대단한 학자이지만 동시에 열심인 학도이기도 합니다. 우리가 그를 일컫는 '지혜의 대양'이라는 말은 그와 정말 잘 어울리지요. 이제 예순아홉이니 지난 예순네 해 동안 공부한 것이 되네요. 그것도 매일. 달라이 라마는 지금도 계속해서 공부하고 있고 아직도 여러 불교 전통을 익히고 있습니다. 매일같이 구두로도 배우고 글로도 배웁니다. 불교뿐만 아니라 다른 종교에 대해서도 공부합니다. 그는 누구를 만나든 배울 것을 찾습니다. 켄터키 주의 토머스 머튼(Thomas Merton, 1915~1968, 미국의 기독교 인사·저술가) 수도원에서 있었던 겟세마네에 가 닷새를 머물었던 94년도에도 매일 수도원의 신부들을 비롯해 여러 그리스도교 지도자들을 만나기에 바빴습니다. 수도원에서 돌아와서는 주위 사람들에게 그리스도교에 대해 배워보라고 권유하기까지 했습니다. 그는 항상 티베트인들에게 기부와 사회봉사 등의 기독교 전통을 배우라고 말하며, 그리스도교 성직자들의 생활, 회합하는 모습 등을 칭찬합니다. 받은 감명이 얼마나 깊었던지 달라이 라마는 이미 티베트 승방의 모습도 조금씩 변화시키고 있습니다.

로렌스 프리먼 신부 그리스도교 신학에 대한 지식이 완전하다고 할 수는 없습니다. 여기저기에서 많이 보고 배워 알고는 있지만 체계적으로 공부해 얻은 지식은 아니니까요. 세미나가 끝나고 달라이 라마는 60년대에 토머스 머튼을 만난 이래로 그리스도교에 대해 가장 많이 배울 수 있었던 계기였다고 말했습니다. 머튼의 표현을 빌리자면 달라이 라마를 방문하는 동안 매우 영적인 자리를 몇 차례 가졌으며 그 계기로 달라이 라마는 새로운 식견을 얻었다고 합니다. 기독교인들은 달라이 라마가 그리스도교에 갖는 경외심과 교리에 대한 이해에 아연실색할 정도이고, 서양의 불교 개종자들 역시 자신들조차 알지 못했던 그리스도교 교리에 대한 달라이 라마의 깊은 이해에 놀라움을 금치 못했습니다.

달라이 라마는 자칫하면 위험에 빠질 수 있었던 도전을 즐겼다고 봅니다. "저기가 연단입니다" 하고 보여주고 함께 올라가면서 '정말 아슬아슬한 고비에 서는 것을 좋아하는 사람이구나' 하고 생각했습니다. 지식을 넓힐 수 있는 계기로서 그리고 인맥을 넓힐 수 있는 계기로서 그 위험한 자리가 즐거웠으리라고 생각합니다. 아마 복음에 대해 갖고 있던 호기심도 해소되리라는 생각도 있었을 것입니다. 달라이 라마는 중간 중간 고개를 돌려 연단에 나란히 앉은 저를 몇 번 보았습니다. 세미나의 첫 주제는 비폭력에 대한 예수의 가르침이었고, 마지막에는 그리스도의 부활에 대해 이야기하게 되었습니다. 달라이 라마는 부활에 대해서도 대단한 식견을 보여주었습니다. "그리스도의 부활은 그리스도교의 독특한 특징입니다." 부활은 재탄생도 아니고 그들이 말하는 환생도 아니라는 점을 알았던 것이지요. "부활에 대해서 말씀해 주십시오." 신자 대부분도 표현하기 어려운 부분이었기 때문에 그가 얼마나 개념화시킬 수 있을지 저 역시 알지 못했습니다. 하지만 부활에 대한 그의 이해는 매우 깊고 명확했다는 생각입니다.

달라이 라마는 비교하기도 좋아합니다. 항상 대립되는 개념들을 찾아내고 생각해 봅니다. 그와 만나 이야기를 할 때면, 끊임없이 진리를 찾아내려는 노력을 엿볼 수 있습니다. 부활과 재탄생이라는 개념도 다른 맥락에서 또는 다른 개념에서 정립된 고대의 지혜입니다. 그는 항상 연구하고 탐구합니다. 진실에 대해 파고들다가 한계에 부딪치면 그때는 농담을 하거나 웃으면서 대화의 다음 장을 엽니다.

오빌 쉘 성하는 호기심이 많고 매우 개방적인 사람입니다. 왜 그렇게 되었는지 꼬집어 말할 수는 없지만 하인리히 하러 등과의 경험이 지대한 영향을 미쳤으리라고 봅니다. 사실 선택의 여지가 별로 없는 사람이지요. 절간에서 은둔하며 살기 싫었다면 세상에 서는 길밖에 없었을 것입니다. 달라이 라마는 꼬맹이 적부터 세상사에 관심이 많았습니다. 바깥 세상으로 내몰려지게 되면서 자연스럽게 세상을 포용하게 되었고요. 그의 범상치 않은 자질을 볼 수 있는 대목이라 할 수 있겠습니다. 달라이 라마는 자신의 근본원칙을 완전히 배척하거나 조율하지 않고 속세의 도전에 맞섭니다. 하지만 속세에 파묻혀 어울릴 줄도 압니다.

로버트 서먼 교수 한번은 칼 세이건(Carl Sagan)이 변론의 여지가 없는 완벽한 실험으로 환생이 거짓임을 증명한다면 어떻게 할 것인지 물었습니다. 잠시 생각하고 낸 달라이 라마의 대답은 이랬습니다. "그야, 환생에 대한 굳은 신념을 없애겠죠!"

미키 렘리 스위스 다보스에서 열린 컨퍼런스에 참석한 적이 있었는데 한 여자가 모든 발제자에게 "50년 후의 세상은 어떤 모습일까요?" 하고 물었습니다. 성하가 발표를 마치자 50년 후의 세계가 어떠한 모습일지 그의 생각도 묻더군요. 잠시 뜸을 들이고는 "부인, 전혀 알 수가 없군요. 오늘 저녁을 먹으면서 어떤 차를 마시게 될지도 모르는데 앞으로 50년이 지나 세상이 어떻게 변해 있을지 제가 무슨 수로 알 수

있겠습니까?"라고 답하더니 그냥 허허거리기만 했습니다. 이런 생각
이 들더군요. '정치 지도자와 종교 지도자를 통틀어 자신의 무지를
인정한 것을 들었던 때가 언제였지?'

달라이 라마의 인간적인 모습

티베트인들의 종교와 정치 지도자로서의 역할을 동시에 수행하기 때문인지 공인으로서 그리고 개인으로서 달라이 라마의 행동양식은때로는 경계가 흐려져 불분명하다. 성하는 공적인 역할수행을 위해 만난 사람들과 개인적인 친분을 쌓기도 한다. 친분이 쌓이는 데에는 그의 재치와 천진하기까지 한 유머가 한몫한다.

윌리엄 E. 스윙 감독 아르메니아 왕궁 앞에서 함께 사진을 찍은 적이 있었습니다. 참 재미있는 사람이더군요. 사진을 찍으려는 순간 옆구리를 손가락으로 찔러 간지럼을 태우지 뭡니까?

톱텐 진파 랑리 박사 아이처럼 천진한 면이 있습니다. 매우 즉흥적이어서 어디로 튈지 당최 알 수가 없죠. 무엇인가 골똘히 생각하다가 갑자기 웃음보를 터뜨리는 일이 많습니다. 유머감각도 뛰어납니다. 무엇인가에 집중해 깊이 빠져들면서도 동시에 쾌활함도 보일 수 있는 그런 능력이라고 할까요? 타고나지 않았다면 힘들겠지요.

미키 렘리 어찌나 재미있는 사람인지 직접 보면 놀랄 겁니다. 유머감각이 뛰어난 양반이죠. 웃기는 또 얼마나 잘 웃는지. 티베트를 감싸고 벌어지는 어두운 것들과 자신이 상징하는 밝은 것들 사이에는 어떤 팽팽한 긴장이 있습니다. 웃어넘길 수 있는 일이 아니죠. 자기가 모두 떠맡아야 하지만 그는 모든 하중을 견뎌내면서도 즐거워 보입니다. 그러니 가벼워 보일 수도 있지만 동시에 진중하기도 한 사람이죠. 2003년 9월 보스턴의 플릿센터(Fleet Center)에 모인 사람들에게 이런 말을 했습니다. "저 역시 사람입니다. 영적인 경험을 하겠다고 달라이 라마를 보러 오신 분들이 계시다면 실망하실 것입니다. '눈이 번쩍 뜨이겠지', '두 다리로 일어서 걸어 나가겠지' 하고 오신 분들이 계시다면 분명 실망하시게 될 것입니다. 종교적인 힘으로 병을 치유하는 사람들이 있다고 들어보기는 했지만 저는 모르겠습니다. 저는 제 무릎 관절염도 고치지 못합니다."

조너선 머스키 교수 결혼하기 전에 아내와 아내의 두 아이를 데리고 달라이 라마를 만나러 갔습니다. 런던에 와 있던 때였죠. 장차 가족이 될 사람들을 소개해 드렸더니, 자신을 보고는 얼어버린 아이들에게 이렇게 말하더군요. "오, 정말 멋진 아버지가 계셔서 좋겠구나." "성하, 아이들 아버지가 참으로 좋은 사람이기는 합니다만 지금 이 자리에 있지는 않습니다" 하고 말해주었습니다. 그랬더니 "음" 하면서 저를 가리키고는 "저 분도 정말 멋진 사람이란다" 하더군요.

예일대에서 명예 학위 수여식이 있어 달라이 라마가 조너선 에드워즈 기숙사에 묵기로 되어 있었습니다. 사감이 기별을 넣어 오고 싶으면 오라고 하더군요. 당시 저는 다트마우스(Dartmouth)에서 객원교수로 있었기 때문에 예일대로 내려갔습니다. 달라이 라마가 도착하기 하루 전이었지요. 아, 이랬던 것으로 기억합니다. 사감이 전화를 걸었었죠. "뭔가 특별한 선물을 드리고 싶은데, 뭘 좋아하시나요?" 그래서 "어디보자, 시계 고치는 것을 좋아하는 사람이니 보석 공구세트를 선물하는 건 어떨까요?" 했지요. 그랬더니 "그거 좋네요. 여기 뉴헤이븐(New Haven)에 고급 보석상이 있으니 공구세트를 만들어 달라고 하면 되겠군요. 그럼 그것은 됐고. 예일대 방문을 기념할 수 있는 선물도 하고 싶습니다만" 하더군요. "예일대 스카프를 선물하세요. 정말 좋아할 겁니다. 스카프를 좋아하시거든요." 달라이 라마가 도착할 때쯤에는 리처드 기어도 와 있었습니다. 명예 학위 수여식에서 달라이 라마는 예일대 스카프를 목에 두르고 나왔었죠. 저는 객석에 앉아 있었습니다. 첫 번째 줄인가 두 번째 줄인가 그랬을 거예요. 바로 앞에 앉아 있는 저를 보고는 춤을 추더군요. 엉덩이를 들썩이면서 추는 부기나 훌라 같은 동작을요. 옆에 앉아 있던 기자가 "왜 저러는 겁니까?" 하고 묻기에 "스카프를 가지고 하는 종교의식입니다" 하고 말했습니다. 다음날 신문을 폈더니 이런 글이 있더군요. "연단에선 달라이 라마는 스카프를 이용한 종교의식의 일종인 춤으로서 객석에 인사했다." 사실 달라이 라마는 장난을 쳤던 것이었죠.

로렌스 프리먼 신부 피렌체의 베키오궁에서 있었던 명예시민 증서 수여식에 우리는 한 차를 타고 갔습니다. 앞에는 수많은 나팔수들이 전통복장을 하고 기다리고 있었습니다. 차에서 내려 한 나팔수에게 다가가서는 모자를 만지작거리더군요. 각본에 짜인 행동은 아니었습니다. 그냥 하고 싶어서 한 즉흥적인 행동이었죠. 어떤 이들에게는 무거운 자리였을 수도 있지만 달라이 라마에게는 그렇지 않았습니다. 겉치레도 가식도 없어 보였습니다. 제가 플로렌스의 추기경과 함께 할 자리를 마련해드렸습니다. 15분 정도 이야기를 나누었을 것입니다. 추기경은 열린 사고를 지닌 인정 많은 성격의 사람이었지요. 피렌체의 수도원에서 제가 쓰던 방에서 만났습니다. 대화를 시작하기 전에 달라이 라마가 잠시 기다려야 하는 일이 있었는데 입을 크게 벌리고 하품을 하더군요. 그 모습이 추기경이 보기에 재미있었나봅니다.

정말이지 가식 없는 행동이었습니다. 긴장하지 않았기에 보여줄 수 있는 행동이었죠. 하지만 자제력을 잃는 경우는 없습니다. 큰 책임을 맡은 자리의 어떤 치들을 보면 이 자리 저 자리에 참석하고 일과를 모두 마치면 정말이지… (프리먼 신부가 한숨을 쉬었다) 단지 역할수행만 하고 있었기 때문이죠. 연극이 끝났으니 풀어지는 것도 당연하겠지요. 하지만 제가 아는 달라이 라마는 그렇지 않습니다. 우리가 보는 모습이 평소 모습입니다. 그는 정신수양으로 자신을 단련합니다. 매일 아침 네 시간씩 기도합니다. 저녁에는 아무것도 하지 않습니다. 저녁 약속도 잡지 않고 예닐곱 시가 지나면 간담회 등의 모임에도 참석하지 않습니다. 그러니 어찌 보면 항상 자신의 사찰을 지니고 다닌다고도 할 수 있겠지요. 그는 승려입니다. 큰 그림으로 보면 수도원장과 같겠지요. 막중한 책임과 막중한 신임과 막중한 계획을 이고 다니는 사람입니다.

조너선 머스키 교수 톈안먼 광장에서 구타당했던 적이 있습니다. 1989년 때의 일이었지요. 이곳 런던에서 달라이 라마를 만나기로 되어 있었지만 얼마나 얻어맞았던지 만나러 갈 수가 없었습니다. 서기관이 찾아와 달라이 라마의 걱정이 담긴 편지를 건넸습니다. 서기관이 말하더군요. "성하께서는 박사님을 만날 수 없게 되어 무척 아쉬워하십니다. 구타당하신 것에 대해 참으로 유감스럽게 생각하십니다. 정말로 공정치 못한 일이라는 뜻을 전해달라고 하셨습니다." 서기관은 자기 정수리를 가볍게 두들기더군요. 저도 이마 위로 해서 숱이 적지만 달라이 라마는 머리카락이 아예 없지요. "그리고 박사님의 경우가 특히 더 공정치 못한 이유가 성하와 마찬가지로 위로는 방어구가 갖추어지지 않았기 때문이라는 뜻도 전해달라고 하시더군요." 그는 상대에 잘 맞춰주는 사람입니다. 한번은 자가용 뒷좌석에 앉아 농담 따먹기를 했습니다. 그러다가 어린애처럼 서로 손가락으로 꼬집고 찌르면서 놀게 되었지요. 그러다 달라이 라마는 서기관에게 몸을 돌리고 나를 가리키면서 "때로는 경건하면서도 때로는 웃기는 양반이지요" 하고 말하더군요.

그의 식견

미키 렘리 (2003년) 센트럴파크에 모인 군중에게 최근에 작은 하얀 새들이 공중으로 날려진 평화행진에 참여했다고 이야기했습니다. "그것은 평화를 얻어내는 길이 아닙니다" 하고 말을 이었습니다. "평화는 인간 개개인이 마음을 변화시킴으로써 이루어내는 것입니다. 이 작은 새들을 풀어주는 것은 무의미한 행동입니다. 오히려 우리의 마음을 동요시키는 행동일 뿐입니다."

아네트 랜토스 무조건적으로 신뢰할 수 있는 지도자 하나를 대라고 한다면 주저 없이 달라이 라마라고 대답할 것입니다. 사람들이 그를 전적으로 신뢰하는 이유를 저도 공감합니다. 그는 '초인적인 존재(presence)' 입니다. 우리 모두의 최선을 상징하는 존재죠. 순결, 순수, 겸손처럼 그가 지닌 가치에는 막강한 힘이 있습니다. 그는 내면의 진리를 깨우쳤습니다. 우리 스스로도 찾고 있는 그런 진리요. 그에게서는 음충한 면을 찾을 수가 없습니다. 그러한 성장배경에서도 이렇게 겸손한 사람이 나올 수 있다는 것이 놀라울 따름입니다. 몇 겹의 생을 거듭하면서 발전한 영혼이 아니라면 불가능한 이야기입니다.

그의 겸손

어빙 그린버그 랍비 어떤 사람들은 달라이 라마를 정말로 우러러 받듭니다. 옛날의 티베트였다면 그에 대한 경외심은 우리가 하나님께 보이는 경외심과 별반 차이가 없었을 것입니다. (다람살라에 온 유대인 대표와 나눈 대담에서) 상대측은 그가 있는 자리에서는 거의 아무 말도 하지 않았습니다. 다른 세계에서 온 특별한 사람 대하듯 하면서 그저 그에게 전부 맡길 뿐이었습니다. 헌데 정작 자신은 자신이 특별하다는 생각을 하지 않는 것 같더군요. 거드름 피우는 사람으로 컸을 수도 있는 환경인데 말입니다. 그 어떤 다른 자리에서도 마찬가지지만 그때 본 달라이 라마는 정말로 인간적이었습니다. 겸손할 줄 알고 감수성도 있는 그런 사람이었습니다.

린첸 달로 그는 항상 다른 이들을 사람으로서 대합니다. "저 자신도 사람이고 다른 이들도 사람이라고 여기면 이야기를 나누기가 수월해집니다. 미국인도 아니고, 티베트인도 아니고, 학자도 아니며, 정치가도 아닌 그냥 사람 말입니다. 누구를 만나든 항상 사람으로서 이야기하세요" 하고 그는 말합니다. 자신도 그렇게 해야 편하다면서요.

격식이 훨씬 중요시되었던 과거, 이전의 달라이 라마들은 절에서 내려와 속세의 사람들을 만나는 데에도 특정한 절차를 거쳐야만 했습니다.

애니 워너 정말로 겸손하고 현실적인 사람입니다. 누가 와서 큰절이라도 올리면 "이러지 마세요" 하면서 몸을 낮추고 팔로 감싸 안아 일으키면서 대좌에 앉은 부처처럼 대하지 않아도 된다는 것을 보여주려 합니다. 그렇게 큰절을 하는 사람이라도 자신을 동등한 위치에서 친구처럼 편하게 대화할 수 있게끔 하려고 하지요. 사람들과 항상 함께 하려는 사람입니다.

로널드 B. 소벨 박사 (1998년 에마누엘 성전에) 성하의 말씀을 들으려고 온 모두는 5번가에서 성전으로 난 입구만 사용해야 했습니다. 보안장치며 탐지기구는 모두 그곳에 있었지요. 보안강화를 위해 경찰 당국은 성하를 66번가로 도착해 부설학교 건물을 통해 들어오게끔 했습니다. 달라이 라마가 탄 차를 비롯해 다른 측근들을 맞이하는 것은 물론 성전의 주임 랍비인 제가 해야 할 일이었고 저는 지정된 제 자리에서 기다렸습니다. 차가 다가와 멈춰선 후 그가 발을 내딛었고, 저는 앞으로 나아가 영접했습니다. 악수하겠다며 손을 뻗치려는 순간 제게 고개 숙여 인사하더군요. 청중석에 앉아서도 겸손한 모습을 여러 차례 보았지만 직접 느끼니 당황스럽기까지 했습니다. 인사를 나누고 안으로 안내하는 짧은 순간 이렇게 만나게 되어 얼마나 반가운지 모른다, 이렇게 웅장한 유대교 성전에 오게 되어 정말 기쁘다, 이야기는 많이 들었다 하며 이야기했고요. 문을 들어서려는 순간 저는 몸짓으로 먼저 들어가기를 청했습니다. 하지만 아니라고 하면서 저더러 먼저 들어가라고 하더군요. 저는 또 아니라고, 제가 뒤를 따라야 한다고 말했지요. 그런데 팔을 덥석 잡지 뭡니까. 깜짝 놀랐습니다. 사원에서 기도하며 대부분을 보냈을 사람인데 힘은 어찌 그리 세던지. 아플 정도로 꽉 잡지는 않았습니다만 제가 먼저 들어가야 한다는 고집은 분명하게 전달되더군요. 달리 다른 방도가 있었겠습니까? 길에 서서 싸울 수도 없는 일이고. 그래서 제가 반 발자국 먼저 들어갔습니다.

우리는 랍비 착의실(Rabbi's Robing Room)이라 부르는 곳에 모였습니다. 저명인이 여럿 와 있었기 때문에 기다리는 45분의 시간도 즐거웠습니다. 저쪽에는 유명 배우 리처드 기어도 있었습니다. 랍비 착의실은 그리 크지 않았기 때문에 방은 사람들로 북적댔고 의자도 충분히 들여놓을 수 없었습니다. 리처드 기어는 땅바닥에 앉아 있었죠. 달라이 라마 성하의 발치에서 가부좌를 틀고 말입니다. 다들 뉴욕에서 바로 전에 있었던 일에 대해 이야기하고 있었고 누가 들어오든, 심지어 사진기자에게까지 달라이 라마는 진실되고 순수한 마음으로 인사하고 응대했습니다. 정말 놀라운 광경이었죠.

애덤 잉글 티베트 불교 전통에 따르면 그는 전대의 달라이 라마, 그 이전과 그 이전 달라이 라마들의 화신입니다. 사실이라면, 그가 믿기 힘들 정도로 진실하고 겸손한 태도를 갖게 된 이유가 어느 정도 설명될 수도 있겠지요. 하지만 달라이 라마가 선대 달라이 라마의 환생이라는 이야기를 믿지 않는다고 해도 우리는 그가 정말로 밝고 유능한 사람이라는 점을 압니다. 그렇지 않습니까? 그는 티베트 동부에 살던 젖먹이였습니다. 멀고 먼 오지에서 살던 아기였지요. 실제적인 면으로만 본다면 특정한 재능을 타고난 아이가 성장하면서 불교 전통에 따라 언제 정신수양을 할지 선택합니다. 섹스, 권력, 재화처럼 우리가 숭배하면서 자란 그 모든 것들에 발끝 한 치 들이지 않고 정신을 수양합니다. 중요한 선택을 내려야 하는 인생의 요소 요소에서 자신을 몰았던 지침은 '어떻게 하면 모두에게 이로울까' 하는 문제였습니다. 60년 이상을 그렇게 산다면 누구든 그와 같이 되지 않을까요?

조너선 머스키 교수 달라이 라마를 여러 번 만났습니다. 1981년인가 1982년에 웨스트민스터 대성당(런던 소재의 대성당)의 주임사제 숙소에서 인터뷰했던 적이 있습니다. 영국에 아직 몇 번 방문하지 않았던 때였지요. 항상 옆에 붙어 다니던 측근들이 일반인 대하듯 하면 안 된다며 신신당부를 하더군요. 하지만 그는 그렇지 않았습니다. 제인 브라운이라는 「옵서버(The Observer)」 소속의 유명 여성 사진기자도 동행했습니다. 그는 달라이 라마가 머리를 조금 틀어 사진 찍기를 바랐죠. 손을 그의 머리에 대기까지 했습니다. 아시다시피 티베트 관습에서는 절대로 허용되지 않는 행동이지요. 안절부절못하는 측근들이 안쓰럽기까지 했습니다. 하지만 달라이 라마는 보다 못해 저지하려드는 측근들에게 손을 흔들어 물러나게 하며 "괜찮습니다. 브라운 씨가 하는 대로 놓아 둡시다" 하더군요. 그래서 겸손하고 진중한 사람이라는 생각이 들었습니다.

그는 항상 똑같았습니다. 언제나 변함없지요. 우리는 만날 때면 항상 포옹으로 인사합니다. 달라이 라마가 그리 자주 쓰는 인사법은 아닙니다. 지난번에 보았을 때에는 포옹을 할 뿐만 아니라 손가락으로 제 코까지 꼬집더군요. 서기관이 말하기를 "성하께서 인사로 포옹을 하시는 것도 그리 흔한 일은 아니지만, 코를 잡으시는 모습을 본 것은 생전 처음입니다!" 그만큼 깊이 있는 유대감의 표시였겠지요. 장난기가 발동할 만큼요.

하워드 커틀러 박사 우리의 『행복론(*The Art of Happiness*)』이 6개월 동안 베스트셀러 목록에 올라 있던 때 그가 뉴욕으로 왔습니다. 아직도 모르고 있던 터라 언론에 있는 사람들이 물어볼 것에 대비해 상황을 간단하게라도 알려주어야겠다 싶었습니다. 이야기를 듣자마자 "책이 도움이 되더라고들 합니까?" 하고 물었습니다. "예" 하고 대답했더니 "어떻게요?" 하고 묻더군요. 혹시나 자신의 의도와는 달리 책을 낸 이유가 사람들을 불교로 개종시키기 위함이 아니냐고 타종교 신자들이 비판이라도 하지 않았는지 걱정하고 있었습니다. 『직장에서의 행복론(*The Art of Happiness at Work*)』이 2003년도에 출간되고 「뉴욕 타임스」가 선정한 베스트셀러 목록에 올랐을 때 그는 다시 뉴욕을 찾았습니다. 엘리베이터를 타고 가면서 베스트셀러로 선정된 이야기를 전했더니 저를 보고 말하더군요. "잘 되었습니다. 그렇지요?"

A. 제임스 루딘 랍비 (펜실베이니아 그린스버그에서 초종교회의가 열리기 전에)
녹색방에서 그를 만났는데 그렇게 환대할 수가 없었습니다. "유대인
친구들이 많습니다" 하는 식의 흔히들 하는 말을 하는 것이 아니라,
랍비를 만난 것에 정말로 기뻐하는 모습이었습니다. 모임에 참석할
수 있음에 진짜로 기뻐했습니다. 작별 인사를 나눌 때에도 따스함이
그대로 전해지는 말을 건네며 또 만나자고 하더군요. 저도 헤어질 때
는 만날 때보다 좀더 따뜻하게 대하게 되었습니다. 그를 좋아하게 되
었다는 말은 아닙니다. 사이비 종교인을 대할 때에는 항상 의심부터
하고 들어가게 되지요. 뭐 그렇다고 파괴를 조장하는 사이비 교주라
고 생각하는 것은 절대로 아닙니다. 자신을 신격화하는 메시지를 퍼
뜨리고 다니는 사람도 아니고, 종교라기보다는 단순한 윤리학을 믿
는 사람이니까요. 다시 한번 만나보고는 싶습니다.

최마 잠파 돌카 브랜다이스대학(Brandeis University)에서 열렸던 법회에
간 적이 있습니다. 학교 체육관에서 열렸는데 사람이 많이 모였습니
다. 스승을 모시게 되고 몇 달 지나지 않아서였지요. 그 많은 사람들
모두에게 주의를 기울이며 바라보던 모습이 인상 깊었습니다. 이렇
게 말하더군요. "한 분도 빠짐없이 제게 이를 보이시는군요." 모두가
치아가 드러나도록 큰 웃음을 짓고 있다는 뜻이었지요. 그가 선 자리
에서 한참 떨어진 자리에 앉아 있었지만 '어쩜 나만 바라보고 있잖

아' 하는 생각이 들었습니다. 모든 사람들이 똑같이 '어쩜!' 하고 있었을 거예요. 그에게는 그런 인품이 있습니다. 그 때문에 설법을 이해하기도 더욱 쉬워지고 공감하기도 좋아지지요. 그곳이 커다란 체육관이라고 하더라도 함께 있는 공간에서는 그가 진정한 영적 존재라는 사실을 알 수 있습니다. 대단한 경험이었습니다.

로렌스 프리먼 신부 1979년에 그를 처음 만났습니다. 몬트리올에서 견습사제로 있을 때였지요. 제 스승이신 (베네딕트회, 그리스도교 명상세계회 창립자인) 존 메인과 함께 몬트리올에 갔습니다. 그리스도교 명상법을 가르치겠다는 뜻으로 뭉친 베네딕트회 수도사들과 평신도들로 시작한 작은 모임이었습니다. 스승님은 대성당에서 열린 범종교 미사에 초대된 달라이 라마 영접단으로 대주교님께 초청받았습니다. 스승께서 관계자들을 설득해 행사가 시작되기 전에 명상의 시간을 갖기로 했지요. 기대대로 성당은 만원이었고 달라이 라마도 따뜻한 환영을 받았으며 여러분들의 말씀이 있었고 기도도 있었으며 노래도 했습니다.

　그리고 20분 동안 명상도 했습니다. 달라이 라마는 그리스도교 행사에서 명상을 한 것은 그때가 처음이라는 말을 하더군요. 스승님이 그에게 한 말씀이 기억납니다. "성하, 떠나시기 전에 친히 여기 몬트리올에 있는 보잘것없는 모임을 찾아주신다면 더 없이 영광일 것입니다." 달라이 라마의 옆에 서 있던 수행요원 한 명이 중간에 가로막고 이렇게 말했습니다. "성하께서는 그렇게 하지 못할 것입니다." 본분을 다하는 행동이었지요. 하지만 달라이 라마가 요원을 보면서 "그리할 것입니다" 하더군요. 돌아오는 일요일, 달라이 라마는 정오 명상시간에 맞춰 우리를 찾았습니다. 그 누추한 곳에서 점심도 함께 했습니다. 사실 달라이 라마는 명상보다는 스승님을 만나는 데에 더 큰 관심이 있었습니다. 그래서 식사를 마친 후 얼마 동안 말씀을 나누셨죠. 두 분은 상대를 알고 느끼면서 강한 유대를 형성했습니다. 달라이 라마는 그리스도교 전통에 따라 명상법을 가르치는 수도사를 만나고 싶어했기 때문에 그것에 대해서도 이야기했고, 다른 종교를 이해하기 위해서 뿐만 아니라 전 세계의 영적 재활을 위한 명상의 중요성에 대해서도 이야기했습니다. 달라이 라마를 만나고 두 해가 지나 스승님께서는 별세하셨습니다. 몇 년 동안은 저도 달라이 라마를 직접 만날 기회가 없었지요. 그러다가 달라이 라마에게 편지를 띄웠습니다. 스승님을 추모하는 행사를 시작하는데 첫 행사를 직접 집전해 달라고 부탁했습니다. 답장이 왔습니다. 그렇게 빨리 올 줄은 몰라 받아들고는 놀랐습니다. 그날의 만남을 떠올리면 아직도 가슴이 따스해진다며 기꺼이 세미나 진행을 맡겠노라는 답이 써 있었습니다. 그것이 함께 했던 두 번째 대규모 행사였습니다. 1994년에 런던에서 열렸던 '좋은 마음 세미나'가 그렇게 성사되었습니다.

린첸 달로 꾸밈도 없고 격식도 따지지 않는 분입니다. 1989년도에 뉴욕에서 세계의 기업가들이 모인 대규모 오찬회가 있었습니다. 그가 기조연설을 하도록 되어 있었는데 마침 그때 스프가 도착했습니다.

열심히 이야기하는 도중 어깨에 걸친 옷이 흘러내려 스프에 빠지게 되었습니다. 옷 끝이 스프에 빠진 것을 보고는 이렇게 말했습니다. "멍청하긴! 제 옷이 스프에 빠져버렸네요."

동정심

미키 렘리 스위스 다보스에서 1984년에 열린 컨퍼런스에서 처음 만났습니다. 고급 호텔의 무도장을 세 구역으로 나눠 켜켜이 의자를 가져다 놓고 800명가량 들어갈 수 있게 만들어 준비된 대회장이었습니다. 연단의 뒤쪽 전면은 유리로 되어 있어 알프스 산맥이 훤히 내다 보였습니다. 다섯 살 난 아이를 데리고 온 나이가 지긋한 히피 부부가 있었는데, 역시 히피족답더군요. 아이가 유리창 밖으로 가 알프스를 구경하도록 놓아 두었습니다. 한 5분 동안 산을 쳐다보았나 싶었습니다. 아무런 움직임도 없어 재미없었는지 아이는 유리문을 두들기기 시작하더군요. 그러면서 "문 열어줘! 문 열어줘!" 하는 겁니다. 달라이 라마의 말을 모두 귀담아들으려고 했지만 그 꼬맹이 때문에 그럴 수가 없었습니다. 그제서야 아이 어머니가 세 번째 구역에서 일어났습니다. 연단에 선 달라이 라마 앞을 가로질러 아이 쪽으로 가더군요. 문을 열고는 아이를 안아 들었습니다. 자신의 자리로 돌아가면서 또다시 달라이 라마의 바로 앞을 가로질러 걸었습니다. 영적인 경험은 다 글렀다 싶었습니다. 그 히피 아줌마가 앞을 지날 때 달라이 라마는 아이와 눈을 맞추며 씩 웃으면서 손을 흔들었습니다. 아이가 팔에 안겨 뒤쪽의 자리로 갈 때까지 눈을 떼지 않았지요. 아이는 내내 눈을 똥그랗게 뜨고 달라이 라마를 쳐다봤습니다. 저것이 바로 불가에서 말하는 자비구나, 하고 생각했습니다. 그날 그가 어떤 말을 했는지 기억나지는 않습니다. 하지만 외롭고 심심했던 다섯 살배기 꼬마에게 보여주었던 그의 동정심 어린 행동은 결코 잊지 못할 것입니다.

블루 그린버그 박사 (다람살라 간담회에서의 달라이 라마와 유대교 대표단과의 첫 자리에) 우리가 걸어 들어갈 때 회장에 가장 마지막으로 들어왔던 사람은 조너선 오버맨(Jonathan Ober-Man)이었습니다. 어렸을 때 소아마비를 앓았던 사람이라서 그는 금속제 보조기구를 차고 있었습니다. 조너선은 모두 착석하고 나서야 들어왔습니다. 달라이 라마는 그런 몸을 하고도 올 것이라고 생각지 못했는지 조너선을 보고 놀라더니 의자에서 튕겨져 나오듯 일어나 달려가서는 조너선이 자리에 앉기까지 도왔습니다. 뭉클하더군요. 그는 스스로를 권좌에 앉은 신으로 생각하는 사람이 아니었습니다. 부모가 모두 있는 가정에서 바르고 착하고 예의 바르고 베풀 줄 알도록 훈육된 사람처럼 보였습니다.

미키 렘리 티베트 탈출 난민을 볼 때면 항상 인사라도 건네려고 합니다. 그들에게는 그의 인사만으로도 생애 최고의 순간이 되겠지요. 1990년대 초입에 우리는 그런 사람을 찍고 있었습니다. 갑자기 젊은

이승 둘이 나타났지요. 달라이 라마는 어디에서 왔는지 물었고 그들은 라사 근처의 절을 댔습니다. 어디에 묵고 있냐고 묻자 묵을 곳이 없다고 대답하더군요. 그랬더니 "걱정들 마세요. 숙소를 마련해드리겠습니다" 하더니 보좌관 한 명을 시켜 그들이 묵을 곳을 마련하게끔 했습니다. 말로만 자비를 외치는 사람이 아닙니다.

폭력이 난무하는 세계에서 사랑과 자비를 호소하는 일이 힘들지는 않는가?

오빌 쉘 중국을 비롯한 현재의 적대 세력들을 비롯해 잠재적인 위험이 있는 집단에서 몸을 피하는 법, 티베트 국민의 망명 생활의 고충을 해결하는 법, 그러한 난관이 그의 태도와 정책에 준 영향을 비롯해 영향을 미치지 못했던 것들, 자신의 종교원칙을 고수하고 그들에 어쩔 수 없이 맞서야 했던 현실 세계에서 그 원칙이 다시 태어나게끔 할 수 있었던 법 등을 관찰할 수 있었습니다.

린첸 달로 문제가 있을 때에는 항상 이렇게 이야기합니다. "다른 각도에서 문제를 본다면 문제 때문에 우울해질 일은 없을 것입니다." 꼭 그렇게 말하는 것은 아니지만, 대체로 그런 충고를 합니다. 그에게 "저는 몸이 좋지 않습니다. 에이즈에 걸렸습니다" 하고 말하는 사람들도 여럿 보았습니다. 그럴 때에도 같은 이야기를 합니다. 그리고 긍정적으로 생각하라고도 합니다. "치료법이 있다면 치료를 받을 수 있겠지요. 하지만 치료책이 없다면 걱정한다고 무슨 소용이 있겠습니까?" 더불어 보다 원대하게 생각하게끔 합니다. "살날이 얼마가 남았건 인류에게 득이 될 수 있는 일을 하세요. 혼자만 생각해서는 안 됩니다." 많은 티베트의 젊은이들이 변화한 것도 보았습니다. 그는 항상 이렇게 말합니다. "남을 돕도록 하십시오. 도울 처지가 되지 못한다면 적어도 해는 입히지 마십시오." 티베트 사람 대부분은 변기에 벌레가 빠져 있다면 물을 내리지 않습니다. 무엇인가로 꺼내 생명을 구하지요.

로렌스 프리먼 신부 아일랜드 북부의 벨파스트(Belfast)라는 곳에서 대규모 세미나를 연 적이 있습니다. 존 메인 선생님께서 아일랜드 회장 메리 매컬리스(Mary McAleese)를 비롯한 여러 대표들을 보냈습니다. 성하는 화합으로서의 평화와 분열의 상처를 치유하는 데에 없어서는 안 될 이종교 간 대화에 대해 이야기했습니다. 그가 진행한 프로그램은 세미나 형식도 여럿 있었지만 수평관계의 프로그램도 하나 있었습니다. 젊은이들을 만나고 폭력 피해자, 종교 지도자, 정치 지도자 등도 직접 만났지요. 그가 양쪽 모두에게서 그렇게 환대받는 것이 놀라울 뿐이었습니다. 천주교와 개신교 신자 모두 달라이 라마를 따뜻하게 대했지요. 물론 우리 전부가 그랬다는 이야기는 아니지만 정말 대단한 환영을 받았습니다. 그는 좀 드라마틱한 일을 하기도 했습니다. '평화의 벽'이라고 부르는 곳에서였지요. 이름은 그렇게 붙여졌지만 평화의 벽은 알고 보면 두려움의 벽입니다. 개신교와 천주교를 가르는 장벽이지요. 달라이 라마가 벽을 가로질러 걸었습니다. 한쪽에는 천주교 신부가 있었고 다른 한쪽에는 기독교 목사가 있었지요. 벽을 가로질러 걷더니 양쪽 성직자들의 손을 꼭 잡더군요. 물의를 일으키려는 행동은 아니었습니다. 오히려 자세를 한껏 낮추어 겸손했습니다. "왜 이리도 싸우는지 도저히 이해가 되지 않습니다. 같은 신을 섬기면서 왜 천주교와 개신교로 나뉘어야 하는 것일까요? 둘의 모습도 크게 차이가 없는데 말입니다." 까딱하면 정치 이슈화될 수 있는 민감한 사항이었습니다. 분열에 대한 역사적 배경지식이 없기 때문에 한 소리였겠지요. 하지만 그의 그러한 직설과 솔직함에 사람들은 압도당했고 반대쪽의 상대방을 전과는 다른 눈으로 볼 수 있게 되었습니다. 그런 현상은 특히 폭력 피해자들과의 만남에서 두드러졌습니다.

달라이 라마는 자신의 대단한 인기를 알고 있는가?

오빌 쉘 잘 알고 있지요. 싫어하는 눈치지만요.

린첸 달로 알고 있겠지요. 하지만 인기가 어떻든 상관하지는 않습니다. 격식 없는 분인지라 "저는 꿈에서까지 자신을 평범한 승려라고 생각합니다. 달라이 라마로 나오는 꿈은 없습니다. 그저 중일 뿐입니다" 하고 말합니다. 스스로 그렇게 생각하지요. 다른 종교인을 만나면 그가 승려이든 신부이든 평신도이든 먼저 다가가 인사합니다. 다른 유명한 종교 관계자라면 보기 힘든 일이지요. 참으로 겸손한 사람입니다. 제프리 홉킨스(Jeffery Hopkins)가 가르치는 버지니아대학교에서 노벨상 수상자들의 모임이 있었습니다. 함께 찍은 사진을 보았는데 수상자 중 몇은 의자에 앉아 있더군요. 서 있는 사람들 가운데에 달라이 라마가 보였습니다. 데즈먼드 투투(Desmond Tutu) 대주교 바로 뒤에요. 제프리를 만났을 때 "달라이 라마에게 자리에 앉으라고 하지 그러셨습니까? 수상자들 가운데 앉아야 할 사람에 속할 텐데 말이에요" 하고 말했습니다. 그랬더니 "제가 그 고집을 어찌 꺾겠습니까? 스스로 서서 찍겠다고 합디다" 하고 대답하더군요. 빈자리가 있었고 사람들이 모두 그에게 앉으라고 했다고 합니다. 정 중앙의 자리에요. 그랬더니 "아닙니다. 투투 대주교님께 청하셔야지요. 저보다 연배가 높으시니 이곳에 앉아야 할 사람은 그분입니다." 그러고는 사람들이 그(대주교)를 자리에 앉혔다고 합니다. 그리고 "저는 여기 서 있겠습니다" 하더라는군요.

윌리엄 E. 스윙 감독 자신의 인기를 이해하지 못한다고 해도 실제로는 알고 있으리라 생각하지만, 주위 사람들은 분명 알고 있습니다. 그는 선봉에 선 사람이지만 그를 움직이는 목소리는 따로 있습니다. 그는 단지 얼굴일 뿐이지요. 그 뒤에는 티베트인들 몇몇이 있습니다. 할리우드 스타들이 매니저 등의 주위 인물에 의해 움직이듯이, 결정을 내리는 것은 그를 내세운 소수의 티베트인들입니다. 대단히 종교적인 사람들이지요. 한 사람 한 사람을 고객 대하듯이 할 수 있는 타입은 아닙니다. 불교신앙 속에서 자라온 이들로서 달라이 라마를 보호하고 계획을 짜는 것이 그들의 역할입니다. 세계적인 공인이기는 하지만 그 명성 때문에 골머리를 썩지는 않으리라는 생각입니다. 측근이 내리는 결정에 그저 느긋이 따를 뿐입니다.

수랴 다스 라마 자신의 명성이 무엇을 의미하는지 시간이 지나면 지날수록 더 잘 알게끔 되었는데, 서양의 불교 지도자 회의에서 이야기를 나눈 적이 있습니다. 불교의 대중화, 불법의 약화, 상업주의 등에 대해 함께 모여 토론했습니다. 제가 이런 점을 지적했었지요. 서구에서의 불교 대중화에 가장 큰 영향력을 미치는 사람이 바로 그라고요. 실제로 성하의 얼굴은 광고판과 선전물에까지 들어가 있습니다. 불자로서 자신도 썩 마음에 드는 활동은 아니라고 말씀하시더군요. 하지만 언제 어디서든 스승의 얼굴을 보고 '불법'이라는 말을 들을 수 있다면 그것은 이롭고 상서로운 연이라는 뜻을 밝히셨습니다. 물론 진정한 교리와 의식을 지켜나가는 것이 가장 중요하다는 뜻 역시 밝혔습니다. 우리가 바라보며 생각하는 명성과 스스로 느끼는 자신의 명성과는 분명 차이가 있습니다. 성하께서는 카리스마와 명성을 사람들의 시선과 관심을 모으고 여러 가지 일들이 일어나게 하는 것으로서 봅니다. 자신 스스로를 위한 인기라고는 생각지 않지요. 이유는 전생에서부터 이어진 업력과 기도 때문이라고 합니다. 자신이 빼어난 사람이라든지 다른 사람들과 다르기 때문은 아니라면서요. 달라이 라마는 자신이 다른 모두와 똑같다고 생각합니다. 하지만 어떤 사람들은 그가 자신과 같다고 생각하지 않습니다. 그것이야말로 큰 차이지요. 그들 스스로는 보지 못한다고 하더라도 성하는 그들 안에서 부처다움을 보십니다. 대부분의 사람들에게서요.

하워드 커틀러 박사 자신의 명성은 알고 있지만 무시하려고 부단히도 노력해왔습니다. 겸손은 계를 받은 승려가 지녀야 할 주요 덕목입니다. 한번은 이야기를 하면서 스스로를 어떻게 생각하느냐고 물었습니다. 물론 달라이 라마가 아닌 평범한 불교승으로서의 정체성을 가진 사람이라는 것은 알고 있었지만 말입니다. 수년에 걸쳐 그는 상당한 정신수양을 해왔습니다. 특히 자신이 타인에게 미치는 지대한 영향, 자신의 유명세, 자신이 변화시키는 세계에 대한 생각이 상념으로서 자신을 사로잡는 것을 피하기 위함이었습니다. 기자에게서 이런 질문을 받았다고 이야기한 적이 있습니다. "어떤 유산을 남길 생각이십니까?" 성하는 질문을 넘겨버렸다고 합니다. 아무 생각 없다면서요. 기자가 집요하게 물고 늘어지자 화까지 났다고 하더군요. 자신이 유산에 대해 생각하는 것은 옳지 않은 일이기 때문에 부적절한 질문이라고 생각했던 것이지요.

타인의 명성에 대한 달라이 라마의 자각

A. 제임스 루딘 랍비 (펜실베이니아 주 그린스버그에서 열린 초종교회의에서) 달라이 라마와 미스터 로저스(Mr. Rogers)의 만남은 무척 화기애애한 분위기였습니다. 서로 이야기할 것들이 참 많았나 봅니다. 달라이 라마는 그가 누구였는지 몰랐을 것입니다. 어쩌면 세튼힐(Seton Hill)대학의 누군가가 "공영방송의 인기 어린이 프로그램이 있는데 거기 진행자입니다" 하고 말해주었을 수도 있겠네요. 그래서 어떤 사람인지는 알고 있었을지도 모르죠. 하지만 미스터 로저스를 보며 자라온 아이들만큼 잘 알 리는 없었겠지요. 제 딸들도 미스터 로저스 팬이었습니다. 아이들은 달라이 라마가 아닌 프레드 로저스에게 몰려들어 사인을 받았습니다.

조너선 머스키 교수 달라이 라마는 유명인들을 좋아합니다. 그 때문에 어떤 사람들은 비난도 합니다. 스타들 쫓아다니는 머저리(fucker)라는 표현까지 들었습니다. 리처드 기어를 좋아하고 스티븐 시걸도 좋아하지만 어떤 누구를 만나도 친절한 것은 똑같습니다. 특히 기어는 그의 열렬한 추종자입니다. 기어가 스트라스부르(Strasbourg)에 있을 때 그와 달라이 라마와 나는 점심을 먹으러 가려고 UN구주본부(Palais des Nations)의 원형극장을 지나고 있었습니다. 세계 최고로 유명한 사람인 달라이 라마와 유명 배우인 기어, 그리고 아무것도 아닌 내가 그 덩그런 곳을 가로질러 걷고 있었지요. 그런데 그 커다란 원형극장을 둘러싼 대부분의 문이 열리더니 유럽연합 각국의 사람들이 뛰어나오더군요. 더운 날이었기 때문에 여자들은 짧은 스커트와 얇은 블라우스를 입고 있었습니다. 그들 사이에서 소리가 들려왔지요. 고음의 비명소리가요. 그러더니 너도나도 우리에게로 달려왔습니다. 말만 한 처녀들이 어찌나 빨리 뛰던지 들썩거리는 치마에 무릎이 다 보였습니다. 그렇게 여자 수백 명이 우리 쪽으로 달려들었지요. 기어가 셔츠의 윗단추를 풀고 넥타이를 늦추는데 여자들 수백이 에워싸고 옷을 잡아당겨 벗기더군요. 달라이 라마에게는 눈길 주는 여자 하나가 없었습니다. 나와 함께 바로 옆에 서 있었는데도 말이에요. 보기 드문 사건 현장을 보고 리처드 기어를 가리키고 키득거리면서 "오오, 정말 유명하군요" 하더군요.

애니 워너 깊은 친분을 쌓은 리처드 기어가 영화에도 여러 번 나와 잘 알려진 배우라는 것을 알고 있습니다. 유명 영화배우를 친구로 두었다는 사실에 재미있어하는 것 같기도 합니다. 리처드 기어, 우마 서먼 등 오랜 교우를 유지해 온 사람들의 유명세는 잘 알고 있습니다. 때때로 전에 만난 적이 없던 스타를 소개할 때에는 그가 어떤 영화에 나왔다거나 어떤 역을 맡았다는 것들을 브리핑해 줍니다. 밴쿠버를 떠나 오타와로 가는 비행기에 같이 탔을 때에 봤더니 영화는 보지 않더군요. 친한 우마 서먼이 나오는 영화였는데도 말입니다.

패트릭 프렌치 놀랍기도 재밌기도 할 겁니다. 하지만 유명 잡지 표지에 골디 혼이나 리처드 기어와 함께 찍은 자신의 사진이 오른다고 해도 별로 상관하지 않을 것입니다. 달라이 라마가 유명한 할리우드 스타들과 이야기를 나누고 함께 찍은 사진이나 영상이 매체를 통해 전 세계로 퍼져나갔지만 일이 끝나고 "그가 누구였지요?" 하고 묻는 경우가 많았다는 말을 측근을 통해 들었습니다. 스타 문화에 그리 큰 관심은 없지 싶습니다. 21세기를 사는 사람인데 참 신기하기도 하지요. 하지만 완전히 거부하는 것은 아닙니다. 티베트인들의 명분에 대한 광고가 긍정적인 효과를 낼 것이라고 생각하는 듯합니다. 저는 그런 효과가 있을지 의구심이 들기는 하지만 달라이 라마 주위 사람들은 그렇게 생각하는 것 같습니다. 하지만 이점에는 주목할 필요가 있습니다. 그가 망명길에 오른 59년도에서 80년대 후반까지 티베트인들의 독립운동에 대해 특별히 관심을 갖는 사람은 거의 없었습니다. 널리 광고되지 않았기 때문이지요. 그때는 티베트에 대한 텔레비전 프로그램은 물론 책도 거의 없었지요. 티베트는 90년대 초반에 들어 세계 언론의 집중 조명을 받기 시작했습니다. C급 유명인들이 스스로 티베트를 지지하고 나서는 우스운 홍보도 여럿 있었습니다. 달라이 라마의 측근들은 좋은 일이라고 생각했을 터입니다. 티베트를 둘러싸고 벌어지는 일들을 세계에 알리는 길이었으니까요. 하지만 저는 모든 선전이 좋은 홍보였다고 생각하지는 않습니다.

달라이 라마의 정서적 삶 : 그는 친구를 사귈 수 있는가?

패트릭 프렌치 차라리 왕이었다면 친구 사귀기가 쉬웠겠죠.

로버트 서먼 교수 옆에서 보좌하는 사람 중 몇몇이 친구라고 할 수 있을 것입니다. 고우로 여기는 사람들도 꽤 되지요. '배려해주는 친구'도 있습니다. 저와 제 가족은 그런 부류라고 생각하지요. 많이 바쁜 것을 알고 혼자만의 시간도 필요한 것을 아는 오랜 친구이기 때문에 거의 만나지 않는 친구들입니다. 만나서 양껏 떠들며 이야기하기보다는 공통의 관심사에 대해 요점만 간단하게 이야기하고 끝내는 사람들입니다.

오빌 쉘 따뜻한 가슴을 항상 열어 놓고 사는 사람이기는 하지만 있는 자리가 자리이니만큼 외로울 때가 있을 것입니다. 우리는 그가 독신이라는 점을 기억해야 합니다. 타인과 일굴 수 있는 친밀성과 긴밀성에는 한계가 있을 수밖에 없습니다. 친구를 사귀는 데에 있어서도 짐이 될 것이고요. 그는 종교적인 위치와 유명세 때문에 오히려 긴밀한 우정은 쌓을 수 없습니다. 역설적이기는 하지만 그를 탓할 수는 없지요.

로렌스 프리먼 신부 그는 티베트인입니다. 동양인이지요. 따라서 친구라면 친구겠지만 우리 서양인들이 생각하는 우정과 동양인이 생각하는 우정은 개념에서부터 다릅니다. 서구 문화에서는 친구라 하더라도 보다 개인적입니다. 자신은 은혜를 입은 운 좋은 사람이라고 말한 적이 있었습니다. 은혜를 입었다는 말은 항상 자신을 걱정해주고 보살펴주는 사람들에 둘러싸여 도움을 받는다는 뜻이겠지요. 그는 자신이 그런 대우를 받는 것을 당연하게 생각하지 않고 항상 고마워합니다.

비밀스러운 이야기도 털어놓고 보다 편하게 대할 수 있는 사람들도 적기는 하지만 분명 있습니다. 권력과 명성으로 고립된 것은 아니기 때문에 정서적인 안정감은 있을 것입니다. 하지만 매우 강력한 고립감도 존재하리라 생각합니다. 자신의 위치가 일부 원인일 수는 있지만 공인으로서의 위치 때문이라기보다는 군주이기 때문에, 그리고 내면의 삶에 초점을 맞추어야 하는 사람이기 때문에 그런 것 같습니다. 그에게 존재하는 고립감은 외로움은 아닙니다. 사람이 가득한 넓은 공간에서도 모두에게 친근감을 느끼게끔 할 수 있는 능력을 보면 알 수 있지요. 사람을 흡인하는 그의 매력은 자신의 고립된 삶에서 나옵니다. 긴장된 모습을 찾아보기 힘든 그를 그리 좋아하지 않는 사람들이 간혹 있습니다. 우리 서양인들은 감정적으로 초연하지 못한 경우가 많지요. 하지만 그는 매우 따뜻하고, 정이 넘치고, 인자하면서도 상당히 초연합니다.

조너선 머스키 교수 그가 귀족원(貴族院, House of Lords) 멤버들을 비롯해 다른 하원의원들에게 연설했던 적이 있습니다. 들어오면서 평소처럼 합장을 하고 사람들에게 인사했습니다. 인사하던 중 (나와 함께 있는) 친구 하나를 보고는 우리를 가리키면서 이야기하더군요. "오오, 좋은 친구들이 여기에 있군요." 짧은 영적 메시지를 전하고 내려오는데 하원의원 모두가 그와 악수를 하겠다고 나섰습니다. 그런데 모두를 제치고 우리에게로 곧장 오더니 다른 친구와 먼저 악수한 후 저에게 손을 내밀더군요. 그리고 제게는 포옹도 하고 코까지 꼬집었습니다. 정말 친절하고 붙임성 있는 사람입니다. 물론 그것 말고도 장점이 수두룩하지만요. 정이 많은 사람으로 친구를 좋아하고 아낄 줄 압니다. 저를 보세요. 저는 그리 중요한 사람도 아닙니다. 제게서 그가 중요하게 생각하는 점이 있다면 중국과 관련해서는 항상 그의 편이었다는 것밖에 없습니다. 제가 중국에 대해서 조금이나마 공부한 것을 알기 때문에 그는 이야기할 때마다 "중국인들이 어떻게 나올 것 같습니까?" 하고 묻습니다. 그렇다고 제가 그런 질문을 던질 수 있는 유일한 사람은 절대로 아닙니다. 그저 우리는 서로를 좋아할 뿐입니다.

프랭크 B. 베사크 박사 처음에는 항공우편으로 뜻을 나누다가 가끔씩 우리 집에 와서 살았던 그의 맏형(툽텐 직마 노부)을 통해 소식을 주고받았습니다. 티베트와 달라이 라마에 대한 제 생각은 버클리대에서 우리와 잠시 살았던 그의 형에게서 받은 느낌과 캘리포니아대에 있던 50년대 초반에 느낀 것들에서 크게 변하지 않았습니다. 당시 승려였던 그에게는 지켜야할 것들이 많았지요. 하지만 미국에서 서구 세계의 교육을 받고 있었습니다.

하인리히 하러 저를 보겠다고 리히텐슈타인까지 찾아왔습니다. 제 고향의 하러 박물관에도 두 번이나 방문했고요. 그리고 최근에 리히텐슈타인을 다시 방문해 저와 함께 묵었습니다. 이번에는 초대한 사람이 적어 조용했었죠. 그가 다람살라에서 먹던 음식을 제가 직접 만들어주었습니다. 그곳에 방문한 적이 몇 번 되기 때문에 그가 어떤 음식을 좋아하는지는 정확히 알고 있습니다. 오스트리아에는 지방이 거의 없는 아주 유명한 소고기가 있습니다. 하지만 티베트 사람들은 비계를 좋아합니다. 그곳에서는 손가락 두께의 비계가 달린 양고기는 싸구려 취급을 받습니다. 두께가 손가락 두 개 정도는 돼야 찾는 사람도 많고 그만큼 비쌉니다. 비계가 세 손가락 두께가 되면 최상급 고기로서 가장 비싸게 팔리지요. 티베트 사람들은 고기를 말려 두었다가 겨울에 먹습니다. 고기는 화덕에서 말리지 않고 자연건조시킵니다. 달라이 라마는 사탕과 초콜릿도 좋아합니다.

 편안하게 옛날 이야기를 하다보면 장난기가 발동합니다. 티베트를 떠난 지는 오래지만 달라이 라마를 만나면 티베트어로 농담을 하곤 합니다. 그가 "다른 사람들이 못 알아듣게 티베트어로 이야기합시다" 하기도 합니다. 하지만 요즘 들어 그는 너무 많은 사람들에게 싸여 있습니다. 사실 지금은 제가 뒷전에 밀렸지요. 세계 전역에 만나고 싶어하는 사람이 많으니 저도 방해하고 싶은 생각은 없습니다. 하지만 작년(2003년) 가을에 저를 보러 이곳에 또 왔습니다. (1999년이었던) 제 팔순 때에도 왔었지요. 공교롭게도 우리는 생일이 7월 6일로 같습니다. 그래서 한번은 필시 운명이 아니겠냐고 물었습니다.

그가 이렇게 말하더군요. "친구, 생일이 같은 사람은 우리 말고도 많습니다."

**망명 생활을 하면서 종교 지도자로서의
위치를 유지하는 것은 어려운 일인가?**

수랴 다스 라마 그야 당연하지요. 성하는 그로써 생기는 기회를 강조하실지 모르지만 우선 문제를 짚고 넘어가는 것이 옳을 것입니다. 티베트 문제가 세계에는 흥미 있는 화젯거리이겠지만 티베트와 티베트 사람들을 비롯해 티베트의 불교에는 이루 말할 수 없는 비극입니다. 세계의 지붕 환경문제에 있어서도 역시 그렇겠지요. 티베트 불교가 녹아든 문화와 언어의 유실에 따른 문제는 실로 어마어마합니다. 전통의 수행공간과 수행과정이 사라져 신세대 툴구(tulku), 승려, 라마, 비구, 게셰 등은 대학 몇 년, 대학원 몇 년보다 훨씬 긴 수행과정을 밟을 수 없게 되었습니다. 티베트의 위대한 고승들은 20년, 30년, 40년까지도 이어질 수 있는 사원, 철학, 요가, 경전, 은둔수행을 거쳤습니다. 이제 그러한 수행법을 되살릴 사람이 없다면 그것은 막대한 손실이지요.

오빌 쉘 정말로 어려운 일이겠지요. 그를 지탱하는 힘은 목표의식과 정신수양에서 나옵니다. 책임은 단지 자신이나 티베트를 위해 수행하는 것은 아닙니다. 그의 내면에서 작용하는 다른 무엇인가가 있지요. 세상에 그가 맡은 일보다 어려운 것은 없습니다. 어느 국가의 수장도 그에 비기지 못할 것입니다. 만나야 할 사람도 많고 신처럼 받들려는 사람도 많습니다. 그들 모두가 바라는 모습에 부합해야 합니다. 어떠한 관계에서도 동등하고 진실되기란 정말 힘든 일이지요.

하워드 커틀러 박사 가끔은 어렵다고 하더군요. 티베트 망명정부를 이끄는 일은 즐거워서 하는 일은 아닙니다. 하지만 달라이 라마로서 응당 해내야 하는 역할의 일부라는 점을 그 자신이 누구보다도 잘 압니다. 각료회의에 나가기보다는 공부하거나 참선하는 편을 좋아할 것입니다.

제프리 홉킨스 박사 망명으로써 생기는 문제는 분명 많습니다. 하지만 가장 영향을 많이 받은 이는 달라이 라마라고 생각합니다. 아시다시피 그는 여러 종파의 하나인 겔룩파 출신의 라마입니다. 사찰의 왼편에는 간덴 포탐(Ganden Potam) 혹은 최후의 정부가 나가기 전에 얻은 이름인 '기쁨의 궁'(포탈라(Potala)가 건설되기 이전에 달라이 라마의 관저이자 티베트 정부의 사령부로 사용됨)이 있었습니다. 그리고 과거의 많은 정부가 이 거대한 겔룩파 사원과 유산을 위해 존재했습니다.

어려서부터 겔룩파 대표들에게서 그들의 경전으로 교육받고 지식을 전수받았지만 그는 어느 종파에도 속하지 않게 되었습니다. 많은 공을 들여 티베트 불교의 주요 체계를 연구하고 다른 종파의 라마승을 찾아 가르침을 받고서 겔룩파의 파벌주의에 반대해 종파를 발칵 뒤집어 놓았지요. 지배적인 종파에 남았다면 조용하고 편했을 것을. 그에게도 훨씬 유리했을 것입니다. 망명해 있다면 모두가 단결하는 것이 좋지 않겠느냐고 생각하는 사람이 있을 수 있습니다. 우세한 집단에 속하는 것이 만사에 이롭다고 생각하는 사람도 있겠지요. 그는 제1종파를 따르지 않았습니다. 티베트 불교의 모든 종파를 아울렀고, 아니 종파 간의 깊은 골을 채우지는 못했지만 적어도 모두를 친구로 삼았습니다. 그를 보면 종파의 단합이 꿈만은 아니라는 점을 알 수 있습니다. 실제로 그는 모든 종파의 가르침을 통합시켰습니다. 흔치 않은 일이지요. 현대의 달라이 라마는 전대의 그 어떤 달라이 라마들보다 다른 종파에도 큰 영향력을 갖게 되었습니다.

룬둡 소파 게셰 포탈라에 계실 때에는 티베트인들에게 대단한 힘이 되어주셨습니다만 망명한 후에는 오히려 자유롭게 되었다고 생각합니다. 많은 자유국들이 티베트인 해방을 위한 그의 노력에 힘을 실어주게 된 데에는 그러한 변화의 힘이 큽니다. 망명해 있으면서 그는 종교 지도자로서의 영향력을 강화시켰고 티베트 문화도 발전시킬 수 있었습니다. 이전의 어떤 달라이 라마보다도 문화를 개방했지요. 세계 어디를 가더라도 이제는 달라이 라마를 모르는 사람이 없습니다. 그의 메시지가 모든 곳에 닿습니다. 따라서 망명은 어떤 면에서 큰 도움이 되었다는 생각입니다.

텐신 게펠 우선 달라이 라마를 이해해야 합니다. 우리 티베트인들은 그를 부처라고 생각합니다. 부처님의 여러 모습 중 하나라고 믿습니다. 전통적인 믿음과 더불어, 그의 자질과 지혜 등을 알고 그가 얼마나 강력한지 이해하면서 그분에 대한 우리의 사랑과 믿음과 신념은 증가합니다. 매우 견고한 종교적 유대, 스승과 제자로서의 유대가 형성되면서 우리는 그분의 가르침과 말씀을 따르기 위해 최선을 다합니다.

텐신 테통 박사 버거운 책임이고 짐이라고 여기신다고 생각지는 않습니다. 달라이 라마께서는 어려서부터 종교적으로, 그리고 정치적으로 핵심적인 역할을 수행해야 한다는 점을 아셨기 때문입니다. 대부분의 달라이 라마들에게는 정치계와 종교계를 이끌어야 할 책임이 있었습니다만 두 역할 모두를 십분 수행해내지 못한 분은 거의 없었습니다. 이전 달라이 라마인 13대 달라이 라마께서는 종교, 정치 모두에 꽤 적극적이셨습니다. 정치 쪽에 좀더 관심을 두셨지만 말입니다.

이번 경우(달라이 라마 14세의 경우)에는 정치적, 종교적 책임을 모두 지고 있다는 것을 느끼고 이해하는 것은 당연하지만 책임을 보다 진중하게 실행하셨습니다. 거기에 양쪽 모두에서의 성과도 좋았습니다. 무척 어렸을 때 중국이 침략한 무시무시한 사건 탓에 조국이 아수라장이 되기는 했지만 피난민으로서도 종교, 정치 지도자로서 역량을 발휘해 내셨습니다. 두 개의 상반된 역할을 철저하고 성공적으로 수행해낸 것은 14대 달라이 라마의 특징이라고 할 수 있겠습니다.

패트릭 프렌치 티베트가 과거에는 그 안에서도 문화적으로 상이했다는 것이 신기하기만 했습니다. 통역이 붙지 않으면 이해하기 힘든 방언들이 있었고, 티베트 불교도 네 개의 큰 줄기로 갈라져 있어서 사람들은 각 종파를 따랐습니다. 지금은 방언에 종파에 100만 명을 넘어선 망명자 집단까지 있지요. 상황은 그 어느 때보다도 좋지 않지만 달라이 라마는 잘 해내고 있는 듯합니다. 사실 티베트 불교 집단들이 그의 뜻에 대항하면서 문제가 되었던 적이 몇 번 있습니다. 하지만 그에게는 넬슨 만델라처럼 모두를 끌어안는 힘이 있습니다. 일종의 도덕적 타협이 아닐까 생각합니다. 모든 이에게 어필할 수 있는 사람이 되려면 모호한 부분을 만들어내야 하는 법이지요. 어쨌든 세계의 많은 사람들을 자신의 편에 들어서게끔 하는 것은 정말 놀라운 일입니다. 티베트 내에서 일어나는 일들을 실질적으로 알고 이해하는 것을 보면 더더욱 놀랍지요. 세계 이곳저곳을 뛰어다니며 사람들을 웃게 만들지만 이것은 우리에게 주로 보이는 모습일 뿐입니다. 티베트 내부 문제를 치밀하게 살피는 대단히 종교적인 인물, 그 모습에 비하면 부차적일 뿐입니다. 우리에게 보이는 모습은 지극히 일부라고 생각합니다. 티베트인 본연의 모습도 간직하고 있는 사람입니다. 자신의 행보에 떠들썩한 열광을 보내는 서구 사회나 할리우드계에 특별히 관심 있는 것은 아니라고 봅니다. 물론 기회가 된다면 계속해서 강연을 하고 책을 내겠지만 그 자신에게 있어 그런 것들이 특히 중요한 일은 아닙니다. 같은 세상을 살았던 몇몇은 1960년대의 시대 변화에 압도당했죠. 다람살라로 몰려들어 승려들에게 마약을 건네던 히피들에게도요. 그는 그런 것에 혹한 적이 한 번도 없었습니다.

로널드 B. 소벨 박사 (1998년 4월 30일 뉴욕시 에마누엘 성전에) 사람들이 모였고, 경찰은 할 일을 했습니다. 이제 시작해도 된다고 했습니다. 착의실에서 나와 비마(Bima)라고 부르는 제단으로 갔습니다. 달라이 라마가 제단 한가운데 서더니 정말로 높은 천장을 둘러보고는 제게 몸을 돌리며 "이곳은 정말로 성스러운 곳이군요. 이런 자리에 서게 되어 영광입니다" 하고 말했습니다. 우리는 자리에 가서 앉았습니다. 뜻한 바는 아니었지만 복된 우연으로 1998년 4월 30일은 이스라엘 독립기념일이기도 하면서 현대 이스라엘 국가 수립 50주년 기념일이었습니다. 환영사를 띄우면서 저는 그날이 현대 이스라엘, 즉 제3 유대인국가(The Third Jewish Commonwealth)의 쉰 해 생일이라는 점을 밝히면서 머지않은 미래에 성하와 성하의 백성들이 독립을 기념할 수 있기를 기원했습니다. 그리고 수사학적인 질문을 했습니다. "성하, 성하와 성하의 국민이 독립의 그날까지 견뎌낼 수 있을까요?" 강조를 위한 질문이었기 때문에 대답은 제가 했지요. "우리 유대인들이 모진 1,900년 동안을 견뎌냈듯이 티베트인들도 그리하리라 믿습니다. 정부는 언제든 사라질 수 있습니다. 하지만 국민과 문화와 희망은 스스로가 버리지 않는 한 사라질 수 없습니다. 궁극적인 승리는 육해공군을 앞세운 독립이 아닙니다. 힘 역시 중요하지 않다고는 할 수 없지만 군사력은 희망에 비하면 아무것도 아닙니다."

설교단에 올라 환영사에 답하면서 달라이 라마는 지금까지 자신과 자신의 국민 생존을 위해 분투할 수 있었던 것은 유대인들의 과거였다면서 자신을 비롯한 티베트인들의 고통과 견줄 다른 대상은 없다는 점을 분명히 했습니다. 정말로 감동적이었습니다. 이 집회가 밟아온 160년의 긴 역사 속에서 특별한 순간은 꼽기 힘들 정도로 많았지만 그가 참석한 4월 30일 저녁은 그중에서도 단연 기억에 남는 순간이었습니다. 그는 우리 모두가 찾던 신성을 안에 담고 있었고, 특히 예배당에 가서는 더욱 신성했습니다.

달라이 라마는 자신의 말에 실린 무게를 알고 힘겨워하는가?

린첸 달로 자신의 뜻을 물으며 쏟아지는 질문을 무거운 짐이라고 생각하지는 않는 것 같습니다. 대답해도 좋은 질문은 가능한 자세히 대답합니다. 하지만 말도 되지 않는 질문들은 답을 않거나 간단하게 풀고 넘깁니다. 대답하기를 원치 않을 때에는 그 즉시 "모르겠습니다" 혹은 "답하기에 적절한 질문이 아닙니다" 하고 뜻을 밝힙니다. 대답하려 든다면 중요하게 생각한다는 뜻입니다.

그는 힘이 닿는 한, 여정을 견딜 힘이 되는 한 여러 곳을 다니면서 사람을 만나고 가르쳐야 한다고 생각합니다. "돌아다니고 싶어도 그리할 힘이 없을 때가 올 것입니다" 하고 말한 적이 있습니다. 육체적으로 건강하고 힘이 남아 있을 때까지는 방문도, 만남도, 활동도 멈추지 않을 것입니다. 가까이에서 보좌하는 사람 몇몇이 스케줄을 너무 빠듯하게 짜는 것이 아니냐고 하면 한사코 "아닙니다. 그리 해야 합니다" 하고 대답합니다.

90년대 초에 친한 친구 몇몇이 지나친 방문은 자제해 달라는 당부를 했습니다. 정치적인 견해에서 한 말이었습니다. 지나치게 노출시키는 홍보는 역효과를 초래할 것이라는 뜻에서 말입니다. 달라이 라마의 인기는 대단했지만 인정사정없는 서구 언론에 잘못 걸리면 이미지가 순식간에 실추될지도 모른다는 걱정에서였습니다. 그는 이렇게 말했습니다. "아시다시피 저는 상관 안 합니다. 이곳저곳 방문해서 변화를 일으킬 수 있다면 본인의 이미지 따위는 상관하지 않습니다." 그리고 세계 이곳저곳을 방문했지요. 위신은 그 때문에 지금도 올라가고 있고요.

로버트 서먼 교수 어깨에 놓인 짐을 잘 견뎌내는 사람입니다. 건강한 티베트 농부 출신이니까요. 그의 어머니를 보신 적이 있다면 얼마나 강한 피를 이어받았는지 아실 것입니다. 그는 극도로 절제하고 주의하며 삽니다. 잡다한 일로 시간을 낭비하는 일이 없습니다. 인생관도 매우 긍정적이며 정서적으로도 안정되어 있습니다. 한 마디로 깨우친 사람이지요. 삶과 죽음의 특성에 대한 깊은 이해. 그는 자신의 정신, 심성, 존재에 대해 기본적으로 긍정적인 생각을 가진 사람입니다. 힘은 그것들로부터 나옵니다. 불행의 한가운데에서도 기쁨이 가득한 모습이 그렇게 자연스러울 수 있는 이유는 바로 그 때문입니다. 걱정할 일이 산더미고 해결해야 할 일이 산더미라도 그에게는 행복할 수 있는 이유를 찾는 힘이 있습니다.

알렉산더 버진 박사 성하가 그 때문에 힘들어한다고 생각지는 않습니다. 성하는 보살 중의 보살입니다. 자신이 하는 일, 불교적 관점에서 이야기하자면 모두를 깨우치는 일에 혼신을 다할 뿐입니다. 불교적 관점이 아니라고 하더라도 그는 많은 살아있는 것들, 인간뿐 아니라 동물에 있어서도 분명 나은 방향으로 바꿔 놓고 있습니다. 짐이라고 생각한다면 그리하지는 못할 것입니다.

성하가 서구 불교 교육자 회의에서 했던 이야기가 떠오릅니다. 서양 교육자 하나가 성하에게 물었습니다. "보살이 됨과 동시에 모든 중생을 돕는 것은 어렵지 않은지요? 쉴 틈을 찾아 보다 자연스러워질 수 있는 방법은 어떤 것입니까?" 하고 물었습니다. 성하는 상당히 놀란 표정으로 그를 보더니 "보살은 절대로 휴식을 생각지 않습니다. 잠시라도 정진을 중단한다면 그는 보살이 아닙니다" 하고 말했습니다. 한 치도 틀리지 않은 말입니다. 한 가지 행동으로는 보살이 될 수 없습니다. '보살이 되어보자' 하고 합당한 역할을 수행한 다음 '좀 했으니 쉬자' 할 수는 없는 일입니다. 보살은 행동이 아니라 존재입니다. 누구든 잠시라도 자기 자신이 아닌 다른 사람이 될 수는 없는 법 아니겠습니까? 깊이 이해하지 못하고 겉만 핥았기 때문에 한 질문이었지요. 달라이 라마는 보살됨에 전적으로 충실합니다.

리처드 기어 두 가지를 이야기하고 싶습니다. 그의 최우선 약속은 모든 우주의 감각이 있는 존재를 구하는 것입니다. 그 자신이 한 약속이지요. 고통받는 중생이 있는 한 인간의 모습을 하고 세상에 남을 것입니다. 그리고 중생의 고통을 없애는 데에 필요한 일을 할 것입니다. 티베트인에게는 약속의 의미가 훨씬 큽니다. 여러 면에서 티베트 사람들은 그가 우주가 창조해낸 자이며 단순한 티베트인이 아니고 이 위대한 보살인 성하가 가능한 널리 팔을 펼쳤을 때에야 비로소 자신들에게도 보다 강력한 인도자가 된다는 사실을 그동안 잘 이해하지 못했다고 생각합니다. 지금도 그곳에서는 일종의 긴장감이 있습니다. 티베트 집단 내의 많은 사람들이 그가 오직 티베트에 대해서만 신경을 썼으면 하고 바랍니다. 하지만 나는, 그리고 많은 사람들은 그의 법력이 티베트에만 머물러서는 안 된다는 생각입니다. 수많은 다른 사람들, 다른 세상에 있는 존재들까지 포함한 모든 중생들이 궁극적으로 본다면 '오직 티베트'라는 구호보다 중요합니다. 물론 우리 모두는 정말 정말로 실질적이고 강력하게 티베트 문제에 주목하고 있습니다.

체링 샤캬 정말로 어려운 일일 거예요. 수련에 정진하고 싶은 뜻이 세상이 바라는 것들과 상당한 마찰을 빚는 때가 간혹 있기 때문이지요.

책상에서 티베트 문제가 떠나는 때가 없습니다. 어떤 사회에서건 모두가 한 목소리를 내는 법은 없지요. 티베트 사회에도 당파가 존재하고 서로 다투기도 합니다. 모두가 찾아가 중재를 청하거나 서로의 약점을 잡습니다. 그 모든 것들을 처리하면서 집중해 정진하기는 매우 어려울 것입니다.

달라이 라마는 막중한 부담감을 느끼리라 생각합니다. 티베트인들이 모이는 자리에서는 티베트 국민이 그렇게 된 것은 자신 탓이라고 이야기하곤 합니다. 물론 말하고자 하는 바는 자신의 최우선 책임은 티베트인들을 보호하고 자유를 되찾게끔 하는 것이지만 아직 그러지 못했다는 것이겠지요. 노벨상도 받고 종교문제에 있어서는 서양에서까지 영향력을 행사할 수 있게 되었습니다. 하지만 가장 가까운 집단인 티베트 사람들의 기대에는 미치지 못하고 있지요. 실패가 두려우리라고 믿습니다. 몹시 불안하리라고 생각합니다. 티베트인들에게 하는 연설에서 이런 말을 자주 들을 수 있습니다. "힘이 닿는 것이라면 무엇이든지 하고 있습니다. 하지만 아직까지도 중국인들은 물러나지를 않습니다." 정말로 막대한 중압감을 느낀다고 생각합니다.

폴 데이비스 교수 그는 정말로 어려운 임무를 한 몸에 진 사람입니다. 한편으로는 막강한 권위를 갖고 고통을 겪고 있는 티베트인들을 대표하는 자이기도 하지만 말입니다. 한편으로는 동양사상 전통에 정통한 학자이기도 합니다. 어찌어찌해서 직에서 물러나게 된다면, 물론 가능치도 않은 이야기라는 것은 알지만 어쨌든 막중한 부담에서 어찌어찌해서 그를 해방시켜줄 마법을 부릴 사람이 있다면, 예를 들어과학 연구소에서 일주일을 보낼 수 있다던가 말입니다. 말을 들으니 가끔씩 과학 연구소에는 방문한다고 하더군요. 어쨌든 비공식적으로 '아이디어 회의 좀 합시다' 하고 말할 수만 있다고 하더라도 그는 더 좋은 평을 받을 수 있으리라 생각합니다. 하지만 그의 말 한 마디 한 마디가 분석되고 중요한 의미를 갖게 됩니다. 따라서 요란스러운 대화를 하는 것이 어려운 것이지요. 이론 물리학을 하면서 배운 한 가지는, 상황을 진전시키는 최선의 방법은 모자도 코트도 벗고 격식 차리지 않고 앉아 직책의 속박을 벗어 던지고 앞장설 것인지 아니면 그냥 실험 삼아 몇 가지 해 볼 요량인지 생각을 짜내고 그것에 따르는 것이라는 점입니다. 자신의 입에서 나오는 말이 모두 사람들에게 진실처럼 간직되리라고 생각해보십시오. 그런 사람이라면 어지간히 힘들겠지요. 말하는 것이야 쉽지만 대대적인 항의가 있을 수 있습니다. 따라서 그런 생각이 이 사람 마음에 떠오를 리 없겠지요. 차라리 완전히 사적인 토론을 벌이는 편이 나을 것입니다. 하지만 그런 일은 없으리라고 봅니다.

제프리 홉킨스 박사　그런 일로 불평한 적은 한 번도 없습니다. 우선 그는 불평하고는 거리가 먼 사람이지요. 할 말은 많은 사람입니다. 전하고자 하는 메시지에 대해서요. 그리고 자신의 메시지를 수용하는 많은 사람들이 있어 행복하리라고 생각합니다. 생각해보면 간단하지요. 「뉴욕타임스」 기자가 질문을 했습니다. 96년도였습니다. 50

년 후에 어떻게 기억되고 싶냐는 질문이었지요. 저도 일이 있어 함께 있었습니다. "스스로 한 약속에 어긋나는 질문입니다" 하고 말하더군요. 명성을 비롯해 자기 자신의 그 어떤 것에 대해서는 신경 쓰지 않겠다는 자신과의 약속을 뜻한 말이었습니다. 세계의 여러 지도자들을 만나며 똑같은 질문을 던졌던 기자는 성하의 답변을 꼭 들을 작정이었습니다. 끈질기게 묻더군요. 달라이 라마는 계속해서 같은 이유만 댔습니다. 기자가 다시 와서는 이 방법, 저 방법 동원해서 똑같은 질문을 하더군요. 참지 못한 달라이 라마는 기자에게 "정말로 아둔한 사람입니다" 하더군요. 기삿거리가 될 만한 이야기였지요. 하지만 기자는 기사화하지 않았습니다. 자신을 돌보지 않고 오직 남 걱정만 하고 있는 사람이 있으니 기사가 되기에 충분하지요. 그 여기자가 기사를 낸 것은 얼마가 지나서였습니다. 단독 인터뷰를 통해 낸 기사였습니다. 달라이 라마가 이렇게 말했다고 썼습니다. "우선 자신에 대해 사람들이 어떻게 생각할지를 조종할 수 있는 사람은 없습니다. 제가 달라이 라마로서 정말로 놀라운 일들을 했다고 이야기할 사람도 있겠지만, 티베트를 잃은 달라이 라마라고 이야기할 사람 역시 있을 것입니다. 사람들의 생각을 조종하고 대신 말할 수 있을 자가 어디에 있겠습니까? 그리고 그것은 스스로 한 약속에서 어긋나는 질문입니다."

툽텐 진파 랑리 박사 달라이 라마로 사는 것에 막중한 부담감을 느끼지 않을 리는 없을 것입니다. 몇 해 전까지만 해도 같은 위치에서 이야기를 나눌 수 있는 원로 스승들이 살아 있었습니다. 하지만 시간이 지나 열반에 드는 분들이 많아지면서 달라이 라마는 점점 커지는 외로움을 느낄 것이 분명합니다. 그를 믿고 따르는 이들, 특히 티베트 사회가 그에게 거는 희망과 기대의 하중도 느낄 것입니다. 자신의 설법을 듣는 이들이 거는 기대도 무시하지 못하겠지요. 이런 말을 곧잘 합니다. "너무 많은 것을 기대하다가는 필히 실망하게 될 것입니다." "설법을 듣겠다고 고생하면서 찾아온 사람들이 얻어가는 것이 있어야 할 텐데" 하면서 항상 걱정합니다.

로버트 서먼 교수 상당한 정권을 쥐고 있는 수상이 최근 들어 달라이 라마의 일상적인 의사결정권 상당 부분을 인계받았음을 확인했습니다. 달라이 라마는 이제 "저는 반(半) 은퇴자입니다"라고 말합니다. 좋아하는 책도 읽고 참선을 할 기회도 더 얻고 그토록 좋아하는 강연회도 더 많이 엽니다. 하루하루 처리해야 할 많은 책임에서 벗어나 저렇게 좋아하는 모습을 보면 그동안 힘들었다는 이야기겠지요.

그는 다른 삶을 원한 적이 있는가?

패트릭 프렌치 다른 모습의 삶을 바랐던 적은 없는 듯싶습니다. 단편적인 예를 들자면 성직을 업으로 삼고 있는 많은 사람들이 색에 빠지는 경우가 있었지만 그는 섹스의 유혹에 넘어간 적이 없는 것으로 압니다. 좀더 조용한 삶이었다면 하는 마음은 있었을 듯합니다. 속세에서 벗어나 오랫동안 은둔하며 지내는 진짜 '달라이 라마' 다운 삶을요. 하지만 세계가 다른 것을 바라니 그러지는 못했지요. 티베트에 대한 이야기를 방영한다면 언제든 가서 CNN에 나와야 했으니까요.

수랴 다스 라마 그분은 작법을 철저히 따르십니다. 매일 아침 일어나 두세 시간씩 기도하고 나서야 BBC를 듣고 차를 마십니다. 물론 한결같을 수는 없겠지만 매일 아침 기침하시고 바로 떠올리는 것은 자신은 승려라는 점입니다. 기도와 수행을 가장 순수한 보리살타, 대승불교 식으로 하려고 노력하는 것도 이 때문입니다. 그것이 끝나야 티베트의 달라이 라마 역할로 들어갑니다. 그 후에는 세계의 지도자로서 그리고 종교, 사회 활동가로서의 역할에 들어가지요. 많은 사람들이 회의에 빠지고 상념에 시달리지만 그분은 그렇지 않아 보입니다. 그런 모든 것들을 떨쳐내셨기 때문일 것입니다. 달라이 라마는 50년대에서 70년대까지 험난한 길을 걸었습니다. 우리 대부분이 가지고 있는 많은 번뇌에서 벗어났습니다. 하지만 텔레비전에서 야한 장면을 보면 흥분되기도 할 것입니다. 그분에게서 이런 말을 들었습니다. 텔레비전을 많이 보는 것은 아니지만 호텔방에 머물 때 간혹 텔레비전에서 무엇인가를 보면 '아랫도리에서 무엇인가' 가 느껴진다는 이야기를요. 그러니 그분도 초인적이지는 않습니다. 하지만 그런 것에 사로잡히지는 않습니다.

과중한 업무량에 지치지는 않는가?

오빌 쉘 자신의 시간을 언제 가질 수 있을지 모른 채 자신을 우러러
받드는 또 다른 사람들을 만나야 한다고 생각하면 아침에 일어나기
힘들 것입니다.

페트릭 프렌치 그는 강한 수행으로 단련된 사람입니다. 매일 아침 가
장 먼저 하는 일은 종교의식과 참선입니다. 하루 일과 중 가장 중요
하게 생각하는 일이지요. 그러니 부담감을 갖고 이 일 좀 안 했으면
좋겠다 하지는 않겠지요. 어떤 용어로 불리는지는 모르겠지만 길게
은둔할 수 있는 기간을 바랄 수는 있을 것이라고 봅니다.

로렌스 프리먼 신부 그는 승려로서 수행하는 데에 더 많은 시간을 보낼
수 있기를 진심으로 바랍니다. 티베트로 돌아가 일개 승려로 동굴에
살면서 명상을 할 수 있다면 더없이 행복해 할 것입니다. 그리 할 수
없다는 것은 알지만 바람은 버리지 못하는 듯합니다. 그 욕구만 해결
된다면 다른 모든 일과 책임에 필요한 거리를 두면서 어려운 일을 보
다 잘 처리해낼 수 있을지도 모를 일입니다.

리처드 블럼 1972년 처음 만났을 때보다 확실히 세상물정에도 밝고
지식도 넓고 깊어졌습니다. 하지만 '그의 메시지가 변했느냐' 하고
묻는다면 대답은 '아니오' 입니다. 예순 번째 생일(1995년)에 우리는

워싱턴에서 생일파티를 열어주었습니다. 이야기 도중 제가 우리의 리더십이 시원치 않다고 느낄 때에는 14대 달라이 라마가 이룬 업적을 생각해보아야 할 것이라고 말하면서 참석한 상하 양원 의원들에게 조지 워싱턴, 토머스 제퍼슨, 에이브러햄 링컨의 화신을 찾아보는 것이 어떻겠느냐고 물었습니다.

2004년 4월 토론토

4월 24일 토요일 오후, 토론토는 온타리오호에서 불어오는 실바람을 맞고 있었다. 아직 봄이라고는 할 수 없는 서늘한 날씨였지만 날이 좋아서 사람들이 나와 돌아다니고 있었다. 레스토랑과 커피숍은 사람들로 가득 찼고 인도도 행인들과 쇼핑하는 사람들로 붐볐다. 로열 요크 호텔(Royal York Hotel) 정문께의 인도도 군집한 사람들로 웅성거렸다. 대부분 토론토의 티베트인 망명자 단체 사람들이었던 군중은 그날 오후 늦게 도착하기로 되어 있는 달라이 라마 14세인 텐신 갸초(Tenzin Gyatso)를 기다리고 있었다. 서기 7세기 중반에서부터 이어진 정치, 종교 제도 내에서 열네 번째 환생이라고 인정된 자다. 모든 달라이 라마들은 이상적인 존재로서, 달라이 라마의 말을 빌리면 "무한한 지혜로 무한한 자비를 행하는" 대자대비의 보살인 관세음보살의 화신이다. 성하는 여러 인종과 문화가 한데 섞여 활기찬 이 도시에 방문한 열흘 동안 로열 요크 호텔에 묵을 예정이었다.

노부 체링 제가 직접 성하를 공항에서 호텔로 모셨습니다. 성하는 칼라차크라를 열 일에 많이 들떠 계셨습니다. 아침 7시부터 오후 5시까지 열리는 정말로 힘든 법회인데도 말입니다. 가뜩이나 성하께서는 이곳 토론토에 오기 전에 미국과 캐나다의 여러 도시를 순방하셨기 때문에 매우 피곤해 보였습니다. 성하는 기운이 넘치시는 분이지만 그 힘을 당신 자신을 돌보는 데에 쓰지 않습니다. 세계평화와 티베트를 위해 모든 것을 희생하시는 분입니다.

애니 워너 로스앤젤레스를 떠나 (토론토를 거쳐) 밴쿠버로 가는 비행기에 얼마 전에 부친을 여읜 남자 하나가 비즈니스 칸에 타고 있었습니다. 아버지를 잃은 슬픔을 어찌 떨쳐버려야 할지 모르겠다며 성하와 이야기를 나누고 싶다고 하더군요. 성하는 남자를 옆자리에 앉히고 한참을 이야기했습니다.

노부 체링 길도 좁고 보안도 문제였기 때문에 우리는 호텔 앞에 모인 사람들의 대부분을 해산시키려고 했습니다. 큰 문제라도 벌어질까 싶어 미리 사람들에게 호텔에 모이는 것은 자제해 달라고 당부했지만 사람들이 어디 말을 듣습니까? 참 많은 사람들이 왔습니다. 1,000명도 넘게 몰렸지요. 13년 만에 토론토를 방문하는 달라이 라마의 옷

자락이라도 보겠다는 바람으로 사람들이 모여 기다렸습니다. 거기에 다른 나라 사람들까지 가세했지요. 달라이 라마께서 캐나다를 방문하신다는 것을 한 주 전부터 알고들 있었습니다. 먼저 브리티시컬럼비아 주를 방문하고 토론토는 그 다음이었지요. 그분이 어디를 가시든 많은 캐나다인들이 모여듭니다. "거기서 성하를 만났어. 정말로 봤다고"라고 자랑하고 싶어하는 사람들이 많지요. 정말이지 감당이 되지 않을 정도로 많은 사람이 몰렸습니다. 사람이 점점 많아지면서 걱정도 커지더군요. 차도 늘어날 때였기 때문에 사고라도 나지 않을까 걱정이었습니다만 다행이 아무 사건, 사고도 없었습니다.

벌써 4시 정각이 지난 지 좀 되었지만 성하는 아직 도착하지 않았다. 호텔에서 예정된 환영회 시간도 이미 지나 있었다. 마침내 자동차 행렬이 도착했다. 취재를 위해 몰려든 기자들은 자리를 잡겠다고 서로 밀쳐대고 있었다.

노부 체링 전통 방식으로 인사하고 인파를 헤쳐 나가면서 "감사합니다, 감사합니다" 하셨습니다. 우리가 붙인 경호원들이 호텔 안까지 수행하려고 했지만 성하는 다시 나와 차 반대편으로 가더니 모두에게 또다시 인사하셨습니다. 호텔로 들어가는 길에는 입구 근처에서 기다리던 몇몇과 악수도 나누셨습니다. 티베트에서는 손님을 맞을 때 따르는 특별한 전통 방식이 있는데 간만에 보니 뿌듯했습니다.

린첸 달로 어디를 가든 그는 사람들의 마음을 움직입니다. 같은 민족 뿐 아니라 다른 민족의 사람들도요. 사람들을 좋아하는 그는 아무리 시간에 쫓긴다고 하더라도 호텔 앞에 몰려있는 사람들을 보면 꼭 틈을 내 가능한 많은 사람들과 악수합니다. 악수할 때 그 사람과 눈을 마주치는 것도 잊지 않습니다.

노부 체링 환영회가 있었는데, 사실 공식적으로는 달라이 라마를 위한 환영회는 아니었습니다. 일찍 주무시는 분이기 때문에 환영회를 한답시고 늦은 저녁까지 붙들어 놓기는 싫었습니다. 어쨌든 주빈은 티베트 망명정부의 수상으로 되어 있었고 하원의원과 치안판사들을 비롯해 토론토 지역 유지들에 협회 후원자, 언론, 후원업체에서 나온 사람들도 있었습니다.

메리 마거릿 펑크 수녀 그는 환영회를 정말로 싫어합니다. 국무부 사람들 출동하지요, 지역 경찰에 지방 경찰이며 주 경찰까지도 모자라 CIA도 모입니다. 행사가 진행되기 전에 보안검사를 모두 마쳐야 합니다. 보통 복잡한 절차가 아니지요. 위험스러운 환영회가 끝나고 그가 자리를 뜨더라도 아직 끝이 아닙니다. 잘 먹던 약을 끊었는지 행사가 끝나면 정신이 이상하게 되는 사람들이 꼭 있으니까요. 그는 모두들 어떻게 준비하는지 알고 있습니다. 하지만 틈이 나면 돌발행동을 하려고 듭니다. 차에서 나와 인파 속으로 걸어 나간다든지 하는 행동 말이죠. 자신은 안전하다고 철통같이 믿고 있는 사람입니다.

페마 크힌조 하루는 보안을 책임지고 있는 인도인 감찰관이 다람살라로 왔습니다. 성하께서 만나고는 이렇게 말씀하셨습니다. "저는 세계를 향해 평화, 비폭력, 자비에 대해 설법합니다. 하지만 궁에 들어서려면 꼭 총을 들고 경례하는 사람들을 만나야 하니 마음이 편치가 않습니다. 저는 누구에게도 해를 끼치지 않습니다. 그런데도 제게 해코지하는 사람이 있을까요?" 궁에서 나와 감찰관이 제게 물었습니다. "도대체 무슨 말씀인지. 무슨 뜻으로 하신 말일까요? 정치 지도자이든 선지자이든 유명한 사람이면 누구든 보안체계가 필요한 것이 아니겠습니까? 특히 성하 같은 분이라면 말입니다. 우리 경비대는 이곳에서 철수하지 않을 것입니다. 다들 철수해버린다면 궁에 있는 성하를 우리가 어떻게 보호하겠습니까?"

성하의 토론토 방문에 대한 취재 내용이 그날 저녁의 공중파를 압도할 것이었다. 신문사들도 기사를 일요일자 신문의 첫 페이지에 올려 열심히 찍어내고 있었다. 「토론토스타(Toronto Star)」는 에든버러 공작의 토론토 방문에 대한 기사는 안쪽 면으로 밀어냈다.

근처인 내셔널트레이드센터에는 또 다른 인파가 모여 있었다. 노부부에서 젖먹이를 안고 있거나 막 걸음을 떼었을 아이, 손을 꼭 붙든 젊은 남녀, 십대까지 있었다. 대부분은 백인과 동양인이었고 토론토에 거주하는 사람들이 아닌, 멀리는 유럽과 아시아의 44개국에서 모인 사람들이었다. 그들은 세계평화 칼라차크라 2004의 입장권을 사기 위해 기다란 줄을 만들어 서 있었다. 성하가 진행하는 10일 일정의 이 세미나는 다음날 오전 7시에 시작할 것이었고 표는 1인당 380에서 560 캐나다 달러였다.

애니 워너 토론토에서도 그는 매일같이 3시 30분에 일어나 즉시 기도를 시작했습니다. 5시 정각쯤이 되면 아침이 대령되었지요. 아침은 대체로 상당한 양이었습니다. 스님이 되면서 저녁식사는 하지 않기로 했기 때문에 매일 아침과 점심만 먹습니다. 식사 후 6시 45분까지 기도를 계속하고 호텔에서 나와 칼라차크라를 시작하는 트레이드센터에 정확히 7시에 도착했습니다. 준비시간은 없었습니다. 성하는 차에서 내려 곧바로 단상으로 가서 그날의 기도를 시작했습니다. 오전 시간은 보통 7시에서 11시 30분까지 계속되었습니다. 그 후 성하는 점심을 먹고 잠깐이지만 집회에 참가한 사람들과 직접 만났습니다. 1시가 되어 다시 칼라차크라를 시작하고 4시가 되면 끝내고 호텔로 돌아가 공식일정을 마무리했습니다. 5월 4일은 티베트 력으로는 3월 15일로 그들의 어떤 기념일이었습니다. 그날은 성하가 트레이드센터에 평소보다 한 시간 일찍 갔고 집회가 끝난 다음에도 특별 기도를 위해 좀더 머물렀습니다. 그러지 않아도 빠듯한 일정인데 참 대단한 일이었습니다.

알렉산더 버진 박사 토론토의 경우는 좀 특별했습니다. 우선 내방은 전부 캐나다에 사는 티베트인들과 티베트계가 조직했기 때문에 칼라차크라에 평소보다 많은 티베트인들이 왔습니다. 티베트인들에게 있어 달라이 라마의 칼라차크라는 다면적입니다. 성하를 향한 지독한 사랑이 그 하나겠지요. 성하를 직접 보며 함께 시간을 보내고 그와 한 자리에 있음으로써 영감을 얻고자 하는 염원이 클 것입니다. 뭐 그 사람들이 성하가 전하는 가르침에 크게 상관하겠습니까. 그보다는 그와 함께 있고 싶은 마음이 크겠지요. 또한 티베트인으로서 다른 티베트인들과 함께 티베트 문화를 경험할 수 있다는 것도 한 면일 것입니다. 따라서 토론토의 칼라차크라는 특히 다면적인 행사였습니다.

노부 체링 어떤 사람들은 성하의 법회에 여러 차례 참석했습니다. 인도에서 열린 법회, 북미 지역에서 열린 법회, 유럽에서 열린 법회 할 것 없이 찾아다니는 사람들도 있지요. 그들은 수행하면 수행할수록 더 하고 싶어들 합니다. 어떤 이들은 단순한 호기심에서 찾습니다. 그가 어떤 사람인지 보고 어떤 이야기를 하는지 듣고 싶어하는 사람들이지요. '치유력이 있겠지' 하고 찾는 사람들도 심심치 않게 있습니다. '그를 만나면 고통이 사라질 거야' 하고 말이에요. 칼라차크라에는 다양한 사람들이 모입니다.

텐신 카초 스님 때때로 사람들은 달라이 라마의 유명세 혹은 이야기 때문에 옵니다. 제 친구 중에 최근에 계를 받은 비구가 있습니다. 매우 보수적인 배경의 친구지요. 사실 그의 아버지는 신부가 될 뻔했습니다. 수도과정을 밟다가 서품을 받기 전에 아니다 싶어서 가정을 꾸렸다고 합니다. 정말 커다란 행사가 시카고에서 열려 기회가 되었기 때문에 그리 신통치 않아 보이지만 한번 가보기로 했다고 합니다. 바로 그날 저녁 수많은 청중에 파묻혀 이야기를 듣는데 저 깊은 곳에서부터 마음이 동했다고 하더군요. 더 깊이 파고들어가 보고 싶다는 생각이 들었답니다. 단지 친구에게만 일어난 일이 아니었습니다. 많은 사람들이 같은 경험을 합니다. 호기심에 와서 보고는 깊이 빠져들게 되지요.

세계 여러 단체의 초청 중에서 토론토를 방문하기로 결정한 이유

노부 체링 우리 단체는 크게 발전하고 있습니다. 저번에 방문하셨던 1993년에는 캐나다 전체에 티베트인들이 500명밖에 되지 않았습니다. 청원서를 올리고 이제는 토론토에만도 2,500에서 3,000이 됩니다. 다국적, 다문화의 사람들로 이루어진 국가라서 가능한 일이겠지요. 여기에서는 그것이 고유의 종교이건, 고유의 문화이건, 고국의 전통이건, 원하는 것은 무엇이든지 할 수 있습니다. 제약이 많은 중국 같은 나라들에서는 힘든 일이지요. 그러한 것들이 캐나다에 오기로 결정하신 가장 큰 이유라고 생각합니다.

토론토에서 칼라차크라를 열겠다고 우리는 4년 동안 준비했습니다. 우선 협회 회원 몇몇으로 칼라차크라 개최 위원회를 구성했습니다. 첫 두 해 동안은 우리가 모든 일을 했습니다. 협회에는 감독이 스무 명 정도 있는데 각자의 경험과 능력을 비롯해 가능성과 잠재력에 따라 역할을 나누었습니다. 일종의 봉사활동이었기 때문에 보수는 지불하지 않았습니다. 기름값, 주차비 등을 모두 자기 주머니에서 털어야 하면서도 두 해 동안 모든 주말을 준비활동에 쏟았습니다. 그러면서 협회의 기반도 잡히고 회원들도 늘어나게 되었습니다.

알렉산더 버진 박사 서양인들은 성하의 강한 흡인력과 그를 만나보고 싶다는 호기심에 이끌려 참석합니다. 하지만 그 계기로 인해 칼라차크라 수행 자체에 점점 더 흥미를 느끼게 됩니다. 물론 대다수는 실질적인 수행과정에 동참하지 않습니다. 그리고 대부분은 환기를 위해 계속해서 참석합니다. 달라이 라마가 말하는 '중립적 참관자' 들이지요. 온갖 서약을 맺고 정진해야 하는 입문과정을 받아들일 준비가 되어 있지 않은 사람들입니다.

하지만 진정으로 수행하고 싶어하는 사람들의 수는 늘어나고 있습니다. 입문의식이 있을 때마다 사람들이 증가하는 것을 볼 수 있지요. 일례로 '인터내셔널 칼라차크라 네트워크' 라는 곳이 있습니다. 저도 가입한, 말하자면 인터넷 동호회입니다. 친한 친구가 동호회를 운영하는데 수행에 관심을 둔 사람이나 수행하는 사람들이 글을 올립니다. 채팅방도 개설되어 있고 여러 단계의 가르침도 찾을 수 있게끔 되어 있습니다. 칼라차크라가 열리고 나면 회원수가 급격하게 증가합니다. 세계 도처에 정기적으로 만나 칼라차크라를 수행하는 모임들도 많습니다. 저는 여기 베를린에서 모임 하나를 이끌고 있습니다. 칼라차크라가 열리고 난 다음에는 모임들도 증가하더군요. 대부분은 대단한 영감을 얻고 돌아가게 됩니다. 칼라차크라는 문화 이벤트이기 때문에 티베트 불교에 대한 관심이 지속된다면 전에 만났던 사람들을 다시 만나게 됩니다. 또한 수행을 정진할 힘을 얻어 돌아갈 수 있으니 매우 유익하지요.

토론토의 자랑인 스카이돔 근처에도 많은 사람들이 거대한 줄을 만들어 서 있었다. 첫 칼라차크라가 끝나고 있을 대중 연설을 들으려고 10에서 30달러 하는 표를 사기 위해 모여든 사람들이었다. 달라이 라마 성하는 '자비력'을 주제로 연설했다.

정치적 메시지와 비교한 달라이 라마의 영적 세계의 매력

툽텐 진파 랑리 박사 처음에는 대부분 호기심이 동해 보러들 왔습니다. 한 해 두 해 지나면서, 특히 (1989년에) 노벨상을 타고 나서 낸 책이 여러 사람들에게 읽히고부터 그가 내는 화합의 소리에 관심을 가지는 사람들이 늘었습니다. 그를 종교적으로 믿건 믿지 않건 간에 그 많은 사람들을 끌어당길 수 있다는 것은 그에게 영감을 불러일으키는 큰 힘이 있음을 증명하는 것이겠지요. 분명 꽤 되는 사람들이 티베트인들이 처한 곤경에 마음이 움직여서 오기도 합니다. 하지만 대부분은 윤리적 모델로서의 그의 모범에서 영감을 받아 오는 것으로 압니다.

노부 체링 그분은 자비의 힘에 관련된 주제로 설법을 많이 하십니다. 정치적이지도 않고 크게 종교적이지도 않은 주제입니다. 그는 많은 사람들에게 여느 유명인사와 다를 것이 없습니다. 세계적으로 잘 알려져 있으니 직접 보고 이야기를 듣고 싶어하는 사람도 많은 것이겠지요. 보고 듣는 것, 그것이 칼라차크라를 찾는 사람들 대부분이 가진 목표일 것입니다. 그분의 메시지는 무엇일까요? 정치적이기도 종교적이기도 합니다. 티베트인들을 위한 두 가지 책임을 모두 지고 계신 분이니까요.

선 웨이드 (달라이 라마의 토론토 방문 9일 전인 2004년 4월 15일에 한 이야기) 우리는 이미 캐나다 정부에 유감을 표명했습니다. 캐나다 정부는 티베트가 중국에 속해 있음을 인정하고 있으며, 티베트 독립을 지지하지 않겠다는 뜻을 밝혔습니다. 따라서 우리는 그들이 중국 정부와 맺은 약속을 계속해서 이행하기를 촉구하는 바입니다. 우리의 입장에서는, 달라이 라마는 종교 인사가 아니며 분리운동을 장기간 지휘해 온 정치 망명자일 뿐입니다. 따라서 우리는 세계의 모든 국가가 중국 인민들을 비롯해 정부에 한 약속을 이행하기를 촉구하는 바입니다.

일요일이 되자 날씨가 급격하게 바뀌었다. 구름이 잔뜩 끼고 쌀쌀한 기운으로 날이 열렸다. 정오가 지나고 얼마 되지 않아서는 매서운 바람이 몇 차례 불더니 빗방울이 쏟아졌다. 하지만 강한 비바람도 그날 아침 스카이돔 밖에 모여 입장하기를 기다리는 3만의 군중을 흩어지게 하지는 못했다. 최첨단 스포츠 아레나, 강철과 유리로 이루어진 타워들이 중앙에 서서 도심 경관을 바꾸어 놓은 스카이돔은 5만 1,000명을 수용할 수 있도록 건축되어 1989년 6월 3일에 문을 열었다. 스카이돔에는 획기적인 부대 숙박시설도 있다. 스카이돔에 인접한 호텔에 묵는 넉넉한 사람들은 안락한 호텔방에서 발을 떼지 않고도 아래에서 진행되는 행사 모두를 볼 수 있다.

일요일 행사를 기획한 사람들은 이 20세기 말의 획기적인 건축물 뒤편에 지극히 심플하게 무대를 세웠다. 기원을 찾아 7세기까지 올라갈 수 있는 이 고대 종교이자 생활방식을 알리는 데에 극적인 대조가 효과를 낼 것이라 생각했으리라. 장식도 유구한 역사의 포탈라궁의 대형 사진을 걸어 푸르고 붉은 젤로 감싼 스포트라이트를 사용해 강하지만 은은하게 퍼지는 빛으로 비추어준 것이 전부였다. '불교의 바티칸'이라고도 불리는 이 거대한 다층 건물은 모든 달라이 라마들의 겨울궁전이었으며 몇 세기에 걸친 달라이 라마 제도의 정치, 종교적 신경중추였다. 오늘날 포탈라는 티베트 디아스포라의 유력한 상징물이다.

행사는 3시 30분에 시작하기로 되어 있었고, 대부분 텔레비전 방송사에서 나온 언론은 잔뜩 들떠 스카이돔 주위로 고리처럼 둘려진 기자석에서 2시부터 대기하고 있었다. 아침 7시부터 내셔널트레이드센터에 있던 달라이 라마는 4시 30분에 연설을 시작하기로 되어 있었다. 그러나 예정된 시간이 되었는데도 사람들이 행사장으로 물방울 떨어지듯이 들어와 자리를 찾느라 분주했다. 철통같은 보안검색 때문에 사람들이 입장하지 못하고 있었다. 상황을 지켜본 기자들이 일시에 대거로 빠져나가 커피를 마시고 기지개도 펴고 수다도 떨었다. 수 분 후 돌아온 기자들은 다시 기다리며 추이를 지켜보았다.

노부 체링 사람들이 빨리 입장할 수 있도록 해야겠다는 생각이 들었습니다. 위층에 설치한 금속탐지기들은 제거하고 탐지봉으로만 검색해서 사람들이 빨리 들어갈 수 있게 했습니다. 보안이야 물론 중요하지요. 우리도 달라이 라마의 안전을 걱정하지 않는 것은 아닙니다. 하지만 행사장 입구에서 언제 들어가나 하고 기다리는 사람들도 문제였습니다. 사전에 대책회의를 하면서 스카이돔 관계자들이 "2만 5,000명을 입장시키는 것은 정말 힘든 일입니다" 하고 걱정스레 말하더군요. 2만 5,000만 될 줄 알았습니다. 하지만 나중에 보니 문 앞에 기다리고 선 사람들은 3만 5,000이었습니다. 거기에 폭우와 강풍이 겹쳐 큰일 날 상황이었습니다. 금속탐지기는 또 어떻고요. 생각만큼 사람들이 빨리 빠져나가지 못했습니다. 그래서 100명을 수용할 수 있는 층에서는 금속탐지기로 일을 했고 300명, 500명이 들어가는 곳에서는 일일이 다 탐지봉으로 검색했습니다.

애니 워너 보안은 캐나다 기마경찰대가 맡았습니다. 모터케이드가 스카이돔 중앙에 마련된 스테이지 바로 뒤로 들어왔을 때 우리는 커튼 바로 뒤에 있었습니다. 모두가 내리고 성하는 커튼 뒤로 안내돼 무대 한편으로 갔습니다. 마이크를 바로 틀었지요. 지체하지 않고 가능한 빨리 시작할 생각이었습니다. 무대 뒤편에 성하를 따라온 BBC 기자단이 있었는데 시작하기 전에 아주 짧은 질문의 답을 받았습니다. 잠시 후 저스틴 트위도 씨가 무대에 나가 소개사를 날렸지요. 진행은 빨랐습니다.

4시 정각이 되어 번짐 효과를 위해 썼던 젤이 제거되면서 조명은 강렬한 흰빛으로 바뀌었다. 종이 울렸고 빠른 속도로 자리를 메운 관중들은 다람살라에 있는 달라이 라마 피난처, 남걀사원의 승려 12명이 무대에 줄지어 서서 하는 염불을 보고 박수를 보냈다. 사람들이 아직도 입장하고 있는 가운데 지역인사로서 행사를 진행하게 된 빌 캐머런(Bill Cameron)이 마련된 자리로 가 얄궂은 날씨에도 2만 5,000 이상의 사람들이 자리를 메웠다면서 인사했다. "참 많이 와주셨습니다. 지금 아니면 못 볼 분들이 많은 것 같습니다. 참 다양한 곳에서 다양한 분들이 와주셨네요."

노부 체링 정말로 예상치 못한 숫자였습니다. 기껏해야 1만 5,000명쯤 되겠지 하고 있었습니다. 성하께서 93년에 이곳에 오셨을 때에는 캐나다인들에게 즉각적인 반응이 없었습니다. 미국과는 달랐지요. 그래서 처음에는 법회장에서 공개강연을 하시게끔 할 생각이었습니다. 트레이드센터의 수용 가능인원은 9,000명입니다. 하지만 "골치 아픈 문제가 될 수도 있을 듯싶습니다. 1만 5,000에서 2만을 예상하는 것으로 알고 있는데요"라는 의견이 나왔습니다. 잘하면 그만큼도 모일 수 있을지 모르겠다는, 어찌 보면 희망이었지요. 어쨌든 계획을 바꿔 스카이돔으로 갈아탔습니다. 처음 팔린 표는 1만 4,000장이었습니다. 한주 새 팔려나간 티켓이 1만 4,000이었습니다. 그 다음 집계 때는 1만 7,000장이었고, 거기에서 멈추지 않고 계속해서 팔리는 바람에 좌석도 계속 늘려 잡아야 했습니다. 다행이 행사 직전에 판매된 표는 극히 적었습니다. 행사 전까지 예약 구매된 좌석은 2만 5,000이었고, 하루에만 5,000장이 팔린 날도 있었습니다.

완전히 인종집합소였습니다. 미주, 유럽, 아시아 등지에서 다양한 사람들이 왔습니다.

캐머런은 중화인민공화국에 의한 가택구금 상태에서 성인이 되어가고 있을 '포로', 펜첸 라마(Panchen Lama) 11세에 대해 잠시 생각하는 시간을 갖자고 했다. "티베트에서 두 번째로 중요한 종교인사가 강요된 고통 속에서 살고 있습니다. 티베트를 손아귀에 쥔 공산정권은 세계의 관심을 모으는 여러 문제들 중에서도 정중앙에 설 수밖에 없습니다." 뒤이어 티베트공연예술연구소(Tibetan Institute of the Performing Arts) 사람들의 공연이 있었고, 무대의 정중앙에는 달라이 라마가 앉을 안락의자가 놓였다.

린첸 달로 성하의 내각은 장식에 크게 신경 쓰지 않습니다. 장식을 담당하는 것은 행사를 조직한 사람들이지요. 그가 특별히 싫어하는 꾸밈이 아닌 이상 아무 말도 하지 않습니다. 예를 든다면 티베트의 고위급 라마들은 앉는 의자를 공들여 짠 고급 비단으로 덮습니다. 심지어는 이동할 때에도 자동차 시트에 깔지요. 하지만 달라이 라마는 그런 것을 원치 않습니다. 법회를 준비한 사람들이 수단(繡緞)이며 꽃 등, 뭐 그런 것들로 장식한 경우를 몇 번 봤습니다. 성하는 좋아하지 않았지요. 몇 번 그런 다음에는 그런 것들은 절대로 가져다 놓지 않도록 당부합니다. 그 점만 제외한다면 다른 것들은 크게 문제되지 않습니다. 그렇게 요청했는데도 초청자들이 법회장을 정말로 안락하고 럭셔리하게 꾸미는 경우가 있는데 그럴 때에는 제거해 달라고 다시 한번 요청합니다. 스무 명 정도 모이는 작은 자리가 마련될 때에는 항상 이렇게 말합니다. "제 의자만 특별한 것으로 준비하지는 말아 주십시오."

캐머런은 다시 자리로 가서 고인이 된 피에르 엘리엇 트위도 캐나다 수상의 29세 된 아들 저스틴 트위도를 소개했다. 소개를 받고 나온 그는 다시 성하를 불러냈고, 관중석의 한쪽에서 시작된 침묵은 3만에 가까운 관중 전체로 퍼져나갔다.

노부 체링 캐나다에 사는 동포들은 아버지의 시대를 기억합니다. 캐나다는 난민을 처음 받아들이면서 50여 명의 망명을 허가했습니다. 캐나다에는 트위도가(家) 같이 훌륭한 지도자들이 있습니다. 저스틴 트위도 씨는 이곳에 살면서 티베트에 대해 세계에 알리고 있는 사람입니다. 우리 티베트인들이 어떤 명분으로 싸우고 있는지도 잘 알고

있습니다. 그래서 그를 소개하고자 초청했습니다. 한 시간도 지나지
않아 "그야 당연히 해야지요" 하더군요.

저스틴 트위도 달라이 라마와 아버지는 서로 엄청나게 존중했습니다.
사실 딱 한 번 만났을 뿐이지만, 단 한 번의 만남으로 좋은 관계를 맺
었습니다. 1970년대에 다량으로 유입된 이민자들과 아버지의 연 때
문에 달라이 라마를 소개해 달라는 부탁을 받았습니다. 물론 그 즉시
"당연하지요!" 하고 대답했습니다.

트위도는 소개사에서 "새로운 첨단기술이 생겨나면 그것으로 사회
는 진보되지만 때로는 그 때문에 우리가 서로 어울리지 못하는 결과
가 발생하기도 합니다. 그렇기 때문에 만인과 잘 지낼 수 있는 법을
아는 이분을 소개해드릴 수 있게 되어 더없이 기쁩니다" 하고 말했
다. 동시에 어려운 일임도 밝혔다. "성하를 소개하기에 적절한 말들
을 찾기란 예상 밖으로 힘들더군요. 정말로 좋은 말들은 이제 닳고
닳았습니다. 사랑, '나는 내 샴푸를 사랑해' 하고 말해도 이상하지
않을 정도로 흔해빠진 사랑이 얼마나 강한 뜻을 담을 수 있겠습니까?
자유라는 말을 들으면 이제 컨버터블 자동차가 떠오릅니다. 히말라
야라면 컨버터블보다는 SUV가 더 적절하겠네요" 하고는 말을 이었
다 "충만감(fulfillment)이요? 이제 요구르트 이름이 되었습니다."

트위도는 별세한 아버지에게서 얻은 교훈, 침묵의 가치에 대해 이
야기했다. "생각할 수 있는 순간, 잠시 멈춰 우리의 깊은 내면으로 파

고들 수 있는 기회, 우리를 둘러싼 쉴 새 없는 소음의 부재, 깨어 있을 때면 항상 맹공격하는 지속적이고 피상적인 현기증에 보내는 주의, 모두들 럭셔리, 럭셔리 하지만 우리가 너무 쉽게 잊어버리는 침묵이야말로 우리가 챙겨야 할 럭셔리입니다." 트위도의 다음 이야기는 이랬다. "오늘 여기에 많은 사람들이 모였습니다. 침묵 속에서 성하의 이야기를 듣기 위해 모였습니다. 성하 스스로 침묵 속에서 얻은 교훈을 전해 얻으러 모였습니다. 우리 모두는, 그리고 우리의 선조들은 더 나은 것을 찾아 이 땅에 왔습니다. 희망, 자비, 수용은 우리도 소중히 여기는 가치입니다. 하지만 그만큼 그 가치들을 실현하지는 못합니다. 우리에게는 드넓은 대양을 선으로 비출 힘이 없습니다. 우리를 싫어하는 사람들에게 친절하게 대하는 것도 우리에게는 버거운 일입니다. 진정한 자비의 힘, 우리에게는 너무 멀리만 있는 가치입니다."

'지혜의 대양'이라고 불리는 승려에게서 곧 가르침을 얻을 생각에 흥분이 고조되고 있음이 느껴졌다. 감격한 기색도 역력했다. "우리 각자가 세계로부터 앎을 끄집어내어 우리의 삶과 접목시킬 책임이 있다면, 지혜의 원천 중에서도 최선인 것을 찾아야 할 것입니다. 이렇게 영광스러운 기회를 얻은 것에 대한 깊은 겸손과 순수한 기쁨을 가슴에 담고 여러분께 소개합니다. 달라이 라마 성하."

행사장에 모인 사람들이 기다리던 순간이 왔다. 간간히 휘파람과 환호성으로 끊기는 장시간의 기립박수를 받으며 달라이 라마가 무대 중앙으로 걸어 나왔다. 동그랗고 선한 그의 얼굴에는 그 자리에 서게 된 기쁨이 묻어났다. 그리고 관중에게 감사의 뜻을 전했다. 그는 몸을 돌려 트위도를 포옹했고, 둘은 카탁을 주고받았다. 카탁은 백색 비단 스카프로서 고도로 상징화된 의미를 지니고 있으며 전통적으로 티베트인들이 환영의 뜻으로 주고받는다. 젊은이의 근사한 소개에 감동했는지 달라이 라마의 응대가 정말이지 따뜻해서 모르는 사람이 보았다면 모두 몇 년은 사귄 친구인 것으로 알았을 것이다.

저스틴 트위도 소개하기 위해 갔을 때 그는 무대 뒤쪽에서 여러 언론사와 인터뷰하고 있던 중이라서 무대로 나가기 전에 만날 기회가 없었습니다. 그냥 무대로 나가서 무대로 불러냈을 뿐이지요. 그가 무대 위로 올라온 때가 내가 그를 처음 만난 때였습니다.

트위도가 단상에서 물러나자 달라이 라마는 몸짓으로 관중에게 앉으라고 청하고 자신도 준비된 의자에 앉았다. 좌중이 조용해져 아무 소리도 들리지 않았다. 성하가 특유의 굵으면서도 낭랑한 목소리로 인사를 하려던 차에 마이크에서 둔탁한 굉음이 나와 스카이돔에 울려 퍼졌다. 최첨단 기기의 오작동이 재미있었는지 성하는 웃었다. 처음에는 키득거리며 웃다가 스스럼없는 너털웃음으로 바뀌었다. 그러고는 웃음과 기침이 섞이더니 성하는 "안녕하십니까, 여러분" 했다.

툽텐 진파 랑리 박사 마이크는 계속해서 꺼졌다 켜졌다 했습니다. 민감한 기계들이 간혹 그러지 않습니까. 음향 담당자들은 고장 난 마이크가 저의 것인지 성하의 것인지 알지 못했습니다. 거기에다 보안에 신경 쓰느라고 진행이 지연된 상황이었지요. 지연되다보니 음향 쪽 사람들이 꽤 긴장했나 봅니다.

애니 워너 기기 담당자들은 정말 정확한 전문가들이기 때문에 어이없는 일이 아닐 수 없었습니다. 성하에게 단 마이크가 세 개, 통역관에게 단 마이크가 세 개였던 것 같습니다. 각각의 마이크에는 코드가 연결되어 있었죠. 성하와 통역관에게 마이크를 다는 일은 평소보다 오래 걸렸습니다. 그렇게 공을 들였는데도 오작동을 했으니 성하에게도 재미있는 일이었겠지요.

사람들도 즐거워했다. 한참 박수를 치다가 성하가 말을 잇자 관중은 다시 침묵했다. "형제자매님들, 함께 모인 이 순간이 더할 나위 없이 기쁩니다⋯." 자신은 '평범한 승려' 일 뿐이라고 소개하는 겸손한 보살은 이후 한 시간 동안 사랑, 자비, 정신적 향상에 대한 메시지를 전했다. 과도한 전문용어와 심오한 철학원리의 군더더기를 삼간 메시지, 이번엔 너털거리지 않고 간간히 가벼운 웃음을 터뜨리면서 전한 그 메시지는 좌중의 넋을 빼놓을 만했다.

"정신적으로, 정서적으로, 육체적으로 우리는 모두 같습니다"라면서 성하는 인류의 공통된 가능성, '선의 가능성과 악의 가능성'에 대해 이야기했다. 그리고 이번에도 역시 웃으면서 자신의 믿음을 개진했다. "백 퍼센트 악한 사람은 단 한 명도 없습니다." 덧붙여 "누구든 행복한 삶, 밤낮으로 그리고 꿈속에서도 장수하는 행복한 삶을 바람니다. 또한 누구든 행복한 사람이 될 권리가 있습니다…. 심지어 동물에게도 행복한 삶을 누릴 권리가 있습니다. 동물들은 과거가 어떠했는지 미래가 어떠한지 알지 못하지만 미물임에도 행복한 삶을 원합니다" 하고 말했고, 이어서 "행복한 삶은 저절로 이루어지지 않습니다. 아무 연유도 없이 생겨나지 않습니다. 어떠한 일이든 고유의 원인 때문에 생겨납니다…. 문제와 고통도 같은 이치로 발생합니다. 원인과 조건 때문입니다"라고 주의를 주었다.

그 다음 "제 영어가 좋지 못합니다. 제가 늙으니 영어 실력도 따라 늙나 봅니다" 하고 직접 던진 농으로 좌중을 사로잡았다. 성하는 통역관인 랑리 박사에게 다시 도움을 청해 티베트어로 연설을 이었다.

툽텐 진파 랑리 박사 정식 불법의 범위 밖에서 일반적인 이야기를 할 때에는 사람들과 보다 직접적인 대화를 할 수 있기 때문에 영어로 이야기하곤 합니다. 그러다가도 보다 복잡한 요점을 전달하고자 할 때에는 티베트어로 바꿉니다. 하지만 그의 영어 어휘력은 놀라우리만큼 좋고 이해력도 매우 뛰어납니다.

제프리 홉킨스 박사 영어로 이야기할 때에는 누구도 부인할 수 없는 매력을 발산합니다. 미국에 처음 온 89년도부터 그의 공개강연 통역을 시작했습니다. 영어를 잘하지 못했던 당시에도 처음 절반은 영어로 이야기했습니다. 다음 절반을 티베트어로 이야기하면 그때 제가 통역을 맡았지요. 그래도 법회가 성공적이었을 수 있었던 이유 중 하나는 일단 듣는 사람들이 이해할 수 있는 수준의 영어는 되었고, 무엇보다도 그리함으로써 사람들과 직접적인 유대를 형성할 수 있다는 점이었습니다. 티베트어로 된 이후의 부분에서는 그의 정신적 기민성이 보다 뚜렷하고 명료하게 배어 나왔지요. 그의 티베트어 말투에는 범상치 않은 힘이 있습니다. 그것을 그대로 옮겨 이야기할 수 있는 수준의 영어 실력이 된다면 아마 세계 전체가 놀라 자빠질 것입니다. 좀 과장처럼 들렸나요? 제 생각은 그렇지만 다른 사람들은 어떨지 잘 모르겠습니다. 어쨌든 먼저 영어로 그가 직접 한 이야기를 듣고 티베트어로 한 말의 저의 통역을 듣고는 너무나도 비교가 되는 나머지 제게 "정말 그런 이야기들을 모두 하던가요?" 하고 묻는 사람들이 있습니다. 영어로 한 이야기만 듣고는 정말 선하고 친절하고 개방적인 사람이지만 조금 단순한, 복잡한 체계는 설명할 수 없을 것 같은 사람으로 생각되기 때문이지요. 하지만 절대로 그렇지 않습니다.

알렉산더 버진 박사 성하가 영어로 이야기할 때의 느낌은 국어로 이야기할 때의 느낌과 사뭇 다릅니다. 티베트어로 이야기할 때 그의 말은 영국 왕실 영어와 동급이라고 할 수 있겠습니다. 제가 만난 그 어떤 사람보다도 유려하고 유창한 어휘와 어투로 우아하고 고상한 티베트어를 구사하지요. 우아하면서도 지극히 명료한 말로 자신의 뜻을 완벽하게 표현합니다. 하지만 영어로 이야기할 때에는 단순한 느낌을 줍니다. 그만한 어휘력과 문장구성력이 없기 때문이라고 할 수 있겠습니다. 따라서 서양 사람들에게는 보다 단순한 느낌을 주게 되는 것이지요. 하지만 티베트어로 이야기할 때에도 변화 폭이 큽니다. 교육 수준이 낮은 사람들과 이야기할 때에는 일반적인 단어를 쓰며 평범한 수준으로 가르침을 줍니다. 하지만 고도로 훈련된 다른 스승들을 가르칠 때의 말은 다릅니다. 따라서 단순하게 들린다고 해서 그가 단순한 것이 아니라 단지 언어의 특성 때문이라고 생각하면 좋을 듯싶습니다. 덧붙이자면 티베트어로 이야기할 때이든 영어로 할 때이든 그의 유머감각은 탁월합니다. 유머감각은 티베트인들의 일반적인 특징인 것 같습니다. 대부분이 재미있지요.

로버트 서먼 교수 티베트어로 이야기할 때의 목소리는 훨씬 낭랑합니다. 보다 자신감 있고 설득력 있게 이야기합니다. 통역가들도 완벽하게 전달하지는 못하지만 보다 미묘한 이치를 설명해야 할 때에는 티베트어로 이야기합니다. 아쉽게도 보다 고차원적인 사유를 전하고자 할 때면 이야기를 듣는 사람들은 통역가의 머릿속에서 맥락을 놓쳐버립니다. 그래서 원래 복잡한 이야기가 더 복잡하게 들리는 결과가 자주 발생합니다. 티베트어로 하는 보다 어려운 가르침을 받을 수만 있다면 정말 놀라운 지적 경험이 가능할 것입니다. 티베트어는 지혜를 전하는 데 있어 매우 훌륭한 수단입니다. 철학적인 언어 중에서도 단연 최고인 산스크리트어가 많이 차용된 언어이기 때문입니다.

T. C. 테통 다람살라에 있으면서 영어 연습을 하고 싶어서 영어로 이야기하자고 하더군요. 영어로 이야기하면 저는 티베트어로 대답했습

니다. 성하께 영어로 이야기한다는 것이 무례하게 느껴졌기 때문이지요. 영어로 이야기하지 않는다고 불평하던 적이 많았습니다.

다시 영어를 사용해 성하는 종교 간의 화합에 큰 관심을 두고 있다고 밝히면서 "때때로 종교가 보다 큰 문제를 야기하기도 합니다. 하지만 종교를 적절하게 활용한다면 어떤 종교를 통해서도 보다 나은 사람, 보다 행복한 사람이 될 수 있습니다"라고 말했다.

중국의 조국 강점으로 화제를 돌리면서 달라이 라마는 그것이 자신에게 세계로 팔을 뻗을 수 있는 전환점이 되었다면서 겸허함을 보였다. "제가 여러분께 드릴 것은 하나도 없습니다. 단지 말 몇 마디 드릴 수 있을 뿐이지요. 저는 자유를 잃었습니다. 조국을 잃었습니다. 인생의 대부분을 망명자 신세로 이국땅에서 보내고 있습니다." 그리고 자신은 '평범한 승려' 일 뿐이라며 "정말 그렇습니다. 한참 배우던 때에 공부도 그리 열심히 하지 않았습니다. 제 지식은 한정적입니다. 특히 수학과 지리는 빵점입니다" 하고 말했다.

뒤이어 성하는 자신의 삶의 중심을 차지한다는 동정심에 대해 이야기했다. "자비로운 마음에서 힘이 나오고 자신감도 나옵니다. 자신감만 있다면 어떠한 문제에 닥치더라도 희망을 가지고 대처할 수 있습니다. 온화한 마음은 가장 값진 것입니다." 또한 동정심에 대해 "자신에 대한 타인의 태도에 좌우되어서는 안 됩니다…. 자비는 편견과 선입관에 따라 움직여서는 안 됩니다. 자비는 편향된 사랑과는 같지 않습니다" 하고 이야기했고, 발전시켜 이렇게 말했다. "폭력이 없다고 평화가 아닙니다. 자비가 행해지는 것이 평화입니다. 모두가 자비로워진다면 평화는 옵니다."

최근 문제시되는 군사 충돌, 폭력, 테러리즘에 대한 이야기를 하면서 성하는 전쟁을 '고대로부터 합법화된 폭력'으로 규명하면서 오늘날에는 '모두가 서로 의존하는 새로운 현실'이 생겨났고 따라서 '적을 파괴하는 것은 자기 자신을 파괴하는 것'이라는 견지를 밝혔다. "차이를 극복할 수 있는 유일한 방법은 대화입니다. 그 외에는 아무 방도가 없습니다. 남의 입장을 고려하면서 얻은 타협이야말로 최선의 방법입니다"라고 말했다. "20세기는 폭력의 세기였습니다. 그로써 문제가 해결되던가요? 폭력으로는 아무 문제도 해결할 수 없음을 깨달았을 뿐입니다" 하고 이야기하면서 "21세기는 대화, 자비, 자신감, 타인의 권리 인정의 세기가 되어야 할 것입니다"라는 희망을 밝혔다. 또다시 박수갈채가 쏟아져 나왔고 성하는 현재의 세계 지도자들을 존중하지만 "우리 지도자들은 보다 자비로워져야 한다는 생각입니다"라고 했다. 해당 문제에 대한 담화는 손가락으로 자신의 머리를 가리키면서 한 말로 마무리 지었다. "정치가들이 약간 헤까닥하면 정말 위험합니다."

성하는 이어 동물권(動物權, Animal right)과 혼인에 대한 견해를 밝히면서 "제가 너덧 살 쯤 되었을 때 여섯 번째 형과 가끔 다툰 적이 있었습니다" 하고 달라이 라마로 지목되고 나서의 어릴 적 이야기를 꺼냈다. "저에게 가장 큰 무기는 달라이 라마라는 이름이었습니다. 그때마다 형은 울었습니다. 동생이 형을 괴롭히는 꼴이었지요. 하지

만 서로 간의 존중이나 가족의 사랑이 없었다는 말은 아닙니다. 우리
는 무척 행복했습니다."

공식 연설을 마치면서 질의응답 시간을 가졌다. 청중들에게 나누
어주었던 카드에 적힌 질문이 거두어져 성하에게 전달되었다. 그 외
에도 우리가 가져야 할 자질에 대한 질문에 "지식과 현실성입니다.
부정적인 감정은 문제를 초래합니다"라고 대답했다. 어디에서 그런
에너지가 나오느냐는 질문에는 "충분하고 편안한 수면이지요. 보통
일곱 시간을 넘기지 않지만 때로는 아홉에서 열 시간을 잘 때도 있습
니다. 그리고 저는 철저한 불자입니다. 저녁에는 액체를 제외한 음식
은 먹지 않기 때문에 (다음날 아침) 배가 많이 고픕니다." 인간으로서의
감정을 어떻게 다스리는지 묻는 질문에는 "진정한 심적 평화를 얻었
다고 이야기할 수는 없습니다. 하지만 가슴 덜컹한 이야기를 듣더라
도 이내 안정을 찾습니다. 저는 넓은 바다와도 같다는 생각을 가끔
합니다. 겉은 일렁이지만 수면 아래는 차분하지요" 하고 이야기하면
서 덧붙였다. "자신의 사고과정을 관찰하는 습관을 수양하는 것이 중
요합니다. 분노가 생겨나면 그 마음을 따로 떼어 관찰해서 분노의 모
든 부정적인 면을 찾아내도록 해보세요…. 슬픈 마음이 들어도 슬픔
을 따로 떼어 관찰합니다. 떼어내면 동요는 적어집니다." 달라이 라
마의 조국 귀환에 대한 질문이 읽히자 스카이돔은 다시 박수소리로
가득 찼다. "어떻게 하면 성하께서 집(조국)으로 돌아가는 것을 도울
수 있을까요?" 하는 질문이었다. 성하는 이번에도 특유의 재미있는
답을 했다. 그의 존재 이유의 핵심을 짚은 질문이었지만 답변은 가벼

왔다. "여기에서 라사로 가는 표를 사주십시오."

객석에서 웃음이 터져 나오고, 잠시 후 성하는 이렇게 말했다. "이렇게 농담으로 넘어갈 수 있는 현실이 아니겠지요. 우리 티베트 사람들은 제게 큰 기대를 걸고서 믿고 따르고 있습니다. 저는 티베트 국민의 자유대변인입니다. 이렇게 밖으로 돌아다니는 것이 그들에게는 이롭지요." 티베트 내부상황에 대해서는 "변화하기 시작했습니다…. 국민이 믿기 때문에 제게는 책임이 있습니다…. 저는 분리를 바라며 접근하지 않습니다. 독립을 바라고 길을 뚫지 않습니다. 오직 진정한 자치권을 바랄 뿐입니다. 중화인민공화국의 분열은 제 방법이 아닙니다. 하지만 상황은 시간이 지남에 따라 변화하리라는 생각입니다. 어쨌든 우리에게 큰 관심을 보여주시는 여러분께 감사할 따름입니다. 그 도움 계속해서 주십시오. 감사합니다." 그렇게 말을 끝내면서 성하는 손바닥을 붙여 두 손을 다시 한번 모으고는 무대에서 걸어 나갔다. 또다시 기립박수가 터져 나왔다.

토론토 방문에 대한 달라이 라마의 생각

노부 체링 그분과 함께한 열하루 중에서 이삼 일은 리무진을 타고 같이 다니면서 캐나다의 티베트인 모임에 대한 이야기를 해드렸습니다. 하시는 질문에 놀라 입이 떡하고 벌어지더군요. 캐나다에 사는 우리들에게 지금 어떤 일이 벌어지는지 도통 알지 못하는 지도자들이 많은데 성하께서는 최신 정보까지도 다 알고 그것들에 대한 질문을 하셨습니다. 그런 분의 인도를 받는 것이 자랑스럽기만 했지요. 우리가 어떻게 살고 있으며 어떤 문제들을 안고 있는지 아는 진짜 지도자입니다. 문제가 있다는 것을 모르면 능력이 되어도 돕지 못하는 것 아니겠습니까?

빠듯하게 짜인 일정이었지만 성하는 방문 내내 즐거워하셨습니다. "모든 것이 순조롭게 진행되어 기쁩니다. 정말 수고들 하셨습니다" 하고 말씀하셨습니다. 칭찬을 받으니 단체를 이끌어갈 힘도 의욕도 커졌습니다. 단체가 매우 잘 조직되었고 특히 투명해 보여서 좋다는 말씀도 있었습니다. 모임 조직자 중에서 돈을 긁어모으는 사람이 있다는 루머도 알고, 돈이 자신에게 들어간다고 의심하는 사람도 있다는 것을 안다고 말씀하시더군요. 우리는 음성 조직도 아니고 마피아 같은 패밀리도 아니고 정치 집단도 아닙니다. 저마다 다른 색을 지닌 티베트 사람들의 모임일 뿐입니다. 그래서 회비가 어떻게 걷히고 어떤 목적으로 쓰이고 남은 운영비로는 무엇을 하는지 모두가 알고 있습니다. 그리고 동포들이 자원해 2년 동안 공을 들여 행사가 성공적이었다며 고맙다는 말씀을 하셨습니다. 정말로 기뻐하시면서 어디를 가든 각 단체에게 우리의 운영방식을 소개해서 운영비는 얼마나 걷히고 자금상황은 어떻게 되는지 알 수 있게 한 다음, 남은 돈은 주머니에 넣지 말고 티베트 개발기금에 기부하게끔 당부해야겠다고 하셨습니다.

애니 워너 성하는 행사 때마다 개최 예정지의 수용 가능인원, 입장권 예약상황, 예상 입장인원수 등을 들어 압니다. 호텔로 돌아가면서 고문관에게 솔직한 의견을 털어 놓으며 이야기하지만 호텔에 도착하면 수행원과 함께 방으로 들어가 스프와 차를 먹고 잠잘 준비를 합니다. 호텔로 들어가면서 일과가 끝납니다.

노부 체링 성하를 모신 칼라차크라를 조직하고 설법하시는 동안 도와드릴 수 있는 기회를 얻어서 기뻤고, 법회에 참가한 사람들도 매우 만족스러워 해서 좋았습니다. 앞으로도 우리 동포가 보다 편안하게 성하와 가까이할 수 있는 이런 기회를 더 자주 만들 계획입니다. 티베트 해방운동과 성하께 매일매일 직접적인 힘이 되지는 못했지만 그 열흘 동안만큼은 그럴 수 있어서 개인적으로 큰일을 해냈다고 생각하고 만족감도 큽니다. 조국을 위해 봉사할 수 있는 정말로 좋은 기회였습니다.

모든 일정을 마친 달라이 라마는 그날 저녁 로열 요크 호텔의 숙소로 돌아갔다. 지금보다는 평화롭고 자주적이었던 다른 시대, 일흔 해 전 티베트의 외딴 시골마을에서 시작해 평생을 그랬듯이 기도를 올리고 일찍 잠자리에 들었다.

2

달라이 라마로의 삶을 살다

탁처에서 라사까지

1938년 봄, 티베트 정부는 라마 고승들로 탐색대를 만들어 성스러운 임무를 맡겨 티베트 동부의 암도(Amdo)에 있는 쿰붐사원에 보냈다. 세라사원의 케창 린포체(Kewtsang Rinpoché)가 인도한 탐색대는 티베트 남부 중심부에 위치한 수도 라사에서 시작해 돌아오기까지 몇 달은 걸릴 험한 여행길이라는 것을 알았지만 주저함이 없었다. 57세로 1933년에 타개한 13대 달라이 라마, 톱텐 갸초(Thubten Gyatso)의 환생을 찾아야 했기 때문이었다.

탐색대는 지체 없이 암도로 향했다. 그로부터 3년 전, 전 달라이 라마의 유해는 머리를 남으로 향하게 하고 새로 준비된 옥좌에 앉혀졌다. 유해만 남았지만 죽은 달라이 라마는 아직 티베트의 수장이었다. 얼마 지나지 않아 남쪽을 바라보고 있던 머리가 알지 못할 힘에 의해

북동 방향으로 돌아갔다. 암도였다. 그 후 어느 날 국정을 돌보지 못
하는 상태에 있는 달라이 라마를 대신하던 섭정 레팅 린포체(Reting
Rinpoché)가 티베트 남부에 위치한 성스러운 호수 라모이 라초(Lhamoi
Lhatso)에서 징표를 보았다. '아', '카' (원 발음은 까), '마' 음의 티베트
글자가 떠올랐고 수면 위로 거북이와 금엽(金葉)으로 장식된 3층 사
원의 모습도 나타났다. 사원에서는 길이 길게 뻗어 낮은 산으로 향하
고 있었고, 그 끝에는 기이한 물받이가 달린 작은 집도 보였다. 분명
한 징조였다. '아'는 동북부 지방의 암도를, '카'는 파랗고 푸른 지붕
을 얹은 3층 사원인 쿰붐을 의미하는 것이었다.

　탐색대는 섭정이 보았다는 언덕 위의 이상한 홈통이 달린 집을 찾
아 나섰다. 탁처(포효하는 호랑이라는 뜻)라는 마을에 도착해 그들은 돌을
쌓아 진흙을 바르고, 밋밋한 지붕을 얹고, 곱향나무로 홈통을 단 농가
를 발견했다. 라마승들은 아직 자신들이 온 이유를 밝히지 않고 하룻
밤 묵어가도 되겠냐고 물었다. 주인이 기꺼이 응해 라마들은 허름한
농부의 집에서 밤을 보내며 집의 다섯 아이(여섯 번째 아이는 몇 년 뒤에 태
어났다) 중 막내와 놀아주었다. 세 살 난 천진한 꼬마아이 라모 된둡(소
원을 이루어주는 여신이라는 뜻)는 케창 린포체를 처음 보고는 "세라 라마,
세라 라마(세라에서 온 라마)" 하고 소리쳤다. 라마들은 다음날 아침 일
찍 신세진 집을 떠나 13대 달라이 라마의 유품을 가지고 되돌아왔다.
그중에는 툽텐 갸초와는 무관한 물건도 있었다. 물건들을 아이에게
보여주자 아이는 곧바로 13대 달라이 라마의 유품들만 골라 "내꺼
야" 하면서 자기 앞에 놓았다. 임무가 끝났다. 달라이 라마 14세를 찾

아낸 것이다.

달라이 라마 14세 탐색

패트릭 프렌치 티베트에는 아이들을 특별한 방법으로 유도한다든가 "이런 이런 절에 가고 싶다고 하는 것을 보고 이 아이는 분명 누구누구의 환생이군"이라고 한다는 이야기가 상당히 많습니다. 달라이 라마만 특별했던 것이 아니지요. 하지만 달라이 라마도 같은 식이었는지는 알 수 없는 일입니다. 그가 농사꾼 가정 출신이라고들 이야기합니다. 공식적으로는 사실입니다. 하지만 그의 형 한 명은 이미 고승의 화신으로 지목되었고 외삼촌 한 명은 쿰붐사원의 재정 감사관으로 있었습니다. 달라이 라마가 라사로 가도록 도운 중국 무슬림 장군(마푸펑)은 그의 외가와 친분이 깊었습니다. 달라이 라마의 아버지는 지극히 다른 신분 출신이었지만 어머니를 비롯해 외가 쪽 사람들은 암도 지역에서 상당한 사회적 지위를 누리고 있었습니다.

그런 식으로 먼저 죽은 사람들의 환생을 찾는다는 것은 우스운 일이지요. 달라이 라마도 화신으로 불리는 사람들이 적지 않은 수가 미덥지 않다고 할 것입니다. 제게도 의문은 있습니다. 어떤 업력에 의해 다시 세상에 보내졌다는 것을 확인하고 결정하는 것일까요? 아니면 아이에게 카리스마가 있어서 선택되는 것일까요? 분명 달라이 라마의 경우에는, 제가 책에도 썼듯이 영국 베이즐 구드(Basil Gould) 경이 1940년에 치른 즉위식에서 "대규모 집회를 이토록 완벽하고 자연스럽게 지휘하는 이는 일전에 보지 못했다"라고 했다는 등의 일화가 있습니다. 하지만 중앙의 한 관료는 동료 관리의 그런 글을 보고 '환상 속에서의 비행'이라고 평했지요. 마치 대여섯 난 아이에게 그런 능력이 있다는 것이 얼토당토않다는 듯 말입니다. 하지만 구드가 본 것은 사실이었습니다. 이야기는 따로 전해지지만 제 생각으로는 승려들로 이루어진 탐색대는 에너지, 후광, 힘? 여하튼 뭐로 부르든 간에 강한 기운을 뿜어내는 아이를 찾아다니지 않았나 하는 생각입니다. 측근들이 아닌 다른 사람들의 객관적인 표현을 통해 보더라도 달라이 라마에게는 꼬맹이 때부터 강한 카리스마가 있었습니다.

니컬러스 브릴랜드 스님 성하를 달라이 라마로 만든 내재적 자질이 그 안에 있냐고 질문하기 전에 그 '내재적(intrinsic)'이라는 단어에 주의해야 합니다. 우리는 어떤 자질이 내재해 있다고 생각하지 않기 때문이지요. 그것은 그 어린 꼬마가 보였던 자질이었습니다. 다른 꼬마들에게는 없던 자질이었고요. 안에 숨어 있던 어떤 가능성은 아니었습니다. 설명 드리자면 그가 어려서부터 보이던 자질은 일련의 원인, 몇 생을 거듭하면서 발전한 정신이 응집된 결과였습니다. 그 꼬마는 그 모든 영적 발전의 결과였지요. 그 아이는 정말로 특별했습니다. 환생한 달라이 라마임이 분명한 자질들을 모두 가지고 있었습니다.

하워드 커틀러 박사 사람들은 고유의 성격과 기질을 가지고 태어납니다. 그의 타고난 기질이 맡은 역할과 잘 맞아떨어지는 것이겠지요. 그에게서 직접 들은 것과 내가 직접 관찰한 것을 종합해 볼 때 지금의 그는 고유의 기질과 더불어 평생 해 온 체계적인 정신수련의 결과입니다.

로버트 서먼 교수 달라이 라마로 지목받았다면 충격받지 않을 사람이 어디 있겠습니까. 타고난 자질을 시험해야 하는 힘든 일이었을 것입니다. 티베트 불교체계에서 환생한 라마의 교육과정은 정말 놀랍습니다. 지목받은 아이들이 모두 환생한 라마가 아닐 수도 있겠지만, 진짜 화신이라면 그들은 신동 모차르트나 다름없습니다. 그것도 전생을 몇 번이나 거치면서 이미 수만 편의 교향곡을 쓴 신동 모차르트를 찾은 것과 같습니다. 따라서 그 꼬마가 다섯 살에 멋들어진 교향곡을 써낸다고 해도 놀랄 일이 아닐 것입니다. 불교신자들에게 어려서 보이는 천재성은 환생의 중요한 증거입니다. 달라이 라마는 분명 신동이었습니다. 철학, 심리학, 정신수행 등의 능력이 탁월한 신동이었습니다.

수랴 다스 라마 성하는 가끔 농담을 하십니다. 툴구체계가 반만 정확하고 당신은 나머지 틀린 반에 속해 있다면서요. 하지만 그분은 당대 최고의 성현입니다. 왕실에서는 이기적이고 자아도취적이며 과대망상적인 인물이 많이 만들어지지만 그의 경우에는 그렇지 않습니다. 일단 본성과 훈육환경을 생각해보아야 합니다. 다른 아이가 선택되었다면 어땠을까요? 교육환경은 똑같을 테니 유사한 결과가 나왔을 수도 있지만 본질까지 똑같을 수는 없을 테니 다른 모습이었을 것입니다.

패트릭 프렌치 중국 공산당이 침략하던 시기인 열다섯 살 때 국가의 통치권을 이어받을 수 있었던 것은 유능한 스승들의 인도와 타고난 능력이 있는 달라이 라마의 노력이 있었기 때문입니다. 그 또래의 아이들을 한번 생각해봅시다. 보통 능력이 아니고서는 그 숱한 어려운 일들을 맡아낼 수 없을 것입니다. 상황이 매우 좋지 않은 국가를 통치해야 하고, 거기다가 유구한 전통의 종교계도 이끌어야 했으니 말입니다.

선 웨이드 14대 달라이 라마의 실 출생지는 중국의 칭하이성(青海省)입니다. 환생한 소년들을 찾는 과정에서 그도 두 살이 되었을 때 선발되었으며, 1939년에 지방 정부가 올린 보고를 받고 중앙 정부가 지령을 내려 고위 관리들로 하여금 그를 라사까지 데려오게끔 했습니다. 그 후 1940년 당시 중앙 정부의 수장이었던 장제스가 허가해 라모 된둡에게 14대 달라이 라마 칭호를 부여할 수 있었습니다. 이러한 것들이 티베트가 실제로 오래전부터 중국의 영토였다는 점을 증명하는 역사적 사실입니다.

라모 된둡이 달라이 라마의 환생임이 공식적으로 인정되기 전까지 몇 달이 흘렀다. 라사에서 내려온 전갈을 받고 그는 쿰붐사원으로 옮겨져 일출 시간에 거행된 의식에서 공식적으로 즉위했다. 극적인 인생 반전이었다. 부모와 떨어져 가족이라고는 바로 윗형인 롭상 삼텐만 있는 곳에서 세 살짜리 꼬마는 농촌 소년에서 티베트 종교계와 정치계의 수장으로 거듭나기 위한 과정에 돌입했다. 마푸펑에게 들어간 거금 덕으로 1939년 여름, 부모와 잠시 만났다가 다시 라사로 돌아온 달라이 라마는 수석 교사이기도 했던 섭정을 비롯해 차석 교사였던 타탕 린포체(Tathang Rinpoché)의 엄중한 교육을 받기 시작했다.

텐신 테통 박사 밖에 나가서 다른 아이들과 놀고 싶어하는 여느 아이들과 다를 것이 없었습니다. 물론 절대로 허락되지 않았습니다. 간혹 친형들과 잠깐 놀 수는 있었지만요. 그리고 그 역시 밝힌 바이지만 자신의 거처에서 요리나 청소를 하며 일하던 나이 많은 사람들도 함께 놀아주었습니다. 달라이 라마라고 복종하는 것 없이 보통 아이들 대하듯 놀아주어서 정말로 좋았다고 합니다. 따라서 여느 아이들과 크게 다를 것 없이 자랐지만 그렇다고 완전히 같았던 것은 아닙니다. 청년이 되어서는 자신을 가르쳤던 스승들과 매우 유사하게 설법할 수 있게 되었습니다. 두 스승이 티베트 불교교육의 정수를 어린 달라이 라마에게 성공적으로 전한 것이지요.

정치적 역할을 위한 특별 교육체계는 없었습니다만, 그는 티베트 정부의 여러 기관들이 어떻게 움직이는지 점진적으로 이해해갔습니다. 국정에 직접적으로 손을 댄 때는 열예닐곱 정도부터였지만 정부 관료들과 함께 자랐으니까요. 국정을 맡기 전에 그의 특별보좌관으로 임명된 관리들이 있었습니다. 시종장 같은 사람들이었지요. 이들을 통해서 그는 정치를 비롯해 티베트 정부체계를 어느 정도 배울 수 있었습니다.

하워드 커틀러 박사 (1980년대에 다람살라에 방문했을 때) 성하에게 티베트에 가서 직접 찍은 포탈라 사진 여러 장을 보여주었습니다. 하나를 보더니 이렇게 말하더군요. "이 벽에 구멍이 하나 나 있었는데 그 안에 커다란 올빼미 한 마리가 살았습니다. 스승님들께서는 공부하지 않으면 올빼미가 날아와 채갈 것이라고 겁을 주셨더랬지요."

달라이 라마 유년기의 티베트, 1940년대와 1950년대

오지의 티베트는 수세기 동안 서양인들에게 신화와 신비의 땅이었다. 티베트의 신비에 이끌린 많은 사람 중 러시아 출생의 기인, 헬레나 페트로브나 블라바츠카야(Helena Petrovna Blavatskaya, 1831~1891)는 1875년에 미국에서 불교 영향을 받은 신지학운동(神智學運動, Theosophy Movement)을 시작했다. 그는 신비를 경험하기 위해 티베트를 방문하고(사실인지 증명할 수는 없다) 나치집단 역시 방문했다고 한다. 집단학살을 일삼은 아돌프 히틀러 역시 티베트에 관심이 많아, 그들이 행운의 상징으로 여기는 만자를 차용하고 변화시켜 포악성의 표상으로 삼았다. 나치제국의 총통 하인리히 히믈러(Heinrich Himmler)는 나치 이론 중 티베트인들이 아리안의 후손, 즉 히틀러가 말한 '지배자 민족'이라는 설을 보강하기 위해 독일 과학자 다섯 명으로 탐험대를 구성해 라사로 보냈다.

이유는 다양했지만 많은 서양 정부들이 티베트에 관심이 컸는데 영국의 경우에는 신비주의적인 면보다는 전략적인 관심이 컸다. 눈으로 덮인 그 오지는 중국에서부터 제국의 보석인 인도 아대륙에 이르는 통로였을 뿐 아니라 한참 공격성을 더하던 러시아와 대영제국의 완충층이기도 했다. 1903년 커즌 경(조지 너새니얼 커즌(George Nathaniel Curzon, 1858~1925), 케들스턴(Keddleston)의 커즌 남작의 맏아들, 1899년에서 1905년까지 인도 총독)의 요청을 받은 영국 정부는 13대 달라이 라마와의 협상을 위해 라사에 군대를 파견했다. 지도에 표기되지 않은 중국, 인도 국경지역에서 과감한 착취를 일삼은 것으로 악명 높은 영국제국의 두말할 것 없는 영웅, 프랜시스 영허즈번드 대령(Colonel Sir Francis Younghusband, 1863~1942)이 이끄는 원정군은 티베트 병사 수천을 죽였다. 인도 병사들까지 포함한 원정군 병력을 그럴싸하게 배치한 후 영허스번드 대령은 라사로 입성했다. 자신을 맞으며 티베트인들이 보냈던 박수와 고함은 그들이 불편한 심기나 경멸을 나타낼 때 하는 행동이라는 것을 몰랐을 것이다. 13대 달라이 라마는 몽골로 피신했고 영국군은 협상자들을 보내 모든 것을 해결하게끔 한 후 자신들은 신사들의 스포츠를 즐기며 한가로운 시간을 보냈다. 1904년 8월 19일은 티베트 땅에서 첫 축구 경기가 시행된 날로 공식 기록되었다. 결국 원정군은 티베트 정부와 영국령 인도에서 공관을 비롯해 전신 시설을 세울 수 있는 조약을 체결했다. 외교관과 공무원들을 보냄으로써 티베트 영토 내에 보다 큰 세력을 구축할 수 있는 길을 닦은 것이다.

그러나 제2차 세계대전이 있기 전까지는 방대하고 신비로운 히말라야의 얼음 땅 티베트에 들어간 서양인이 거의 없었다. 2,500만 년 전의 대규모 지각변동에 의해 생성된 험난한 지형 덕이었다. 머나먼 과거에 인도 아대륙이 거대한 유라시아 대륙과 충돌해 해저면이 수천 피트 높이로 솟구쳐 올라오면서 서유럽 전체를 합친 규모의 고평원이 형성되었다. 당시에는 비교적 낮았지만 수천 년에 걸쳐 지반이 융기되면서 매서운 기후에 공기까지 희박해져 범접할 수 없는 세계 최고의 고평원이 되었다. 강경한 정치계와 종교계의 반발 속에서 진보적이었던 달라이 라마 13세가 현대화를 시도했지만 20세기에도 여전히 고립된 채 남아 있었던 이유는 지리적 여건 때문이었다.

로버트 포드 30년대에 13대 달라이 라마는 좀 이상한 행동을 했습니다. 현대화를 꾀했던 사람이었지요. 티베트에 자동차를 석 대나 들였다고 합니다. 하지만 가만히 모셔두고 사용하지는 않았다는, 그런 일들이 몇 됩니다. 우편, 전신 시설도 걍세(Gyangze, 티베트의 제4대 도시)까지 있었습니다. 영국이 설치하고 운영 역시 영국이 하고 있었지만 걍세에서 라사까지는 티베트가 운영했습니다. 세계에 열린 문을 꼭 닫고 들어앉아 있다가 문을 열게 된 것이지요. 아주 서서히요. 그때까지만 해도 인도에 가본 티베트 사람들은 손에 꼽힐 정도였습니다. 대부분은 국경 밖의 세계가 어떻게 생긴지도 몰랐습니다. 라디오도 충격이었겠지요. '뭔 외계인 소리가 나온데' 했을지도 모를 일입니다. 티베트의 개방은 그들의 의지로만 실행된 것이 아니었습니다. 바깥 세상에 관심을 갖게 된 동기는 이따금 들어오는 외부 세력의 압력 때문이었습니다. 제가 참도에 갔을 때만 해도 딴 세상이었습니다. 그전에는 더 심했다고들 하고요. 라사에서 참도를 잇는 유일한 통신수단은 전령이었답니다. 말을 바꿔가며 밤낮으로 달려야 겨우 열흘 안에 다녀올 수 있었다고 하더군요.

체링 샤카 13대 달라이 라마의 통치가 끝나갈 무렵이던 30년대에 들어서 라사가 바뀌기 시작했습니다. 티베트에 변화가 불었습니다. 특히 학자층에서 자녀를 유학 보내는 사람들이 점점 많아졌습니다. 많은 학자들이 자식을 식민국이 운영하던 인도의 공립학교에 보내고 사관학교에 보냈습니다. 라사의 물질문화 역시 바뀌었습니다. 오토바이들이 들어왔고 영화관이 세워졌습니다. 새로운 문물을 들여온 주 세력은 인도의 라다키(Ladakhi)계 무슬림 상인들이었습니다. '사진관을 세우면 장사가 되겠군' 하면 얼마 안 있어 사진관이 들어섰지요.

티베트가 고립국이었다는 것을 지나치게 강조하는 사람들이 많습니다. 물론 여러 다른 나라에 비하면 티베트는 고립되어 있었던 것이 사실입니다. 하지만 사람들이 생각하듯 외딴곳에 떨어져 문을 꼭꼭 닫고 살았던 것만은 아닙니다. 티베트에 오고 지나다니던 사람은 많았습니다. 주위 국가에서뿐 아니라 세계 전체에서요. 티베트가 굳게 닫혀 있다고 생각하는 사람들을 보면 대부분이 정작 한 번도 가보지 못한 사람들입니다. 티베트에는 오래전부터 몽골인들과 러시아인들의 출입이 잦았고 불교 역사가 깊은 일본, 중국, 태국의 순례자들을 비롯해 아르메니아, 이란, 아프가니스탄의 상인들도 자주 다녀갔습니다.

로우웰 토머스 주니어 그곳 사람들 모두에게는 비행기든 트럭이든 어떠한 운송수단이 들어올 만한 길을 낸다면 고유의 문화가 씻겨나가고, 고유의 종교가 위협받고, 생활방식 전체가 바뀔 것이라는 두려움이 있었던 것 같습니다. 지도자들도 달라이 라마 1세가 나온 서기 700년대에서부터 이어온 수백 년의 문화전통을 망쳐놓을 수는 없다는 완강한 자세를 취했습니다. 산업 사회로 발전하고 싶어하는 기색은 어디에서고 찾을 수 없었습니다. 그대로 만족하고 살면서 염불만 열심히 한다면 부처가 도와 잘 살 수 있으리라 믿고 있었습니다. 부처님 말씀에 따라 착하게 살면 죽어서 더 높은 지위로 환생할 테고 그렇지 않는다면 미물로 다시 태어날 것이라고 믿고 있었습니다. 우리와는 정말로 아무 관계도 맺지 않고 혼자 살아가고 싶어했습니다. 하지만 우리의 도움은 절실히 필요했지요. 공산주의자들이 압박해오고 있었으니까요.

로버트 포드 공식적으로 티베트 정부에 고용된 첫 외국인이 납니다.

제2차 세계대전에서 나온 무선통신 장비를 챙겨서 들어갔지요. 트랜지스터가 나오기 전이어서 장비는 만만치 않게 컸습니다. 하지만 당시 기준으로 따지면 작은 데다가 미얀마까지 전파를 보낼 수 있는 최첨단 장비였습니다. 혼자는 들고 갈 수 없어서 노새의 힘을 빌렸습니다. 자동차나 오토바이는 일절 없었기 때문에 길이 닦여 있지도 않던 시절이었지요. 모든 것을 사람이 밟아서 난 길을 따라 사람과 노새가 운반해야 했습니다. 장비는 그렇게 옮겼습니다.

티베트에서의 생활은 놀라움의 연속이었습니다. 나도 그때는 20대 젊은이였으니 오죽했겠습니까. 모든 것이 스릴 넘치고 신기하기만 했습니다. 내가 참도에 가서 살았던 때에는 그곳에 서양인이라고는 하나도 없었습니다. 와서 살았던 사람들조차 한 명도 없었죠. 발을 들였던 서양인은 딱 한 명 있었는데, 중국 동부에 있던 영국 영사였습니다. 중국과 티베트 부족 간의 싸움을 말리려고 1917년에 중국에서 일하다가 참도로 달려간 양반이었지요. 그 정도였으니 지금 같은 지도나 가이드북은 꿈도 꿀 수 없는 일이었습니다. 더구나 참도는 타지역 사람들이라면 티베트인들조차도 잘 알지 못하던 곳이었습니다. 참도는 캄파족이 살던 지역이었는데 캄파족들은 좀 살벌한 기질의 사람들이었습니다. 그곳으로 가겠다는 말을 들은 라사 친구들은 "설마! 괜찮겠어? 그 아래쪽에는 웃기는 사람들이 많은데" 하면서 말리더군요. 친구들이 말하던 우습다는 말은 재미있다가 아니라 위험하다는 이야기였습니다. 정말로 스릴 넘치는 새로운 경험이었습니다.

티베트를 방문한 서양인들

제2차 세계대전 종전 직후 몇몇 유명한 외국인들이 티베트에 발을 들였다. 저명한 여행가이자 방송가인 로우웰 토머스와 동명의 아들은 티베트 정부의 공식 환영을 받으며 오지에 들어갔다. 중화인민공화국으로 새로이 탄생한 인접국에 침략당한 티베트는 그들이 티베트의 상황을 세계에 알려주기를 바랐던 것이다. 장신에 금발인 서른넷의 산악인 하인리히 하러와 그의 친구인 페터 아우프슈나이터(Peter Aufschnaiter)는 인도의 영국군 포로수용소에서 탈출한 포로들로서 역시 티베트를 최초로 밟은 서양인들이었다. 1950년에는 풀브라이트 장학금을 받은 프랭크 B. 베사크와 일행이 우라늄 탐색임무를 맡은 CIA 요원 한 명과 함께 티베트 국경지역의 유목민들의 위협을 헤치고 라사에 당도했다.

전쟁 후, 외국인들이 티베트에 첫발을 들인 때는 1946년 1월 15일의 저녁이었다. 하러와 아우프슈나이터는 저 멀리 라사 위에 우뚝 선 포탈라를 어렴풋이 보았다. 1939년 9월부터 인도의 수용소에 갇혀 있었던 두 전쟁포로는 세 번째 시도 끝에 탈출에 성공해 영국령 인도를 거쳐 티베트의 동토를 가로지르는 70일간의 위험한 여행 끝에 라사에 도착했다. 힘없고 배고프고 약해 보였지만 적국이었던 오스트리아 국적의 사람들이었기 때문에 영국 관료들은 그들을 일단 감시하에 두었다.

로버트 포드 영국이 인도에 설치한 포로수용소에서 탈출한 사람들이 었기 때문에 영국인들은 다시 잡아넣지 못하는 것이 아쉬웠을 것입니다. 하지만 당시에 공관을 지휘하고 있던 리처드슨(Hugh Richardson)은 둘을 물심양면으로 도왔습니다. 시킴(Sikkim)에서 티베트와 영국령 인도의 외교문제를 맡고 있던 아서 홉킨슨(Arthur Hopkinson) 역시 하러와 아우프슈나이터를 호의적으로 대했습니다. 제1차 세계대전에 참전해서 전쟁의 참상을 알고 있었기 때문에 잘 대해주었는지는 모르겠지만, 그들이 나치라는 생각은 없었나 봅니다. 얼마 전까지만 했어도 전쟁포로였지만 과거지사가 되었으니 나치든 어떻든 상관없었을 수도 있었겠죠. 힘겹게 티베트에 이른 그들을 홀대했던 것은 오히려 티베트 정부였습니다. 두 탈출 포로들이 자국에 있는 것을 원치 않는다며 당장 추방하겠다고 했지요. 하지만 영국 정부가 압력을 가하기 시작했습니다. 잠시 시간을 주자, 이렇게 강경하게 나올 필요는 없지 않느냐, 이 두 청년들은 정말 죽을 고생을 해서 여기까지 왔다, 시간을 주어 회복하게끔 한 다음 보내도록 하자 하고 당부해서 추방을 막은 것은 홉킨슨이었습니다. 하러와 아우프슈나이터가 라사에 머물 수 있었던 건 그 때문이었지요.

패트릭 프렌치 두 가지 상반된 견해가 있습니다. 하나는 영화 「티베트에서의 7년」이 완전 헛소리라는 입장입니다. 일단 영화는 원작인 책과 상당히 다릅니다. 책만 놓고 본다고 하더라도 대필작가가 쓴 것이 분명합니다. 확인하기는 힘들지만 극구 반대하는 사람들도 원관과 영어 번역판에 꽤 많은 차이가 있다는 사실까지 부인하지는 못할 것입니다. 하러가 정말로 그 당시에 자신의 정치색을 밝힐 수 있었을까요? 그러지 못했을 가능성이 훨씬 큽니다. 또 한 가지, 이미 대부분이 파묻힌 과거지사이니 어떤 독일인이나 오스트리아인들도 자신은 히틀러 정권과 대량학살에 가담하지 않았다고 한다면 파고들어 밝혀내기가 힘듭니다. 하러의 경우에는 대량학살이 있을 때 나는 티베트에 있었는데, 하면 되니 그만한 알리바이는 없겠지요. 밝히기도 힘들고 민감한 문제이기는 하지만 그가 나치체제에 어느 정도 가담했다는 것은 사실이라고 봅니다. 나치의 치부가 세상에 하나 둘 속속들이 공개되어 크게 이슈화되기 시작한 90년대 후반 이전까지는 그럴듯하게 꾸민 이야기가 먹혀들어 갔지만 이제는 그렇지 않게 된 것이지요. 역사학도로서의 제 입장을 말씀드리자면, 그 어떤 사람이라도 악랄한 체제에 속한 사람이라는 점을 놓고 그 사람에 대한 견해까지 단정해 버리는 것은 안 될 일입니다. 나치체제의 대량학살에 조력하지 않는 선견지명이 있던 사람이었군, 하고 이야기할 수 있을 뿐입니다.

로버트 서먼 교수 그는 정말로 나치가 아니었습니다. 아무런 정치성향도 없는 사람이었습니다. 단지 산악인일 뿐이었고, 라사에 도달할 수 있었던 것도 다들 알다시피 등반가였기에 가능한, 지극히 대담한 여행 때문이었습니다.

하러와 아우프슈나이터는 티베트 국경에서 체포되지 않고 수도 라사로 들어갈 수 있었다. 운은 계속 이어져 라사에 들어가서도 도시 전체의 전기시설을 담당하는 자리에 있어서 '전기박사'로 통하던 지역 유지, 탕메(Thangme)의 집에 머물 수 있었다. 티베트에서의 7년은 그렇게 시작되었다. 하러는 한 국가와 국민들과의 관계, 달라이 라마 14세 성하라고 부르며 사람들이 따르던 열 살 난 꼬마와의 관계를 그렇게 시작했다.

하인리히 하러 그곳에 도착하면서부터 사람들 입에서 우리 이야기가 떠나지를 않았습니다. 내각 관료 네 명에게서 허가를 받아 탕메 씨 집에서 머문 첫 오륙 일은 가택구금 상태에 있었기 때문에 집 밖으로 한 발짝도 나가지 못했습니다. 달라이 라마의 형인 롭상이 탕메 씨 집에 있던 우리를 찾아왔습니다. 그는 라사의 전기를 모두 책임지고 있던 1급 관리였기 때문에 모두가 우리를 찾아왔습니다. 매일 우리를 구경하러 찾은 많은 사람들 중에는 달라이 라마보다 몇 살 많은 친형도 있었습니다. 그 역시 승려였지만 린포체(주지)는 아니고 좀더 평범한 스님이었습니다. 나중에는 친해져서 우리가 유럽으로 돌아간 다음에도 찾아와 같이 강에서 수영도 하는 그런 친한 친구가 되었습니다.

우리는 마침내 탈출에 성공했다는 생각에 그저 감격스러울 뿐이었습니다. 라사에 가서도 성하를 만날 생각 같은 것은 없었습니다. 그가 처음 우리를 만졌을 때에는, 그는 사람들에게 축복을 내릴 때 술이 달린 봉을 사용하지만 우리에게는 직접 머리에 두 손을 얹어 축복을 내렸습니다. 축복의식이 몇 분 안에 끝나고 머리를 들어 꼬마를 보았는데 나를 보며 웃더군요. 섭정(레팅 린포체)이 불과 몇 야드 밖에 안 떨어져서 지켜보고 있었기 때문에 이내 고개를 숙여야 했습니다.

로버트 포드 섭정을 비롯해 실권을 잡고 있던 고위 관료들과 접할 기회는 거의 없었습니다. 뒤에 숨어서 일하는 사람들이었으니까요. 특히 서구인들에게는 노출을 최소화하려고 하던 시절이었으니 오죽했겠습니까. 공관에 도착한 45년도에는 박사와 박사 사모님과 나밖에 없었습니다. 우리 셋밖에 안 됐죠. 얼마 안 있어 하러와 아우프슈나이터가 들어왔고 시킴에 있던 정치관이 가끔씩 올라오기도 했습니다. 아주 가끔이요. 아주 작은 집단이었지만 영국을 대표하는 공관에 속해 있었기 때문에 그 나라의 고위 인사들과 주로 어울렸습니다. 하지만 섭정이며 달라이 라마의 개인교사들만큼은 만날 기회가 그리 많지 않았습니다. 바깥 세상의 일은 다른 관료들에게 맡기고 할 일만 묵묵히 하던 사람들이었지요.

로우웰 토머스 주니어 정말로 다시 가고 싶은 곳이었습니다. 중국이 침략하지만 않았어도 몇 년 안 가 다시 갈 생각이었습니다. 중국이 순식간에 쳐들어가는 바람에 기회를 놓친 게 그저 안타까울 뿐입니다. 그 후로는 기회도 없었고 갈 생각도 없습니다. 되놈들이 판치는 곳에 가서 뭐하겠습니까.

　프랭크 B. 베사크 박사는 풀브라이트 장학금을 받고 1947년에

베이징에 도착했다. 1949년 가을에 그는 우라늄 탐색임무를 맡은 것으로 알려진 CIA 요원 더글러스 매키어먼(Douglas Mackierman)을 비롯해 러시아 출신 가이드를 대동하고 티베트로 향했다. 6개월 후인 1950년 4월 29일에 티베트 국경을 넘었지만, 험난한 여행길 종반에 그들을 맞은 것은 격렬한 총격이었다. 매키어먼과 러시아인 가이드 둘은 총을 맞고 사망했다.

프랭크 B. 베사크 박사 말로만 듣던 티베트에 도착했을 때에는 여기저기에서 전투가 벌어진 흔적이 있었습니다. 우리는 동쪽으로 틀었는데도 그들을 만났습니다. 동행한 친구 셋이 죽고 한 명이 부상당했습니다. 제게도 총을 쏘고는 포박했습니다. 하루하고 반나절이 지났나, 사람들이 와서는 라사에서 지령이 왔다면서 우리를 보호하고 도울 것이라고 하더군요. 그 후부터는 친절히 대해줬습니다. 우리는 고원지대에 있는 티베트 공관에서 한 주를 머물렀습니다. 20년 전에 인도에서 교육을 받아 영어를 할 수 있는 티베트 친구들이 있어서 심심하지도 않았습니다. 저는 진정해서 있을 만했지만 친구는 그렇지 못했습니다. 유목민들과 살면서 이방인들을 어떻게 대하는지 알았기 때문에 저는 어쩔 수 없는 일이었다고 생각했지만 친구는 그렇지 못했나 봅니다. 일행을 죽인 사람들은 그 지역을 관할하던 공무원들이었습니다. 침입자인 우리를 보고는 도와야겠다는 생각이 들 리 없었겠지요. 처벌받는 것만은 막아보려고 했지만 정부는 결국 벌을 내렸습니다. 탄원을 넣어서 친구들을 살해한 자들이 불구형을 받는 것은 면하게 했습니다. 불교 전통 때문인지 사형은 치러지지 못하는 나라였지만 티베트에는 수족절단형 등의 무시무시한 형벌이 있었습니다.

형벌을 완전히 면하게끔 할 수는 없었지만 공개태형과 관직박탈로 끝났습니다. 그래도 친구가 된 사람들이 채찍질 당하는 모습을 보는 것이 좋지는 않았습니다. 형 집행이 끝나고 그들은 길에 세워졌는데 제가 가서는 용서한다는 뜻으로 악수를 청했습니다. 선처를 부탁해주어 고맙다는 말을 했지만, 그 후로는 통 볼 수가 없어 그들이 어떻게 되었는지는 모릅니다. 다른 입을 통해 들은 바로는 전초방위대 직을 다시 찾지는 못했다고 하더군요.

라사로 돌아와 한시름 놓은 다음, 가장 먼저 제가 미국 정부에서 보낸 관리도 아니고 국무성이나 CIA와는 아무 관련도 없음을 분명히 밝혔습니다. 그들은 정부 관계자, 문화계 지도자를 비롯해 하인리히 하러와 휴 리처드슨 등의 외지인 등과 면담하게끔 했습니다. 의회에도 두 번이나 세워져 변론해야 했습니다.

라사 시민에 대한 외지인의 첫인상

프랭크 B. 베사크 박사 라사 사람들에게 받은 첫인상은 친절이었습니다. 도시도 그렇게 아름다울 수 없었습니다. 그들의 봉건제가 유럽과 비교해 농노들에게 훨씬 관대했다는 점은 알게 되었지만 그렇다고 그들의 사회조직이 탐탁하지만은 않았습니다. 시민들에게 정부를 변화시키고 사회를 발전시킬 수 있는 힘이 없었습니다. 어쨌든 호의적인 민족성을 지닌 사람들이었습니다.

로버트 포드 쉬는 날이면 롭상과 함께 라사와 근교의 흥미로운 곳을 돌아다녔습니다. 롭상은 영국 공관에서 같이 일했는데 영어 실력이 기가 막혔습니다. 저는 고위급 공관에서 일했기 때문에 티베트 정부의 각개 부처 관료들과 함께 점심을 먹었습니다. 티베트 정부에 소속되면서 신분은 변했지만 예전부터 해오던 일은 변함없이 했습니다. 티베트에서 2년을 보내면서 티베트어도 어느 정도 할 수 있게 되었기 때문에 편했습니다. 어디를 가든 사람들은 친절하게 대해줬습니다.

로우웰 토머스 주니어 다른 곳의 다른 문화집단이 우리 서구세계보다 더 나은 인생의 신비에 대한 해답을 가지고 있는 것은 아닌가 하는 생각을 해봤습니다. 우리가 얼마나 잘났기에 다른 문화를 가진 다른 나라 사람들의 일에 사사건건 간섭을 하는 것일까요? 지금 우리가 하는 짓도 봅시다. 우리가 얼마나 잘났다고 저 멀리에 있는 사람들에게 우리의 민주주의를 강요하는 것일까요? 말로만이 아니라 실제로도 타인의 생활방식을 존중할 줄 알아야 합니다. 이문화 국가를 여행하는 것은 마음을 넓히기에 좋은 방법입니다. 나는 터키와 이란을 여행할 때부터 다른 문화와 생활방식을 존중하는 태도를 가질 수 있게 되었습니다. 티베트에 대한 생각도 그곳을 다녀오고 난 후에 많이 바뀌었습니다.

세상 사람들의 티베트인에 대한 호기심

로버트 포드 그들에게는 이상할 것도 참 많았습니다. 몇 년 일하다가 티베트 동부로 가게 되면서 정부 각료 바로 밑에서 일하게 되었습니다. 친분이 많이 쌓이고 나서 중국의 위협에 대해 이야기하게 되었습니다. 그러더군요. "우리에게는 비행기가 필요하네." 내가 공군에 있었으니까 비행기를 조립하고 조종할 수 있지 않느냐면서 말입니다. 그래서 비행기는 그냥 뿅하고 생겨나는 것이 아니라고 설명해줘야 했습니다. 들여온다고 하더라도 유지보수 인력, 비행 인력 등 매달려야 할 사람들도 많이 필요하다고요. 먹혀들어가지가 않더군요. 그도 그럴 것이 병력이라고 조금 있는 것은 육군뿐인데 그마저도 병기 조차 제대로 갖추고 있지 않고 제대로 조직되어 있지도 않았죠. 20세기의 현실에 눈을 뜨지 못했기 때문에 생겨난 결과였습니다.

로우웰 토머스 주니어 승려 수천수만 명이 모인 절에 들어가 그들이 보릿가루로 참파(tsampa, 티베트인들의 주식)를 만들고 공양하는 모습은 정말로 장관이었습니다. 그 사회를 들여다볼 수 있는 진짜 경험다운 경험이었죠.

어린 달라이 라마와 함께한 사람들

어린 달라이 라마는 포탈라궁에서 시종신, 해박한 개인교사, 고위 관료에 둘러싸여 황제의 호사를 누리며 자랐다. 방이 1,000칸이나 되는 포탈라궁은 17세기에 건립된 7층 건축물로서 집무실에 창고, 불당, 승방을 비롯해 심지어는 감옥까지 있다. 포탈라궁은 티베트의 수도 라사 최고의 건축물로서 수도로 들어오는 사람의 눈에 가장 먼저 띄고 나가는 사람들의 눈에 가장 오래 남는다.

웅장한 규모이기는 했지만, 초라하지만 따뜻한 아랫목에서 유아기를 보낸 산간 꼬마에게 구중궁궐은 낯설고 무서운 곳이었다. 편안하고 따뜻했던 집과는 달리 궁의 꼭대기 층에 마련된 달라이 라마의 침실은 춥고 어두웠으며 낡은 가구들로 빽빽했고, 쥐떼가 출몰하여 방을 종횡하고 꼬마가 자는 침대 위로도 뛰어다녔다.

어린 달라이 라마의 일정은 학업과 정사로 채워졌다. 불경을 외우고 나면 관료들을 만나야 했다. 당시는 견고하게 짜인 독재권력이 문벌 좋은 일가들에 의해 조종되고 섭정에 의해 주재되었기 때문에 꼬마가 할 일은 없었지만 회의에는 참석해야 했다. 틈이 적기는 했지만 놀 시간이 없지는 않았다. 어린 달라이 라마는 태엽장치로 작동하는 기차와 납으로 만든 병사인형을 가지고 놀았다. 궁 이곳저곳을 뛰어다녔고 가까운 지붕에도 올라 망원경으로 눈이 가는 대로 탐색하기도 했다. 한번은 달라이 라마 13세의 유품을 가지고 놀다가 사고를 내기도 했다. 끝이 산호로 마감된 지팡이를 가지고 휘두르며 놀다가 실수로 형 롭상의 얼굴을 쳐서 지울 수 없는 흉터를 남겼다.

겨울이 물러가기 시작하면 달라이 라마는 포탈라를 떠나 환경이 나은 곳으로 이동했다. 보석공원이라는 뜻의 노부링카(Norbulingka)는 달라이 라마의 여름궁전으로서 아름다운 정원, 아담한 건물, 성하와 시종관들만 사용하는 거처 등으로 이루어졌다. 포탈라만큼 삼엄하지는 않은 환경이었지만 역시 일반 민중은 의전이 있을 때에만 화려한 가마를 타고 이동하는 달라이 라마를 볼 수 있었다.

겔렉 린포체 서구 문화에서 누군가를 '만났다'고 한다면, 그 말에 악수하고 함께 이야기했다는 뜻이 포함되어 있습니다. 하지만 티베트 문화에서는 다릅니다. 특히 달라이 라마와 관련된 경우라면요. 성하를 처음 뵈었을 때에는 그냥 뵙기만 했지 서양적인 의미로 만나지는 않았습니다. 처음 뵈었을 때가 제가 아주 어렸을 때, 그러니까 대여섯 되던 때이지 싶습니다. 성하께서 포탈라에서였는지 노부링카에서였는지는 모르겠지만 궁에서 나와 라사에게 가장 큰 절로 가고 계실 때였는데, 행렬이 우리 집 뒤쪽을 지나가게 되었지요. 사람들이 줄지어 서 있었고 저도 그 안에 끼어 있었습니다. 그러다가 눈이 마주쳤습니다. 몸을 돌려 가마에 기대 저를 내려다보셨습니다. 함께 서 있던 어머니가 제 쪽으로 몸을 돌린 성하를 보고는 "성하께서 너를 좋아하시는구나" 하시더군요. 아직도 또렷이 기억나는 뜻깊은 첫 접촉이었습니다.

제가 겔렉 린포체가 환생한 라마입니다. 환생한 라마라는 것을 안 후부터는 행사 때마다 성하를 뵐 수 있었습니다. 물론 서양인들이 으레 그렇듯이 "안녕하시죠? 요즘 어떠세요?" 하며 다가갈 수는 없었습니다. 매우 보호된 삶을 사는 분이셨기 때문에 한 해에 많이 뵈어야 대여섯 번밖에 되지 않았습니다. 간혹 개인적으로 알현할 수 있는 기회가 주어지기도 했습니다. 밖에서 반 시간 정도 기다리다가 15분에서 20분 정도 뵐 수 있을 뿐이었지만 절차가 까다로웠습니다. 관료들이 가까이에서 지켜 서 있었기 때문에 드리고 싶은 말이 많다고 해도 쉽게 할 수 없었고요. 저는 성하께서 친히 설법하실 때가 가장 좋았습니다. 법회에서는 성하 발치에 가까이 앉아 한참 동안 가르침을 받을 수 있었거든요. 웃으시기도 하고 농담도 하시고 간혹 눈도 맞추셨습니다. 그것이 제가 티베트에서 성하를 뵙던 방식이었습니다.

어린 달라이 라마에 대한 서양인들의 첫인상

로버트 포드 공관원으로서 달라이 라마를 처음 만났습니다. 당시 시킴의 정치관으로 있으면서 영국과 티베트의 외교관계를 전임하던 양반이 티베트 정부를 공식 방문했을 때였죠. 달라이 라마가 직접 정치관을 맞는 자리에 나는 보좌인 자격으로 갔습니다. 달라이 라마가 수년이 지나 직접 해 준 이야기인데, 내가 자신이 본 가장 어린 외국인이었다고 합니다. 그때가 스물둘이었으니, 달라이 라마는 아직 꼬맹이였지요. 축복을 받겠다고 머리를 숙였는데 꼬맹이가 머리카락을 잡더니 잡아당겨 보더군요. 눈을 맞추어서는 안 된다는 것을 누구이들어서 알았지만 놀란 나머지 고개를 들어 달라이 라마를 보게 되었습니다. 꼬맹이는 웃고 있었습니다. 마치 "만나서 반가워요. 형도 나하고 똑같은 사람이네요" 하는 것처럼 말입니다.

이후 티베트 정부 소속이 된 1947년부터는 달라이 라마가 참석하는 모든 공식 행사에 갈 수 있게 되었습니다. 직급에 맞게 마련된 자리에 앉아 식에 참석했죠. 가장 뜻 깊었던 일은 (1947년에) 티베트 동부의 참도로 향할 때 있었던 일이었습니다. 티베트 정부 소속 관리로서 명을 받아 길을 떠나기 전에 부하 한 명과 함께 성하와 개인면담을 하게 되었습니다. 작은 작별식이었지요. 티베트에서 다들 그렇듯이 그는 "안녕히 가세요" 하고 인사했습니다. 사실 그것이 그를 티베트에서 마지막으로 본 때였습니다. 아직 미성년이었기 때문에 모든 면담은 측근들의 뜻에 따라 조종되었습니다. 면담뿐 아니라 모든 의식과 행사는 지극히 절도 있고 격식 있게 이루어졌습니다. 티베트에서는 성하와 만났다고는 할 수 없습니다. 표현이 어색하기는 하지만 맞아들여짐을 받았다고나 할까요? 그와 대화할 수 있는 사람은 없었습니다. 그가 맞아들여 축복을 내리는 것이 전부였습니다.

하인리히 하러 모두가 그렇듯이 저도 길에서 그를 보았습니다. 포탈라에서부터 타고 나온 가마가 운반될 때면 수많은 사람들이 몰려듭니다. 아주 긴 행렬이었지요. 그는 창밖으로 힐끔 내다보더니 제게 손을 흔들었습니다. 얼마 후가 티베트 설날이었고 성하의 수석 시종장 도니어 쳄모(Donyer Chenmo)가 찾아와서 "몇 주 후에 있는 설 행사에 와도 좋습니다" 하고 이야기했습니다. 티베트에서는 신년이 우리보다 두 달 늦게 시작됩니다. 여하튼 티베트에 들어간 것은 1월이었고 설 행사는 2월 중순에 포탈라에서 있었습니다. 포탈라로 불려가기 전에 티베트인들에게서 옷을 받았기 때문에 우리는 꽤 잘 차려입었습니다. 다른 사람들처럼 길에 늘어선 줄에 섰습니다. 일반인들이 어수선하게 모여 선 자리가 아니라 장관들이 서 있는 줄 다음으로 섰습니다. 설 행사에서 성하를 만날 때 장관들 다음으로 성하를 만날 수 있는 줄에 선 것이지요. 줄에 서고는 도니어 쳄모에게서 성하에게 전할 카탁 한 장 씩을 받았습니다. 달라이 라마는 높은 곳에 앉아 있었습니다. 우리가 줄지어 선 곳보다 훨씬 높았고, 우리 차례가 되어 앞으로 나갔습니다. 대개 아무도 고개를 들지 않았지만 우리는 고개를 들었고 그는 저를 보고 웃으면서 머리에 양손을 얹어 축복해줬습니다. 하지만 이내 고개를 내렸습니다. 섭정이 옆에 앉아 있었는데 정말 무서운 사람이었거든요. 그가 저를 처음 만진 때였습니다. 제가 라사에 도착하고 3주도 지나지 않았을 때였습니다.

로우웰 토머스 주니어 그때는 열네 살이었습니다. 우리는 꽤 되는 거리를 두고 만났습니다. 우리를 보더니 미소 짓더군요. 딴 세상에서 온 이상하게 생긴 사람들이니 신기했을 겁니다. 물론 우리에게 직접 이야기하지도 않았고 우리도 직접 말을 건넬 수 없었습니다. 아버지는 눈에 총기가 도는 똑똑한 아이로 보았고 내 첫인상도 같았습니다. 아무리 그렇지만 꼬마에게 버거운 짐이 지워졌다는 생각이 들더군요. 밝아 보이기는 했지만 조용하고 차분했습니다. 물론 섭정과 시종장관 등의 관료들에 둘러싸여 있었기 때문이었겠지요. 우리는 달라이 라마의 사진을 찍고 싶다고 했습니다. 장비를 달라이 라마의 개인 정원에 설치하고서 측근들이 옆에 선 가운데 그가 꽃밭 앞에 놓은 왕좌에 앉아 있는 모습을 사진과 16mm 필름에 담았습니다.

프랭크 B. 베사크 1950년에 달라이 라마는 열다섯쯤이었습니다. 알현할 기회는 없었지만 멀리서 본 그는 생각이 깊으면서도 성격이 밝은 훌륭한 청년이었습니다. 지적 호기심으로 저를 만나고 싶어하는 듯한 느낌을 받았지만 그럴 수 없었습니다. 함께 이런저런 이야기들을 할 기회가 없었지요. 당시에 그는 외지인들을 접견할 수 없었습니다.

전쟁 직후 티베트를 방문한 사람들 중, 어리지만 뛰어난 달라이 라마에게 가장 큰 영향을 미친 사람은 하러일 것이다.

달라이 라마의 가족과 하러의 관계

조너선 머스키 교수 그는 어려서 어머니와 떨어져 꽤나 엄격한 스승들 손에 자랐습니다. 친구라고 할 수 있을 만한 사람들도 본궁과 여름궁에서 일하던 하인들이었지요. 라사에 온 두 오스트리아인들을 좋아한 이유는 그들과는 정상적인 관계를 맺을 수 있었기 때문일 것입니다.

하인리히 하러 그녀(달라이 라마의 어머니)가 우리를 찾아왔습니다. 아기를 출산하고 얼마 되지 않아서였습니다. 그들(관리)이 성하 가족이 우리를 불렀다며 찾아왔습니다. "언제 갈 수 있지요? 우리는 하루종일 집에 있습니다. 탕메 씨 집에서 나가지 말라는 명령을 받았습니다" 했더니 "성하의 가족이 부르면 지체 없이 달려가는 것이 옳을 것입니다" 하더군요. 말을 듣고 바로 갔습니다. 탕메 씨 집 밖으로 처음 나간 것이었지요. 포탈라 바로 아래에 있는 그의 가족의 집으로 갔습니다. 3층으로 안내되었는데 그곳에 달라이 라마의 형(툽텐 직마 노부)린포체, 아버지, 어머니가 있었습니다. 그들은 유럽식으로 우리를 맞았습니다. 달라이 라마 가족 방문을 끝내고 나올 때 그의 어머니가 양모로 만든 커다란 이불을 주었습니다. 그들은 일반적으로 침낭보다 이불을 사용했습니다. 쌀 한 자루와 참파 한 자루도 받았는데 참파는 40킬로그램은 됐습니다. 버터도 자루 가득 받았는데 1,000킬로미터 떨어진 히말라야 산맥에서 온 것이기 때문에 야크 가죽으로 만든 자루에 들어 있었습니다.

집으로 돌아왔을 때에는 우리가 달라이 라마 가족을 방문한 사실을 모두가 알고 있었습니다. 참파를 싣고 셰르파(Sherpa)들이 긴 행렬을 지어서 집까지 따라오고 난 다음부터는 모두가 우리를 좋아하게

191

되었습니다. 우리는 갑자기 중요한 사람들이 되었고 모두가 우리를 찾아올 수 있게 된 것이었습니다. 달라이 라마 가족과의 첫 만남이 그랬습니다. 그 다음에는 당시에는 몰랐지만 롭상은 달라이 라마를 아무 때나 볼 수 있기 때문에 곧바로 포탈라로 올라가 그를 데리고 왔는데, 어머니가 "달라이 라마 성하께서 당신들을 만나고 싶어하십니다" 한 것을 보면 달라이 라마의 명령이었던 것 같습니다. 며칠 후 우리는 다시 한번 초대되었습니다.

롭상은 진짜 친절해서 우리를 자주 방문했습니다. 그새 우리는 탕메 씨의 집에서 차롱(Tsarong)의 집으로 이사했습니다. 차롱 씨 집에 머물면서는 밖을 돌아다닐 수 있었고 우리가 처음 방문한 사람들은 각료 네 명이었습니다. 한 사람 한 사람 방문했습니다. 하지만 달라이 라마와의 관계는 시작일 뿐이었습니다. 다음번에 그를 만난 것은 2마일 떨어져 있는 포탈라에서 노부링카로 행렬이 지나갈 때였습니다. 수천 명이 길가에 줄 서 있었고 그는 가마에 실려 갔습니다. 창밖으로 내다보면서 손을 흔들었는데 그게 첫 접촉이었습니다. 그 후 1년여는 그를 보지 못했습니다.

어린 달라이 라마의 성격과 취미

하인리히 하러 그는 쌍안경으로 우리를 보았습니다. 우리가 수영하고 커다란 공원의 정원에서 노는 모습을 포탈라 지붕에서 지켜봤습니

192

다. 제가 그곳에 샤워를 도입했습니다. 저는 달라이 라마 가족 모두와 매우 친해졌습니다. 몇 년이 지난 어느 날 모두가 얼음판 위에서 스케이트를 탔는데 스케이트를 도입한 것도 우리입니다. 스케이트를 탈 때마다 그의 형 롭상이 우리가 무엇을 하는지 가르쳐주었습니다. 망원경이 아니면 볼 수 없었지요. 그래서 우리가 들어오고 3년이 지난 어느 날에는 그의 형 롭상을 시켜 우리를 불렀습니다. 롭상은 "내일 저와 같이 가주셔야겠습니다. 성하를 뵈러 갈 것입니다"라고 얘기했습니다. 포탈라가 아니라 노부링카였습니다.

그리고 (1948년에) 달라이 라마가 나를 불러 영화관을 지을 수 있겠느냐고 물었습니다. 우리가 서양 것이라면 모두 알고 있는 줄 알았기 때문에 지금까지 거절한 적이 한 번도 없었습니다. 그래서 "그야 물론이지요. 영화관을 지어드릴 수 있습니다"라고 대답했고, 그래서 영화관을 짓게 되었습니다. 한심한 정도는 아니었지만 진짜 영화관 같지는 않았습니다. 영화관을 다 짓고 나서야 영화관을 만들라고 한 것은 구실일 뿐이라는 것을 알게 되었습니다. 나를 만나기 위한 핑계였던 것이었습니다. 그게 시작이었습니다.

체링 샤캬 하러에 의해 일어나던 변화는 아니었습니다. 1930년대에 이미 라사에는 영화관과 사진관이 몇 곳에 들어섰습니다. 변화가 시작된 것은 그 이전이었습니다. 교역, 특히 인도와 교역하면서 티베트 사회 전체가 한참 개방되고 있던 터였습니다. 달라이 라마는 세계 이곳저곳을 다녀온 티베트인들을 많이 만났기 때문에 그 역시도 하러를 만나기 전에 이미 외부세계에 눈뜨기 시작한 다음이었으리라 생각합니다.

로버트 서먼 교수 하러는 분명 달라이 라마에게 상당한 영향을 미쳤습니다. 달라이 라마는 그를 통해서 자신을 서구에 노출시킬 기회를 잡았습니다. 그는 하러가 티베트에 오래 머물기를 바랐죠. 하러는 교육 수준이 그리 높지 않았기 때문에 완벽과는 거리가 멀었습니다. 오스트리아 농부 출신의 등반가일 뿐이었지요. 하러는 교육 수준도 낮음과 동시에 생각도 그리 깊지 못했지만, 달라이 라마는 그를 통해 서구 문물과 세계사회에 대해 많은 것을 배울 수 있었습니다. 하러가 큰 영향을 미쳤다는 점은 제가 인도에 도착해서 알게 되었습니다. 제가 티베트어를 구사할 수 있어서 더 그랬는지는 모르겠지만, 달라이 라마는 서양인인 저를 보고도 아무 거리낌 없이 마음을 열었습니다.

하인리히 하러 우리는 영화관을 만들었습니다. 그는 노부링카의 여름 정원에 영화 관람을 위한 특별 장소를 마련했습니다. 그래서 저는 벽을 올리고 영사기를 세우고 스크린을 설치했습니다. 스크린과 영사기 사이의 벽에는 구멍 하나만 있었습니다. 하지만 그가 영사기를 돌리며 서 있던 방에 와서는 정말 오랫동안 여러 영화를 함께 봤습니다. 처음 본 것은 맥아더 장군에 대한 영화였습니다. 그는 맥아더 장군이 정말로 대단한 사람이라고 했습니다. 그는 쿠션도, 아무것도 없이 바닥에 앉아 있고 저는 그 옆에 서 있었는데 영화가 끝날 때마다 나를 끄집어 당겨서 그 옆에 앉혔습니다. 시중드는 사람 넷이 따랐는데 셋은 중이고 하나는 수석 시종장이었습니다. 그가 어디로 가고 무엇을 하든 그를 따르는 사람이 넷이 있었습니다. 이후로는 우리가 매일 만날 때 그들에게 손짓해 물러나게 한 다음 그곳에서 항상 둘이서만 앉아 영화를 보았습니다.

어린 달라이 라마의 지적 호기심

하인리히 하러 그가 가장 알고 싶어하는 것은 우리의 삶이었습니다. 하루종일 붙어 다니는 중 세 명도, 두 선생님도, 섭정 레팅 린포체도 티베트 밖으로 나가 본 적이 없어서 그에게 바깥 세상에 대해 설명해 줄 수 없었습니다. 제가 그를 보러 가도록 도와주고 보호해준 사람 둘이 있었습니다. 공식적으로가 아니라 비밀스럽게 볼 수 있도록이요. 한 명은 달라이 라마의 어머니였는데 역시 티베트 밖으로 나가 본 적이 없지만 세상 이야기를 들으면 아들에게 좋을 것이라는 것을 알고 있었습니다. 그래서 저는 어머니와도 가까웠습니다. 노부링카의 내벽 밖에 있는 그의 집에서 기다렸는데 그는 내벽으로 난 큰 문을 항상 살피면서 섭정이 성하를 가르치고 나오는지 봤습니다. 섭정이 완전히 떠나면 나를 밖으로 밀어냈습니다. 그러면 성하는 벌써 나와 손을 흔들었지요. 그리고 수문장들이 문을 열어주면 저는 안으로 들어갔습니다. 하루는 늦게 왔다고 정말 심하게 꾸

짓었습니다. "왜 이렇게 늦게 왔어요?" 한 10분 정도 늦은 것 같았습니다. 10분을 넘기지도 않았습니다. 그런데 달라이 라마 어머니가 이랬습니다. "알 만한 사람이 왜 이러세요. 성하께 있어 하러 씨의 방문이 얼마나 큰 의미가 있는지 아시잖아요. 다음부터는 절대로 늦지 마세요."

패트릭 프렌치 승려였기 때문에 어머니를 마음대로 만나지 못했지만, 그는 아들에게 지대한 영향을 주었습니다. 어머니는 평생토록 달라이 라마 인생의 큰 부분을 차지했지요. 아버지는 달랐습니다. 그리 두드러지는 사람이 아니었기 때문에 그에 대해 많이들 알고 있지는 않을 것입니다. 그는 다혈질에 공격적이기까지 해서 평판이 좋지 못했습니다. 그가 죽기 전에 직접 본 티베트 사람들의 이야기를 들어보면 좋은 소리를 찾기 힘듭니다. 영국 공무원들의 글에 묘사된 그의 모습도 크게 다를 것이 없습니다. 아들 때문에 얻게 된 힘을 이리저리 휘둘러댄다든가 아랫사람들에게 그들이 하지 않아도 될 일을 하도록 강요한다든가 하는 오만가지 일들이 다 기록되어 있습니다. 아버지였으니 별 수 있었겠습니까? 어쩔 수 없이 그의 영향도 받았으리라고 봅니다. 하지만 아버지와는 완전히 다른 인물이 되었지요. 아버지에 대한 이야기를 거의 꺼내지 않기는 하지만 어쨌든 그런 아버지라도 미워하지는 않았던 것 같습니다. 그에게는 다른 아버지들이 많았습니다. 그가 자서전에서 이야기한 많은 사람들, 그들이 달라이 라마가 아버지처럼 따르며 배우던 모범이었으리라는 느낌을 받았습니다. 그들 중 한 사람을 직접 만나 이야기를 들으면서는 정말로 그랬 겠구나 하는 생각이 들었습니다. 현명하고 배울 점이 많았던 그들은 달라이 라마가 인생에서 아버지상으로 삼았던 사람들이었습니다. 그 가 지닌 요지부동의 마음도 그들에게서 배우지 않았을까 싶습니다. 누나와 형들이 그에게 어떤 영향을 미쳤는지는 잘 모르겠네요.

겔렉 린포체 소싯적에는 혈연이라도 드문드문 볼 수 있을 뿐이었습니 다. 바로 윗형인 롭상 삼텐만 예외였지요. 그는 매일같이 볼 수 있었 기 때문에 단짝 친구와도 같았습니다. 성하의 스승 몇 분에게 들은 이야기인데, 성하를 꾸짖기는 힘드니까 대신 형을 본보기로 삼았다 고 합니다. 형이 잘못을 저질렀을 때 호되게 벌하면 성하는 무서워서 조심하셨다고 합니다.

로버트 포드 하러는 자신도 달라이 라마의 스승이었다고 말합니다. 하지만 공식적으로 달라이 라마의 스승 역할을 하려면 불교에 정통 한 자여야 합니다. 물론 그렇게 말하더라도 자신이 불교에 정통했다 고까지는 말 못하죠. 그런 이유로 티베트 사람들이라면 다수가 "하러 가 달라이 라마의 스승이었다고? 스승으로는 누구, 누구, 누구가 있 고 그게 전분데. 말도 안 되는 소리"라고 할 것입니다. 사실 티베트 친구 몇몇이 내게 그렇게 이야기했고요. 그러면 내가 이랬죠. "티베 트적인 뜻 말고 서양적인 뜻으로 한 이야기가 아니겠어? 달라이 라마 께 영어 몇 자 티치(teach)했고 서양인들이 어떻게 사는지도 티치해 줬으니 어떻게 본다면 티처(teacher)는 티처지."

하인리히 하러 예를 들자면 제가 그에게 유럽식 악수법을 가르쳐줬습니다. 티베트 전통상 그는 유럽에서처럼 다른 사람들의 손을 잡지 않았습니다. 항상 거리를 두지요. 그가 내게 그렇게 이야기했습니다. 그래서 같이 웃었죠. 나중에는 제 티베트어 실력이 꽤 유창해졌지만 처음에는 아니었습니다. 처음에는 농부들이 하는 말을 썼지만 나중이 되어서는 고상한 말도 많이 배웠습니다. 저는 라사에 있는 영국 정치관인 휴 리처드슨에게서 영화 몇 편을 더 받았습니다. 그와 정말 친했기 때문에 성하에게 보여줄 새 필름을 많이 얻을 수 있었습니다. 셰익스피어의 헨리 4세에 대한 영화에서 "왕관을 쓴 머리에는 근심이 깃든다(2부의 2막 4장)"는 특히 잊을 수가 없습니다. 영화를 받아들고는 몇 번이고 다시 보았는데 그는 왕이 어떻게 제거될 수 있는지 알 수 있다고 말했습니다. 그에게도 그런 일이 일어날 수 있다고 이야기 하지는 않았지만 일어나고 말았습니다. 달라이 라마보다 운이 안 좋은 왕은 없을 것입니다. 셰익스피어가 한 말이 정답이었습니다. 왕관을 쓴 머리에는 근심이 떠나지 않게 마련입니다.

그는 맥아더가 일본인들과 도쿄에서 맺은 평화협정을 보았습니다. 라사의 모든 하인들이 일본인들이 아시아인이라서 일본인들을 칭찬하는 것에 흥미로워했습니다. 그 다음에는 남한과 북한의 전선을 극복하지 못하는 미국인들을 보면서 한국인들을 칭찬했습니다. 미국처럼 큰 나라와 싸우는 모습을 보고 아시아인으로서의 자긍심이 생겼던 것입니다. 어떻게 되건 그것은 자기파괴였습니다. 미국이 전쟁에 가담해서 미국에게 유리하게 끝난다면 중국은 미국과의 전쟁에 사로 잡혀 있게 돼서 티베트에 마음대로 들어올 수 없을 것입니다. 티베트 인들은 그 점을 이해하지 못하더군요. 그들은 언제나 세계 최강의 군력은 일본이 가지고 있었다고 이야기했습니다.

패트릭 프렌치 하러에게 큰 관심을 보였다는 이야기에까지 반론을 제기할 생각은 없습니다만 달라이 라마의 성장기에 자신이 주었다고 말하는 엄청난 영향은 과장이라는 입장입니다. 달라이 라마는 분명 호기심 많은 아이였습니다. 일례로 영국의 라사 주재 공관원이 준 기계장치로 된 장난감을 받고 그가 얼마나 좋아했는지 압니다. 먼 나라의 사진을 담은 사진첩을 들여다보는 것을 좋아하기도 했습니다. 달라이 라마의 왕성한 지적 호기심은 이미 티베트 불교 너머를 내다보고 있었습니다.

로버트 포드 그는 불교의 모든 것을 보고 자랐습니다. 개인교사들과 공부하며 보낸 시간도 시간이지만 다른 절에 있는 여러 동료 린포체들도 많이 만났고 동자승으로서 밟아야 하는 과정을 모두 끝냈습니다. 특출한 아이임은 분명했지만 누구와도 마찬가지로 공부를 해야 했습니다. 고된 시험의 기간이었지요. 막대한 집중력이 필요한 일이었으니 말입니다. 모든 과정을 거치고 그는 결국 우리의 박사 학위와 같은 게세 학위를 얻었습니다. 졸업장은 똑같이 얻었어도 그는 달랐습니다. 그는 환생한 라마인 린포체였습니다. 그것도 그냥 환생한 라마가 아니었지요. 환생한 라마들은 많았지만 그는 그중에서도 신이었습니다.

점령된 티베트에서의 성장과 탈출

1949년 후반 중화인민공화국의 창립에 이어 인민해방군은 티베트 동부에서 일단의 습격을 감행했다. 간헐적이고 산발적인 공격행위는 1950년 가을이 되어 수만 대군을 파병한 대대적인 침략으로 발전했다. 중국이 티베트를 점령한 55년 동안 총인구의 6분의 1에 달하는 100만 명의 티베트인들이 사망했으며, 중국은 전통 종교를 따르고 중국의 강점에 대항한다는 구실로 지금도 수많은 티베트인들을 구금하고 고문하고 있다. 그뿐 아니라 강점은 한 국가의 귀중한 문화유산이 약탈당하고, 유산이 살아 숨쉬고 있던 사원 6,000곳 이상이 파괴되는 결과를 낳았다. 더불어 수천 주민들의 재산이 강제 공유화되었고, 티베트가 핵무기 생산기지 및 핵물질 폐기지역으로 사용되면서 막대한 생태계 파괴 피해를 받았으며, 중국족들의 대거 이동으로 토착 티베트인들은 그들의 조국에서조차 소수민족이 되어버렸다. 더욱이 티베트 국민들은 중국 자체의 정치 변화에 따라 이유 없이 시달려야 했다. 특히 문화혁명의 '대약진운동' 시기에 티베트가 겪어야 했던 변화는 막심했다.

침략에 대한 중국의 명분

선 웨이드 역사를 놓고 볼 때에도 티베트는 서기 618년에서 907년까지 유지되었던 당조부터 중국에 속해 있었습니다. 그러나 티베트와 중국의 유대는 한조에까지 거슬러 올라갑니다. 양국의 왕가가 인척으로서 맺어지고 동맹관계를 형성하면서 정치적 유대를 굳건히 했으며 더불어 밀접한 경제, 문화관계도 형성했습니다. 따라서 엄밀히 따지자면 티베트는 그 당시부터 중국 통일 황국의 튼튼한 기반이었다고 할 수 있겠습니다. 티베트가 공식적으로 편입된 때는 원조였습니다. 그 이후 몇 번에 걸쳐 황조가 전복되는 일이 있었지만 티베트는 계속해서 중국 중앙 정부의 관할지였으며 티베트가 찾아내는 모든 부처의 화신을 승인하는 힘도 중국이 소유하고 있었습니다. 1911년 가을, 700년 동안 통치한 청조를 전복하고 중화공화국이 탄생하는 혁명이 있었습니다. 청조의 티베트 통치권을 인계받아 중국 중앙 정부는 1912년에 몽장공작처(蒙藏工作處, Bureau Of Mongolian and Tibetan Affairs, 몽장공작처는 같은 해 7월에 몽장사물국으로 개칭되었고 1914년에 몽장원으로 이름을 바꾸었다가 1929년에 몽장위원회로 다시 개칭해 오늘에까지 이르고 있다)를 설립했습니다. 1940년 4월 몽장위원회는 라사에 중앙 정부의 영구 사무국을 설치했습니다. 1933년 12월 13대 달라이 라마가 죽었을 때에도 오랜 전통에 따라 티베트 지방정부는 중앙정부에 보고했고 중앙 정부는 13대 달라이 라마 화신 탐색의 모든 절차를 지령으로 내려 따르도록 했습니다.

해리 우 국민당 정부였을 때부터 티베트가 중국 영토라고 이야기했습니다. 저는(노동개조소에서 수년간 복역한 후) 1991년에 중국으로 돌아갔습니다. 노동개조소는 타클라마칸 사막과 고비 사막 두 곳에 있었습니다. 중국의 시베리아라고 할 만한 곳이었습니다. 러시아 당국이 동토로 유배 보내듯이 중국은 사막으로 유배 보냈지요. 저는 그곳에 또다시 들어갈까 봐 걱정이었습니다. 마가단(유대인 출국금지자(refusenik) 등을 비롯해 반체제자들을 수용했던 구소련의 삼엄한 노동수용소) 같은 노동수용소였던 사막에서 홀연히 사라지는 사람들이 부지기수였으니까요. 그래서 조심스럽게 이야기를 건넸더니 "저기 있는 무덤 보이지? 당나라 때 티베트 왕과 결혼한 공주의 묘야. 당신도 중국인이니 잘 알 텐데. 티베트는 당조 때 이미 먹혔어. 그러니까 티베트는 당연히 중국 땅 아니겠어?"라고 얘기했습니다. 저는 "잠깐" 하고 말했죠. 묘비에 공주라고 분명하게 적혀 있기는 하지만 그 여자는 공주가 아니었습니다. 그냥 예뻐서 황제가 간택한 여자였을 뿐입니다. 여자를 중국 국경까지 인도한 것은 중국인들이었지만 티베트 국경까지는 넘어가지 못했기 때문에 그곳부터는 그쪽 사람들이 데려갔지요. 한 나라였다면 국경은 뭐한다고 있습니까? 중국 당국이 직접 출간한 역사지도 한 권을 발견했는데 현대에서부터 청, 명, 한조를 거슬러 올라가도 티베트는 그 어느 때에도 중국 영토가 아니었습니다. 새빨간 거짓말입니다!

침략 전의 긴장

하인리히 하러 중국 공산당의 진격 소식을 듣고 달라이 라마와 외무부 사람들에게 알렸습니다. 저한테는 라디오가 있었습니다. 아주 아주 낡은 것이었지요. 라디오를 옆에 두고 찍은 사진도 있습니다. 저는 그들이 어디로 가서 어떻게 첫 공격을 날릴지 미리 알고 있었습니다. 그들은 항상 달밤에 이동했지요. 밝은 달밤에요. 국경을 넘어 한참을 가야하더라도 점령 목표지까지 단번에 이동했습니다. 저는 티베트인들에게 경고했고 그들은 당연히 뭔가를 하려고 했습니다. 저에게도 어려운 상황이었습니다. 저 역시 전쟁광(狂)이라고 생각하는 티베트인도 많았기 때문에 조심해야 했습니다. 제가 티베트에 그런 일이 일어나기 바라서 그랬다는 오해를 받을 수도 있으니까요.

로버트 포드 그들은 항상 무서워하고 있었습니다. 1915년에서 1917년까지 중국의 쓴맛을 경험했기 때문에 중국이 언제 쳐들어올지 모른다는 공포감은 항상 존재했습니다. 하지만 사태가 그렇게 빨리 닥칠지 예상한 사람은 아무도 없었습니다. 1949년에 정권을 잡은 정부가 불과 1년도 되지 않아 쳐들어왔으니까요.

겔렉 린포체 사태가 벌어지지 않으리라 믿고 있던 티베트인들도 있었습니다. 티베트는 신성한 땅이라는 믿음이 강했던 사람들이었지요. 어쨌든 간에 티베트는 만년설에 덮여서 넘기 힘든 거대한 산맥이라는 방어벽이 있었습니다. 하지만 그것도 어쩔 수 없었나 봅니다.

부모님에게서 중국인들이 곧 쳐들어올 것이라는 이야기를 들었지요. 중국이 한참 라디오를 통해 자신들에게는 상상조차 할 수 없는 군사력이 있다는 선전을 해대던 터였습니다. 하늘을 가르고 물을 뚫고 들어올 수 있다고 하는데 마음만 먹는다면 산이야 못 넘겠습니까? 우리도 꽉 막힌 세상에서 살았던 것이 아니었기 때문에 몽골이 어떻게 되었는지 잘 알고 있었습니다.

티베트 동부 지역 사람들이 와서 자신들이 쓰던 물건들을 헐값에 팔았습니다. 전쟁 나면 아무 필요도 없는 물건, 미리 피난하는 길에 노자라도 마련하고 싶은 생각이었겠지요. 이러한 일들이 바로 눈앞에서 벌어지고 있었지만 정부는 꿈에서 깰 생각을 하지 않았습니다. 나리들께서는 중국과 이야기로 풀 수 있을 것이라고 생각했지요. 그들도 사람이니 인정은 있겠지 하면서 말입니다. 물론 외교에는 자신 있다며 자만한 관리들도 있었습니다. 승려들은 평화를 위협해서는 안 된다는 입장이었고요. 농촌 사람들은 하찮은 자신들에게까지 일이 생길까 하는 마음에 잠잠하게 있었습니다. 유목민들도 자신들에게는 아무 일도 일어나지 않으리라 믿었습니다. 그것이야말로 티베트가 직면한 사태였습니다.

역사 전체를 놓고 보아도 중국과 티베트는 별개의 국가였다. 1913년에 달라이 라마 13세는 티베트가 독립국임을 또다시 천명했지만 중국은 국민당 체제일 때를 비롯해 중화인민공화국이 수립된 1949년 이전에도 티베트를 중국에 병합시키려는 노력을 지속했다. 1950년에 단행한 대규모 침략으로 중국은 티베트 강점의 길을 닦았다. 티베트의 육군군력은 병력과 무기 모두에서 중국에 저항할 만한 상대도 못 되었다. 결국 라사는 1951년에 중국에 점령되었다.

혹시나 중국이 꼬리를 내리고 돌아가지 않을까 싶어 티베트 정부는 UN을 비롯해 영국, 인도, 미국 등의 우방국에 호소했다. 하지만 종전된 지 얼마 되지 않아 제2차 세계대전 전후 문제해결에도 급급했던 UN은 티베트 문제 따위에 눈을 돌릴 여력이 없었다. 게다가 궁지에 몰린 티베트에 힘을 실어주었을 법한 국가와 단체들도 한반도에서 벌어지던 대규모 군사 행동에 신경을 곤두세우고 있던 터였다.

형국이 나아질 차도가 보이지 않자 달라이 라마와 그의 정부는 티베트 남부, 인도 국경 인접지의 도모(Dromo)로 잠시 피신하는 전략을 폈다. 성하가 도모에 피신해 있는 가운데 중국은 아보 아왕 직메(Ngabo Ngawang Jigme)가 이끄는 파견단과 정치협상을 진행했다. 1951년 5월 3일 달라이 라마의 분명한 지령이 내려오지 않는 상황에서 직메는 중국의 거센 압력에 밀려 17개조 협정안에 서명해 중국의 티베트 통치를 인정했다.

라디오 방송을 통해 협정 소식을 들은 달라이 라마는 '예상했던 그 어떤 것보다 악덕하고 압제적'이라면서 깊은 충격감을 밝혔다. 협정안 작성에 어떠한 배경이 있었건 간에, 직메의 결정권한 여부에 관계없이 중화인민공화국은 일단 티베트 통치의 법적 구실을 세운 것이다.

1987년에 있었던 미 하원인권연맹회의에서 달라이 라마는 중국과의 마찰에서 수십 년간 페인 골을 메울 5개조 평화안을 발표했다. 평화와 인권에 중점을 두어 티베트 국민의 인권과 민주주의적 자유에 대한 존중을 촉구하는 평화계획이었다. 달라이 라마는 티베트를 비폭력, 비무장 지대로 지정할 것도 제안했다. 안에 따른다면 티베트의 자연환경 역시 재생될 것이었다.

린첸 달로 제 고향은 국경 바로 안쪽의 마을입니다. 중국은 수도를 점령하고 17개조 협정에 서명을 받고서도 시간이 좀 지나서야 들어왔습니다. 협정은 1951년에 체결되었지만 중국인들이 고향 마을에 들어온 것은 56년도였습니다. 한 1년 넘게 있었지요. 그러다가 갑자가 떠나서 사람들이 모두 기뻐했습니다. 이제 중국이 물러가는구나, 생각했습니다. 하지만 티베트 중부에서 봉기가 있어서 중국군이 진압하기 위해 파견된 것이었습니다. 우리는 알 길이 없었지요.

중국의 라사 행군

겔렉 린포체 중국군이 라사에 들어오던 날이 아직도 뚜렷합니다. 커다란 현수막에 마오쩌둥의 사진을 들고 우리 집 바로 뒤쪽으로 왔습니다. 라사 시민들이 거리로 나와 지켜보고 있었습니다. 재미있는 일이 벌어졌지요. 티베트에서는 전통적으로 박수치는 행동은 "여기에서 나가라! 꺼져라!" 하고 말하는 것과 똑같습니다. 하지만 라사 사람들이 박수치는 모습을 보고 그들은 입성을 환영하는 것으로 생각했습니다. 중국이 뿌린 중국군의 라사 입성 사진과 영상 선전물을 본 세계의 생각도 마찬가지였습니다. 티베트인들이 중국군을 반기는 것이라고 생각했겠지만 사실 우리는 "꺼져버려! 나가라!" 했던 것입니다.

페마 크힌조 티베트의 독립운동가들은 순진했습니다. 중국이 얼마나 강력한지 몰랐습니다. 그것도 정치적인 이유가 걸려서, 군력을 모두 동원한 것도 아니었습니다. 세계는 중국이 티베트에게 하는 짓을 잠자코 지켜보고만 있었습니다.

점령당한 땅에서의 달라이 라마의 생활

1959년, 망명이 확실시되는 가운데에서도 어려서부터 종교학습을 시작한 달라이 라마는 라사의 조캉(Jokhang) 사원에서 치러질 하루가 꼬박 걸리는 최종시험을 준비하고 있었다. 오전에는 학자 30명이 논리를 테스트할 것이었고, 오후에는 중도를 주제로 학자 15명과 토론을 벌일 것이었으며, 저녁에는 35명의 권위자들이 불교와 형이상학 지식을 시험할 것이었다. 시험과정 전반에 걸쳐 승려 및 학자 2,000명이 참관하기로 되어 있었다.

륀둡 소파 게셰 성하께서 티베트에서 게셰 학위시험을 치를 때 저도 시험관으로 있었습니다. 그분을 위해 마련된 시험은 다른 게셰 시험과는 조금 달랐습니다. 갖출 것을 최대한 갖춘 조금 특별한 시험이었습니다. 보통 시험에는 주요 사찰의 주지들과 관료 및 학자들이 시험관으로 참석해 성적을 매깁니다. 성하께서 시험을 치르실 때에도 주로 사원의 대표들이 시험관으로 지목되었습니다. 시험은 아침, 점심, 저녁으로 나뉘어 각각 다른 주제의 정말로 다양한 항목으로 하루종일 진행되었습니다. 성하는 모든 문제에 뛰어난 답을 냈습니다. 제가 낸 문제들에 대한 답도 모두 탁월했습니다. 물론 모두가 예상하던 당연한 결과였습니다. 성하는 아주 오랜 기간 준비하셨고, 매일 궁에서 주요 사원의 학자들과 토론을 벌이셨으니까요. 성하와 개인적인 친분을 쌓을 기회는 없었지만 시험과정에서 '훌륭한 학자구나' 생각했습니다. 그 어떤 사람들보다도 박식한 데다가 자비롭기까지 하셨습니다. 시간이 얼마 지나 티베트를 떠나 저도 다람살라로 흘러들게 되었습니다. 성하와 보다 사적인 이야기를 나누게 되었지요. 현명하고 인자한 분이라는 느낌을 또다시 받았습니다. 한 생을 더 살면서 정진하신 결과를 볼 수 있었습니다.

조너선 머스키 교수 몇 년 전이었지요. 여기(런던)에서 그와 자동차 뒷자리에 함께 앉아 있었습니다. 게세 학위를 얻기 위해 통과해야 하는 시험에 대해 읽은 적이 있었기 때문에 그 이야기를 꺼냈습니다. 정말로 어려운 시험이었다고 하더군요. 그리 열심히 공부하지 않았기 때문에 시험을 몇 달 앞두고는 선생님이 "잘 아시겠지만 성하께서 통과하지 못하신다면 대단한 수치가 될 것입니다" 했답니다. 이미 달라이 라마로 지목되었으니 시험에 떨어진다고 물리기까지야 않겠지만 불교교리 시험에서 떨어진다면 정말 창피스러운 일이 되었겠지요. 그러더군요. "불현듯 안에서 무엇인가를 느꼈습니다. 그 후로는 공부하기가 쉬워졌지요. 그때가 아주 박식했던 13대 달라이 라마가 내 안에 있구나 하고 정말로 믿게 된 때였습니다." 이야기를 들으면서 그도 어렸을 때에는 자신이 환생한 달라이 라마인지 확신이 서지 않았던 적이 있다는 것을 알게 되었습니다.

로버트 서먼 교수 그는 라사에 고립되어 있었습니다. 포탈라와 노부링카의 청소부들에게서 떠다니는 소문을 들었겠지요. 부당한 상황을 참기 힘들었겠지요. 몰래 밖을 내다볼 수 있는 창 앞에 앉아 포 탈라 아래의 감옥에 갇힌 백성들을 보고 연민을 느꼈을 것입니다. 그는 이미 개혁을 시작했습니다. 특히 중국이 들어오고 나서는 많은 변화를 꾀했습니다. 사태가 벌어질 때 바로 탈출하지 않은 것은 그 때문이었습니다. 중국과 협력해 개혁하고자 했지요. 하지만 중국은 믿을 상대가 못 된다는 사실을 알게 되었을 뿐이었습니다. 본국의 사회는 송두리째 바꾸었지만 티베트인들을 기존의 사회구조에서 해 방시킬 생각이 없었습니다. 그저 점령하고 합병해 넣을 생각밖에 없 었던 것입니다.

췰팀 걀첸 게셰 1958년 이전에 우리는 이미 17개조 협정을 맺었습니 다. 협정에 따르면 중국은 티베트 정부정책을 공격할 수 없으며 사찰 에 해를 입힐 수도 없습니다. 성하께서 고승들과 함께 시험을 치르시 게 되었지요. 우리는 크게 걱정했습니다. 중국이 티베트 정부에 골칫 거리를 던져 놓지 않을까 하는 두려움보다도 내심 성하께서 시험에 통과하지 못하시지는 않을까 하는 걱정이 컸습니다.

겔렉 린포체 (티베트 망명정부가 있는) 다람살라에서는 완전히 다릅니다. 전대의 달라이 라마들과는 달리 그분은 백성들과 눈을 맞추십니다. 예전 같았다면 사람들을 바라보지 않고 눈을 높여 머리 위쪽을 보셨 겠지요. 달라이 라마와 국민 간에는 항상 관료들이 존재했습니다. 달 라이 라마가 국민에게서 감춰지면 감춰질수록 높아만 가는 것은 관료들의 힘입니다. 하지만 인도에 오기 전부터, 특히 정부를 통솔하기 시작한 열다섯 이후 티베트에서 보낸 마지막 몇 년 동안 성하는 변화를 시작하셨습니다. 관료체계도 완전히 바꾸어 놓으려고 노력하셨습니다. 티베트에는 정부와 국민 사이에 마치 극락과 지옥과도 같은 상당한 거리가 있었습니다. 열다섯 어린 소년이 13대 달라이 라마께서 시작한 일을 이어 잡은 것이지요. 하지만 14대 달라이 라마의 체제 변화 노력은 커다란 난관에 부딪혔습니다. 티베트의 오랜 관료계층을 비롯해 중국의 반대가 심했던 것입니다. 인도에 와서야 티베트에서 시작한 변화를 마무리 지어서 결국 자신이 원하는 대로 정부가 돌아갈 수 있게끔 만드셨습니다.

점령당한 땅에서의 티베트인들의 생활

겔렉 린포체   제가 열여덟이던 때였습니다. 중국이 제게 신문사 편집부 자리 하나를 주었습니다. 급료는 받았지만 부서에 간 적은 단 하루도 없었습니다. 제가 받은 종교교육에서는 작문에 별 비중을 두지 않았기 때문이었습니다. 중국인들은 아무 대가 없이 물건도 나누어 줬는데 스승 한 분이 이렇게 말씀하셨습니다. "이것들은 독과도 같다. 어느 날 그것들이 어디에 있는지 알려고 들 테니 절대로 손을 대어서는 안 된다." 우리는 받은 물건들을 한쪽에 치워 두었습니다.

아쟈 린포체 저는 두 살, 어린 나이에 쿰붐사원에 들어갔습니다. 너무 어렸기 때문에 전부 다 기억하지는 못합니다만 성하께서 우리 절에 방문하셨을 때는 잘 기억합니다. 대여섯밖에 되지 않았을 때였습니다. 1958년 이전이었기 때문에 아직 전통을 따를 때였습니다. 모든 린포체들과 승려들이 달라이 라마 영접의식을 봉행했습니다. 성하께서 저를 보시고는 많은 사탕을 주셨습니다. 꼬맹이 때였으니 얼마나 신나고 좋았겠습니까. 조그만 두 손으로 다 쥘 수 없을 정도로 많아서 신나 하다가 사탕 몇 개가 바닥에 떨어졌습니다. 모습을 보고 모두가 웃었습니다. 성하께서도요. 그날의 모습이 그림처럼 또렷이 기억납니다.

사원생활

췰팀 걀첸 게셰 저는 일곱 살 때 출가해 동네의 절에서 수행을 시작했습니다. 열여섯이 되었을 때에는 라사 인근의 규모가 큰 세라사원으로 가고 싶었습니다. 우리 절과 세라사원은 똑같은 스승들 아래서 똑같은 경문으로 공부했기 때문에 가고 싶은 마음이 더 컸습니다. 다음 날 간덴(Ganden) 사원을 방문하고는 마음이 금세 바뀌었습니다.

아쟈 린포체 저는 그 사원(쿰붐)의 린포체였습니다. 승려들 중에는 총가파 라마의 아버지 화신인 린포체들이 있습니다. 제가 조금 자라서 너덧 살이 되었을 때는 조금 기억이 납니다. 그때는 하루의 대부분을 친형제 둘을 비롯해 하인들과 보냈습니다. 매일같이 독경도 해야 했는데 정말 어려운 일이었습니다. 사실을 말씀드리자면 가끔은 기도하기 싫을 때가 있었습니다. 그래서 정말 어려울 때도 있었지만 수행을 중단한 적은 없었습니다. 이른 아침에 일어나면 불전에 가서 배를 드렸습니다. 매일같이 하는 일과였지요. 그 다음에는 법당에서 가르침을 받았습니다. 아주 어렸을 때부터요. 그 다음에는 기도도 했습니다. 일과가 끝나면 놀기도 많이 놀았지만 가끔씩 글을 쓰기도 했습니다. 스승님은 자상하셔서 하루하루를 어떻게 보내야 하는지, 사람들을 어떻게 대해야 하는지도 가르쳐 주셨습니다. 그때는 단순하고 편한 삶이었지요. 좀더 자라 일고여덟 살이 되었을 때에는 일과가 더 많았습니다. 기도도 올리고, 독경도 하고, 공부도 하고, 사람들을 만나기도 했습니다. 사회적 접촉이래야 스님들을 만나 질문에 대답하는 것이었지만요. 질문이 너무 어려워서 바로 스승님께 여쭤야 했지만 그래도 거쳐야 하는 과정이었습니다.

어렸을 때에는 그림 그리는 것을 좋아했고 조금 커서는 건축에 흥미가 생겼습니다. 펜첸 라마(Panchen Lama)의 스승이기도 했던 삼촌의 지원으로 도와 건축에 대해 공부할 수 있었습니다. 계속 가르쳐 주셔서 1980년대에는 삼촌과 함께 3차원 칼라차크라 만다라(참선에 사용하는 도형화된 불화)를 제작했습니다. 좋은 기회였지요. 그 후, 1990년이 지나서는 쿰붐사원의 주지가 되었고 마침 대규모 재증축 공사가 있던 때여서 그간 배웠던 건축기술을 사용할 수 있었습니다. 저는 주로 사원과 사리탑 디자인을 합니다. 이곳으로 망명해서는 칼라차크라 만다라도 하나 만들었습니다(이 만다라는 워싱턴 D. C.의 스미소니언 협회 (Smithsonian Institution)와 뉴욕시 티베트 하우스(Tibet House)에 전시된 적이 있다).

1950년대 후반의 급변

아쟈 린포체 우리 절은 1958년에 큰 변화를 겪었습니다. 쿰붐사원은 라사에서 멀리 떨어져 티베트 동부에 있습니다. 1958년 전까지는 모든 것이 좋았습니다. 그 후 중국 정부가 갑자기 규칙을 모두 바꾸더니 사원을 닫아버렸습니다. '대약진운동' 때문이었습니다. 절에서 큰 의례를 치르고 있던 중에 당한 봉변이었습니다. 스님 삼사천 명이 모여서 큰 모임을 갖고 있었습니다. 스님 모두가 참석했지요. 그런데 갑자기 중국 관리, 당 간부, 행동원, 군인들이 몰려와서는 종교개혁을 부르짖었습니다. 많은 스님들이 체포되었고, 절에서는 더 이상 수행을 할 수 없게 되었습니다. 스승님들을 비롯해 절살이를 하는 거의 모두가 잡혀 들어갔습니다. 저는 체포되지는 않고 다른 한 사람과 중국계 학교에 보내졌습니다. 생면부지의 사람이었지만 그와 살아야 했습니다. 끌려간 스님들은 전부 밭에서 일했습니다.

해리 우 1959년에 중국의 인민해방군이 해방운동을 진압하겠다고 라사로 왔을 때, 저에게는 이미 반혁명 우익론자 딱지가 붙어 사람들에

215

게서 멀어져 있었습니다. 그들은 저를 당의 적이고 인민의 적이라며 격리시켰습니다. 당국 관리들은 사람들을 모아 놓고 교육을 실시했습니다. 정치적으로 꼭 필요한 조치다, 우리가 그곳 인민들을 해방시켜줄 것이다 하는 내용의 교육이었습니다. 티베트에는 노예제도가 있다, 티베트는 달라이 라마 같은 군주에 의해 통치된다, 우리가 모두를 해방시켜 공산주의자들로 되돌려 놓겠다, 몽골족과 티베트족 모두는 해방되어 자유를 얻을 것이다 등등 정말 끝도 없었습니다. 정보다운 정보는 얻을 수 없었습니다. 그들의 교육자료와 간행물에는 진실이라고는 없었습니다. 그들이 하는 말이라고는 티베트는 중국 영토라는 것밖에 없었습니다. 티베트를 완전히 먹은 것을 그제야 실감했습니다. 수치스러운 일이 아닐 수 없었습니다. 다들 세계의 제국주의자 연합이 우리의 모국 티베트를 찢어 서로 가지려고 한다고 믿게 되었습니다. 영국도 그 짝이었고, 이제는 미국인들도 똑같은 짓거리를 하고 있지 않습니까. 오늘을 사는 많은 사람들도 동의할 것입니다.

겔렉 린포체의 탈출

겔렉 린포체 저는 타고나기를 반공산주의자입니다. 그들은 우리를 파괴하기 위해 침략했다고 생각했지요. 몽골인들에게 어떤 일이 벌어졌는지 잘 알고 있었습니다. 중국인들이 힘을 거머쥐면 살아남을 길이 없다는 것을 알았습니다. 1959년, 티베트 동부 출신의 법우들이 앞으로 어떤 일이 일어날지도 말해주었습니다. "스님 같은 분들은 모두 잡아넣을 것입니다. 운이 좋아야 강제 노동수용소행이니 갈 수 있을 때 도망가는 것이 좋을 거예요." 하지만 아직 학업을 마치기 전이었습니다.

봉기가 있었을 때(1959년 3월 10일)가 부모님을 마지막으로 뵌 때였습니다. 데풍사원에서부터 트럭이 떼지어 오는 것을 보았습니다. 길의 동쪽 끝에서부터 서쪽 끝으로 가득이었습니다. 그날 밤 무슨 일이 벌어진 것이구나, 했지요. 침상에 들었다가 총성을 듣고 새벽 두 시에 깼습니다. 다른 사람들도 놀라 모두 일어나 불을 켜고 있었습니다. 불안에 떨면서 모두 "무슨 일이야" 했습니다. 거울 신호를 아는 군인 한 명이 함께 있었습니다. 그날은 절에서 보냈지만 저녁이 되어서는 떠나야 한다는 것을 알게 되었습니다. 책상 안에 넣어놓았던 중국 은화와 인도 화폐를 치워 놓고 산으로 도망갔습니다. 중국인들이 산으로 조명탄을 쏘아댔기 때문에 숨을 곳이 없었습니다. 그래서 우리는 이 마을 저 마을로 전전해야 했습니다. 겨우겨우 가족이 사는 곳에 도착했습니다. 전에는 노새들이 많았는데 캄파족들이 빼앗아가 버려서 없었습니다. 집에서 열흘 정도 묵었을 때였습니다. 중국 헬리콥터가 머리 위로 날아오더니 사격을 시작했는데 총알이 발밑에 떨어지는 것이 꼭 땅이 부글부글 끓는 것 같았습니다. 강 저편에 중국군이 있었기 때문에 마을 사람들이 울면서 가지 말라고 매달렸지만 결국 도망쳐 나왔습니다. 그리고 인도를 받아 산을 넘었습니다. 그게 전부입니다. 다음 한 달 동안은 피난길이었습니다.

달라이 라마의 탈출

1959년 3월 31일 저녁 열 시가 조금 안 되어 일반 보병으로 위장한 달라이 라마는 자신의 수호신 대흑천(마하카라, Mahakala)을 모신 사당을 떠나 차가운 밤공기 속으로 들어갔다. 이제는 정복당한 국민의 정치, 종교 지도자로서 살아오기를 10년, 24세가 되는 날을 세 달 앞둔 때였다. 문을 나서 사당을 둘러 난 길을 걷다가 멈춰 탈출하면 언제 돌아올 수 있을지 모른다는 생각에 다시 사당 입구로 돌아가 꼭 돌아오리라 다짐했다. 다시 발길을 돌렸지만 중국인들에게 잡힐지 모른다는 생각에 청년 달라이 라마는 공포에 휩싸였다. 안경을 벗고 겨우 밖으로 발을 내딛었을 때에는 이미 병사 둘이 와서 기다리고 있었다. 군인들의 안내를 받으며 인파를 헤치고 간 곳에서 티베트 해방운동가 300명을 만났고 그들과 함께 위험천만한 인도행을 감행했다. 악천후와 질병에다 중국인들에게 발각될 위험이 길목 길목에 도사리고 있으리라는 것은 그 역시 알고 있었다.

페마 크힌조 저는 라사 남부의 해방운동가 캠프에 있었습니다. 캠프와 노부링카 사이에서는 통신이 이루어졌지만 성하의 탈출은 그 누구도 알 수 없도록 일급비밀에 붙여졌습니다. 제 형을 비롯해 두령 몇몇만이 성하의 탈출 계획을 알고 있었습니다.

칠팀 갈첸 게셰 일반인들은 몰랐습니다. 우리는 성하가 탈출하고 한 달이 지나서야 알게 되었습니다. 뒤늦게 상황을 파악한 사람들은 모두 티베트에서 탈출할 궁리를 했습니다. 성하께서 떠나셨으니 이제 상황이 더 악화될 것이라고 생각했습니다. 저 역시 성하를 따르고 싶었습니다.

학업을 마치지 못했지만 이미 안중에서 사라지고 없었습니다. 어떻게 하면 중국인들에게서 탈출할 수 있을까, 어떻게 하면 군인들을 피해갈까 하는 생각뿐이었습니다. 모두가 같은 궁리에 빠져 있었지요. 제가 가진 것이라고는 학업을 위한 책과 글이 전부였습니다. 그게 전부였습니다. 그것 외에는 아무 것도 없었습니다. 결국 간덴사원을 떠나 티베트 남부의 히말라야로 향했습니다. 피난민 수천 명이 오른 길이었습니다. 눈이 높이 쌓여 길도 열려있지 않던 때였지요. 하지만 다른 방도가 없었습니다. 몇 사람들이 좁게 난 길을 알고 있었기 때문에 우리는 그들을 먼저 보내고 뒤를 따라 산을 넘었습니다. 산길을 꼬박 이틀 동안 걸었습니다. 중국군이 국경 부근에서 탈출민 몰이를 시작했지만, 우리는 그들이 오기 하루 전에 인도 국경을 보았습니다.

페마 크힌조 우리의 임무는 중국군이 성하의 탈출을 방해하지 못하도록 요소 요소를 지키는 것이었습니다. 우리는 산에서도 끄떡없었지만 높은 고도에 적응하지 못한 중국군의 일부에게는 호흡곤란 문제가 있었습니다. 결국 성하와 일행은 중국의 손에서 벗어나 무사히 인도 국경에 도달할 수 있었습니다. 비록 중국은 라사를 파괴하고 조국을 강점했지만 중국 관료의 말처럼 달라이 라마 탈출 저지 전투에서 패배했습니다.

리처드 기어 성하가 해 준 이야기 하나가 있는데 정말 감동적인 이야기라서 자주 떠올립니다. 성하의 인생을 그린 마틴 스코세이지 감독의 「쿤둔」을 보여준 적이 있습니다. 개봉한 지 6개월이나 지난 영화라서 우리 모두는 이미 적어도 한 번은 본 다음이었습니다. 그래서 함께 영화를 보면서 우리는 영화를 보기보다는 영화를 보고 있는 성하를 봤습니다. 어떤 반응을 보일지 정말 궁금했습니다. 하지만 농담으로 넘기더군요. "창을 완전히 잘못 달았다고 이야기해줘야겠습니다" 하고요. 재미있는 농담에 웃다가 생각해보니 당장은 이야기하고 싶지 않겠다 싶더군요. 그래서 일단 다른 곳으로 옮겨 다과를 하며 이야기를 나눴습니다. 영화에도 몇 번 나왔던 그의 오랜 친구들이 자리에 많이 있었습니다.

그래도 궁금증이 가시지 않아서 서로 인사를 마치고 자리를 잡은 다음 "영화를 감상한 것과 관련해 우리와 나누고 싶은 것이 있으신지요?" 하고 다시 물었습니다. 영화 끝부분에 성하가 인도 영토에 안전하게 도착한 장면이 있었습니다. 시킴인가 그랬을 겁니다. 말 탄 캄파족 사람들에게 인도되어 도착한 다음 그들에게 손짓해 인사하고 돌아가는 모습을 바라보다가 티베트를 등에 지고 인도를 바라보는 장면이었습니다. 조금 뜸을 들이더니 대답했습니다. "저를 구하고 나라를 구하려고 애쓰던 그 애국지사들을 지켜보던 그때는, 제 인생에 강력한 영향을 주었던 순간이었습니다. 그들이 말에 올라 멀어져 가는 모습을 보면서 다시는 만나지 못하리라는 것을 알았습니다." 정말이었지요. "그들에게서 눈을 떼고 티베트를 등지고 인도를 바라보았습니다. 주위를 둘러보고는 이제 이 세상에 친구 하나 없이 홀로 남게 되었구나, 했습니다." 그러고는 우리를 둘러본 다음 이렇게 말했습니다. "이제는 친구가 세계 곳곳에 있지요."

체링 샤카 탈출 결정은 결국 달라이 라마와 그의 조신들이 받는 압력이 견딜 수 없는 수준에 이르렀다는 사실을 입증합니다. 탈출은 남느냐 떠나느냐의 문제가 아니라 중국에 협력하느냐 백성의 편에 서느냐의 문제였습니다. 중국에 협조하는 길은 국민을 책임지는 통치자로서 바로 그 국민을 적대시하는 꼴밖에 되지 않을 것입니다. 정말 이러지도 저러지도 못하는 상황이었습니다. 중국이 달라이 라마를 내치지 않은 것은 티베트 통치에 있어 상당한 이용가치가 있었기 때문입니다. 하지만 달라이 라마와 조신들은 명목상의 통치자로 남을 수는 없었습니다. 국민을 이끌어야 할 자리에 있었기 때문입니다. 그럴 수 없는 상황에서 그들에게 남은 것은 나라에서 탈출하는 길밖에 없었습니다.

겔렉 린포체 실제로 중국인들이 들어오기 전에 정말로 사태가 벌어진다면 달라이 라마께서 이끄는 정부의 힘이 유지될 리 만무하다는 생각을 많은 사람들이 하고 있었습니다. 하지만 사태가 있고 나서도 티베트 정부 관료들은 대화로써 해결할 수 있으리라고 생각하고 10년에 가까운 협상을 펼쳤습니다. 하지만 중국은 티베트를 하루같이 조이기만 했습니다. 힘으로는 중국에 맞설 수 없음을 달라이 라마를 비롯해 모든 티베트 지도자들이 너무나도 잘 알고 있었고, 더불어 유혈사태도 바라지 않았기 때문에 협상을 통해 해결하고 싶으셨을 것입니다. 티베트 정세를 가장 잘 알고 있는 미국과 영국 등을 비롯해 세계 전체의 지원을 받으려고 수도 썼습니다. 하지만 실질적인 도움은 그 어떤 곳에서도 받지 못했습니다. 민주주의 수호를 외치는 미국이라면 도움을 받을 승산이 그나마 크리라 생각했습니다. 하지만 CIA가 취한 조치는 지극히 미미했고 느렸습니다. 믿을 만한 것이라고는 티베트인들이 스스로 결성한 저항 조직밖에 없었습니다.

페마 크힌조 성하의 티베트 탈출에 사기가 떨어진 해방운동가가 많았습니다. 일단 성하가 인도에 무탈하게 도착하게끔 도운 다음 티베트인들은 남아서 싸울 것인지 탈출할 것인지 갈등해야 했습니다. 상황이 훨씬 악화됐습니다. 탈출을 뒤늦게 안 중국은 강력한 군사 공격을 실행했습니다. 대포와 비행기로 폭탄을 날렸습니다. 일반 시민이 다치건 죽건 안중에도 없었습니다.

린첸 달로 성하가 라사를 떠난 1959년에는 제 고향 마을에 중국인들이 한 명도 없었습니다. 성하는 탈출했으며 도중에 병에 걸렸다는 소식을 라디오를 통해 듣고 마을 사람 모두가 울었습니다. 우리를 두고 떠나셨다는 소식에 한 번 울고 도중에 병에 걸리셨다는 소식에 두 번 울었습니다. 병환이 악화될까 두려운 마음에 모두가 기도했습니다. 가가호호 향을 피우고 버터램프를 켜놓고 기도했습니다. 그렇게 며칠이 지나 우리는 인도에 도착했고 건강도 회복되셨다는 소식을 들었습니다. 그제야 모두가 근심을 놓았습니다.

달라이 라마가 탈출하지 않았다면 결국 수감되었을까?

로버트 포드 그렇게 소중한 사람이 그런 일을 당했다니. 티베트 사람들의 상심이 컸을 것입니다. 압력이 얼마나 컸으면 그랬을까 싶었겠지요. 압력은 정말 상당했고 그가 떠나야 했던 이유도 바로 그것이었습니다. 티베트의 문화, 티베트의 종교, 티베트의 관습을 보존해 티베트를 지켜낼 길은 나라를 떠나 대체 정부를 세우고 독자적인 티베트 사회를 구축하는 것이었습니다. 그 오랜 세월 간직한 종교와 전통을 유지할 길은 달리 없었습니다. 그냥 생각일 뿐이지만 중국은 그의 역할을 크게 제약할 생각은 없었던 듯합니다. 단지 조종할 생각이었겠지요. 모든 협잡을 동원해 그를 통치자로 세웠겠지만 실질적으로는 죄수나 다름없었을 것입니다.

패트릭 프렌치 달라이 라마가 59년에도 계속 그곳에 있었다면… 당시에는 달라이 라마가 체포돼 사형에 처해질 것이라는 소문이 돌았습니다. 사실이었다고 생각지는 않습니다. 일어나기 힘든 일이었지요. 하지만 문화혁명이 일단 궤도에 오르고 난 후에는 달라이 라마도 펜첸 라마와 같은 운명에 처했을 것입니다. 인민재판에서 공개적으로 개망신을 당하고 1960년대부터는 잘해야 가택구금 상태에 있었겠지요. 국민이나 나라야 어떻게 돌아가건 그는 타는 가슴만 부여잡고 있어야 했을 것입니다. 70년대와 80년대에 걸쳐 잊혀지면서 그가 어떻게 되었는지 알 사람도 없어졌겠지요. 문화혁명이 끝나갈 무렵 4인방(四人幇, Gang of Four, 마오쩌둥 사망 이후 문화혁명에 대한 비난 여론이 조장되면서 혁명 책임자로 지목된 공산당 간부 넷을 일컫는 말이다. 마오쩌둥의 미망인 장칭(江靑)을 비롯해 그의 측근인 장춘챠오(張春橋), 야오원이안(姚文元), 왕홍원(王洪文) 등을 칭한다)이 제거되고 1980년대에는 중국 공산당이 티베트 체제 내에서 뒷일을 맡을 사람을 찾고 있었습니다. 적임자라면 달라이 라마 밖에 없었겠지요. 그랬으면 이랬을 것이다 하고 하는 소리이기 때문에 의미 없는 이야기이기는 하지만 달라이 라마가 티베트 내에 아직 남아 있었다면 1980년대부터는 티베트인들에게 지대한 혜택이 돌아갔을지도 모른다는 생각입니다. 그가 그곳에 존재한다는 것만으로도 상황은 많이 달라졌을 것입니다. 망명한 사람들이 협상하는 것보다는 그곳에 남은 채로 협상하는 편이 나았겠지요.

체링 샤카 문화혁명이 있을 때 큰 어려움을 겪었던 것이 분명합니다. 하지만 펜첸 라마와 더불어 다른 고승들에게 한 처우로 판단할 때, 그를 처형하지는 않았을 것이라고 생각합니다. 겉으로는 어떤 이야기를 할지 모르겠지만 중국인들의 가장 큰 문제점은 마음속 깊숙이 자신들이 티베트를 통치할 정당성이 없다는 점을 아는 것입니다. 또한 그들의 티베트 통치에 대해 티베트 토착민들은 물론이고 세계사회에서도 비난한다는 것이죠. 뿐만 아니라 반대의견은 중국인들에게서까지 나옵니다. 자신들도 잘 알고 있기 때문에 얼굴마담이 필요했을 것입니다. 그럴듯해 보이는 명목상의 통치자가 절실했을 것입니다. 달라이 라마가 망명하지만 않았다면 그를 그 자리에 앉히려고 했겠죠. 달라이 라마만 있었다면 티베트 사회가 낙후되었다고 해도, 어려움이 크다고 해도 그가 있기만 했다면 티베트인들은 크게 문제 삼지 않았을 것입니다. 어쨌든 그만이 적법한 통치자이고, 그가 통치하는 이상 그 체제를 완전히 믿고 따랐을 테니까요. 선거를 통해 선출되고 경쟁을 통해 힘을 얻은 사람이었다면 이야기가 다를 수 있겠지만 그는 오랜 역사와 전통 속에서 태어나고 다시 또 태어난 사람이었습니다. 그러한 전통은 어떠한 혁명으로도 사라지지 않는 것이죠. 중국인들의 골머리를 썩이는 것은 아직도 남아 있는 달라이 라마의 크나큰 비중입니다. 달라이 라마 제도가 지속되어 온 그 어떤 때보다도 제도의 영향력은 커졌습니다. 달라이 라마가 함께 있지 않기 때문에 더욱 그렇습니다. 티베트 내에서 달라이 라마는 신화적인 존재처럼 되었습니다. 언젠가 돌아와 구원해주리라고 생각하고 있습니다. 중국인들이 어떠한 악담으로 세뇌시키려 들어도, 그가 봉건주의 영주이며 농노 착취자라는 악설을 퍼부어도 대부분은 중국 정부의 악설을 귀담아 듣지 않고 그가 언젠가는 돌아오리라는 생각만 합니다.

롭상 탐초 니마 라마 암도의 큰 절에서 살았던(롭상 스님은 일곱 살의 나이로 사원에 들어갔다) 소싯적에는 다른 스님들처럼 제 가장 큰 희망도 성하 께서 빨리 돌아오시는 것이었습니다. 중국 침략 이후에 태어난 젊은 티베트인들도 성하를 향한 마음이 컸습니다. 우리는 그분이 돌아만 오신다면 티베트인 모두가 하나 될 수 있음을 알았지만 중국인들이 그의 지대한 가능성을 두려워한다는 점 역시 알고 있습니다.

달라이 라마 탈출로 시작된 공포

아쟈 린포체 1964년에는 '사회교육'을 시작하면서 상황이 더욱 악화 되었습니다. 그때 펜첸 라마까지 구속했었죠. 그러면서 상황이 또 악 화되어 모두들 공포에 떨었습니다. 힘든 노동을 해야 하는 정말 어려 운 일터에 보내졌습니다. 사원으로 돌아와서는 공부해야 했습니다. 정치 캠페인은 1년 4개월 동안 진행되었기 때문에 정말 힘들었습니 다. 모두가 무서움에 떨었습니다. 그들은 공부하도록 시켰고 성하와 펜첸 라마를 비방하게끔 했습니다. 라마들에게 라마들을 고발하게끔 했습니다. 때로는 말이 아니라 신체적으로 비방하기도 했습니다. 그 곳에 가서 모두를 비방해야 했습니다. 그렇게 어려운 시기가 또 한번 찾아왔습니다.

체링 샤캬 모두가 겁에 질려 있었습니다. 어떤 집이든 다들 긴장감이 돌았죠. 우리 가족 모두도 긴장을 늦추지 않고 있었습니다. 부모님은 모르는 사람은 물론이고 친구들 앞에서도 아무 말도 하지 말라고 신신당부했습니다. 저는 아직 학교에 들어가기 전이었지만 누나는 학교에 다니고 있었는데 학교에 가면 매일 아침 누군가를 고발해야 했습니다. '공개비판'이라고 불렀죠. 가족, 이웃, 급우들의 악행을 비판해야 했고 자신의 악행 역시 고쳐야 했습니다. 이런 일도 숫하게 벌어졌습니다. 멋모르는 학생이 일어나서 이야기합니다. "제 어머니는 달라이 라마 사진을 가지고 있습니다. 어머니는 당과 조국에 반대하는 반동분자입니다." 그러면 교사가 신고해서 경찰이 옵니다.

아쟈 린포체 저는 유목민 가정 출신의 평범한 아이였습니다. 형제자매가 열한 명 있었는데 제가 화신으로 지목되었습니다. '대약진운동'이 있던 1958년도에 중국인들이 잘 사는 사람과 못 사는 사람으로 계급을 분류했는데 저 때문에 우리 가족이 '나쁜 계급'으로 들어갔습니다. 잘 살지도 못하고 그럭저럭 사는 정도였는데도 말이에요. 저 때문에 부모님까지 나쁜 사람들이 되었고 1958년에는 그들이 아버지를 잡아갔습니다. 아버지는 감옥에 갇히고 나서 돌아오지 못했습니다. 어디에선가 돌아가셨다고 생각만 하고 있을 뿐 아직까지 아무 소식도 듣지 못했습니다. 누군가에게 '죽은 사람을 봤는데 네 아버지 같더라'는 전갈을 받았는데 그게 전부였습니다. 나중에는 삼촌에 형제며 인척까지 많은 사람들이 감옥에 갔습니다. 어머니는

1990년에 돌아가셨습니다. 형제자매들은 아직도 티베트에서 살고 있는데 몇몇은 스님이고 몇몇은 재가자들입니다. 이곳에 처음 왔을 때에는 연락하고 싶어도 무서워서 못했습니다. 제가 어떻게 될까 겁났던 것은 아니고 가족들에게 해가 되지 않을까 싶어서였습니다. 하지만 지금은 가끔씩 간접적으로 연락합니다. 가족이 공중전화 같은 것을 사용해 가끔 전화하기도 합니다. 가족은 아주 높은 산에 살고 있기 때문에 (자주) 전화하지 못합니다. 자주는 아니지만 소식은 주고받습니다.

체링 샤캬 달라이 라마께서 떠난 이후로 어머니도 티베트를 떠나고 싶어하셨습니다. 티베트의 심장이 그곳에 없으니까 남아있기 싫다면서요. 일단 네팔로 갔지만 최종 목적지는 아니었습니다. 어머니는 달라이 라마가 있는 곳으로 가야 했습니다. 성하를 보고 그곳의 티베트인들이 어떻게 사는지 보아야겠다고 하셨습니다. 그래서 네팔로 갔지만 사실은 다람살라로 가는 것이었습니다. 달라이 라마가 그곳에 있었기 때문이지요. 1967년에는 국경을 넘는 티베트인들이 적었습니다. 62년도에 전쟁이 있고 나서 국경수비가 강화되었고 인도와 중국 사이의 국경은 이미 굳게 닫혔으며 군인들이 배치되어 있어서 난민들의 발길이 끊겼습니다. 그래서 1967년에는 티베트를 빠져 나올 수 있었던 사람이 거의 적었지만 우리는 네팔 국민으로 위장하고 탈출했습니다. 그래서 어머니가 다람살라로 갔을 때에는 티베트에서 어떤 일들이 벌어지고 있는지 최신 뉴스를 듣고 가는 것과도 같았습니다.

아쟈 린포체 물론 문화혁명이 최악이었습니다. 그때는 스님들 모두가 들판에 보내져 일하거나 감옥에 갇히거나 댐 건설현장에 투입됐습니다. 저는 열일곱 되던 해인 1966년에 쿰붐으로 돌아왔고 들판에서 일해야 했습니다. 물론 중노동이었습니다. 감옥에 들어가지 않았던 것은 다행이었지만 당시에는 감옥에 가든 아니든 상황은 거의 같았습니다. 저는 유목민 출신이었기 때문에 유목민에게 적합한 곳으로 보낼지도 모른다고 생각했습니다. 하지만 그들은 그러지 않기로 결정했는데 몇몇 사원은 홍위병 같은 사람들이 와서 공부하고 배울 수 있는 '생활박물관' 처럼 되었기 때문이었습니다. 그래서 그들은 부정적인 교육을 할 수 있는 박물관 같은 것이 필요했습니다. 그들은 사원에서 이런 식으로 교육했습니다. '이곳은 나쁜 곳이다. 나쁜 사람들이 이곳에 살면서 사람들을 고문하고 노예로 잡아 놓았다.' 그 후에는 문화유산으로 바뀌어서 사람이 필요했고 저는 그런 생활박물관에서 일하게 되었습니다. 들판과 사원에서 동시에 일했습니다. 그렇게 16년 동안 중노동을 했습니다. 절대로 잊지 못할 것입니다. 제 인생에서 가장 힘든 시절이었습니다.

롭상 탐초 니마 라마 당시에는(1980년대) 중국의 억압이 극심했습니다. 암도의 중국 관리들은 사원으로 와서 그곳에 살고 있는 승려들이 몇 인지 조사했습니다. 그들이 올 때면 숨어야 했지만 고승들에게서 가르침을 받을 수 있었습니다.

린첸 달로 그런 일이 벌어졌을 때 티베트 사람들은 세계의 관심과 도움을 기다렸습니다. 자유국가의 사람들, 자유로운 서구 국가들의 정부를 기다렸습니다. 우리는 세상이 잠자코 있지만은 않으리라고 생각했습니다. 그런 억압과 잔학을 보고 무엇인가 할 줄 알았습니다. 그래서 우리는 기죽지 않고 희망을 가졌습니다. 하지만 문화혁명은 오래 가지 않은 반면 우리는 우리 민족이 어떤 취급을 당하는지 세계에 알릴 수 있었습니다.

"달라이 라마로 지목받았다면 충격받지 않을 사람이 어디 있겠습니까. 타고난 자질을 시험해야 하는 힘든 일이었을 것입니다…. 그것은 전생을 몇 번이나 거치면서 이미 수만 편의 교향곡을 쓴 신동 모차르트를 찾은 것과 같습니다."

-로버트 서먼 교수

달라이 라마 14세가 될 라모 된둡은 1935년 7월 6일에 티베트 동북부의 작은 마을 탁처에서 출생했다.

"티베트 진군 직전에 마오쩌둥은 중국 장병과 병사들에게 중요한 연설을 했습니다… 통찰력이 뛰어났던 마오쩌둥은 티베트를 점령하더라도 통치는 달라이 라마에게 맡겨야 하리라는 것을 이미 알고 있었습니다."
                                              -체링 샤캬

"성하는 강경한 적대 세력과의 관계에서 어떻게 처신해야 하는지 보여주는 비길 데 없는 모델입니다."   -오빌 셸

달라이 라마의 1954년 베이징 방문 때 마오쩌둥이 카탁을 선물 받고 있다.

"툽텐 노부는 언제나 '완전한 독립'을 주장했습니다. 그 이하가 되어서는 안 될 것이라고 항상 말했죠."
                                              -린첸 달로

"저는 그들이 어디로 가서 어떻게 첫 공격을 날릴지 미리 알고 있었습니다."
                                              -하인리히 하러

달라이 라마의 맏형 툽텐 직마 노부(왼쪽)는 중국의 정당하지 못한 티베트 침략을 비판한 1959년 7월 30일의 비엔나회의에서 의장 역을 맡았다. 그는 달라이 라마가 인도로 탈출하기 전에 중국 당국으로부터 동생 달라이 라마를 적화시키고 적화 실패 시에 죽이는 대가로 포상을 제의받았다. 그의 왼편에는 하인리히 하러가 앉아 있다.

톰 랜토스 대표와 달라이 라마가 1987년에 열린 하원인권연맹회의에서
인사를 나누고 있다.

달라이 라마와 프랑스의 수랴 다스 라마.

"달라이 라마 뒤에 그보다 나이가 훨씬 많은 계셰들이 앉아 있었습니다… 솔직히 말해 전부 노인네들이었지요. 젊어야 70대에서 80대 정도 돼 보이는 사람들이 간담회 내내 조는 것 같았습니다."

– 어빙 그린버그 랍비

앞줄 왼쪽에서부터 블루 그린버그 박사, 어빙 그린버그 랍비, 달라이 라마가 1990년 10월 인도 다람살라에서 유대교-불교 간담회를 벌이고 있다.

"미국 대통령들은 성하를 만나더라도 어떤 지위로서 만나는지 구체적으로 밝히지 않았습니다. 클린턴은 대통령 집무실이 아닌 고어의 집무실에서 성하를 만났는데 단지 중국의 심기를 건드리지 않기 위해서였습니다."

–린첸 달로

달라이 라마 성하의 특별 사절 걀첸 걀리와 앨 고어 부대통령이 보고 있는 가운데 빌 클린턴 대통령이 달라이 라마에게서 카탁을 건네받고 있다.

"달라이 라마는 그(고 프레드 로저스, 공영방송의 인기 어린이 프로그램 진행자)가 누구였는지 몰랐을 것입니다… 어떤 사람인지는 알고 있었을지도 모르죠. 하지만 미스터 로저스를 보며 자라온 아이들만큼 잘 알 리는 없었겠지요."

-A. 제임스 루딘 랍비

A. 제임스 루딘 랍비(위)와 미스터 로저스(오른편)가 1998년 11월 11일 펜실베이니아 그린스버그에서 청중에게 인사하는 달라이 라마를 보고 있다.

"이렇게 답하더군요. '그럼 팀을 위해 기도하겠습니다.' 그리고 바로 그해 갑작스럽게 팀의 운이 바뀌기 시작해 최하위에서 정상으로 치솟더니 결국 리그에서 우승하게 되었습니다."
—조너선 머스키 교수

조너선 머스키 교수는 달라이 라마에게 카탁으로서 토트넘 핫스퍼 팀의 스카프를 선물해 예를 표했다.

"그들은 '동등한 지적 수준을 갖고 대등하게 뜻을 밝히고 반박하며 토론하는 사람도 있네' 하면서 흠칫 놀란 기색이었습니다."
—피에트 헛 박사

1977년 다람살라 과학대담 중의 피에트 헛 박사와 달라이 라마.

"지나가는 길에 티베트인 노점상에 티베트 탱화가 걸려있는 것이 보여서 그에게 이야기했습니다. 티베트 난민들이 어떻게 생활해나가고 있는지 한참 이야기하던 중이었지요. '탱화 하나를 사서 런던의 우리 센터에 걸었으면 좋겠다 싶습니다' 했더니 약간 이상한 눈빛으로 쳐다보더군요."

―로렌스 프리먼 신부

달라이 라마가 위임해 라마승들이 티베트 양식으로 그린 그리스도 탄생 탱화는 1998년에 열린 부다가야로 가는 평화순례 행사에서 그리스도교 명상세계회에서 기증되었다.

"승방에 도착하고 바로 우리 명상센터를 위한 선물이라며 커다랗고 둥근 통을 줬습니다. 감사하다고 말하고 통을 열었더니 정말 티베트 천으로 예쁘게 싸인 탱화가 있는 것이 아니겠습니까! 그림을 조심스럽게 펴고 있는데 그가 '무엇인지 아시겠습니까?' 하고 물었습니다."

―로렌스 프리먼 신부

달라이 라마가 1998년에 로렌스 프리먼 신부에게 그리스도 탄생 탱화를 선물하고 있다.

" '이렇게 만나게 되어 얼마나 반가운지 모른다…'며 이야기했고요. 문을 들어서려는 순간 저는 몸짓으로 먼저 들어가기를 청했습니다…. 그런데 팔을 덥석 잡지 뭡니까. 깜짝 놀랐습니다. 사원에서 기도하며 대부분을 보낸 사람인데 힘은 어찌 그리 세던지. 아플 정도로 꽉 잡지는 않았습니다만 제가 먼저 들어가야 한다는 고집은 분명하게 전달되더군요."

―로널드 B. 소벨 박사

1998년 4월 30일 목요일 뉴욕시 에마누엘 성전에서 열린 티베트국제캠페인의 연례 진실의 빛 상 시상식 참가자들은 마틴 스코시즈와 멜리사 매시선에게 상을 수여했다. 왼편에서부터 존 애컬리, 로디 갸리, 린첸 달로, 리처드 기어, 마틴 스코시즈, 달라이 라마, 멜리사 매시선, 로버트 서먼 교수, 로널드 B. 소벨 박사.

"악수를 청하고 묵례를 합니다. 그가 시선을 맞출 때에는 마치 영혼의 저 뒤편까지 꿰뚫어보는 듯한 느낌을 받습니다."

―아네트 랜토스

2003년 워싱턴 D. C.에서 아네트 랜토스와 달라이 라마.

"그의 집 앞 계단에서 1972년에 한 장, 2002년에 한 장, 이렇게 사진을 찍어서 세트로 묶었습니다. 저는 두 세트로 만들어서 다른 세트는 그에게 선물했습니다. 달라이 라마가 부를 쌓았다고 생각하는 사람들에게 하고 싶은 말은 사실 그렇게 유명한 사람이 되고도 그는 30년 전의 집에서 그대로 살고 있고 옷마저도 그때나 지금이나 똑같습니다."

—리처드 블럼

리처드 블럼이 30년 간격으로 달라이 라마와 함께 찍은 사진 세트에는 "성하, 30년이 지났지만 우리는 이제 막 시작했습니다"라고 써있다.

239

"그분을 직접 뵙고 당신께서 가르치시는 그대로 수행하고 사시는 모습을 보면서 큰 충격을 받았습니다. 제가 본 바로는 성하는 그 누구를 만나더라도 끊임없이 자비로써 대하셨습니다."
"성하는 칼라차크라를 열 일에 많이 들떠 계셨습니다. 아침 7시부터 오후 5시까지 열리는 정말로 힘든 법회인데도 말입니다."

-노부 체링

2004년 4월 29일 아침 10시, 토론토에서 칼라차크라를 집전하고 있는 달라이 라마.

'리틀 라사'의 초창기

T. C. 테통 망명 초기에는 성하께서 탈출민들이 새로운 땅에 재정착하도록 돕는 데에 많은 어려움을 겪으셨습니다. 1960년대에 성하는 인도 정부에 부탁해 땅을 얻어서 탈출민들이 가로 캠프(환경이 매우 열악했던 곳으로서 다수가 그곳에서 일하며 살았다)에 벗어날 수 있게끔 하셨습니다. 네루(Jawaharlal Nehru, 1889~1964)가 인도 각료들에게 글을 써서 거주지를 마련할 수 있었습니다. 하지만 재정착이 큰 문제였지요. 우선 1959년에는 봄베이를 비롯해 캘커타 이남으로 가보았던 사람들이 거의 없었습니다. 또한 인도 남부의 더위와 열대기후에 적응하지 못했던 것도 큰 문제였지요. 지리적으로 보자면 티베트와 인접한 히말라야가 가장 적합했습니다. 기후조건뿐 아니라 조국으로 돌아갈 수 있을 때가 조만간 올 것이라고 믿고 티베트에서 멀리 떨어져 살고 싶

어하지 않았습니다. 가능한 가까이에서 살다가 그날이 오면 바로 넘어갈 생각이었지요. 60년대 중반까지만 해도 그런 여러 이유로 해서 많은 사람들이 남으로 이동할 생각을 하지 않았습니다. 하지만 문화혁명기의 막심한 핍박을 견디지 못하고 탈출한 동포들이 유입되면서 기존의 정착민들에게 인도 남부에서 재정착하도록 설득할 수 있었습니다.

칠팀 걀첸 게셰 우리에게 해를 끼치던 사람은 아무도 없었습니다. 하지만 배가 고프면 먹을 것을 찾게 마련이지요. 사실 인도에 가면 성하를 뵐 수 있다는 생각에 조바심도 났습니다. 국경을 넘으니 인도 정부가 아무것도 없는 우리에게 식량배급을 한 것도 좋았습니다.

성하는 오직 겨레 생각뿐이었습니다. 출가자들을 비롯해 재가자들 모두가 성공할 수 있도록 아낌없이 힘을 쓰셨습니다. 우리가 피난촌에 도착했을 때에도 성하는 말씀을 내리셨습니다. "승려들은 티베트에서와 마찬가지로 수행에 정진하십시오" 하면서요. 어떤 기술이 있건 간에 망명생활이라고 썩혀버려서는 안 된다는 말씀도 있었습니다. 성하는 댈하우지대학(Dalhousie University, 캐나다 노바스코샤 주 할리팩스 소재)에도 몇 번 다녀가서 가르침을 주셨습니다. 그리고 다른 캠프에도 방문하셨습니다. 티베트 난민들이 성공적으로 정착하고 스님들이 정진할 수 있었던 이유는 달라이 라마의 가피(加被) 때문이었습니다.

T. C. 테통 초기 피난민들은 미혼 남성들이었습니다. 대부분이 해방

운동가들이었지요. 이후 달라이 라마의 인도 망명 소식을 듣고 일반인들도 오기 시작했고, 그들 중 90퍼센트가 유목민, 농부, 촌민이었습니다. 힌두어도 하지 못하고 전문기술도 한정적인 사람들이었지요. 그것을 탓했던 것은 아니지만 그들을 어떻게 취업시켜야 할지가 문제였습니다. 수공예품 제조를 생각해냈지만 이것으로는 일자리를 500개 정도밖에 만들어 낼 수 없었습니다. 나머지 7만 5,000천 피난민들의 생계문제도 해결해야 했습니다.

모리스 프리드먼(Maurice Friedmann)이라는 남자가 있었습니다. 폴란드 태생으로 간디(Mohandas K. Gandhi, 1869~1948)를 따라 인도에 온 사람이었습니다. 모리스는 성하와 매우 가까웠습니다. 인도의 지도층과도 꽤나 친분이 있던 사람이었지요. 그가 성하께 난민들을 거리가 아닌 땅에 정착하도록 도와야 한다고 조언했습니다. 그래서 네루가 인도 각 주의 최고 관료들에게 글을 써서 토지 기부의사를 물었습니다. 세 개 주에서 승낙했는데 가장 적당한 부지는 마이소르(Mysore City)였습니다. 마이소르시 북부의 3,000에이커 규모의 부지는 코끼리를 비롯해 야생동물들이 서식하던 정글이었습니다. 인도 정부가 개간을 도왔지만 수년간의 육체노동이 필요한 일이었습니다. 구호단체에서 불도저와 음식 등을 제공했는데 그중 하나가 로우웰 토머스(시니어)가 조직한 미국비상구호협회(American Emergency Relief Organization)였습니다. 스위스는 기술자와 감독을 원조했고, 그들의 제안으로 시작한 옥수수 농사가 효자노릇을 톡톡히 했습니다.

남부의 정착촌이 자리를 잡아 나갈 때, (성하가) 매년 오셔서 두세 주를 머무르며 가르침을 주고, 병원에 위문하고, 밭길을 걸으며 사람들을 위로했습니다. 우리가 성공할 수 있었던 이유라고 할 수 있겠습니다. 우리가 전적으로 신뢰하고 따르는 지도자, 그 지도자가 우리에게 보이는 전폭적인 관심이 우리의 성공 비결입니다. 성하께서 인도 남부의 티베트인 정착촌을 처음 방문하셨을 때에는 우리 모두 천막에서 살고 있었습니다. 우리는 성하가 정부 운영 숙소에서 머물 수 있게끔 조치했습니다. 하지만 "저도 캠프에서 묵도록 하겠습니다" 하셨습니다. 보안담당자들을 비롯해 인도 관리들의 만류에 못 이겨 하룻밤은 정부 숙소에서 묵으셨지만 바로 다음날 캠프로 오셔서는 캠프에서 함께 지내겠다고 해서 천막을 따로 마련해드렸습니다. 성하는 이렇게 말씀하셨습니다. "동포들을 보러 왔으니 그동안만이라도 동포와 함께 살고 싶습니다."

체링 샤카 당시를 생각하면 아팠던 기억밖에 떠오르지 않습니다. 이곳저곳 쑤시고 결리지 않은 데가 없었고 상처투성이였던 데다가 이가 어찌나 극성이던지, 거기에 식량까지 부족했습니다. 항상 배고팠기 때문에 짜증이 나서 그랬는지 저는 언제나 불평만 했습니다. 하지만 무소리(Mussorie)로 이동하면서 환경이 조금 좋아졌습니다. 학교들이 영국 식민 관리들이 여름휴양 차 오던 주택가에 있었는데 그 학교를 우리가 썼습니다. 아이들이 정말 많았습니다. 방 하나에 스무 명이 들어가서 바닥이나 2층 침대에서 잤습니다. 놀이 공간이 없어서 놀이터도 만들었는데 그것도 큰일이었습니다. 1959년에 탈출해 넘어

온 티베트인들의 아이들은 당시 인도와 중국 관계가 좋지 않았기 때문에 학교 신세를 져야 했습니다. 1962년에는 전쟁이 벌어지면서 상황이 악화되었습니다.

페마 크힌조 티베트를 탈출한 것이 1959년이었는데 당시 저는 열넷이었고 해방운동을 하다가 가족 몇을 티베트에 남기고 인도로 넘어왔습니다. 조국에 남은 가족과 소식이 닿는 데에만 20년이 걸렸습니다. 인도는 죽어라 더웠습니다. 먹을 것도 부족했고 결핵까지 걸렸습니다. 봄베이에 있는 영국 병원으로 이송돼 거기서 1년을 보냈습니다. 저는 정치에 대해서는 아무것도 몰랐습니다. 병원이 티베트인들을 위한 부설학교를 세웠는데 그곳의 나무 아래서 저녁에 힌두어와 영어를 배웠습니다. 그리고 대학에 진학했고 결국 교사가 되었습니다.

망명한 달라이 라마와의 첫 만남

노부 체링 여덟 살 때였습니다. 만났다고 하기가 좀 그런 것이, 저는 군중 속에 있었을 뿐이기 때문입니다. 성하를 뵙고 특별 축복을 받기 위해 몰린 사람들에 끼어 있었죠. 성하의 축복을 처음 받던 때였습니다. 티베트 사람이기 때문에 어른이 되기 전에도 몇 번 뵐 기회가 있었습니다. 부처의 화신이며 우리의 정치, 종교 지도자인 성하를 우리는 항상 칭송했습니다. 성하를 뵐 때면 항상 커다란 충만감을 느꼈습니다. 더불어 긴장이 사라지고 마음이 차분해졌습니다. 우리가 성하를 만나는 것은 당신이 하나님을 만나는 것과도 같습니다.

T. C. 테통 1956년에 인도로 오셨을 때 성하를 뵈었는데, 우리 가족의 짧은 알현을 허락하셨습니다. 저는 한창 공부하던 10대였을 때였기 때문에 성하께서는 학업이 어떠냐고 물었습니다. 무소리에서 성하께서 제게 처음 주신 질문은 "사기는 어떻습니까? 아래로 갔습니까, 위로 갔습니까?" 하는 질문이었습니다. 어떤 아이도 그러했겠듯이 "항상 활기찹니다" 했습니다. 성하를 직접 뵌다는 생각에 얼마나 꽁꽁 얼어붙었겠습니까. 성하는 낯선 자리에 선 아이의 두려움을 다정하게 덜어주셨습니다.

린첸 달로 성하를 1959년에 처음 뵈었습니다. 12월쯤이었던 것으로 기억하는데 제가 티베트를 떠난 해를 넘기지 않은 때였습니다. 아버지와 고향 마을을 함께 떠나서 첫 몇 달은 국경 인근에서 살았습니다. 반년이 지나 어머니와 남동생과 누이도 티베트를 탈출해 우리와 다시 뭉쳤습니다. 그리고는 네팔의 카트만두로 갔는데 그곳에 도착하고 얼마 안 있어 성하의 부다가야(티베트 난민들의 순례지) 방문 소식을 듣고 우리도 부다가야로 떠나 이틀이 지나 도착했고, 성하가 도착하실 때에는 수천 명이 나와 줄을 서 마중했습니다. 한 30분을 기다렸더니 마침내 성하께서 도착하셨습니다. 성하는 그때 25세쯤 되셨고 저는 열한 살이었습니다. 정말 흥분되는 일이었습니다. 길 양쪽으로 줄지어 섰던 사람 모두가 울었습니다. 성하를 보고 좀더 가까이 가려고 손이라도 뻗어보는 사람도 있었지만 차를 타고 지나가셨기 때문에 대부분은 보지도 못했습니다. 하지만 숙소에 도착하고 복도로 나와 손을 흔들어 인사하셨습니다. 젊고 매력 있고 혈기 왕성해 보였습니다. 성하를 뵌 것만으로도 복이었습니다. 기다리고 있던 사람들은 성하를 향해 삼배(三拜)했습니다. 저도 같이 했고요. 완전히 울음바다였습니다. 조국을 잃고 탈출하신 지 얼마 안 되었던 때였기 때문에 모두 울었습니다. 평생 잊혀지지 않을 일입니다.

체링 샤캬 꼬맹이였을 때 가족에 이끌려 달라이 라마를 만나러 갔습니다. 대기 장소에 앉아 어머니에게서 조심히 행동해야 한다는 훈계를 계속해서 들었습니다. 감히 말을 꺼낼 수 있는 자리가 아니라는 말을 몇 번이고 들었기 때문에 들어가기가 무서웠습니다. 하지 말아야 할 행동도 많았고 말도 못한 채 꼼짝 않고 있어야 한다니! 가고 싶지 않았습니다. 처음 보았을 땐 정말 거대해 보였습니다. 아직 꼬마였을 때니 그리도 크게 보였겠지요. 우리는 바닥에 앉았고 그는 높은 방석에 앉아 있어서 계속해서 올려다봐야 했습니다. 형과 어머니에게 근엄한 얼굴을 하고 성실히 이야기했습니다. 엄마는 줄곧 울면서 티베트에서 벌어지던 일을 전했습니다. 달라이 라마가 제게 무슨 이야기를 했던 것은 같은데 무슨 말이었는지 기억이 나지는 않습니다.

로버트 서먼 교수 정말 매력 있는 청년이었습니다. 지금보다는 훨씬 호리호리했었지요. 예민하고 민첩해 보였고 지금의 장중한 풍채와 기품은 없었지만 어디에서 누가 나타나도 놓치지 않고 응대하는 기민함이 있었습니다. 몽골계 라마승이었던 연세 지긋한 은사님을 최고로 모셨던 때이기는 했지만 달라이 라마도 정말 마음에 들었습니다. 인도에서 달라이 라마를 가르쳤던 스승들께 가르침을 받았기 때문에 우리는 법우와도 다름없었습니다. 나이도 크게 차이 안 나 그가 저보다 대여섯 많을 뿐이었습니다. 당시에는 그가 주요 구루(guru)로 보이진 않았지만 서로 뜻이 맞아서 친하게 지냈습니다. 티베트어를 저처럼 유창하게 구사하는 서양인은 한 번도 본 적이 없었기 때문에 친해지기 쉬웠던 점도 있었습니다. 우리는 서양에 대한 이야기를 많이 했습니다. 제가 불교 관련 질문을 하면, 스승님들께 물어보라고 하면서 주제를 바꿔서는 프로이트에, 물리학에, 그런 이야기를 나눴습니다.

망명 초기의 티베트 귀국 희망

린첸 달로 티베트로 곧 돌아갈 수 있을 거라고 믿었습니다. 부모님도 한자리에 정착해 살았던 이유가 티베트로 돌아가겠다는 일념 때문이었지요. 하지만 아무리 기다려도 돌아갈 상황이 되지 않자 인도로 넘어왔습니다. 많은 티베트인들이 같은 길을 밟았지요. 처음에는 국경 부근에 머물다가 아래로 내려와 정착하라는 성하의 말씀에 모두 내려갔습니다. 하지만 우리는 귀향의 꿈을 놓지 않았습니다. 성하께서 중국 정부와의 문제를 해결할 방법을 찾아내시리라고 믿었습니다. 하지만 기다림뿐이었습니다. 어쨌든 살 길은 찾아야 했기에 너나없이 바빠졌고 티베트 정부도 그럴듯한 정착촌을 건설했습니다. 하지만 아무리 성공적으로 정착했다 해도 우리들은 항상 티베트로 돌아갈 날을 기다리고 있습니다. 귀국은 제 인생의 목표이기도 합니다.

리처드 기어 그들만큼 비영구성이라는 단어가 가슴에 사무치는 사람들은 없을 것입니다. 그들은 어디에 정착해도 떠돌이라는 생각일 수밖에 없습니다. 세상은 변하게 마련입니다. 모든 것은 변합니다. 모든 것이 끊임없는 변화 상태에 있습니다. 한순간을 좌우했던 것이 그 무엇일지라도, 삶의 환경이 현재로서는 얼마나 나쁘건 간에 영원히 그 상태로 남아 있으리라는 법은 없습니다. 그들에게는 선을 행하면 복을 얻을 것이라는 믿음도 밑바탕에 깔려 있을 것이라고 생각합니다. 그들은 유목민이었습니다. 불교국가가 되기 전에는 꽤나 거친 기질을 가졌던 민족이었습니다. 일부 그 기질이 아직 살아남아 있기 때문에 세상의 어떤 지역, 어떤 문화에 떨어져도 헤쳐나갈 수 있는 것입니다. 그들처럼 성공적인 망명자 사회는 본 적이 없습니다.

망명정부 수립, 젊은 망명자들의 봉사

T. C. 테통 충의가 대단한 사람들이었습니다. 티베트어와 영어를 동시에 할 수 있는 사람은 열 명 남짓밖에 안 되었습니다. 최저임금을 받고서도 정말 혼신을 다해 일했습니다. 정말 행복했습니다. 제가 소유한 것이라고는 깔고 잘 요와 물건을 담을 철제 상자밖에 없어도 행복했습니다. 불평하는 사람도 없었습니다. 인도 남부로 내려가라면 그렇게 했고 인도 동북부의 정착지로 가라면 그렇게 했습니다.

페마 크힌조 (교사가 되면서) 정치에 관심을 갖게 되었습니다. 티베트청년의회 설립에도 힘쓰게 되었고 운영위원회에서 활동하기도 했습니다. 몇 년이 지나서는 국민대표회(Assembly of People's Deputy, 국회나 의회 정도로 보면 된다) 선거에 출마해서 이겼습니다. 그 후 내각에 들어갔고 4년 동안 안보장관 자리에도 있었습니다. 성하의 인도 아래 국가에 봉사할 수 있었던 것이 제 일생일대의 성과입니다.

T. C. 테통 성하가 무소리에 계시던 1959년에 인도 정부에 의해 건설된 첫 난민촌에서 자원봉사를 해달라는 부탁을 받았습니다. 이질에 걸려 호되게 당하기 전까지 그곳에서 통역 봉사자로 일했습니다. 회복되고 나서는 성하의 자형이 전화해 정부에 영어를 할 줄 아는 티베트인이 필요하다면서 도와 달라고 부탁했습니다. 그래서 무소리로

가서 한 인도 기업가가 마련해 준 거처에서 성하를 뵈었습니다.

아버지는 13대 달라이 라마가 계실 때 정부에서 일했습니다. 캄 (Kahm) 주의 군정장관(military governor)으로서 중국과 티베트의 접경지에서 싸우셨고 나중에는 내각에 들어가셨습니다. 성하께서 "아버님이 큰 공을 세우셨더군요. 이 일에 적임자라고 생각합니다"라고 말씀해주셨습니다. 티베트에서 성하와 함께 온 연륜 있는 정부 관료들과 일하는 것이 즐거웠습니다. 대학을 갓 졸업한 우리 젊은이들에게는 무서우면서도 신나는 일이었지요.

망명정부의 다람살라 이동

T. C. 테통 성하가 다람살라로 이동하고 많은 것들이 바뀌었습니다. 다람살라가 너무 외딴 곳에 있다고 투덜대는 사람들이 있었습니다. 정말 아름다운 곳이었지만 당시에는 외지기는 외진 곳이었습니다. 성하는 생필품만 겨우 갖추고 성기게 지은 오두막에서 살았습니다. 그러다가 새로운 거처도 새로운 사원도 지을 것이라고 하셨죠. 한참 걱정하던 우리 티베트인들은 그제야 마음을 놓았습니다.

성하가 이런 말씀을 하신 적이 있습니다. 우리는 우리의 사상과 문화를 지켜 티베트인으로 남아야 한다는 말씀을요. 동시에 재정착 준비도 해야 했습니다. 언제 돌아갈지 모르는 일이었으니까요. 가능한 빨리 귀향할 수 있기를 바라면서 먹고살 일도 챙겨야 했습니다. 자식들도 생각해야 했고요. 하루 벌어 하루 먹기에 바쁜 삶을 살아서는 안 된다고 하면서 우리가 돌아가더라도 열심히 지어 놓은 건물들은 도움을 준 인도인들이 쓸 수도, 남기로 결정한 동포들이 쓸 수도 있을 것이라는 말씀도 하셨습니다. 그런 말씀으로 우리가 재정착할 수 있도록 설득하셨고, 큰 업적이라고 생각합니다.

다람살라에서는 장관 모두와 고위급 관료들은 위층에서 일하고 영어를 할 줄 알았던 우리는 1층에서 일했습니다. 또한 어찌 보면 외교관으로서 인도 정부에서 보내 같이 일하던 사람이 있었습니다. 우리가 맡은 일 중 대부분은 성하에 대해 홍수처럼 밀려드는 질문과 알현 요청을 처리하는 것이었습니다. 무소리에 섰던 정부는 조직력이 그리 좋지 못했지만 다람살라의 정부는 성하 아래로 종교, 내무, 피난민 문제, 교육, 안보 등을 담당하는 부처로 조직되어 탄탄했습니다.

다람살라에서는 전과 달리 형식적인 절차가 상당히 감소했습니다. 접견은 단지 접견일 뿐이었습니다. 성하께서 사람들을 만날 때, 심지어 네루 같은 국가 지도층 인사를 만날 때에도 전처럼 조정대신들이 모두 나오지 않고 통역 한 명이 붙고 고위 관료들만 한둘 따를 뿐이었습니다. 격식이 상당히 간소화되었죠. 저는 기록관 역할도 맡았기 때문에 내각회의가 있을 때에는 항상 참석했습니다. 성하를 비롯해 대여섯 명이 모여 차를 마시며 회의했습니다. 대화방식에서까지 격식을 놓지는 않았지만 전체적인 분위기는 유연해졌습니다. 우리에게 가장 힘들었던 것은 감히 성하 앞에서 바닥이 아니라 똑같이 의자를 가져다 놓고 앉는 것이었습니다. 성하가 커다란 소파에 앉으시고는 옆자리에 와서 앉으라고 권할 때에는 정말로 죽을 맛이었습니다. 혹시 오늘은 내가 걸리지 않을까 하고 걱정이 컸죠. 처음 성하를 마주보고 앉을 때에는 탁자에 닿도록 머리를 숙였습니다. 하지만 시간이 지나면서 점점 익숙해지더군요. 하지만 순방 때에 호텔방에서 뵙거나 할 때 나란히 앉아야 할 상황이 발생한다면 아직까지도 그렇게 불편할 수가 없습니다. 종교 지도자로서, 정치 지도자로서 몇 세대를 거치며 내려온 경외심이 사라지는 데에는 한 생으로도 모자라겠지요. 그 때문입니다. 하지만 신세대들에게는 그리 어려운 일이 아닌 듯싶습니다. 성하를 알현하러 와서 서슴없이 직접적인 질문을 날리는 젊은이들을 몇몇 보았습니다. 바로 윗세대까지만 해도 직설적인 질문은 고사하고 성하께서 질문해도 괜찮다고 하셔도 질문 자체를 못했는데 말입니다.

텐신 테통 박사 다람살라에서 일하기 시작할 때에는 통역관과 서기관 역할을 했습니다. 영어 편지를 쓰고 문서 번역하는 것이 일의 대부분이었지요. 때때로 교육부 일을 돕기도 했습니다. 그리고 제 동생과 친구가 들어오면서 티베트어 잡지를 제작하기 시작했습니다. 티베트 밖으로 일절 나가본 적이 없던 탈출민들이 완전히 새로운 세상에서 아무 정보도 없이 난민촌에서만 모여 살고 있었기 때문에 티베트어로 된 인도 관련 자료가 꼭 필요할 것이라는 생각에서 시작했습니다. 당시에는 주로 성하와 성하의 두 스승을 만나기 위해 다람살라에 잠시 다녀가는 사람들이 많았습니다. 그래서 젊은 사람들도 많이 만나 이야기할 수 있었고 젊은 티베트 사람들을 지역사회 활동에 보다 적극적으로 참여케 해야 한다는 생각을 갖게 되었습니다. 시대가 변해 누구든, 특히 젊은이들은 영어를 배우고 힌두어를 배우고 전문기술을 갖게 된다면 네팔이나 부탄, 나아가 유럽이나 미국처럼 최고의 기회를 누릴 수 있는 곳으로 진출할 수 있기 때문에 꼭 도와야겠다는 결심이 섰습니다. 우리 망명자 사회에도 큰 힘이 될 일이었지요. 그래서 인도와 네팔 등지의 티베트 젊은이들을 모아 회의를 열었고 그 회의에서 티베트청년의회가 탄생하게 되어 오늘날까지도 활발한 활동을 하고 있습니다.

린첸 달로 학업을 마치고 친구들과 함께 티베트 사회에 이바지할 뜻으로 자원봉사를 시작했습니다. 보팔에 제지소가 있었고 심라에 카펫 공장이 있었는데 그곳에서 여섯 달 동안 일했습니다. 그러다가 카펫 공장에서 사무직을 맡아보라는 제안을 받았습니다. 공장에서 나온 수익금은 난민들을 위해 쓰였는데 카펫 수요가 많아 일자리 창출 효과도 높았습니다.

심라에서 일하다가 다람살라에서 온 부름을 받고 네팔로 가게 되었습니다. 그곳의 카펫 공장에서 공장장으로 일하라는 명을 받았지요. 네팔 카트만두에 도착했을 때에는 감독을 맡았던 네팔 적십자사와 카트만두 티베트 사무소의 부실경영으로 공장은 이미 문을 닫은 터였습니다. 공장을 다시 돌리고 싶었지만 이런저런 일로 지연되어서, 일단 카트만두의 티베트난민 복지사무소(Tibetan Refugee Welfare Office)에서 일하게 되었는데 그렇게 4년이 흘렀습니다. 그러던 차에 사무소 사절로 있던 분이 인도로 전근하면서 제가 그 자리를 맡게 되었습니다.

제가 일을 못하지는 않았는지 네팔 전체의 사절 직책을 맞게 되어 티베트 난민들의 사회, 경제적 복지를 돌봤습니다.

망명 초기 달라이 라마의 행정 스타일

린첸 달로 대단히 열심이셨습니다. 당시의 티베트 망명정부 규모는 극히 작았습니다. 지금은 마흔여섯이나 되지만 그때는 고작 일곱 명밖에 되지 않는 작은 의회였지요. 내각에는 장관 네 명이 있을 뿐이었고 카트만두의 티베트난민 복지사무소는 당시 내무부(Home Department)에 속해있었습니다. 국제관계부에 속한 티베트사무소도 뉴욕과 제네바 두 곳밖에 없었습니다. 카트만두 티베트난민 복지사무소에서는 정치 분야의 일은 별로 하지 않았습니다. 난민들을 돌보고 그들에게 일자리를 마련해주는 데에만 힘썼습니다. 인도에 있는 친척들을 보러 가고 싶어하는 네팔의 티베트 난민들이 서류 작성하는 것을 돕고, 아이들이 적정한 교육을 받게끔 하는 것도 우리 일이었습니다. 고아나 반고아(편부모 가정의 아이), 부모가 모두 있지만 보살핌을 받지 못하는 아이들을 찾아 인도로 보내 무소리의 티베트어린이

마을(Tibetan Children's Village)과 티베트재단(Tibetan Foundation)에 등록시켰습니다. 동시에 티베트에서 새로운 피난민이 유입되면, 한 해에 50명 정도로 그리 많지 않았습니다. 새로 온 피난민을 도왔습니다.

저는 내무부 직속기관의 장으로서 내무장관에게 보고했고 내각에서 문제에 대한 회의가 있은 후 성하께 보고되었습니다. 하지만 제가 다람살라로 갈 때마다, 그때는 2년에 한 번 다람살라로 가야했습니다. 2년에 한 번씩 회의가 열렸기 때문이었지요. 하지만 그것보다는 훨씬 자주 갔습니다. 1년에 한 번 정도요. 어쨌든 다람살라에 갈 때마다 성하를 직접 뵈었습니다. 자비로우시게도 항상 시간을 내주셨지요. 그때는 성하께서 지금처럼 외지 방문을 많이 하지 않으셨기 때문에 알현하는 것이 훨씬 쉬웠습니다.

해외 사절 파견

텐신 테통 박사 1973년에 뉴욕으로 파견되었습니다. UN에 지속적으로 호소하기 위해 60년대 초에 티베트 정부 사무소를 개설해 놓았었죠. UN총회와는 티베트 문제에 대해 1959년, 61년, 65년 세 차례에 걸쳐 이야기를 해보았기 때문에 제가 보내졌습니다. 사무소가 개설되던 때에는 상당한 지지와 격려를 비롯해 미국의 원조까지 있었습니다. 하지만 제가 파견된 이유는 사무소 폐쇄를 막기 위함이었습니다. 미국의 정책은 그간 상당히 바뀌었습니다. 닉슨 대통령이 이미 미국 방문을 끝냈고 중국도 UN에 들어온 것이나 다름 없었습니다. 사실 미국은 티베트 문제에 관여할 생각을 이미 접은 터였습니다. 대중국 외교의 걸림돌이 될 것이었기 때문이지요. 어렵게 개설한 망명정부의 공관을 철수시키라고 이런저런 압력이 들어오던 때였습니다.

성하와 우리 정부는 그럴 뜻이 없었습니다. 그래서 말 그대로 사무소 문을 닫아서는 되겠느냐며 제가 보내진 것입니다. 이 방법 저 방법 다 써보다가 안 되겠다 싶어 인도 방문시에 만나 안면이 있거나 계속해서 소식을 주고받은 사람들에게 도움을 부탁하기에 이르렀습니다. 젊은 학자도 있었고 대학 교수도 몇 되었고 심지어는 다람살라에 다녀갔던 여행자와 히피들도 있었습니다.

일단 여론의 관심 밖으로 난 티베트 문제를 환기시키는 것이 중요했기 때문에 그들이 도움이 될 수 있는지 차근히 살폈습니다. 당시 뉴욕에서 티베트 동포들이 열 명 남짓 살고 있었고 뉴저지에 정착한 사람들도 열 명 좀 넘게 있었습니다. 미국 내 티베트 난민이 총 300에서 많으면 400까지 되는 것으로 추산하고 있었습니다. 모두 이 도시 저 도시에 뿔뿔이 흩어져 몇 명씩 모여 살았고 알래스카, 플로리다, 아이다호 등에는 단 한 명씩만 살고 있었습니다. 그들 각자에게 전화해 사정이 이러하니 힘 좀 보태달라고 부탁했습니다. 연락이 닿은 대부분의 동포들이 선뜻 도울 뜻을 밝혔고 한두 명씩 모여 '티베트의 친구들' 같은 작은 모임을 결성해 신문사에 기고하고 상하양원에게 탄원을 올리는 등의 일을 했습니다. 1975년에는 다람살라의 티베트공연예술단(Tibetan Performing Arts Group)을 데려와 미국과 캐나다 투어를 할 수 있게끔 했습니다. 정말 사소한 일이었지만 어디에서도 도움이 들어오지 않았습니다. 상업성을 띤 공연도 아니었고, 심지어 상업성을 띠었다고 하더라도 문화, 교육 단체가 스폰서가 될 수도 있는 일이었는데도 신경 써주는 곳이 거의 없었습니다. 자칫 잘못해 중국의 심기를 건드릴까 몸을 사리고 있던 터라, 당시에는 티베트 문제라면 수군덕거리기만 할 뿐 나서는 사람이 없었습니다.

린첸 달로 네팔에서 10년 동안 성하의 사절로 있었습니다. 78년도에서 87년도까지 있다가 이동 명령을 받고 곧바로 뉴욕으로 건너가 티베트 사무소의 장이 되었습니다. 뉴욕에 온 때가 87년 5월이었는데 서양 땅에는 처음 발을 들인데다가 뉴욕과 비교하면 한낱 시골마을 정도밖에 되지 않는 카트만두에서 바로 온 것이었기 때문에 문화적인 충격이 대단했습니다. 정말 힘든 일이었습니다만, 서구에서 티베트에 대한 관심이 증가하기 시작했습니다.

망명자들의 탈출, 패기 그리고 생존

텐신 게펠 부모님은 다른 티베트인들 수만 명에 끼어 1959년에 인도로 탈출했습니다. 말도 안 통하고 어떻게 돌아가는 곳인지도 몰랐기 때문에 인도에 와서 가장 처음 하신 일은 도로건설이었습니다. 말을 좀 배우고 나서부터는 작게 몫을 잡아 장사를 시작해 지금까지 업을 유지하고 계십니다. 어머니는 인도로 탈출하고 얼마 안 되어 돌아가셨습니다. 그때에는 티베트인들이 많이 죽었다고 합니다. 기후도 맞지 않았고 인도 특유의 풍토병도 있었기 때문이었지요. 피난길에 죽은 사람들도 많았습니다. 어머니는 중국의 혁명 때문에 별세하신 것이나 다름없습니다. 아버지는 아직도 살아계시고 정정하십니다.

체링 샤카 다른 대부분의 티베트 난민과는 달리 우리 가족은 난민으로 이곳에 오지는 않았습니다. 제 선조는 라사에서 장사를 하던 네팔 상인들이었습니다. 하지만 티베트에 꽤 탄탄한 터가 잡혀 있었고, 18세기에 있었던 티베트와 네팔 전쟁의 결과로 티베트에 사는 네팔 상인들에게 치외법권이 적용되어 법적 제약 및 세금 납부에서 면제되었기 때문에 티베트에서 대를 이어 살았습니다. 중국이 티베트를 점령한 1950년에는 어느 국가의 시민권을 가질 것인지 택일해야 했다고 합니다. 중국인이 되거나 네팔인이 되는 길 중에 하나를 택해야 했습니다. 어머니는 네팔 국적으로 남을 것을 선택했고, 그래서 같은 길을 택한 가족은 티베트에서 추방되었고 중국 시민권을 얻기로 한 가족은 그곳에 남았습니다.

제가 일곱 살이 되던 해인 1967년에 우리는 티베트를 떠나 카트만두로 갔다가 그곳에서 다시 다람살라를 거쳐 저는 인도 북부 무소리의 티베트피난민학교(Tibetan Refugee School)에 다녔습니다. 1972년에 럭비 장학생으로 영국 햄프셔의 한 사립학교에 가게 되었습니다. 교장 선생님이 (티베트 주재) 영국 사절이었던 베이즐 구드 경의 아들이었는데 티베트 학생들이 학교로 오는 것을 돕고 있었습니다. 그는 그중 가장 어린 저를 포함해 총 여섯 명을 후원해 학교에 다닐 수 있게 했습니다.

린첸 달로 제 고향 마을은 네팔과 아주 가까워서 교역 중심과도 같은 곳이었습니다. 큰길을 따라 가면 24시간도 안 돼 국경을 건널 수 있었죠. 하지만 당시에는 국경 경비가 철저했습니다. 우선 아버지와 저 단둘만 탈출했고 반년이 지나서 어머니와 남동생과 여동생 한 명이 탈출했습니다. 하지만 할머니와 다른 여동생 둘은 나오지 못하다가 한 해가 더 지나서 우리와 합쳤습니다. 정말 힘든 탈출이었습니다. 탈출 후 티베트로 돌아갈 날만 바라보면서 우리는 국경과 인접한 외딴 지역에서 살았습니다. 타국 땅에서 그렇게 오래 있게 될 줄은 꿈에도 생각 못했습니다. 성하와 측근이 인도에 있다는 것을 알았지만 다른 티베트인들이 어떻게 되었는지는 알지 못했습니다.

그 외딴 곳에서 온갖 고통을 다 겪었습니다. 먹지를 못해서 영양실조 상태였고 아파도 의료시설을 이용할 형편도 안 되는 데다가 망국의 충격까지, 이루 말할 수가 없었습니다. 어머니가 서른둘 나이에 돌아가셨고 할머니, 사촌, 남동생, 여동생 이렇게 다섯 식구를 두 해에 걸쳐 잃었습니다. 아직 열한 살밖에 되지 않았지만 저는 죽어라 일해야 했습니다. 매일같이 석탄을 캐고 나무하러 다녔습니다. 간혹 네팔 농가에서 일하고 곡식을 받아온 적도 있었습니다.

2년이 지나고 성하께서 보낸 두 명이 네팔 북부 접경 지역을 순회

했는데 그곳의 관리 둘이 성하는 지금 인도에 있고 티베트 망명정부를 만들었으며 인도로 가면 아이들을 학교에 보내주고 청년들에게는 일자리를 찾도록 도울 것이라는 등의 정보를 줬습니다. 그래서 어머니가 돌아가신 후 아버지는 네팔을 떠나기로 결심하고 우리를 인도로 데려갔습니다. 그렇게 해서 우리는 티베트난민학교에 다니게 되었습니다.

숲으로 우거진 곳이었습니다. 맥그로드 간즈(McLeod Ganj, 다람살라 북부의 티베트 피난민 거주지)에는 집이 두 채밖에 없었습니다. 우리는 버스가 떨궈준 곳에서 그날 밤을 보냈습니다. 음식을 해먹으면서 그곳에서 두 주나 있었지요. 돌 세 개를 쌓아 조리기구를 올려놓고 숲에서 마른 나무를 구해다 불을 지폈습니다. 사촌 하나와 여동생 둘은 티베트어린이마을에 들어갈 수 있었지만 저와 여동생 하나와 남동생 하나는 나이가 많아서 어린이마을 학교에 갈 수 없었습니다. 아버지는 우리 셋도 학교에 보내고 싶어했습니다. 동하면 끝장을 봐야 하는 성격이라 관계자를 찾아가서 꼭 보내야 된다고 고집했지만, 학교는 인도 정부에 의해 티베트 피난민을 위해 세워진 것이기는 하지만 입학허가는 피난민으로 공식 신고된 아이들에게만 떨어진다는 소리를 들었습니다. 네팔에서 막 건너온 차였기 때문에 아직 신고 전이었고, 들어갈 수 있는 다른 길은 없었습니다. 아버지가 피난민 등록은 어떻게 하는 것이냐며 물었는데 100킬로미터 떨어진 곳에 가서 신고해야 난민 승인이 떨어진다고 했답니다. 그래서 우리 셋에게 "한 주 내에 돌아오마" 하고 떠났습니다. 떠나고 나서 열 손가락을 다 꼽았는데도 돌아오지 않으시더군요. 셋은 하루종일 울었습니다. 힌두어를 몰라서 길을 잃었나 했습니다. 인도에 가보셨다면 말이 안 통하는 게 얼마나 답답한 일인지 아실 겁니다. 열흘이 지나 아버지는 종이 쪼가리를 흔들면서 나타났습니다. 아버지가 다음날 날이 밝자마자 교육부에 가서 우리 셋의 입학허가를 받았고 우리는 심라에 있는 학교에 가게 되었습니다. 학생이 스물여덟 명인 학교였습니다. 아버지는 심라행 버스에 우리를 태우고는 네팔로 떠나셨습니다.

아버지는 2년 후에 인도로 돌아왔습니다. 학교에 들어가고부터는 누구에게든 편지를 보낼 수 있었기 때문에 편지를 여럿 보냈습니다. 아버지는 한 통도 빠지지 않고 다 받았습니다. 저와 남동생 둘과 여동생 하나는 심라에 있는 학교에 다녔고, 막내 여동생과 그 위 여동생과 사촌 하나는 다람살라의 티베트어린이마을에 다녔습니다. 버스로 열두 시간이면 닿을 가까운 거리였지만 우리는 서로 기별도 못 넣고 살았습니다. 특히 막내 여동생은 한참을 못 봤죠. 다람살라에 있으면서 동생 한 명이 프랑스계 스위스인 가정에 입양되었거든요. 그 윗동생은 자신도 함께 보내 같이 살게 해달라고 애원했지만 결국 둘은 헤어지게 됐습니다. 입양된 막내는 20년 가까이 지난 1981년이 되어서야 다시 만났습니다. 이미 티베트어는 다 잊어버렸더군요. 대신 프랑스어가 모국어가 되었고 스위스식 독일어도 했습니다. 루마니아어도 할 줄 알았고 영어는 우리 가족들과 이야기하기 위해 공부했다고 합니다. 영어를 공부하면서는 티베트 젊은이를 만나 사랑하게 되어 결혼했고 저를 만나기 전까지 처남에게 배워서 티베트어 몇 마디 정도는 할 수 있었습니다.

티베트 아이들은 왜 해외로 입양되었는가?

린첸 달로 티베트마을(Tibetan Village)은 성하의 누님이 시작했습니다. 그 후 티베트어린이마을은 서구에서 개인 후원금을 받았습니다. 그리고 후원해 준 많은 가정에서 아이를 입양하고 싶어했습니다. 입양을 바라는 사람도 많았고 고아도 많았기 때문에 성하와 누나는 아이들을 입양 보내는 것이 좋겠다고 생각하고 정책을 세웠습니다. 스위스로 입양된 아이들이 최소 60에서 70명은 되었고 영국의 어린이마을에 보내진 아이들도 몇 있었습니다. 그 후 60년대 후반에 성하가 스위스를 방문하셨는데 스위스로 입양되었던 티베트 아이들이 찾아왔지만 티베트어를 잃어버린 아이들이 너무도 많아 슬펐다고 합니다. 그래서 티베트 정부는 더 이상 아이들을 내보내지 않기로 결정했습니다. 스위스 가정에 입양된 아이들은 60년대 후반이 되어서는 모든 것을 잊어버렸지만 70년대 후반과 80년대 초반에 걸쳐 거의 대부분이 티베트 사회로 와서 뿌리를 찾으려 노력하고 티베트어를 배우고 했습니다. 80년대에 티베트에서의 인권 보장을 요구하며 길에서 행진을 한 사람들이 그들이었습니다. 지금은 입양 보내졌던 아이들 중 다수가 돌아와 티베트인 사회에서 살고 있습니다.

겔렉 린포체 인도에서의 첫 열흘에서 보름 정도를 우리는 천막에서 보냈습니다. 먹을 것도 없이요. 그렇게 있다가 처음으로 간 공공장소가 인도 동북부의 낡은 티베트 사원이었습니다. 그리고 임시 야영지로 이동했는데 너무 더워서 많은 사람들이 죽었습니다. 한 해가 지나 젊은 라마들이 자신들의 모임에 들어와 학업을 마치고 서양과 대화하는 법을 배우겠냐고 해서 그렇게 했습니다. 그 후 성하가 다람살라로 불러 다양한 일을 하게 되었는데 교사로도 있었고 교장으로도 있었습니다. 다음에는 미국으로 건너가 코넬(Cornell)대학에서 1년간 영어, 문화인류학, 정치학 등을 공부했습니다. 인도에 돌아와서는 델리의 티베트하우스에서 일했고 인도 장교들에게 티베트어 집중 교육도 했습니다.

망명이 쉽다고 이야기한 사람들은 하나도 없었습니다. 우리 가족은 티베트에서 아주 부유하게 살았습니다. 티베트 전체에 기껏해야 자동차가 너덧 대 있을 때 우리에게 그 중 두 대가 있었습니다. 가족의 재산과는 별개로 제가 가진 재산도 컸지만 그럼에도 출가해서 좋습니다. 속세에 재산을 두고 있었냐고요? 물론입니다. 하지만 그렇다고 해서 수행에 방해가 되거나 하지는 않습니다. 인도에 온 초기에 이곳저곳을 돌아다녀야 할 때 쓰레기차도 기꺼이 타고 다녔습니다.

티베트에 돌아가 의식(儀式)용품들을 싸들고 오는 꿈을 두 번이나 꾸었습니다. 하지만 아무런 미련 없이 버리고 온 물건들이었습니다. 불교사상 때문에 가능했던 일입니다. 부끄러운 생각이 드느냐고요? 물론입니다. 부모님이 그리웠냐고요? 그야 당연하지요. 제 차와 말들과 노새며 은화들이 그리웠을까요? 아닙니다. 저 같이 특출난 것이 없는 사람도 망명생활을 하고 있습니다. 하지만 정말 특별한 달라이 라마의 망명생활은 정말 힘듭니다. 티베트 국민의 고통을 모두 안고 가야 하는 분이기 때문이지요. 성하의 스승 중 한 분이 무소리에서 이런 시를 보내셨습니다.

티베트의 아름답고 평화로운 설원
좋은 일 아니면 나쁜 일, 오늘은 어떤 일이 벌어지고 있을까
무릇 모든 것을 이해할 수는 없는 법
마음이 아프다
가슴에 맺힌 아픔은 무슨 수로 없앨 수 있을까?

고통받는 국민을 보는 것은 비통한 일입니다. 힘은 영원하지 않습니다. 오늘 있다가도 내일 사라질 수 있는 것이 힘입니다. 부처께서 2,500년 전에 남긴 가르침입니다. 그 가르침으로 저는 어느 문화에도 쉽게 적응할 수 있었습니다. 성하의 적응력도 부처에게서 옵니다. 그분의 모든 힘은 부처에게서 옵니다.

3

종교계의 성인인가?
정치계의 트러블메이커인가?

달라이 라마의 대 중국 메시지를 세계로

알렉산더 버진 박사 여러 원인이 있겠지만 불교적 가르침을 줌과 동시에 티베트 국민의 곤경에 대한 홍보도 있었다는 점, 서구를 돌아다니며 하신 설법에 티베트인들의 이야기가 언제고 빠지지 않았다는 점이 그러한 움직임이 탄력을 받게 된 이유입니다. 성하뿐만 아니라 여러 사람이 티베트의 처지에 대한 인식을 증가시켰으며 중국 정부에 압력을 넣어 문화적, 종교적 자유의 제약을 완화시키게끔 하자는 여론 조성에 힘썼습니다.

로렌스 프리먼 신부 그것들을 떼어놓기가 힘든 이유는 그는 잔혹한 고통 속에 있는 사람들의 상징이기 때문입니다. 동시에 그는 그러한 박해에 대한 비폭력 대응이 지닌 성공 가능성의 상징이기도 합니다. 그가 인기를 얻는 이유는 우리 인간이 어떤 자세를 취할 수 있는지, 정치 지도자와 종교 지도자들이 어떤 자세를 취할 수 있는지, 우리 개개인이 폭력과 반대에 어떻게 대처할 수 있는지를 보여주기 때문입니다. 그가 고통 속에서의 즐거움, 고통을 즐긴다는 이야기는 아니고요, 고통을 겪으면서도 기뻐한다는 이야기입니다. 그는 참여하는 행사마다 고통에 대해 이야기하지 않습니다. 청중에게 듣기를 강요하지 않는 현명함이 있는 것이지요. 티베트에 대한 이야기는 때와 장소를 신중히 가려서 합니다. 그 때문에 세인의 존경과 사랑을 얻는 것입니다.

하워드 커틀러 박사 난민이 되면서 자신이 상당히 변했다는 이야기를 직접 들은 적이 있습니다. 정신도 더 다져지고 인생에 있어 무엇이 중요한지 이해하게 되었다고 합니다. 불교교리와 수행에 대한 신념도 다시 한번 굳어지는 계기가 되었다더군요. 아시다시피 불교의 가르침에는 변화, 인내, 무상 등의 개념이 있지 않습니까. 물론 중국이 티베트를 침략하지 않았다면 좋았을 것이라고는 하지만 구체제 하에 남아 있었다면 계속적이고 반복적인 정신수양 속에서 순종적인 삶을 이어나갔을 것입니다.

제프리 홉킨스 박사 그는 분명 사랑, 동정심, 이타주의에 대한 메시지를 전합니다. 그것들이 어떤 기저로 우리 개개인에게 득이 될 수 있는지에 대한 이야기를 합니다. 작은 부분 부분에서 시작해서 국제 정치에 대한 이야기까지, 그것이 그가 하는 일의 핵심입니다. 하지만 그러한 메시지와 더불어 정치성을 띤 메시지도 분명 있습니다. 그가 전하는 가르침이 티베트에서 나온 것이기 때문이지요. 1979년의 티베트 인지도와 지금의 인지도를 비교한다면 그가 얼마나 큰 성과를 올렸는지 알 수 있을 것입니다.

체링 샤캬 인권에 관심 있는 사람들과 종교수행에 관심 있는 사람들은 서로 다른 뜻으로 움직입니다. 티베트 해방운동에 힘을 보태는 사람들이 불교 수행 집단과 같은 것만은 아닙니다. 실제로 그들은 무신론자인 경우가 많습니다. 티베트 해방운동에 지금까지 직접 관여해 오면서 종교에 관심이 큰 불자들은 인권 문제에 직접적인 관심을 보이지 않는 반면, 국제사면위원회(Amnesty International) 관련 활동 등을 하는 사람들은 종교보다는 인권에 직접적인 관심을 보이는 점을 확인했습니다. 실제로 두 집단의 공집합은 절대로 크지 않습니다. 따라서 티베트에 대한 관심을 성격이 다른 두 집단에서 불러일으킨다고 보는 것이 옳겠습니다. 관심을 필요로 하는 문제는 많지만 특정 문제가 세계적 이슈로 떠올랐다가 다른 이슈가 떠오르면서 이전의 것은 관심 밖으로 물러나는 경향은 계속되어 왔습니다. 1980년대는 반인종 격리운동이 주를 이루었지만 그 전에는 동유럽의 인권 문제를 비롯해 러시아의 유대인 출국금지자 문제 등이 최고 이슈였습니다. 이제 동유럽의 인권 문제를 거론하는 사람들은 거의 사라졌지만 그렇다고 인권 유린까지 사라진 것은 아닙니다. 단지 모두들 급박한 문제라고 보지 않을 뿐이지요. 반핵 캠페인도 마찬가지로 최고 자리에서는 물러났습니다. 티베트 문제가 돌연히 악화되었기 때문이라기보다는 이전 문제들이 개선되거나 변화하면서 더 이상 이슈가 되지 않기 때문으로 보아야 할 것입니다.

달라이 라마의 첫 미국 방문

리처드 블럼 1968년에 처음 티베트 난민 캠프를 방문하고 사람들을 보자마자 많이 끌렸습니다. 친절하기 이를 데 없고 믿음을 버리지 않는 사람들이라 대단하다 싶기도 했지만 비참할 정도로 가난하게 사는 모습을 보고 우선 돕고 보자는 생각이 들었습니다. 한 캠프의 감독과 매우 친해졌는데 그가 한번은 성하를 만나고 싶지 않느냐고 물었습니다. 그래서 "그야 물론이지요" 했습니다. 1972년에 저는 다람살라로 가서 성하가 참석한 모임에서 두 번 얼굴을 뵌 다음에 단독으로 만났습니다. 이전의 자리에서는 티베트 사람들도 함께 있었는데 그를 마치 신(神)인 양 대하는 것에 놀랐습니다. 하지만 그는 근엄하기보다는 친절하고 부드러웠습니다. 처음 단독으로 만나서는 그의 미국 방문에 대해 이야기했습니다.

텐신 테통 박사 성하께서 1979년에 미국을 방문할 수 있도록 일정을 짰습니다. 티베트인들에게는 중대한 일이 아닐 수 없었지요. 성하의 미국 방문 이야기는 60년대 초반부터 있었습니다. 미국의 공식적인 지지의사도 컸습니다. 달라이 라마와 티베트 문제에 대한 지지를 밝힐 수 있는 좋은 수단이었겠지요.

준비를 시작했던 1977년과 78년에는 공식적인 지지는 일절 없었습니다. 물론 첫 방문 전에는 달라이 라마에 대해 아는 사람은 거의 없었습니다. 신문 몇 곳에 조그만 기사 몇 개가 뜬 정도였지요. 그래서 과거에 초청의사를 밝혔던 불교 단체, 대학 몇 곳, 교회 관련 단체 등의 힘을 모아서 제대로 한번 해보자 했습니다. 미국 정부의 공식적인 지지의사는 없었기 때문에 각 지역에서 자원봉사 형식으로 운전에서 보안까지 협력받아 일단 성하의 안전만큼이라도 확실히 해야 했습니다. 그런 준비 끝에 1979년 가을에 성하는 미국을 처음으로 방문할 수 있었습니다. 한 달 반 가까이 계속된 긴 방문이었지요. 성하는 여러 도시를 순방하며 불교 단체와 대학에서 티베트 불교와 망명 문제에 대해 말씀하셨습니다.

성하는 미국을 완전히 모르고 있던 것은 아니었습니다. 수년간 많은 미국인들을 만나왔습니다. 특히 망명해서는요. 다람살라를 다녀간 미국인 학자, 외교관, 기자 등도 많았고 직접 외국 방문을 하시면서 만난 사람들도 많았기 때문에 미국 사람들이 낯설지는 않았습니다. 하지만 미국에 처음 와서는 사람들이 형식적이고 피상적이 아닌 자연스럽고 정감 있는 환영의사를 보여서 꽤 감동하신 듯했습니다.

티베트에 대한 이야기, 불교색이 매우 짙은 이야기였지만 미국인들이 거리낌 없이 들어주어 좋았다고 했습니다. 성하는 방문 중에 많은 사람을 만났습니다. 위스콘신 주 와커샤(Waukesha)시 캐럴대학교 (Carroll College) 등 오래전부터 초청의사를 밝힌 작은 대학이 한두 곳 있었습니다. 캐럴대는 성하를 만나고 초청한 적이 있었던 그 학교를 졸업한 작가 외에는 특별한 연이 없었습니다. 그리고 대학 몇 곳을 방문해서 정신과 육체의 관계에 대해 연구하는 과학자들을 만났고 하버드대와 버지니아대에 방문할 기회도 있었습니다.

뉴저지에서 칼미크몽골리언즈(Kalmyk Mongolians)을 방문한 것도 좋았습니다. 칼미크족은 몇 세기 전에 러시아의 유럽 지방으로 흘러 들어가 오랜 기간 잔류한 몽고인들을 말하는데 칼미크몽골리언즈는 제2차 세계대전 때 난민으로 들어와 뉴저지에 재정착한 사람들입니다.

성하의 첫 방문 이후 티베트 문제에 대한 관심은 더욱 커졌습니다. 방문 직후 성하는 일반인들의 관심을 끌 수 있었을 뿐 아니라 많은 사람들을 성하의 편에 넣을 수 있었습니다. 그들의 눈에는 흥미로운 인물이었기 때문이라고 할 수도 있지만 그보다는 성하에게서 참되고 중요한 이야기를 들을 수 있었기 때문이었습니다. 수년에 걸쳐, 심지어 워싱턴에서까지 성하는 여러 의회 지도자들을 만나서 그들이 성하의 일과 티베트 문제에 공감하고 도와주게끔 만드셨습니다. 최근 티베트 문제가 미국 의회에서 최고의 이슈로 떠오른 이유는 정계 전체에 걸친 도움 때문입니다.

5개조 평화안

1987년에 열린 미 하원인권연맹회의에서 달라이 라마는 중국과의 마찰에서 수십 년간 파인 골을 메울 5개조 평화안을 발표했다. 평화안을 통해 달라이 라마는 티베트인의 인권을 존중하고, 중국 민족을 티베트로 이주시키는 정책을 중지하고, 티베트를 폭력 없는 비무장 지대로 지정하고, 티베트 자연환경을 보호하고 복원하며, 티베트의 이후 위치에 대한 협상을 시작할 것을 촉구했다.

1988년 6월 15일에 프랑스 스트라스부르에서 열린 한 회의에서는 5개조 평화안에 부연해 중화인민공화국과 함께 완전한 자치권을 지닌 민주주의 티베트를 건설할 것을 제안했다. 스트라스부르 계획을 포함한 5개조 평화안은 달라이 라마의 '중도' 접근법의 골자로서 2003년 2월에 가진 BBC와의 인터뷰에서 그는 "티베트가 중화인민공화국에서 분리되거나 독립하는 것을 바라는 것은 아닙니다. 제가 바라는 바는 중국 내에서 티베트가 진정한 자치권을 행사하는 것입니다. 그것이 저의 중도 접근법입니다"라고 밝혔다.

폴라 J. 도브리언스키 우리와의 대담에서 달라이 라마는 티베트의 문화와 종교의 자유를 바란다고 밝혔습니다. 그 점에 대해서는 이후 공식적으로 밝혔고 그것이라면 우리도 전폭적인 지지를 보낼 수 있다고 전했습니다.

저는 세 번째로 특별조정관직을 맡은 사람입니다. 전임자 둘은 차관보급으로 있었지만 이번(조지 W. 부시) 정부는 그 특성상 티베트 문제의 중요도를 상향조정해야 한다고 생각했습니다. 차관으로서 저는 인권, 인도주의, 환경 등 광범위한 문제를 고려해 임무를 수행합니다. 티베트와 관련해 우리가 중국과 진행하는 대화의 한 주제는 인권입니다. 하지만 특별조정관이라는 이 직책은 달라이 라마를 위시한 그의 사절들과 중국 관료들의 대화와 협상을 돕기 위해 생겨난 자리입니다. 담당자의 직급을 높임으로써 우리가 문제를 중요시하고 있는 점을 보여줌과 동시에 달라이 라마, 그의 사절, 중국 관료 사이의 대화를 촉진하는 등에 보다 집중할 수 있습니다.

로버트 서먼 교수 그는 항상 협상 종결을 위해서는 티베트 거주 티베트인들의 국민투표가 있어야 할 것이라는 뜻을 밝혔습니다. 로비활동을 벌이고 자신의 입지를 사용해서 진정한 내부 자치를 얻어내는 대신 중국의 티베트 통치를 합법화시킬 수 있도록 설득할 것도 말해왔습니다. 티베트인구의 3분의 2가 사는 다른 두 지방과 티베트 중부를 재결합시키는 것도 협상 조건으로 내세웠습니다. 지지자 몇몇은 자치권만 얻어내고 끝낼 문제가 아니라고 말합니다. 그들은 달라이 라마가 티베트는 역사적인 독립국이며 중국의 티베트 통치는 비합법적이고 국제법상의 근거도 없다는 점을 주장해야 한다고 말합니다. 중국은 달라이 라마가 티베트는 중국의 일부로서 지속되어 왔다는 주장을 인정해야만 협상을 전개할 것이라고 고집합니다. 사실이 아니라는 것을 뻔히 알면서 인정할 수는 없는 일이지 않습니까? 거짓말은 절대로 못하는 사람이니 말입니다.

폴라 J. 도브리언스키 성하는 종교 지도자로서 행동할 것을 전제로 미국 방문이 허락됩니다. 따라서 티베트의 종교, 문화적 자치의 중요성에 대해서만 이야기할 수 있으며 그러한 맥락에서는 우리도 달라이 라마를 지원합니다. 새 정부 출범 이후 부시 대통령은 성하와 몇 차례 만났고 콜린 파웰(Colin Powell) 국무장관 역시 그와 몇 번 만났습니다. 파웰 장관과 함께한 자리에는 리처드 아미티지(Richard Armitage) 국무차관을 비롯해 저도 국제문제 담당차관과 티베트 문제 특별조정관으로서 참석했습니다. 그리고 중국 관료들과의 대담이 있을 때에는 티베트 문제와 관련해 다방면에 대한 논의를 진행했습니다. 특히 종교 자유와 문화 자치의 중요성에 대한 문제는 부시 대통령이 장쩌민을 비롯해 차기자인 후진타오와의 자리에서 제기해 여러 번 논의했으며 딕 체니(Dick Cheney) 부통령을 비롯해 이번 정부의 여러 고위급 관료들도 여러 차례 문제를 제기했습니다. 우리는 차관보급 미국과 중국 대화에서도 여러 다른 문제들을 제기하고 있으며 티베트 관련 문제, 특히 인권 문제와 펜첸 라마 문제 등에 대해서도 논의를 진행했습니다.

지난 몇 년간 달라이 라마는 고위급 관료들로 구성된 대표단을 중국에 파견해 대화를 시도했으며, 동시에 서구에서 티베트 문제를 지속적으로 제기하고 있다. 그러나 중국의 경제성장을 비롯해 중도 접근법이 지나치게 회유적이라는 뜻을 펴는 티베트의 열렬 지지자들에 대한 적극적인 옹호 속에서 그의 입지는 완전하지 않다.

달라이 라마의 하원인권연맹회의 출두

린첸 달로 87년에 미국으로 첫 정치적 방문을 하셨습니다. 저는 뉴욕에 5월에 떨어졌는데 당시 그분을 미국에 방문케 할 계획이 이미 서 있었기 때문에 전임자에게 좀더 머물러 도와달라고 했습니다. 애틀랜타, 인디애나, 워싱턴 D. C.를 순방하기로 되어 있었고 미 하원에서 티베트인들이 희망하는 바를 알려달라고 했습니다. 그래서 성하께서 5개조 평화안을 마련해서 워싱턴 D. C.에서 발표하셨고 그럼으로써 세계 각국의 의원들과 지식인들에게서 지대한 지지를 얻게 된 것입니다.

톰 랜토스 대표 아네트(하원인권연맹 총감독)가 시작해서 제가 도왔습니다. 그를 미국 국회에 처음 초청한 사람이 아내였습니다. 동료 의원 몇 명과 함께 작은 회의실에서 그를 만났습니다. 그 후에도 아네트가 여러 번 방문 기회를 만들어주었고요. 최근에는 성하가 방문할 때마다 의원을 비롯해 정부 임원들까지 대거 모여서 그를 만나고 티베트 정신을 함께합니다. 이제 그는 백악관, 국무부, 하원 지도부를 비롯해 미국 사회의 어디에서든 환영받습니다. 대단한 진전이죠.

아네트 랜토스 (네팔 방문 동안) 티베트인들을 만나고 티베트 국민들이 어떤 비극 속에서 사는지 실제로 접하게 되었습니다. 신문에서 읽은 것이 전부였지 직접 본 것은 처음이었습니다. 그런 악조건 속에서도 꿋꿋이 살아나가는 모습을 보면서 달라이 라마의 지원과 사랑과 가르침이 얼마나 큰 힘이 되는지 알게 되었습니다. 달라이 라마가 얼마나 위대한 사람인지 실감하게 되었죠. 그 지독한 상황 속에서도 국민을 그렇게 이끄는 것이 대단하다고 생각했습니다. 그래서 달라이 라마가 워싱턴에서 말씀을 좀 해주셨으면 하는 생각이 들었습니다. 네팔에 다녀오고 근 1년을 들여 초청 협상을 끝냈습니다. 그날 그 자리가 성하가 미국 정부 앞에 공식적으로 처음 선 자리였고 5개조 평화안을 발표한 자리이기도 했습니다. 정말 그런 경험이 없죠.

하원의원들을 브리핑에 참가하도록 설득하는 것이 참 어려웠습니다. 다들 중국과의 관계가 위태로워질까 걱정하고 있었거든요. 중국 대사가 하루 전에 집무실에까지 찾아와서는 중지하지 않으면 관계가 심각하게 악화될 것이라며 엄포까지 났습니다. 한참 중국과 관계 형성에 열을 올리고 있었던 국무부에서도 사람을 보내 접견을 말렸고요. 하지만 남편에게는 그럴 자유가 있었습니다.

사실 대담은 하원의원 대여섯 명과 함께 소규모로 진행되었습니다. 기자단이랄 것도 없이 언론에서 나온 사람은 「워싱턴포스트(Washington Post)」 국회의사당 지국에서 여름방학 동안 인턴 일을 하던 수습기자 딱 한 명이었습니다. 어쨌든 기자가 달라이 라마와 제 남편이 서로 인사하는 모습을 찍은 사진이 기가 막히게 잘 나왔습니다. 사진은 「워싱턴포스트」 메트로 섹션 1면을 반이나 덮어서 나왔습니다. 그것이 달라이 라마의 첫 미국 정계 데뷔였습니다. 물론 정부 방문 이후 그에 대한 관심이 급속하게 상승했고요.

텐신 테통 박사　며칠 지나지 않아서 티베트의 중국 정부 간부들이 성하가 평화를 파괴한다며 또 다시 정치 방송을 해댔습니다. 중국은 성하의 있지도 않은 악행을 본토에 남은 사람들에게 선전했을 뿐 아니라 달라이 라마 반대 시위를 부추기기도 했습니다. 하지만 반대의 일이 벌어졌지요. 우리 동포들은 침략 정부의 뜻에 따르지 않는 것에서 멈추지 않고 라사를 시작으로 산발적인 시위를 벌였습니다. 라사에서의 대규모 시위 일부에는 남녀 스님들도 가세했고, 한 시위에서는 경찰서가 불에 타기도 했습니다. 톱뉴스거리였지요. 물론 세계 전체의 언론에서 대대적으로 보도했던 사건이었습니다.

성하의 연설이 있고 며칠 되지 않아 발생한 일이었기 때문에 주목을 얻기도 했지만, 성하의 첫 방문 이후 티베트 문제에 대해 이야기하며 걱정하기 시작했던 많은 상하의원들이 보다 많은 성원과 도움을 줄 뜻을 밝혔습니다.

당시에는 미국 정부의 누구와도 지속적인 관계를 유지하지 않았었기 때문에 성하는 워싱턴 D. C.에서 무엇인가를 할 때가 왔다고 생각하고 제게 무엇을 할 수 있는지 알아보라는 임무를 주셨습니다. 그래서 곧바로 친구, 지인, 모든 사람들과 이야기해 워싱턴에서 할 수 있는 일을 찾아봤습니다. 물론 저는 티베트 망명정부의 감투를 쓰고 있었지만 나라 없는 정부의 관리에게 무슨 힘이 있고 무슨 대우가 있었 겠습니까. 단지 허울이었던 때도 많았던 데다가 미국에서 뭔가를 할 자금도 거의 없었습니다. 그래서 우리는 워싱턴에서 설 자리를 만들 기로 했습니다. 티베트를 변호하고 동시에 지원받을 길을 찾을 수 있 는 체계가 필요했던 것이죠. 그래서 여러 개인과 단체와 협의한 후 국제 사회에 티베트의 상황을 알리고 해결할 길을 모색하자는 취지 의 '티베트 국제 캠페인'을 세우게 되었습니다.

노벨평화상 수상의 영향

서구에서의 달라이 라마의 명성은 1989년에 노벨평화상을 받으면 서 높아졌다.

린첸 달로 노벨상을 탈 때 저는 캘리포니아에 같이 있었습니다. 하루 전에 성하와 체코의 하벨(Vaclav Havel)이 최종 후보에 올랐다는 것을 알았습니다. 그리고 성하가 수상자가 될 것이라는 예상이 컸습니다. 다음날 상은 성하께서 수상하게 되었다는 것을 알고 성하는 하벨이 받지 못한 것을 안타까워하셨습니다. 하벨 대통령과는 어느 정도 친 분도 있고 그것보다도 그의 공적을 높이 사고 계셨거든요. 늘 그렇듯 이 일찍 기침하시고 기도를 올린 뒤에 라디오를 틀어 수상자 소식이 나오지 않나 살폈습니다. 그러다가 "꺼주십시오" 하시더군요. 궁금하기도 한 것이 당연한 일이지만 성하는 좋은 행동은 아니라고 생각하셨습니다. 승려로서 명성에 연연해서는 안 된다는 뜻이었지요. 라디오는 성하께서 친히 끄셨습니다. 다음날 열린 기자회견에서 흥분되느냐는 질문을 받았고 성하는 이렇게 말씀하셨습니다. "아침에는 들떠서 라디오를 틀었지만 이내 껐습니다."

애덤 잉글 1990년대 초반에 노벨상 수상이 자신에게 어떤 의미가 있는지 물었습니다. 웃으면서 "저에게는 아무런 의미도 없습니다. 다만 티베트인들에게 더 큰 관심이 몰려서 좋을 뿐입니다" 하고 말하더군요.

리처드 기어 그에게는 참 순진한 면이 있습니다. 노벨평화상에 얼마나 강력한 힘이 있는지 몰랐던 것 같습니다. 그는 평생 수도 없는 상을 탔습니다. 이 지구상에 거인은 몇 없지만 성하는 그중 한 명입니다. 인도주의 관련 상은 전부 타고 명예박사 학위도 수도 없이 받았습니다. 하지만 노벨평화상은 완전히 다른 차원의 상이라는 것을 몰랐던 것 같습니다. 자신이 어떻게 인식될지에 대해서도 그렇고 수상 후 엄청난 시간적, 에너지적 압박을 받을 것이라는 점도 알지 못했던 듯합니다. 그의 사명은 사람을 돕는 것입니다. 세상을 살아가는 이유는 사람을 돕는 것 외에 없습니다. 노벨상 수상이 큰 계기가 된 것이지요. 사람들을 보다 효과적으로 도울 수 있는 기회가 엄청 늘어난 것입니다. 수상 이후 그는 확실히 바빠졌습니다. 나이는 계속 드시는

데 시간과 에너지를 쓸 곳은 더 많아져서 걱정입니다.

중국 정부의 공식 반응

선 웨이드 우리는 달라이 라마가 어떤 사람인지 알아야 합니다. 달라이 라마에 대해 이야기할 때에는 이 두 가지를 꼭 기억해야 합니다. 첫째, 달라이 라마를 역사적 관점으로 바라봐야 하며 더불어 온전한 관점으로 바라봐야 합니다. 역사적으로 보자면 14대 달라이 라마는 티베트 봉건 농노체제의 핵심 대표였습니다. 그가 지배하던 당시에는 숱한 농노들이 경제적 착취를 당했으며 비인간적인 취급을 당했습니다. 중국이 티베트를 평화 해방시켜 농노제도를 폐지하면서 티베트의 상황은 근본적으로 개선되었습니다.

달라이 라마는 토지와 농노를 소유한 극소수의 이익을 유지하기 위해 무장폭동을 선동함으로써 중앙 정부와의 협약을 무시했습니다. 지난 40년 동안 그들은 외세의 힘을 빌렸고 달라이 라마는 수많은 본국 분리 활동을 실행함으로써 티베트 지방의 안정과 발전에 해를 끼쳤으며 더불어 티베트 국민의 이익에도 해를 끼쳤습니다. 이러한 역사적 사실 앞에서 우리는 달라이 라마 문제를 종교적 문제가 아닌 정치적 문제로 보는 것이 합당합니다. 달라이 라마는 순수한 종교계 인물이 아닙니다. 그는 모국 중국의 분리활동을 일삼는 정치 망명자입니다.

조너선 머스키 교수 순전히 거짓말입니다. 그들 자신도 거짓이라는 것을 압니다. 보세요, 중국 놈들이 달라이 라마를 직접 만나서 이야기하나. 가끔씩 성하가 보낸 사절들이 그들을 만나러 갑니다. 로디 갸리(달라이 라마의 주요 측근) 등 파견되는 사람들은 저와도 친합니다. 그들이 가서 협상을 한다고 해도 아무 의미가 없습니다. 협상은 아무짝에도 쓸모없습니다. 중국인들은 달라이 라마 측이 대표단을 세 번에 걸쳐 티베트에 보낸 80년대 초반에 이미 티베트인들의 뜻을 알았습니다. 자신들의 수가 먹혀들어가지 않았다는 것도 깨달았습니다. 티베트인들은 여전히 달라이 라마가 돌아오기만을 바라고 있었습니다. 그 때문에 첫 대표단에 있던 달라이 라마의 누나를 그렇게 취급하게 된 것입니다.

티베트인들과 협상해봤자 아무 소용 없다는 것을 그들은 압니다. 달라이 라마가 돌아가는 순간, 티베트의 상황이 완전히 바뀔 것이고 폭력적인 대응까지 있을 수 있기 때문에 그들은 절대로 달라이 라마가 돌아가지 못하게 할 것입니다. 그리고 그들은 하급자들만 만났을 뿐입니다. 연합전선협회(United Front Organization) 사람들만 만날 뿐 정말로 중요한 자리에 있는 관료들을 만나지 못하기 때문에 협상한다고 해도 나올 것은 그리 없습니다. 유능한 외교관인 로디는 매번 문제를 최대한 조명해보지만 바뀐 것은 지금껏 하나도 없었습니다. 변화가 딱 한 번 있기는 했습니다. 대표단이 파견되기 전이었지요. 당시 당의 총서기였던 후야오방(Hu Yaobang, 胡耀邦, 1915~1989)이 1980년 5월에 티베트에 가서 수십 년에 걸친 자신들의 악정을 사과하면서 티베트 내의 모든 세금 납부 요구를 잠정적으로 중단할 것이라고 약속했습니다. 전면적인 사과였지요. 하지만 그 후 오래지 않아 그것을 비롯한 다른 여러 이유로 숙청되었습니다. 제가 티베트를 처음 방문한 때가 그 다음해였습니다. 그곳의 중국 간부들과 이야기를 나눴는데 모두 후야오방에게 무척 화가 나 있었습니다. 티베트인들에게 사과함으로써 자신들을 모욕했다는 것이지요. 그가 반대 세력에 의해 제거된 이후 티베트에 갈 기회가 몇 번 더 있었습니다. 후야오방은 이제 자리에서 물러났고 티베트와 쓰촨성(Szechwan, 四川省) 중국인 간부들은 후야오방에게 일어난 일을 즐거워하고 있었습니다. 이제 그가 숙청되었으니 티베트에서 중국의 입지가 약화될 일은 없다면서 말입니다.

선 웨이드   달라이 라마에 대해 이야기할 때 기억해 두어야 할 두 번째는 그의 말만 들을 것이 아니라 그가 지금까지 해온 일들에 대해 살펴보는 것입니다. 달라이 라마는 소위 인권연대라는 것에 대해 많은 이야기를 했고 티베트족의 이익에 대해 이야기하지만 그는 티베트에서 도망가고 나서도 40년이 넘도록 봉건 농노제도의 대표 행세를 하고 있습니다. 그는 티베트 사회 발전에 아무런 기여도 하지 않았으며 티베트족을 위해 한 일도 아무것도 없습니다. 오히려 최근 몇 년간 달라이 라마 단체는 티베트 침투를 여러 차례 시도했으며 그들이 자행한 폭탄, 암살 테러는 몇십 년 간 지속되어 왔습니다. 티베트의 안정과 발전에 분명히 해를 끼치는 만행입니다.

해리 우 달라이 라마는 무엇을 해도 적일 수밖에 없습니다. 모든 종교 지도자들을 적으로 삼는 공산주의 정권하에서는 어떠한 종교 지도자라도 죄다 적입니다. 공산주의의 정의가 무엇인지 알아야 합니다. 제가 정치학자는 아니지만, 제가 보는 공산주의는 간단합니다. 사유재산과 프라이버시를 허용하지 않고 신앙의 자유를 허용하지 않는, 딱 두 가지입니다. 그래서 그들이 정권을 잡은 후 사유재산 제도를 폐지했고, 프라이버시를 인정하지 않았으며, 사람들의 생활과 직장 모두는 한 세력의 힘에 제어 당하게 됐고, 기독교든 불교든 모든 종교가 제거된 것입니다.

톰 랜토스 대표 중국의 방대한 경제계와 군부는 아직까지도 윤리적 권위를 갖고 있지 못합니다. 달라이 라마는 군사력이나 경제력과는 아무 상관없는 사람이기는 하지만 그에게는 중국인들 따위는 감히 꿈도 꾸지 못할 가치가 있습니다. 달라이 라마에게는 '완전한' 윤리적 가치가 있지만 중국 정부는 그렇지 못합니다. 따라서 어떻게 보면 말이 통하지 않는 것이 당연하겠지요. 하지만 중국은 달라이 라마가 발산하는 여러 가치, 전 세계가 우러러보는 그 가치의 영향력 덕을 보기를 간절히 바라고 있는 것이 자명합니다.

그 외의 정치적 방문,
영국 외무장관 말콤 리프킨드 경과의 1996년 7월 17일 대담

말콤 L. 리프킨드 경 다른 사람들과 마찬가지로 나도 그가 매우 영적인 사람이라고 생각합니다. 하지만 그러면서도 숭엄하기보다는 유머감 각이 있어서 다소 놀랐습니다. 정말 많이 웃는 사람입니다. 재미도 있고요. 보기 드문 조합이라고 할 수 있지요. 더구나 정말로 심각한 골칫거리를 안고 있는 사람으로서는 말입니다.

우리 둘만 있었습니다. 한 사람 더 있었는지도 모르겠지만 확실치 는 않습니다. 어쨌든 대화는 거의 둘 사이에서만 오갔습니다. 다른 사람이 대화에 끼어든 것 같지는 않습니다. 런던에 왔다는 소식을 들 었고 대담 요청에 기꺼이 응할 생각이었습니다. 하지만 외무부 사람 들이 만나지 않는 것이 낫겠다며 말렸습니다. 영국과 중국이 홍콩에 대해 민감한 협상을 진행하던 때였으니까요. 영국 장관이 달라이 라 마와 회담한다면 중국이 비우호적인 행위로 간주해서 보다 중요한 문제인 홍콩 협상이 꼬일 수 있다는 우려였습니다. 틀린 이야기는 아 니었지만 외국 정부가, 이 경우에는 중국 정부겠죠, 영국 장관에게 누 구를 만나라 만나지 마라 하는 것은 용납할 수 없는 일이었습니다. 부하들이 만류했지만 결국 타협점에 도달했습니다. 달라이 라마를 만나기는 하지만 외무부의 내 집무실로 부르지는 않기로 했습니다. 대담은 외무장관의 공식 관저, 다시 말해 내가 살던 집인 넘버원칼튼 가든(Number One Carlton Gardens)에서 진행되었습니다. 그럼으로써 접견의 공식적인 성격을 약화시킬 수 있었지요. 처음 고집대로 끌고 나갈 수도 있었지만 이것이 달라이 라마와의 대담이 확대해석되는 일을 막는 길이었습니다. 우리는 달라이 라마를 만날 것이라고 분명히 밝혔습니다. 당연히 중국은 불편한 심기를 드러냈지요. 하지만 영국-홍콩-중국 협상에 아무런 영향을 미치지 못했습니다. 만족스러운 결과였습니다.

선 웨이드 우리는 그러한 회합에 강력히 반대합니다. 티베트가 중국의 영토임을 세계 모든 국가들이 인정하는 이상 달라이 라마와 그러한 자리를 가져서는 절대로 안 됩니다. 어쨌든 달라이 라마는 최근에 중화인민공화국의 틀 안에서, 중화인민공화국 헌법의 틀 안에서 티베트 문제를 해결할 것이라고 밝혔는데, 우리는 그의 말과 행동이 일치하기를 바랄 뿐입니다.

A. 제임스 루딘 랍비 문제가 계속해서 조명되게 하려면 해야 하는 일입니다. 그의 관점에서 이야기하자면 그는 나라를 잃은 사람들의 대표로서, (티베트로) 돌아가고 싶기 때문에 계속 그러는 것입니다. 블레어, 시라크(Chirac), 부시, 클린턴 등은 (달라이 라마를 접견해도) 해 될 것이 없다는 것을 알았습니다. 중국도 이제는 달라이 라마가 미국에서 얼마나 큰 영향력을 지니게 되었는지 알아야 합니다. 프랑스가 그런다고 해서 자기네들이 어쩌겠습니까. 시도는 있었지만 그럴듯한 응징은 없었습니다. 반면 이스라엘에서는 달라이 라마를 선뜻 반기지는 않

앉습니다.

달라이 라마는 이스라엘을 1994년과 1999년, 두 차례 방문했지만 이스라엘 정부의 공식 환영은 없었다. 그러나 달라이 라마는 1994년 방문 때 엘리아트(Eliat)에서 당시 환경장관이었던 요시 사리드를 만났으며 1999년 방문시에는 예루살렘에서 요시 사리드와 당시 의회 대변인이었던 아브라함 부르그, 둘이 접견했다.

요시 사리드 양심에 따라 달라이 라마를 만났습니다. 그는 평화주의 자이며 교육과 환경문제에도 열성입니다. 나도 동일한 문제에 대해 힘쓰며 커리어를 키워온 사람이기 때문에 나눌 이야기도 많으리라고 생각했습니다. 그는 이스라엘에 대해서도 잘 알고 있었고 방문에 대해서도 좋게 생각하고 있었습니다. 매우 정중한 사람이기도 했고요. 1999년에 두 번째로 방문했을 때조차 정부의 공식 환영이 없었는데도 화를 내지 않았습니다. 실제로 어땠는지는 모르지만 적어도 우리가 만나는 동안에는 그런 말이 없었고 우리라도 와주어 고마워했습니다. 결국 이스라엘 장관과 달라이 라마의 회의가 되었습니다. 비록 이스라엘 외무부는 장관이 달라이 라마를 접견하는 것을 탐탁지 않게 생각했지만 나는 방문 소식을 듣고 주저 없이 달려 나갔습니다. 하나님의 가호로 앞으로도 그런 일이 없기를 바라면서, 내가 달라이 라마를 만난다면 이스라엘과 중국의 관계에 금이 갈 것이라는 이야기들을 들었습니다. 외무부 관리들에게 책임은 내가 다 질 것이라고 말했습니다. 양국의 중요한 관계가 달라이 라마를 만나는 것 때문에 금이 가게 된다면 다 책임질 것이라고 이야기했습니다. 물론 그리 되지 않으리라는 강한 믿음이 있었기 때문이었지요. 중국 대통령(장쩌민)이 이스라엘에 왔을 때(2000년)에도 내가 달라이 라마를 만난 것에 대해 나쁜 감정을 보이지는 않았습니다. 오히려 나와 나란히 앉아 교육 협력안에 서명했습니다. 우리가 달라이 라마를 만났다고 해서 중국과의 관계가 나빠지지는 않았습니다. 민권, 인권 등 개인적으로 마음에 들지 않는 구석이 많기는 하지만 그래도 중국은 매우 중요한 국가입니다. 우리는 우호적인 관계를 유지하고 있으며 관계는 계속 발전하고 있습니다.

저스틴 트위도   지정학적으로 볼 때, 캐나다 같은 경우는 분명 문제와 관련된 복잡한 특성을 간과할 수 없습니다. 캐나다는, 특히 아버지 때에는 중국과 좋은 관계를 유지했고 지금도 마찬가지입니다. 닉슨 이전에 이미 중국의 중요성을 인식하고 중국을 방문한 사람이 우리 아버지였죠. 중화인민공화국과 캐나다는 그때부터 강한 유대관계를 유지해왔습니다. 하지만 우리가 달라이 라마를 존중하고 관계를 맺는다고 해서 대 중국관계가 위험해지리라고 보지는 않습니다. 중국은 단지 '이렇게 생각하는 게 옳다', '이렇게 하는 게 맞다' 하면서 내부 문제에 대해 간섭하는 것이 싫은 입장일 뿐입니다. 중국의 고위급 관료들만큼은 변화의 필요성을 인식하고 있다는 데에 이견을 달 사람은 없을 것 같습니다. 그들도 알기는 합니다. 하지만 남이 이래라 저래라 하면서 체면 구겨놓는데 좋아할 사람이 어디 있겠습니까. 중국은 자의로, 자력으로 변화하고 싶을 뿐입니다. 사람들이 내부 문제에 관여하면 짜증을 부리는 것이 그 때문입니다. 중국에 그러한 특성이 있기는 하지만 크게 문제될 일은 아니라고 봅니다. 우리는 중국 대 타이완 문제도 잘 피해감으로써 아직도 모두와 좋은 관계를 유지하고 있지 않습니까. 중국이 이미지 관리상 그런다고 해서 우리 세계가 크게 문제 삼을 일은 아닌 듯싶습니다.

해리 우 중국은 큽니다. 무지막지하게 큽니다. 중국 지도부는 백악관에서도 환영받습니다. 그들이 변화하고 있다는 것은 압니다. 하지만 체제가 그 모양이니 변해야 하는 것은 당연한 일 아니겠습니까? 나중에는 사람들이 "중국 꽤 괜찮아 보인다, 중국에 여행 가고 싶어" 하는 소리를 들었습니다. 예일대, 하버드대, 스탠포드대에 갔습니다. 소위 명문대생들도 중국에는 아직까지도 노동수용소가 있다는 것은 몰랐습니다. 과거에는 악마의 제국이 있었다, 지금의 중국은 천사의 제국이다, 이것이 그들이 가진 생각이었습니다. 샌프란시스코 국제공항에서 입국수속을 마치고는 "자유다, 자유인이다" 하며 외쳤습니다. 하지만 얼마 지나지 않아 '자유가 아니다, 자유인이 아니다'가 되었습니다. 사람들에게 이야기하고 보여주려고 했지만 자리를 떴습니다. 그런 것은 필요 없다는 식으로 말입니다. '중국, 너는 내 어머니를 죽이고 내 형을 죽이고 나까지 죽일 뻔했어. 내가 뭘 잘못했는데? 내가 자유인이라면 니들 만행을 고발하는 것도 내 자유야. 도대체 나

한테서 뭘 더 뺏어가야겠어?'

서구 티베트 지지자들의 군사적 태도

로버트 서먼 교수 서구의 반응은 다양합니다. 과격한 사람들도 있고 과격하지 않은 사람들도 있고 이미 끝난 일이라면서 아무 상관없다는 사람도 있습니다. 달라이 라마는 영성은 훌륭하지만 정치적으로는 뭔가 착각하고 있는 것 같다고 생각하는, 즉 아무런 가망이 없다고 생각하는 사람들이 대다수입니다. 티베트 젊은이들 중에는 젊은 혈기와 분노에서 총을 들고 무슨 일이라도 벌여야겠다고 생각하는 이들이 있습니다. 하지만 아직까지는 분신 사례만 몇 번 있었을 뿐 폭력행위나 테러행위 없이 모든 티베트인들이 달라이 라마의 비폭력 정책을 따르고 있습니다. 달라이 라마를 반중국운동에 이용하려는 우익 역시 좀 있었지만 이제는 많지 않습니다. 달라이 라마가 먹혀들지 않으니 앞잡이로 이용하려는 사람들도 줄어든 것이리라 봅니다.

오빌 쉘 달라이 라마는 회유적인 태도로 일관했습니다. 그의 회유책이 성공가능성이 높은 전략인지에 대해서는 의견이 분분합니다. 다른 조직체였다면 마지못해 좀 져주는 척하면서 한 발 물러서서 보다 부드럽게 접근해 해결책을 모색했을 법도 하지만 중국 공산당은 그럴 뜻이 전혀 없습니다. 압력을 가하거나 부추기거나 영향을 줄 수 있는 최고의 전략인지에 대한 논의를 떠나서, 다시 말해 실효성 여부와는 별개로, 성하는 강경한 적대 세력과의 관계에서 어떻게 처신해야 하는지 보여주는 비길 데 없는 모델입니다.

말콤 리프킨드 경 단순한 행동은 아닙니다. 장고의 흔적과 더불어 지극히 숭고한 심성도 여실히 묻어납니다. 따라서 그는 이들 문제에 다소 운명론적으로 대처하는 것입니다. 둘째, 해결에 오랜 시간을 들이는 것은 티베트인들과 중국인들의 공통점이기도 합니다. 역사적인 배경도 중요한 문제이기 때문에 파악하고 대책을 세우는 데에만 몇 년, 심지어는 몇 대까지 걸릴 수 있는 일입니다. 몇 주에서 몇 달 안에 담판지을 수 있는 문제가 아닙니다. 셋째, 미국과 영국을 비롯해 서양의 어느 국가도 보다 급진적일 수 있는 이유는 우리가 그곳에 살고 있지 않기 때문입니다. 우리에게는 숱한 세계 이슈 중 하나일 뿐이지만 달라이 라마에게는 자신이 책임지는 사람들의 안녕이 달린 문제이기 때문에 훨씬 신중하고 조심스럽게 생각해서 접근해야 합니다. 그는 말이나 행동에서 모두 비폭력으로서 변화를 시도하고 있습니다. 그 자체만으로도 높이 살 만한 일입니다. 하지만 중국이 느끼는 단기적 위협을 확실히 감소시키는 일이기도 합니다. 상대적으로 그의 장기적 입지를 강화시키는 전략일 수도 있습니다. 중국의 폭력에 폭력이 아닌 비폭력으로 대응한다면, 중국은 단기적으로는 환영할 것이지만 장기전으로 가면서 중국이 만족스러운 결과를 얻기가 더 힘들어질 것입니다.

톰 랜토스 대표 현실적인 쪽은 오히려 달라이 라마입니다. 유연하고 온건한 접근만이 결과를 이끌어낼 수 있음을 알기에 그러한 접근법을 택할 여유가 있는 것입니다. 이러한 상황에서 왕보다도 거만하게 나온다면 아무것도 얻을 수 없는 것이 당연합니다. 개인적으로 그의 방법을 전적으로 지지합니다.

패트릭 프렌치 1980년대 초반과 중반에 잠시 잠깐 화해가 가능했던 때가 있었습니다. 그 후 80년대 후반에서 90년대 초반에는 소비에트연방의 몰락과 함께 달라이 라마 주변의 사람들이 공산주의가 붕괴되는 것을 비롯해 티베트 해방운동에 대한 서구의 지원이 높아지는 것을 보고 중국 정부와의 협상에서 당시 외교정세 때문에 도움을 줄 수 없었던 미국을 제외한 외국의 입김을 쓸 수 있을지 시험하기 시작했습니다. 하지만 실패했죠. 그래서 티베트 내의 티베트인들은 90년대 초반부터 억압 당하며 살고 있을 뿐이고 지난 15년 동안의 협상은 계속 제자리걸음만 하고 있습니다. 미국이나 영국의 유권자들이 팔 걷고 나서서 달라이 라마가 포탈라로 돌아가 사는 것에 표를 던진다고 해도 중국 공산당이 티베트와의 사이에 둔 두꺼운 얼음판이 깨지는 것은 아닙니다. 선생님이나 저 같은 사람이 어떤 생각을 하던 그들은 눈도 꿈쩍 안 합니다. '턱도 없는 소리' 하겠죠. 어쩌겠습니까. 민주주의 사회에서 자란 덕에 모든 것을 정치적으로 바꿀 수 있다고 믿는 우리가 잘못이라면 잘못이지요. 중국은 완전히 다른 체제입니다. 콧방귀도 뀌지 않는 사람들입니다.

폴라 J. 도브리언스키 여기에서의 영향력 문제는 티베트인들, 특히 달라이 라마와 그의 사절들을 비롯해 중국인들의 상호이익을 위한 취지에서 이해를 촉진하고 차이를 극복하는 것이 관건입니다. 그러한 이유는 티베트인들의 편에서 볼 때 성하가 바라는 것은 분리가 아니라 티베트인들의 경제발전과 동등한 권리일 뿐이며 물론 문화적 자치, 다시 말해 티베트 문화의 정수를 보존할 권리를 비롯해 종교 자유를 추구할 수 있는 권리도 포함하기 때문입니다. 또한 그는 환경의 중요성, 티베트 자연환경의 파괴에 대해서도 우려를 표현했습니다. 마지막으로 중국의 다른 지방, 예를 들어 본토의 중국인들이 홍콩으로 들어갈 때에 사권을 제시해야 하는 것처럼 티베트에도 유사한 처우를 해주기를 바라고 있습니다. 화해를 한다면 사람들의 삶에 영향을 주는 그런 것들이 해결되면서 티베트인들은 이익을 얻게 될 것입니다. 또한 중국 역시 자국의 일부인 티베트에서 생산성이 향상되기를 원할 것이라고 생각합니다.

중국 측은 성하가 화해 조건으로 협상 테이블에 어떤 것들을 내놓았는지 분명하게 알고 있습니다. 모두에게 이익이 될 수 있는 일이라고 생각합니다. 중국은 성하가 무엇을 원하는지 알기 때문에 이들 문제에 대해 성하와 직접적으로 협상할 수 있습니다. 따라서 이들 일련의 문제, 티베트에 득이 되고 중국에도 득이 되는 이들 문제에 대한 토론을 빨리 시작하는 것이 좋을 것입니다.

리처드 블럼 그는 한 발짝 물러서 1989년부터 자신은 더 이상 독립을 바라지 않으며 티베트가 중화인민공화국의 자치구가 되는 것도 좋다고 밝혔습니다. 중국은 그 말을 무시해버리는 경향이 있습니다. 제 생각으로는 서로가 생각하는 자치권의 구성성분에 차이가 있는 듯합니다. 저번에 장쩌민과 만났을 때 이렇게 말해줬습니다. "성하와 한 방에서 얼마간 보내면 분명 그를 좋아하게 될 것입니다."

알렉산더 버진 박사 저는 자세를 낮추었다고 생각하지 않습니다. 성하는 현실적이고 실질적입니다. 티베트어로 이야기할 때에도 재차 반복하는 단어가 현실과 실질이지요. 어쨌든 그는 상황의 현실성만을 보며 그 상황에서 바랄 수 있는 최고만을 이야기하는 것입니다. 그가 지금의 입장에서 더 나아갈 것이라고 생각하지는 않습니다. 수십 년 동안 알아오면서 경험한 바로 말씀드리면 성하는 성실 그 자체입니다. 어떤 일이든 대수롭지 않게 처리하는 사람은 아닙니다.

아네트 랜토스 중국에 대해 나쁜 말을 하는 것은 한 번도 보지 못했습니다. 그는 그들에게도 원대한 자비를 보여줍니다. 그는 어떠한 명분을 위해서라도, 티베트의 독립을 위해서라도 폭력을 용납하는 일은 없을 것입니다. 비폭력에 대한 굳은 신념 때문에 생기는 문제도 많지만, 그에게는 수단이 결과만큼 중요합니다. 저는 정치가는 아니라서 직접적인 도움은 못 주지만 박수는 열심히 치고 있습니다.

리처드 기어 성하는 무엇이든 용서하는 사람입니다. 동시에 정의의 사나이기도 하지요. 하지만 불교 관점에서 본다면 업은 그 자체로서 정의입니다. 업은 무르익어야 합니다. 우리의 미래에 영향을 미치는 것은 우리가 현재 하는 행동들이지요. 폭력이나 폭언으로 지금 무엇인가를 얻을 수 있다면 오늘 베푸는 사랑과 자비로 앞으로 몇 갑절의 보상을 받을 수 있습니다. 그것이 성하의 방법입니다. 그는 지금 돌아가고 있는 상황을 사실 그대로 이야기할 뿐입니다. 철책을 쌓아놓을 필요는 없습니다.

하루는 깊이 생각하게 만드는 일이 있었습니다. 워싱턴에서 열린 집회에서 모든 요점을 짚어가면서 연설을 하고 있었습니다. 파시스트, 공산당 간부, 전체주의 독재자 등을 들먹이며 자국의 국민들뿐 아니라 티베트인들까지 학대한 그들에 대해 이야기했습니다. 다음으로 연설한 사람은 노벨평화상 수상자인 메이리드 마기르(Mairead Corrigan Maguire)였는데 이런 이야기를 했습니다. "리처드, 실례가 될 이야기일지도 모르겠지만, 그렇게 분노에 차 심한 욕까지 한 것에 대해 다시 한번 생각해보는 것이 어떨까 싶습니다. 언젠가는 그들을 평화로 이끄실 분이 아닌가요? 그런 말들로는 그들을 효과적으로 인도할 수 없으리라는 생각이 드네요." 하나도 틀리지 않은 지적이었습니다. 성하는 리더들과 이야기하는 리더입니다. 그리고 우리 같은 사람들도 있지요. 다소 귀에 거슬리는 말을 하고 폭언을 하는 몫을 맡은 사람들이요. 하지만 성하는 우리와는 다르게 움직입니다.

조너선 머스키 교수 스트라스부르에서 감동적인 연설이 있던 때 저도 그곳에 있었습니다. 먼저 다람살라로 가서 연설문 초고를 좀 읽은 다음 그를 만나러 스트라스부르에 갔습니다. 연설에 이런 대목이 있었습니다. "우리는 더 이상 티베트의 독립을 고집하지 않습니다. 우리가 바라는 것은 상당한 자치권입니다." 그 말을 듣고는 추종자 일부가 아연실색했지요. 제가 가서 또는 이쪽으로 와서 몇 번 본 델리(Delhi)의 티베트청년의회 사람들이었다면 절대로 사용하지 않았을 말이었습니다. 반역행위나 다름없었지요. 지도자가 중국의 손아귀에 몸을 던졌다고 느꼈을 것입니다. 물론 그가 중국에 협력한다는 이야기가 아니라, 독립을 향한 위대한 투쟁을 포기했다고 느꼈던 것이지요. 그것이 중국이 달라이 라마를 믿지 않고 '범죄자 달라이 라마', '분리주의자 달라이 라마'라고 부르면서 독립을 고집한다고 주장하는 이유 중 하나일 것입니다. 그는 80년대 중반 이후로 독립을 고집한 적이 없습니다. 성하는 자치권만 요구할 뿐입니다.

션 웨이드 그가 하는 이야기만 들을 것이 아니라 지난 몇 년 동안 한 행동이 어떠했는지 보아야 할 것입니다. 실제로 그는 티베트 독립에 대한 그의 입장을 근본적으로 바꾸지 않았습니다.

아네트 랜토스 달라이 라마에게는 커다란 수단이 있습니다. '보이지 않고 강제할 수 없는' 그 힘은 언젠가 승리할 것입니다. 결국에는 불공평하고 부조리하고 억압을 일삼는 독재자는 자멸할 것입니다. 러시아의 공산주의가 무너져 내렸듯이 중국의 공산주의 역시 결국에는 그 속에서부터 스스로 파멸할 것입니다. 달라이 라마는 인내심이 대단한 사람입니다. 우리와는 차원이 다른 시간 개념을 지닌 사람입니다.

로렌스 프리먼 신부 중화인민공화국 대표들이 응해주기만 한다면 그는 대화를 진행할 수 있을 것입니다. 그는 마오쩌둥을 만났던 청년시절 때보다는 정치적으로 기민하고 노련해졌을 것입니다. 어쩌면 티베트의 접근법은 상황에 걸맞지 않다 싶을 정도로 순진해 보이기도 하지만 순진성, 순수성도 그들의 힘입니다. 그리고 서구에서 강한 지지를 얻을 수 있는 기반이 된 것도 바로 그것입니다.

그도 압니다. "그들은 저를 믿지 않습니다" 하고 제게 말한 적이 있습니다. 세상 모든 사람들이 그보다 더 정직한 사람은 없다고 생각하는데 유독 중국만 교활하고 교묘하다는 판단에 그를 믿지 못하는 이유는 도대체 무엇일까요. 그는 이런 뜻도 이야기했습니다. 사실이 될지는 모르겠지만 어쨌든 예리한 통찰력이라고 생각합니다. 그는 티베트에 대한 중국의 태도 변화는 중국 인텔리겐치아를 비롯해 중국의 그리스도교도들이 장기간에 걸쳐 중국 정부에 영향을 주면서 변화할 것이라고 말했습니다.

린첸 달로 성하는 타인의 의견을 존중하는 분입니다. 지금 블루밍튼 (Bloomington)에 있는 형 툽텐 노부와는 항상 의견 차이가 있었습니다.

톱텐 노부는 언제나 '완전한 독립'을 주장했습니다. 그 이하가 되어
서는 안 될 것이라고 항상 말했죠. 두 형제 간에 큰 의견 차이가 있습
니다. 성하는 이렇게 말씀하십니다. "형님과는 의견이 다르지만 우
리는 우애 좋은 형제입니다."

페마 크힌조 망명자 집단에서 실시한 국민투표에서 성하의 대 중국정
책에 찬성하는 표가 62퍼센트가 나왔습니다. 완전한 자유를 원치 않
는 동포가 어디에 있겠습니까. 하지만 중국은 경제력도 나날이 증가
하고 있으며 이미 세계 각국의 대규모 시장이 되었습니다.

하워드 커틀러 박사 그의 생 모든 것과 마찬가지로 중국에 대한 접근도
그의 신념, 즉 불교사상에서 벗어나지 않습니다. 그래서 그는 한쪽
극단에도 다른 극단에도 치우치지 않은 중도 접근법을 택하게 된 것
입니다. 그의 중용은 타고난 동정심을 비롯해, 차이가 있다면 양보하
고 모두가 화합했으면 하는 바람에서 기인합니다. 그는 그런 사람이
지요.

　더불어 실질적이기도 한 사람입니다. 비현실적인 기대는 하지 않
습니다. 세계 각국의 정계, 제계 지도자들과의 만남은 세계의 작동
원리와 현상에 대한 실질적인 교육 기회가 되었습니다. 비록 중국에
대한 그의 견해에 반대하는 무리들이 있으나, 티베트인 사회를 단합
시킬 수 있는 것은 모든 티베트인들이 그에게 가지는 지대한 존경심
때문입니다. 하지만 지금은 밖에 있으니 앞으로 어떻게 될지는 알기

힘듭니다.

제프리 홉킨스 박사　「사선(Firing Line)」에 실린 윌리엄 버클리(William Buckley)와의 인터뷰에서, 인터뷰는 미들버리대(Middlebury College)의 예배당으로 개조된 방에서 진행되었던 것으로 기억합니다. 버클리는 중국이 티베트에서 하는 일들을 성하가 반대한다는 것조차 모르고 있었고, 벌어지고 있는 상황에 대해 성하가 모두 옳거니, 하고 있는 것처럼 묘사되었습니다. 그의 방법은 단지 말을 너무 거칠지 않게 하는 것일 뿐입니다. 중국 지도계가 '이 사람은 상대할 만하구나' 하고 생각할 수 있게 말이지요.

페마 크힌조　총 1,300만 중국인을 30년에 걸쳐 티베트로 이주시킬 것이라는 계획이 담긴 중국의 주요문서를 입수할 수 있었습니다. 티베트의 방대한 영토는 중국의 인구과잉을 완화할 수 있는 좋은 지역일 뿐 아니라 중국에 있어 전략적 요지이기도 합니다. 이러한 점들로 볼 때 성하의 중도 접근법은 최고의 방책입니다. 타국가들이 티베트 독립을 지지하지 않으리라는 것은 알지만 적어도 우리 티베트인들의 정체성, 문명, 문화를 보전할 수 있는 성하의 중도적 입장에는 동의합니다. 성하가 바라는 것은 티베트가 중국 헌법 아래에 놓이지만 진정한 자치권을 행사할 수 있는 권리를 갖는 것입니다.

　그런 뜻을 알고도 쓸데 없는 의심을 하며 중국은 성하를 겨냥해 낡고 부정적인 정치선전을 계속하고 있습니다. 중국인이 티베트인이 아니듯 티베트인은 중국인이 아닙니다. 티베트인들은 중국어를 하지 않고 중국음식을 먹지 않으며 중국옷을 입지 않습니다. 하지만 붉은 깃발 아래에서라도, 중국의 헌법 아래에서라도 기꺼이 살 뜻을 보이고 있습니다. 중국이 중도를 받아들이지 않는 이유는 달라이 라마를 두려워하기 때문입니다. 자치권을 얻어 티베트로 돌아오면 티베트인들이 그의 가르침을 받으려 들 것이고 그의 축복을 받으려 할 것이며 그를 따를 것입니다. 게다가 중국인들마저도 성하의 가르침을 받겠다고 티베트로 몰려들 테니, 그 꼴을 볼 수는 없겠죠.

린첸 달로 (중국의) 국익이 우선입니다. 그래서 어려운 것이죠. 제네바의 인권위원회(Human Rights Commission)에 중국과 티베트 내의 인권 유린을 고발했지만 간단한 결의안 하나 통과한 적이 없었습니다. 미국은 그러한 결의안들을 항상 후원했고 스칸디나비아반도 국가를 비롯해 유럽의 여러 국가들이 그러한 결의안들을 항상 후원했지만 우리는 수십 년이 넘도록 결의안 하나 통과시키지 못했습니다. 다 개발 국가들에 미친 중국의 영향력 때문입니다.

선 웨이드 그들이 이야기하듯 티베트를 독립국으로 주장할 하등의 근거가 없습니다. 최근 몇 년 동안 달라이 라마 단체와 서구의 여러 조직은 사실을 왜곡하고 인권과 종교를 들먹이며 중국의 종교정책에 부당한 비난을 퍼부었습니다. 따라서 우리는 중국 내부 문제에 대한 방해라고 볼 수밖에 없습니다. 실제로 세계의 그 어떤 국가도 그들이 말하는 티베트 망명정부를 인정하지 않습니다. 또한 우리도 티베트 해방운동을 비롯해 여타의 유사 불법 단체들도 절대로 인정하지 않는 것은 당연합니다.

톰 랜토스 대표 중국 지도층에서 변화가 있으리라고 기대하지 않습니다. 최근 지도부가 젊은 층으로 바뀌었고 젊은 지도자들은 집무실에만 앉아 허송세월할 것이 뻔합니다. 뭐, 변화가 아예 안 일어나기야 하겠습니까. 하지만 변화의 속도는 빙하가 움직이는 속도보다 느릴 것입니다.

말콤 리프킨드 경 우리 영국은 시대에 따라 여러 단계의 입장을 취했습니다. 우리가 인도를 통치했던 처음에는 티베트와 중국에 대한 우리의 시각이 인도 제국이 뜻하는 바에 영향을 받았습니다. 영국의 견지에서 네팔, 부탄, 그리고 과거에도 티베트가 자주국이었다면 그들의 존속이 이로울 수 있을지도 모르겠지만, 주권 자체가 기본적인 필요 조건은 아닙니다. 모두가 티베트는 중국의 영향권 안에 들었음을 압니다. 그리고 과거에 인도가 영국 제국의 일부였기 때문에 우리는 티베트가 중국 제국의 일부인 것에 이의를 제기하기 힘듭니다. 이후 단계의 관계에서, 즉 지난 25년 동안의 관계에서는 홍콩이 제국을 계승한 영국 정부의 소속으로 1997년까지 있었습니다. 따라서 달라이 라마를 위시한 티베트인들을 우리가 얼마나 동정하고 존경하는가를 떠나서, 우리는 우리의 최우선 임무를 홍콩인들을 돕는 것으로 여겼습니다. 우리 혼자서는 물론이고 타자의 힘을 빌더라도 티베트의 국체를 변화시킬 수는 없기 때문에 우리는 저자세를 취할 수밖에 없습니다.

아쟈 린포체 성하 자신과 더불어 많은 사람들이 그분이 티베트로 돌아가시기를 바랍니다. 중도를 계속해서 더 타협할 수 있을지도 모르겠습니다. 성하께서 티베트로 돌아가면 상황이 달라질 것입니다. 중국은 물론, 때때로 정치적 이슈와 그들의 정책은 정말 강합니다. 하지만 과거와 비교한다면 중국은 많이 변했습니다. 보다 자유롭게 되었고 사회주의와 공산주의는 거의 사라지고 자본주의 비슷한 것이 시작했습니다. 하지만 다른 한편으로는 많은 티베트인들이 성하께서 돌아갈 필요가 없다고 이야기합니다. 중국 정부가 성하와는 절대로 이야기하지 않을 것이고 따라서 타협할 방법이 없을 것이며, 중도는 그저 말일 뿐이라고 여길 것입니다. 따라서 이것이 운동의 속도가 감소한 이유입니다.

텐신 테통 박사 티베트의 완전한 독립을 밀어붙이지 않는다면 그 어떤 방법을 취하더라도 그것은 티베트인들의 이익에 위해한 것이라는 생각에서 티베트의 완전한 독립을 요구하며 문제해결을 위한 성하의 중도정책은 위해하다고 말하는 자들이 많습니다. 하지만 제 생각은 다릅니다. 우리 티베트인들의 권리에 대한 기본적인 믿음은 저 역시 굳지만, 성하가 하는 일을 티베트에 위해한 것으로 봐서는 되지 않으며 성하는 티베트인들이 처한 상황을 개선시킬 일을 하는 것으로 보는 것이 옳습니다. 그는 지난 사오십 년 동안 철저하게 고통당한 한 민족의 현실을 보고 있는 것입니다.

그는 티베트인 수백 수천 명의 지지를 받았습니다. 또한 티베트에서 발생하는 변화의 정도와 티베트의 언어와 문화의 생존이 심각한 위기에 처했다는 것을 잘 알고 있습니다. 따라서 막대한 책임을 지고 있는 그로서는 티베트인들에게 호사로운 삶을 제공하기 전에 우선 죽어가는 티베트를 살려내야 하는 것입니다. 따라서 대화를 시작하고 중국과 새로운 관계와 새로운 체계를 세워 티베트인들이 그들에게 악영향을 미치는 것들에 대해 모두 다 이야기할 수 있게끔 하기 위해 그가 무엇을 제안하든, 그것은 분명 티베트인들에게 도움이 될 것입니다. 강경한 입장을 취하는 사람들의 주장은 티베트인들이 독립을 얼마나 원하는지 보여준다는 데에 있어 일정한 가치가 있을 수는 있지만 강한 열망을 제외한다면 실질적이고 현실적인 측면에서 건설적이라고 할 만한 부분은 찾기 힘듭니다.

미키 렘리 그럴 마음이 아예 들지 않을 수 있을까 싶지만 어쨌든 맞불을 놓을 수는 없는 사람이지요. 그의 완전한 비폭력은 정말 현명한 방법입니다. 그가 이렇게 말한 적이 있습니다. "우리가 티베트를 되찾는 그날이 온다고 하더라도 중국과 우방관계를 유지할 것입니다." 성하 살아생전에 결말이 나지 않는다면 티베트 문화의 미래는 무척 암담해질 것입니다. 요즘 들어 가장 큰 이슈는 티베트가 인구이동을 얼마나 견뎌낼지 하는 문제입니다. 사라져가는 티베트어 자리를 중국어가 채우고 있고, 티베트인과 중국인의 결혼도 생겨나고 있고, 그러면서 고유의 문화도 사라져가고 있습니다. 안타까운 일이지요. 세계적인 자원인데 말입니다. 세계적인 환경자원인 열대우림이 부지불식간에 파괴되고 있듯이 세계적인 문화자원인 티베트 문화도 눈 깜짝할 사이에 사라져가고 있습니다.

서구 지도자들에게 티베트의 명분 압력 가하기, '손해 볼 것은 없다' 전략

린첸 달로 정치 지도자들을 많이 만나시지만 '중국을 처벌하라', '제재를 가하라', '중국을 비난하는 결의안에 표를 던져라' 라고 말씀하시는 것은 한 번도 보지 못했습니다. 성하는 그런 요구는 하지 않습니다. '중국과 이야기해보자', '중국을 빼놓지 말자' 하고 부탁하시는 것은 많이 보았습니다. 그분은 항상 "중국을 자비의 대열로 이끌어 배우게 합시다"라고 말합니다. 그들이 대화에 참여하기를 바라며, 티베트뿐 아니라 중국 전체에서 인권 문제해결에 노력하도록 고무합니다. 이것이 성하의 대화법입니다.

사실 성하가 인도 밖에서 정치 지도자를 만난 것은 1989년이 처음이었습니다. 코스타리카 대통령(오스카르 아리아스 산체스)이었지요. 그후 두 번째로 만난 사람은 멕시코 대통령이었고, 그 다음해에 하벨 대통령, 그리고 (조지 허버트 워커) 부시 대통령을 만나셨습니다. 그것을 시작으로 세계 각국의 대통령과 수상을 많이 방문하셨습니다. 중국의 압력을 받은 몇몇 국가들만 제외하고요.

달라이 라마가 정치가이기 때문에, 유명인이기 때문에 만나고자한 사람들도 있었습니다. 티베트 망명정부의 수장으로 여겨지든 티베트의 종교 지도자로 여겨지든 상관 않고 그냥 만나보고 싶어하는 사람들도 많았습니다. 토니 블레어와 캐나다 수상인 폴 마틴(Paul Martin)은 성하를 종교지도자로서 만났습니다. 미국 대통령들은 성하를 만나더라도 어떤 지위로서 만나는지 구체적으로 밝히지 않았습니다. 클린턴은 대통령 집무실이 아닌 앨 고어의 집무실에서 성하를 만났는데 단지 중국의 심기를 건드리지 않기 위해서였습니다.

아벨라르도 브레네스 교수 2004년 9월에 다시 찾아왔을 때 중국에 대한 자신의 입장을 설명했지만 특별한 행동을 취해달라는 대중을 향한 호소는 없었던 듯합니다. 성하에게서 현 상황에 대한 낙관적인 면은 찾아볼 수 없었습니다. 하지만 중국 스스로 민주화되었으면 하는 희망을 이야기하더군요. 정말 대단한 희망입니다.

선 웨이드 진정 달라이 라마가 티베트 문제를 중화인민공화국 안에서, 중국 헌법의 틀 안에서 해결할 의욕이 있다면 민족자치구 제도가인민공화국 헌법에 명시되어 있는데도 민족자치구 제도를 고집한다는 점을 인정해야 하는 것이 지당한 일입니다. 하지만 달라이 라마는 현재의 민족자치구 제도에 대한 이야기는 한 번도 하지 않았습니다. 현 정치 제도에 대한 이야기는 할 의사가 없는 것입니다. 오히려 그는 티베트의 정치적 지위에 대한 이야기로 시간을 낭비하고 있으며 국제사회에서 정치선전을 실시해 공민을 오도하고 있습니다. 따라서 그가 어떤 말을 하든 한 가지 분명한 사실은 달라이 라마는 전술을 바꿔왔지만 티베트 독립 입장은 변화하지 않았으며 중국 본토를 갈라놓겠다는 취지도 변함이 없다는 것입니다.

제프리 홉킨스 박사 그는 티베트 문화가 파괴되고 있고 많은 티베트인들이 죽고 있다는 사실을 잘 알고 있습니다. 끊임없이 여러 국가를 방문해 그들 국가의 정치 지도자들을 만나는 것을 놓고 잘 살펴본다면 그가 얼마나 열심이고 끈질긴지 이해할 수 있을 것입니다. 방문의 막후에는 그가 어디를 가든 미리 그 해당 정부에 이의를 제기하며 나라에 발을 들이는 것조차 허용해서는 안 된다고 불평하는 중국 정부가 있다는 것까지 안다면 그를 막을 자는 아무도 없다는 생각이 한층 확실해질 것입니다. 달라이 라마는 물러서는 "뭐, 그렇다면 할 수 없지. 집에나 있어야겠다"거나 "몇 안 되기는 하지만 골치 썩지 않아도 되는 나라만 가야겠다"고 하지 않는 사람이라는 점을 알아야 합니다. 그는 타인에게 자신의 입장을 강요하지 않습니다.

하지만 특정 국가에 대한 중국의 압력이 얼마나 강하든 간에 계획을 바꾸지 않는 고집을 보입니다. 사람이 너무 물렀다고 말하는 사람들도 있지만 그 나름대로 유한 것입니다. 세계 곳곳의 지도자들과 관계를 형성하는 것에는 그 누구보다 고집스럽습니다.

아네트 랜토스 그들(중국 정부)은 달라이 라마가 상징하는 것, 그 어떤 세계적 권위자보다도 위대한 권위자라는 것에 위협마저 느끼고 있습니다. 저 깊은 곳에서부터, 이 지구상에 존재하는 실상 외의 모든 것을 부정하는 사람들은 달라이 라마처럼 영적, 정신적 자유를 누리는 사람에게 위협을 느끼게 마련입니다. 그는 물리적, 언어적 폭력 없이, 오직 자신이 깨우친 진리로서 인류의 정신과 영혼을 해방하는 데에 혼신을 다하는 사람입니다.

중국과의 협상에 신임하는 친구 로디 갸리를 계속해서 파견하는 달라이 라마의 전략

달라이 라마와의 오랜 교우로 깊은 신임을 받고 있는 로디 갸리는 근거지인 워싱턴 D. C.와 베이징을 오가며 티베트와 달라이 라마의 앞으로의 지위에 대해 협상하기 위해 몇 년에 걸친 노력을 계속하고 있다. 2004년의 여름이 막바지에 이르렀을 때 로디 갸리는 임무수행을 위해 또 다시 중화인민공화국으로 향했다.

톰 랜토스 대표 그는 마감기한 없는 문제해결을 계속하고 있습니다. 그는 뚜렷한 목표의식을 갖고 있습니다. 그리고 저는 그 목표에 100퍼센트 동의합니다. 옳은 일이지요. 그는 고유의 부드럽고 우아하지만 강력한 수단으로서 전체주의 정체에 연타를 가하고 있습니다. 그들이 자신의 입장을 받아들이게 될 때까지 계속해서 설득할 것입니다. 이번 방문이 성공적이었으면, 길고긴 행로의 마지막이었으면 하는 바람입니다. 그렇게 된다면 좋겠습니다.

폴라 J. 도브리언스키 그러한 대화가 열린다는 것 자체만으로도 중요하다고 생각합니다. 대화로서 티베트인들의 특정 관심 분야에 대해 토론할 수 있는 기회, 양쪽에 이익이 돌아갈 수 있는 기회를 의미하니까요. 이 대화로 무엇을 얻을 수 있을지는 아직 모릅니다. 이제 시작일 뿐입니다. 우리는 티베트와 중국 양측에서 대담 성립 환영의 뜻을 전달했습니다. 제가 알기로는 전례가 없었던 일입니다. 중국과는 많은 이야기가 오갔고 토론 중에 짚은 이야기들이 대담의 안건으로 제시될 수 있으리라 생각합니다. 현재로서는 양자 회담에서 어떤 결과가 도출될지 알 수 없습니다. 무엇이 벌어지고 무엇이 벌어지지 않을지는 지켜보아야 하겠습니다.

리처드 기어 근일에 발생할 최대 변화는 티베트가 아닌 중국이 내부적으로 어떻게 변하느냐에 좌우될 것입니다. 그냥 내 생각일 뿐이지만 중국의 경제계는 날로 정치성을 더해 정치구조 속으로 파고들고 있습니다. 따라서 그들의 행동과 태도와 정책이 보다 합리화될 것이며 그러한 정책, 좀더 성숙한 정책은 티베트에게 유리한 결과를 가져다

줄 것입니다.

국제 사회의 압력은 정말로 중요합니다. 아무리 중국이라고 해도 사람들 생각을 아예 나 몰라라 하지는 않으리라는 생각입니다. 특히 지금 같은 시대에는요. 성하는 평화운동을 이끄는 특별한 사람입니다. 이제는 세계에서 그와 그의 운동을 모르는 사람이 없고 중국인들은 세계 강국의 대열에 오르고 싶어하기 때문에 곤란한 상황일 것입니다. 교역, 문화 등 모든 것에서 강국이 되려면 티베트 문제해결은 피해갈 수 없는 과제입니다.

하지만 그들이 티베트 문제에 손을 대고 싶어할까요? 딱히 그렇지는 않습니다. 그러니까 우리들과 성하가 계속해서 이야기하고 계속해서 알려야 하는 것 아니겠습니까. 로디 갸리가 참가할 대담은 아직 시작에 불과합니다. 곧 중국이 더 이상 시간을 잡아먹지 않고, 기회가 날아가기 전에 이야기할 준비가 되어있다는 것을 보여줄 때가 올 것입니다. 너무 지체하면 기회가 사라져버리는 순간이 올 수 있다고 봅니다. 어쩌면 그 시점이 다음 세대가 될 수도 있겠죠. 그래서 우리 모두가 열심히 힘을 보태는 것입니다.

조너선 머스키 교수 달라이 라마는 정말 낙관적인 사람입니다. 신 중국인이 출현할 희망을 가지고 있으니까 말입니다. 그는 항상 '보다 인간적인' 사람들이 나타날 것이라고 말합니다. 어쨌든 그는 중국이 티베트에 태도를 달리해도 된다는 점을 깨닫기를 바라고 있습니다. 하지만 문제는, 키싱어(Kissinger)가 사용한 표현을 빌려 쓰자면, 중국이

해결해야 할 신경통적 문제가 두 가지가 있다는 것입니다. 하나는 티베트이고 다른 하나는 타이완이지요. 그들은 둘 모두 절대로 양보할 생각이 없습니다. 못할 일이고 말고요. 정말 고질적인 문제입니다. 톈안먼 사태 이후 중국 고위 관료 여럿이 중국을 탈출해 서양으로 와서는 소위 중국민주당(Chinese Democracy Party)이라는 단체를 만들었습니다. 중앙위원회에 있던 남자 하나가 있었는데 저와 티베트 탈출민들과 함께 파리에서 89년도 말에 저녁을 먹었습니다. 다람살라 출신의 티베트인 한 명이 그에게 중국이 티베트에게 어떻게 해야 한다고 생각하느냐는 질문을 했습니다. 그랬더니 "그야 우리 민주주의자들이 정권을 전복시킨다면 티베트에게 막대한 자치권을 주겠지요" 하더군요. 그래서 제가 말했습니다. "그들을 독립시켜야 마땅하지 않을까요?" 이렇게 답하더군요. 아직 테이블에서 일어나기 전이었습니다. "무슨 말씀을! 티베트를 잃는다면 내 간이 찢어지도록 아플 겁니다." 이번엔 티베트인 한 명이라도 만나본 적이 있냐고 물었더니 아니라고 대답했습니다. 그래서 "티베트에 가보신 적 있습니까?" 했더니 역시 아니라고 대답하더군요. 그래서 하나만 더 묻겠다고 했습니다. "수많은 중국인들에게 물었던 질문입니다. 티베트인과 중국인 사이에 공통점이 있습니까? 문화, 음식, 혼례풍습, 장례풍습, 복식, 그 외 어떤 것에서라도 공통점이 있던가요?" 물론 중국인들은 대답할 거리를 찾아내지 못합니다. 하지만 항상 이렇게 말합니다. "그렇다고 티베트가 중국땅이 아닌 것은 아닙니다." 티베트는 소위 '중국 영토' 라는 것의 상당한 부분을 차지합니다. 그래서인지 중국인들 모두에게는 어찌되었든 티베트가 사라지면 중국이 상당히 약화될 것이라는 생각이 막연하게나마 있습니다.

텐신 테통 박사 많은 이에게서 티베트운동 전반, 망명사회에서 티베트인들이 벌이는 노력은 티베트 문제의 기본적인 사항들을 부각시켜 민족자결원칙에 관심을 집중시키는 것을 주안으로 삼아야 할 것이라는 제안을 여러 번 받았습니다. 초기에는 국민투표에 대한 토론을 많이 벌였지만 자결권을 비롯해 티베트인의 희망을 규명할 취지의 국민투표에 대한 논의는 없었습니다. 저는 티베트100인위원회를 비롯해 티베트 사회단체 여럿에 이 문제와 관련 있는 티베트인과 함께 논의를 시도했으며 최근 몇 년간 쳇바퀴만 돌리듯 하며 아무 발전이 없거나 있더라도 눈에 띄지 않는 것을 보고 우리의 근본목표가 무엇인지 재조명할 필요성을 부각시켰습니다.

리처드 블럼 현실 정책의 견지에서 볼 때 달라이 라마의 추종자들이 티베트 해방을 바라는 것은 전적으로 비합리적입니다. 성하는 간디의 비폭력 전통을 따르는 사람으로서 중국인들에게 수월한 상황을 만들어주었습니다. 더불어 다수의 티베트인들이 사형당하는 것을 막았습니다. 일정 수위의 광기에 도달하지 않고서는 티베트인들로 병력을 구성해 세계 최강의 군사대국들과 맞서, 승리는 고사하고 조금이라도 버틸 수 있다고 생각할 수 없을 것입니다. 티베트 사람들이 고유의 종교, 문화, 언어를 지킬 수 있는 자치 지역이 이상적인 결과일 것입니다. 개인적인 생각이지만, 중국이 스스로 대대적인 변화를 단행하지 않는다면 티베트 지역의 민주화와 자주화는 어려울 것입니다.

오빌 쉘 실질적이고 현실 정책적인 입장에서 중국이 회유적일 필요는 없습니다. 달라이 라마가 정말로 신기하고도 존경스러운 점이 바로 그 때문이지요. 그는 어떻게 해야 승리할 것인가 하는 전략 말고도 다른 고민을 해야 하니까요. 그는 복잡한 방정식을 풀어야 합니다. 어떤 공식을 쓰면 이길 수 있을까? 그 공식이 타인과 미래에 어떻게 작용할까? 그가 머리를 싸매고 문제를 풀고 있건 말건 중국은 콧방귀도 안 뀝니다. 그들은 도대체 언제 끝날까, 어떻게 하면 손도 까딱 안 하고 승리할 수 있을까 하는 생각밖에 없습니다. 그러니 우리는 상이한 두 세계의 충돌을 보고 있는 것입니다. 제3자의 입장인 우리가 "중국이 이길 거야. 힘이 세잖아. 티베트 따위를 누가 알아줘? 그리고 달라이 라마 그 사람 말이야. 사람이 좀 엉뚱해" 할 수도 있습니다. 중국을 승리로 이끄는 것은 바로 그러한 시각입니다. 중국은 달라이 라마가 어떻게 하면 죽는지 알고 있습니다. 그렇게 된다면 그것으로 모든 것이 끝입니다.

하지만 다른 관점으로 보면 그들은 패배하게 되어 있습니다. 중국이 질 수밖에 없는 이유는 세계를 평화롭고 행복한 곳으로 만들 모델을 제시하지 못하기 때문입니다. 왜 그런 것도 이해하지 못할까 싶지만 정신적, 종교적, 윤리적 고찰을 도울 만한 집성체가 없으니 당연한 일입니다. 중국인들에게는 윤리, 도덕적 행동관념을 담은 유교가 있었지만 스스로 파괴한 지 오랩니다.

리처드 블럼 베이징에 간다면, 특히 상하이에 간다면 제1세계에 산다고 생각하는 사람들이 늘어나는 것을 볼 수 있을 것입니다. 그곳 사람들은 하고 싶은 말은 무엇이든 합니다. 심지어 정부에 대한 비판도 애매모호하게만 한다면 문제될 것이 없다는 생각입니다. 티베트자치구, 특히 티베트 동부에 해당되었던 곳에서는 티베트인들과 중국인들이 꽤 그럴듯하게 어울려서 삽니다. 반면 무장기지를 방불케 하는 라사에서는 조건이 상당히 제한되어 있습니다. 티베트인들의 최대당면 문제는 2류 혹은 그 이하의 시민으로 취급받는 것입니다. 카트만두의 미국히말라야재단에서 우리는 티베트에서 젊은이란 젊은이는 모조리 탈출해 오는 것을 볼 수 있습니다. 과거에는 종교와 문화억압 때문이었지만 그런 탈출자들은 갈수록 줄어들고 교육과 취업기회 박탈 때문에 탈출하는 사람들이 갈수록 늘고 있습니다. 현대화가 문제에 한몫 톡톡히 한 것이지요.

로널드 B. 소벨 박사 옛날이야기 하나 해드릴까요? 한 할아버지가 떡갈나무를 심고 있었습니다. 떡갈나무 씨앗인 도토리를 땅에 묻고 있었지요. 한참 어린 남자가 지나가면서 할아버지가 도토리를 심는 것을 보고는 다소 버릇없이 물었습니다. "뭐하고 계시는 겁니까? 다 늙은 양반이. 이 도토리가 떡갈나무는 고사하고 떡갈나무 묘목이 될 때까지라도 살 수 있을 것 같소?" 할아버지는 "젊은이 말이 옳네. 하지만 내가 덕 보겠다고 심는 게 아니야. 우리 자식들, 우리 손주들, 우리 증손주들, 증손주들의 손주들, 또 그의 증손주들 좋으라고 심는 것일세."

달라이 라마는 현실 정책의 세계를 잘 알고 있습니다. 자신의 생애 동안 탈환의 꿈이 이루어지지 않는다고 해도 유대인 지도자들과 그들을 따르는 유대인들이 19세기 동안 꿈꾸고 꿈꾸고 꿈꾸고 또 꿈꿔서 결국에는 꿈을 실현시켰다는 것을 알고 있습니다. 중요한 것은 희망을 버리지 않는 것입니다. 희망을 살려 간직한다면 희망이 현실이 될 날이 올 것입니다.

우리 생애에 실현될 수 있을까요? 성하 생전에 실현될 가능성은 극히 적으리라고 봅니다. 2005년에 그는 일흔입니다. 먼 옛날 시편을 쓴 사람이 이렇게 말했지요. "우리의 연수가 70이요, 힘이 있으면 80이다." 힘으로 따지자면 달라이 라마 14세만한 사람이 없을 것입니다. 거기에 현대 의술의 발전으로 그는 70을 넘어 80뿐 아니라 그 이상도 바라볼 수 있겠지요. 그리고 그 힘으로, 사명의식과 품성의 힘으로, 또 하나님의 뜻으로 그리하리라 믿습니다. 그는 몇 년 안 가 하나님이 우리에게 내린 연수를 모두 채울 것입니다. 하지만 한평생 모든 꿈을 이루고 가는 사람이 어디 있던가요?

중국은 우리가 상상도 할 수 없는 일이 벌어지지 않는 한 자세를 낮추지 않을 것입니다. 정치적으로도 사회적으로도 경제적으로도 그럴 가능성은 희박합니다. 하지만 그렇다 하더라도 도토리를 심던 노인처럼 달라이 라마는 사람들을 만날 것이고, 그러한 만남은 계속해서 심어질 씨앗들입니다. UN에서 연설을 하면서, 노벨평화상을 받으면서, 미국 대통령을 만나면서, 외국의 외무장관을 만나면서 그는 씨앗을 심는 것입니다.

달라이 라마의 종교적 메시지를 세계로

리처드 기어 그것은 어떤 스승을 모시느냐에 따라 차이가 큽니다. 나는 가장 먼저 선불교에 발을 들였습니다. 정말 강한 전통의 불교입니다. 티베트 불교처럼 심성 지향적이지는 않지만 선불교에는 정말로 포근한 것들이 있습니다. 포근함이라는 단어가 지닌 최선의 의미, 가정, 양육, 자비, 사람 사는 맛을 느낄 수 있습니다. 이제 포근함과 함께 정말 정말 엄격한 정신세계의 영향도 받게 되었습니다. 지혜와 자비의 양 측면이 조화롭게 작용하는 것이 티베트 불교입니다. 티베트 불교에는 정신 자체를 들여다보면서 다층으로 구성된 의식을 과학적으로 관찰해서 의식이 무엇인지, 문제는 어디에서 떠오르는지, 정신의 특성은 무엇인지 등의 매우 심오한 문제를 해결하는 엄격한 정신 수양이 있고, 그들은 정신의 모든 구석구석을 살피며 과감하게 정신

세계를 탐험합니다. 티베트 불교는 균형이 잘 잡혀있는 것이 특징입니다. 자비심도 상당히 강조하고요. 자비심을 비롯해 보리심(bodhichitta, 착한 마음, 이타주의)*과 관련된 법회는 참가하기가 하늘에 별따기입니다. 자비와 사랑을 느끼며 가슴 깊이 파고드는 순수한 기쁨 때문에 눈물을 흘리지 않는 사람이 없습니다. 진짜 티베트 스승들을 만나면 처음 느끼는 것이 그것입니다. 세상 그 무엇보다도 내가 행복해지기를 바라는 사람들입니다.

알렉산더 버진 박사 당대 최고의 스승들과 망명길에 올랐습니다. 이런 고승들 중 몇이 그 이전에 서양과 접촉했겠습니까. 50년대에 몇 명 있기는 했지만 극도로 적은 수였습니다. 이제는 세계적인 현상이 된 불교의 인기와 그에 대한 이해는 그런 위대한 스승들과의 접촉이 없었다면 지금 같지는 않았을 것입니다.

체링 샤캬 어떻게 보면 불교는 넉넉한 자들의 종교입니다. 불교는 즉각적인 해답을 제시하지 않습니다. 훨씬 관조적이랄까요. 불교의 기원을 놓고 보더라도 불경의 주요 배경은 도시환경입니다. 도시 이야기, 상인 이야기들이 나오죠. 반면 힌두교 등의 다른 종교 경전을 보

---

* 한국에서 보리심이라고 하면 깨달음을 얻으려는 마음 혹은 깨달음을 얻은 마음 상태를 말한다. 하지만 편집자가 보디치타를 착한 마음 혹은 이타주의라고 주를 단 이유는 혼자 득도하겠다는 소승불교적 태도가 아니라 모든 중생이 깨달음에 이를 때까지 자신의 해탈마저 미루는 태도라는 달라이 라마의 대승불교적 해석 때문이라고 보면 되겠다〈역주〉.

면 이야기가 전원에서 펼쳐집니다. 농촌사회의 종교로 시작한 것입니다. 꼭 저만 그런 뜻을 가지고 있는 것은 아니지만 불교는 인도의 도시환경에서 발생했습니다.

불교의 세계 전파경로를 보더라도 마찬가지입니다. 불교는 사회의 최고 풍요기에 흘러들었습니다. 불교가 인도에서 최고의 인기를 누렸던 때는 인도 제국의 전성기였던 아소카왕(Asoka 혹은 Ashoka, 인도 마가다 왕국의 왕, 재위 기원전 273~232) 치세 때였고, 중국에서는 중국의 황권이 최절정에 달했던 당조 때였습니다. 티베트도 마찬가지로 불교가 가장 번성했던 때는 황권이 절정에 있었던 17세기와 18세기였습니다. 따라서 불교는 항상 도시 사회에서 부를 통해 힘을 얻은 사람들에게 인기 있었다고 해도 과언이 아니겠습니다.

서구에서 불교가 대중화된 것도 그들의 부 때문입니다. 불교는 아프리카나 라틴아메리카 등 가난한 제3세계 국가에서는 그리 인기를 끌지 못합니다. 빈자들에게 '참선하고 관조한다면 구원을 얻을 것이다' 하고 말한다면 솔깃해 할까요? 따라서 미국 불교회가 생긴 것이 놀랄 일은 아닙니다. 그 많은 부와 명성을 얻는 다음에는 뭐지, 하는 의문이 들었을 테지요. 불교에서는 전부라고 할 수는 없지만 그런 의문들의 해답이 있습니다. 그러니까 불교를 접할 수 있는 이때에 서양의 부자들이 불교에 관심을 갖고 자신의 정신상태나 행위 등을 살펴보게 되는 것도 놀랄 일이 아니죠.

수랴 다스 라마 서양의 불자 대부분은 중산층의 백인입니다. 물론 이유가 있지요. 딱히 마음에 드는 상황은 아니지만 연이 그렇게 밖에 안 되는 것이니 어쩔 수 없습니다. 불교는 유럽과 아시아에서 서부와 동부 해안을 거쳐 들어왔지만 남부를 통한 유입은 없었습니다. 자연히, 시간 여유가 있어서 책을 읽거나 공부하거나 법회나 모임에 참가할 수 있는 사람들이 먼저 접하기 시작했습니다. 우리도 문제라고는 생각합니다. 여러 도시의 중심가에 선원을 지어 놓고 유색인종을 위해 그리스도교의 묵상회와 비슷한 집회도 열어보고 스페인어 법회도 열고 많은 시도를 해보았지만 보통 어려운 일이 아니었습니다. 또 불교는 꼭 그렇게 해야만 하는 것은 아니지만 속세와 떨어져 혼자서 수행해야 할 필요도 다소 있습니다. 아이 셋 있는 편모에게 잘 들어맞는 종교는 아니지요. 미국, 특히 남부에서는 그런 엄마들이 자식들을 데리고 개신교 교회에 가는 것이 어려운 일이 아닙니다. 음악이 있잖아요. 장시간 침묵하거나 참선하거나 철학공부를 하거나 설법을 들을 일이 없잖아요.

툽텐 소파 린포체 라마 스님 망명으로써 오히려 법을 티베트 밖 유럽, 미국 등을 비롯한 서구 국가에 널리 전할 기회가 커졌습니다. 또한 그것이 가능했던 이유는 달라이 라마 성하의 지혜와 자비에 넘치는 공덕 때문이기도 했습니다. 성하는 원대한 지혜로 전 세계를 이롭게 하셨습니다. 서구 대소 국가들의 많은 사람들, 빈자들에게도 행복을 가져다주시고, 그들의 문제에 대한 답도 주시며 단지 옥체와 옥안을 보여주시는 것만으로도 평화와 행복을 가져다주십니다.

A. 제임스 루딘 랍비 세속적인 유대인들과 세속적인 천주교인들은 성전에 가서 고해도 하지 않고 '9일 기도'도 하지 않고 자제들을 교구 학교에도 보내지 않고 미사에 참석하는 일도 극히 드물지만 바티칸에 가면 오라(aura)를 봅니다. 특히 유대인들은 더 그렇습니다. 교황을 보며 그의 손길을 원하고 일부가 되고 싶어하는 것은 그것이 유구한 역사이기 때문입니다. 달라이 라마의 경우에는 거대한 궁도 없고 바티칸과 비교될 만한 것도 없습니다. 하지만 유명인이지요. 혹자는 그를 신 혹은 신적인 존재로 보기도 하고요. 하지만 그 때문에 그가 발산하는 광채는 사라집니다. 세속 사회나 이단 사회에서도 신성한 것에 대한 필요가 있습니다. 이곳은 신성한 곳이고 이 사람은 신성한 사람, 성스러운 사람이라고 말할 거리를 바랍니다. 랍비인 저조차도 그런 대접을 받은 적이 있습니다. "제가 문 열어드릴게요, 랍비님" 하는 식으로요. 물론 달라이 라마와 비교한다면 정도가 약하기는 하지요. 흰색 칼라를 한 신부들도 마찬가지입니다. 달라이 라마의 품성과 그의 배경에 있는 유구한 역사를 함께 생각해본다면 일상에서 벗어나 그와 접촉하고 일부가 되고 싶은 사람들이 있는 것은 당연합니다. 가족에게 돌아가서 "달라이 라마를 만났는데 말이야. 얼마나 성스러운 사람인지 알지?" 하고 이야기할 수도 있고 말입니다. 이 책이 끝나면 굶주림에 대한 책을 써보시는 것은 어떠세요? 그는 일부 사람들이 지닌 굶주림을 해소한다는 생각이 들지 않으세요?

미키 렘리 달라이 라마가 베나레스(Benares, 인도 동부의 성지) 밖에서 칼라차크라 입문의식을 집전하고 있었습니다. 대략 25만 명이 참가했고 티베트에서 온 사람들도 많았습니다. 칼라차크라가 있을 것을 안 중국 당국은 미리 국경을 넘으려는 티베트인들을 돌려보내는 국경수비대에게 명수당 상여금을 주겠다고 통보했습니다. 국경수비대원을 피하기 위해 산 몇 개를 넘어온 사람도 있었습니다. 성하를 보겠다는 일념으로 심한 동상에 걸려가면서 그곳까지 온 사람들을 봤습니다. 집회는 멋진 종교 체험과 락 페스티벌을 합쳐 놓은 것 같은 분위기였습니다. 법회 중에 비도 내리고 텐트도 날아가고. 사람들에게 왜 그 고생을 하면서까지 왔냐고 물었습니다. 티베트를 가로질러 국경을 넘으며 세 달이 걸려 온 사람들도 있었거든요. 대답은 이구동성이었습니다. "평생 단 한 번만이라도 성하를 직접 뵙고 싶었습니다."

로버트 서먼 교수 저는 항상 그랬습니다. 낯선 땅에 떨어진 이방인인 듯 맹목적인 믿음을 갖는 것은 우스운 짓이라고 생각했습니다. 저는 철학이 좋았습니다. 플라톤에서 비트겐슈타인(Ludwig Josef Johan Wittgenstein, 1889~1951)까지 모두 섭렵했지만 항상 부족하다는 생각을 떨칠 수 없었습니다. 그러다가 불교철학을 접하게 되었고 좋아하게 되었습니다. 자신의 철학대로 살 수 있다는 관념이 좋았습니다. 티베트인들을 만나는 순간 그간 채워 넣을 수 없었던 부족함이 무엇인지 알게 되었습니다. 10주 동안 티베트어도 배웠습니다. 제가 왜 불자가 되었냐고요? 티베트 친구들이라면 '비지각(非知覺) 환생'이라고 말할 것입니다. 알 수도 없고 기억할 길도 없지만, 저도 그렇다고 생각합니다.

리처드 기어 그는 내 스승이라고 확실하게 말할 수 있습니다. 티베트인이 아니라서 그를 만날 때 그들처럼 대하지는 않지만 그는 나의 영적 스승이고 그를 끝없이 존경합니다. 개인적인 스승으로 삼지 못하는 것이 아쉽기는 합니다. 옛날에 그를 알았다면 전통 방식 그대로 직접 배움을 구할 수도 있었겠지만 성하에게는 세계 전역의 제자 모두를 만나 직접 가르침을 내릴 시간이 없습니다. 그와의 관계에서 내가 가장 소중하게 여기는 부분이 바로 법스승과 제자의 관계입니다. 하지만 우리는 정치 전략에 대한 뜻을 교환하는 관계이기도 합니다. 행사 준비도 같이 하고 기술적인 문제에 대한 이야기도 하고 이번 일은 어떻게 할 것이고 프로그램은 어떤 성격이고 어떻게 접근해야 하고 이건 중요한데 저건 그리 중요하지 않다 등 이런 이야기도 합니다. 간혹 스승님으로 모시다가 동등한 위치에 섰다가 다시 되돌아갔다가 하는 게 정말 어렵기도 합니다.

제프리 홉킨스 박사 성하와는 1972년에 처음 만났습니다. 풀브라이트 장학금을 받고 인도로 갔는데 어찌어찌하다 떨어진 곳이 다람살라였고 마침 깨달음에 이르는 단계에 대한 설법을 매일 네 시간에서 여섯 시간 동안 총 16일에 걸쳐 하기로 하고 첫 법회를 시작하기 직전이었습니다. 당시 저는 티베트 불교를 1962년 말에 처음 접했는데, 티베트사원에서 뉴저지의 몽고사원으로 옮긴 다음이었습니다. 그쪽에서

63년에서 68년까지 살다가 대학원에 가서도 계속 그쪽 공부를 했으니 티베트 불교와 연을 맺은 후 10년이 지난 때였고 정말 훌륭한 사람들과 공부한 다음이었습니다.

사실 그가 정부에서 지정한 화신이라는 생각에 박식할 것이라는 기대도 크지 않았고 설법도 그리 신통치 않겠지 하고 있었습니다. 속된 말이기는 하지만 정치, 사회, 경제, 지리, 정말 별별 이유로 화신으로 지정되는 사람들이 많았기 때문이지요. 하지만 녹음기를 갖고, 녹음기 얘기가 나와서 말인데 제가 성하의 설법을 최초로 녹음한 사람일 것입니다. 여하튼 녹음기를 들고 법회에 갈 때는 부정적인 생각이었지만 그를 만남과 동시에 생각이 완전히 바뀌었습니다.

말이 정말 빨랐습니다. 티베트어를 할 때는 영어로 말할 때와 완전히 반대입니다. 빠르게 말하면서도 명확하고 분명하게 뜻을 전하는 것으로 정평이 나있는 사람입니다. 그때의 목소리는 또 얼마나 크고 우렁차던지. 16일 코스의 하루하루가 지나면서 특히 인상 깊었던 부분을 머릿속에 되짚었습니다. 법회 일정이 모두 마무리되고 얼마 안 있어 성하를 알현할 기회가 생겼는데 가르침 중에 흥미로운 부분을 찾았다고 이야기를 내뱉고 나서는 속으로 '아이쿠, 실수했다' 싶더군요. 감히 말도 꺼내지 말아야 할 성하께 그게 얼마나 무례한 행동입니까. 여하튼 어떤 부분이었냐고 묻기에 이야기해줬더니 정말 좋아했습니다. 성하가 학식의 깊이와 넓이가 원대한 사람이라는 점을 그 설법 때부터 알고 서서히 관심을 갖게 되었습니다.

알렉산더 버진 박사 하버드대를 막 졸업할 때였습니다. 철학박사 구술시험을 마치고 풀브라이트 연구원 장학금을 받아 인도로 논문을 쓰러 갔습니다. 인도로 가서 한 달쯤 지났을 때, 그때가 1969년 11월로 기억합니다. 다람살라로 가서 성하를 만났습니다. 조언을 얻을 수 있을까 싶어서 제 논문주제에 대해 이야기했습니다. 제 일생을 다 되짚어 봐도 그때만큼 기뻤던 때는 없었던 것 같습니다. 당시 60년대에는 하버드에서조차도 불교, 특히 티베트 불교를 고대 이집트학 가르치듯 했습니다. 티베트 불교는 죽은 학문이고 문서를 분석해서 그들의 사고방식이 어땠을지 찾아낼 수밖에 없을 것처럼 배웠죠. 성하를 만나고는 티베트 불교 전통이 아직 살아있다는 것을 확신하게 되었습니다. 고문서들이 무엇을 뜻하는지 알뿐 아니라 직접 그대로 행하고 있는 사람이었습니다. 불교에 대한 기존의 태도에서 180도 바뀌어 새로운 장을 전개하게 된 계기였습니다. 아직 살아있는 전통이리라는 기대는 막연히 가졌지만 그와의 대화로써 완벽하게 살아 숨 쉬는 전통이라는 것을 알게 되었습니다.

칠팀 걀첸 게셰 사람들이 센터가 있냐고 물었습니다. 학생들이 함께 공부할 수 있으면 훨씬 좋겠다고 하길래 센터를 시작했습니다. 사무소를 통해 성하께 허가를 물었습니다. 성하는 1979년에 센터를 방문해 가르침을 주셨습니다. 다음날 떠날 것이었기 때문에 그날 저녁에 경호원들이 전갈을 전했습니다. "내일 센터로 가서 티베트 동포들과 오찬을 하겠습니다" 하고요. 점심식사는 성하께서 후원하실 것이라는 이야기도 있었습니다. 전갈을 받고도 믿기 힘들었습니다. 성하는 묵고 계시던 호텔에서 와서 우리와 점심을 먹었는데, 모두 그가 친절하다고 입을 모았습니다. 당시에는 로스앤젤레스에 티베트 사람들이 별로 없었습니다. 한 여덟이 고작이었던 것 같습니다. 가르침을 내리시기 전날 그분에게 걸맞는 왕좌를 준비해 두었습니다. 하지만 오찬회에서 왕좌에 앉기 싫다고 말씀했습니다. "바닥에 방석만 깔아주세요." 우리는 티베트 식으로 먹었습니다. 야채 몇 가지 놓고 가족끼리 점심 먹는 것처럼 먹었습니다. 그리고 성하는 공항으로 떠나셨습니다. 정말 오랜 시간을 같이 보냈습니다.

수랴 다스 라마 제 첫 스승인 예세 라마(Lama Yeshe)께서 달라이 라마 성하를 뵈러가라고 보냈습니다. 72년도였고 그때 스물한 살이었습니다. 아직 젊은 때였고 신기하지 않은 게 없던 때였죠. 열차를 타고 인도를 가로질렀습니다. 예세 라마와 소파 라마(Lama Zopa)의 소개장이 있었습니다. 성하와는 접견실에서 일대일로 45분 동안 만났습니다. 정말 강력하고 고무적인 경험이었습니다. 특히 측근이 따르지 않아 친밀감도 컸고 절을 하는 등의 복잡한 절차도 많지 않았고 이야기를 하는 동안에는 소파에 나란히 앉아 있었으며 떠날 때는 접견실 문까지 배웅받고 악수도 했습니다. 방에는 우리 둘과 테통 게세만 있었습니다. 그가 간간이 통역해주기는 했지만 성하는 영어로 이야기했고 제 일천하기 짝이 없는 티베트어도 몇 마디 섞었습니다. 성하는 정말 대단했습니다. 수수하고 소박한 대단함, 성하의 겉모습이나 주위가 웅장하고 요란했다는 소리는 아닙니다. 정말로 인간답고 아름답고 깊이 있는 분이었습니다. 한참 이야기를 나누다가 그분이 하신 이야기는 평생 기억할 것 같습니다. 알현이 끝나갈 무렵, 사실 인터뷰에 가깝기는 했지만 알현이라고 부를게요, 거의 끝날 무렵 "정말 고맙습니다. 스님을 비롯해 스님과 같은 모든 젊은이들이 먼 곳에서 와 이 보배로운 불법에 관심을 갖고 많은 시간을 들여 수행하고 배우고 깨우치는 것이 고마울 따름입니다. 티베트 동포들을 위한 많은 일을 돌보느라고 너무 바쁘지만 언젠가는 자리에서 물러나 다시 공부와 참선에 정진하는 승려가 될 수 있겠지요." 순간 흠칫했습니다. 완전히 주객전도였습니다. 마치 제가 법의 운전석에 앉은 것처럼 대했으니 말입니다. 자신은 너무 바쁜 나머지 소홀히 하지만 우리처럼 법을 공부하는 사람이 있어서 고맙다는 말씀이었습니다. 겸손 그 자체인 말이기도 했지만 제 평생 그 어느 누구에게도 들어보지 못한 고무적인 말이었습니다.

티베트 불교의 원칙

텐신 카초 스님 카규(Kagyu), 사캬(Sakya), 겔룩파 이렇게 셋이 있는데 모두 뿌리는 인도에서 10세기경에 티베트로 온 인도인 스승 아티샤(Atisha 혹은 디판카라(Dipankara))입니다. '고대종파'라는 뜻의 닝마(Nyingma)파는 8세기 때 파드마삼바바(Padmasambhava)라고도 부르는 구루 린포체(Guru Rinpoché)에 의해 시작되었습니다. 네 종파 모두는 인도의 불교 전성기 후기에 유입되었다는 면에서 서로 유사합니다. 사실 티베트에는 불교가 다소 늦게 들어왔습니다. 불교 유입은 8세기와 10세기에 이루어졌지만 부처님이 살았던 때는 예수가 탄생하기 6세기 전이었습니다. 겔룩파는 가르침과 양식 면에서 다소 차이가 큽니다. 겔룩파는 총 카파 라마에 의해 번성하였는데 그의 일대기를 보면 정말 충만합니다. 그는 학문적 성과도 많이 남겼고 수행도 오래하고 제자들도 많았습니다. 여러 사원을 건립하고 한 사람이 평생 그렇게 많은 일을 할 수 있을지 의문이 생길 정도로 정말 여러 공적을 남겼습니다. 하지만 그의 글과 업적에 대한 기록은 잘 보존되어 있어 사실이라는 것을 알 수 있습니다. 겔룩파는 14세기에 살았던 이 스승에 의해 생겨난 것이 확실합니다.

하워드 커틀러 박사 그 정도 살면서 40년이 넘게 가르쳤으면 성하도 옛것만 우려먹는 교수들과 다를 게 없겠지 하고 생각하면 오산입니다. 그는 아직까지도, 개인적으로 나눈 이야기에서 직접 확인했지만, 평생의 신념도 근거만 제시된다면 재평가할 뜻이 있는 사람입니다. 누군가가 불교경전이 잘못되었다는 것을 증명해낸다면 어떻게 할 것이냐는 질문을 한 적이 있습니다. 성하는 증명된 결과가 궁극적이고 확실하다면 그 다음 일은 바뀌는 것이리라고 대답하더군요. 이번에는 콕 집어 이렇게 물었습니다. "환생이 존재하지 않는다는 것이 증명되면 그때는 어떻게 하시겠습니까? 그래도 생각을 바꾸시겠습니까?"

성하는 "먼저 환생이 존재하지 않는다는 것을 증명할 실험 혹은 실증 체계를 어떻게 고안할 생각인지 듣고 싶습니다. 준비가 된다면 함께 살펴보도록 하지요" 하고 대답했습니다.

서양의 눈에 비친 티베트의 신비

린첸 달로 성하는 그런 식으로 생각하지 않으시리라는 생각입니다. 성하는 매우 실질적인 분이십니다. 미신도 절대 믿지 않고 예언 같은 것까지도 믿지 않습니다. 어디에서 설법하시든 간에 "저를 달라이 라마로 생각지 말아주십시오. 특별한 법력을 지닌 티베트의 누구누구로 생각하지 말아주세요. 제게는 특별한 힘이 없습니다. 단지 사람일 뿐이고 지금까지 배운 것을 나누려고 이 자리에 섰을 뿐입니다. 제 생각이 인류에게 이로울 것이라는 것밖에는 없습니다. 그게 제가 나눌 전부입니다" 하고 말씀하십니다. 모르는 것까지 아는 척하지도 않고 티베트에는 뭔가 특별한 것이 있다는 생각도 하지 않으십니다.

피에트 헛 박사 지구상에 남은 최후의 신비로운 땅이라고 생각하는 사람들도 적지는 않습니다. 샹그리라(Shangri-La) 같은 곳을 떠올리면서요. 더구나 중국이 그 땅을 점령하면서 '악자-선자' 대치 모델까지 생겨서 신비성은 증폭됩니다. 어디 그것뿐입니까? 그런 수모를 겪고 있는 나라지만 세계 주요국들은 도와줄 뜻도 크게 보이지 않습니다.

수집된 사실들에 옷을 입혀 보지도 않은 장면들이 영화처럼 줄줄 흘러가기에 딱이지요. 드라마 같은 상황에다가 정말로 남다른 특징을 지닌 달라이 라마까지 있습니다. 1960년대와 1970년대에도 같은 상황이었음에도 불구하고 언론의 주목을 뒤늦게 받은 것이 오히려 신기합니다.

수랴 다스 라마　저 역시 티베트 하면 샹그리라가 떠오르기는 했지만 그렇다고 꼭 이상향으로만 생각했던 것은 아니었습니다. 열네 살 때 서머셋 모음(William Somerset Maugham, 1874~1965, 영국의 소설가이자 극작가)의 『면도날(The Razor's Edge)』을 읽었는데 티베트에 대한 이야기였습니다. 열여섯인가 열일곱 때는 롭상 람파(Dr. Tuesday Lobsang Rampa)의 베스트셀러였던 『제3의 눈(The Third Eye)』을 읽었습니다. 세계의 저 반대편으로 가야겠다는 생각이 들기도 훨씬 전에 그런 책들을 읽었지요. 저는 꼬맹이 때 낯선 세계에 있는 꿈을 자주 꿨습니다. 신기한 일이지요? 처음에는 정말 무서워서 아버지께 달려가 말했더니 "제프리, 그냥 꿈이란다" 했습니다. 예셰 라마께 같은 이야기를 했더니 "어쩌면 스님이 전생에 이곳에 살았는지도 모르겠습니다. 아버지는 평생 유대교를 믿었을지도 모르지만 스님에게는 불교의 지혜를 주셨군요."

조너선 머스키 교수　('미스터리한' 티베트에 대해) 거참, 기가 막히네요. 티베트에 대해 진지하게 생각해본 사람이라면 그런 헛소리에 혹하지는 않을 겁니다. 티베트는 샹그리라가 아니고 그런 적도 없다는 것을 밝힌 책이 이제 열 권도 넘을 겁니다. 이제 꿈에서 깰 때도, 아니 훨씬 지나지 않았습니까? 티베트와 관련해 그런 말들이 물론 있었습니다. 신비주의, 잃어버린 왕국, 그런 것들에 대한 이야기도 많았지만 땍, 헛소리들 집어치우라고 하십쇼. 좀 흥분했나 봅니다. 물론 아직까지도 그렇게 생각하는 사람들이 있는 것은 압니다. 하지만 그렇다고 해서 그들이 나쁘다는 이야기는 아니고, 대부분은 티베트가 다시 한번 멋진 나라로, 그 어떤 곳과도 다른 특별한 나라로 일어서기를 바라고 달라이 라마 역시 멋지고 위대하고 순수하고 성스러운 티베트의 대표자로서 되돌아갈 수 있기를 바라는 마음에서 그러리라고 봅니다.

알렉산더 버진 박사 사람들은 다람살라로 들어가서 세 집단으로 나뉩니다. 가르침만을 위해 온 사람들은 성하와 이야기를 하거나 성하가 다람살라에 지은 티베트도서관(Tibetan Library)이나 다람살라의 선원에 가서 공부합니다. 또 다른 부류는 옛날 생각을 하고 들어와서 여전히 마약을 하는 히피들입니다. 이들은 다람살라에만 머물지 않고 이곳저곳을 돌아다니거나 마음에 드는 한곳에 정착합니다. 수십 년 동안 인도 전역에서 그런 사람들의 발길이 닿지 않은 곳이 거의 없습니다. 대부분 젊은 사람들입니다. 마지막은 펀자브의 열기를 피해 들어오는 인도인 관광객들입니다. 들어와서는 그냥 그들이 힌두어로 다르샨(darshan)이라고 하는 것, 즉 법회 등에는 참가하지 않고 성하나 유적지를 '보는' 축복으로만 끝내고 돌아가는 사람들입니다. 하지만 세계 정치 지도자로서의 그를 보러 오는 사람들은 거의 없습니다. 특별한 일이 있지 않은 이상은요. 이제 성하를 개인 알현하기는 정말 어렵습니다. 성하를 만나려면 긴 줄을 서서 지나가면서 티베트 스카프를 건네는 단체 알현이나 법회에 가는 수밖에 없습니다. 법회는 말 그대로 불법을 가르치는 모임이기 때문에 정치 지도자로서의 모습을 꿈꾸고 가는 사람들은 실망할 수도 있습니다. 기자로 간다면 이야기가 다를 수도 있지만요.

오빌 쉘 중국에는 서양에서 19세기 때부터 있었던 티베트에 대한 환상이 없습니다. 샹그리라, 거대한 산속의 전설적 왕국, 비밀의 정신 세계와 완벽 등과 같은 환상은 없었습니다. 하지만 성격이 조금 다른 환상은 있었지요. 심지어 문화혁명 때도 중국의 오페라와 발레에서 티베트를 그릴 때면 형형색색이 동원돼 이국적인 곳으로 묘사되었고 당 체제의 사회적 구속이 심해지면서는 티베트가 자유롭고 성적으로 개방된 곳이라는 환상이 더욱 커졌던 적이 있었습니다. 티베트에 대한 중국의 전통적인 시각은 다릅니다. 먼 옛날에는 중국 중원의 참된 문명의 혜택을 받지 못하는 춥고 환경이 열악한 오지라고 생각했습니다.

지난 10년에서 15년 동안 도시가 성장하고 더불어 도시생활의 중압감이 커지면서 티베트에 대한 환상에 새로운 요소들이 추가되었습니다. 티베트 유목민들의 자유롭고 다채롭고 성적으로 자유로우면서도 영험한 삶, 티베트에서의 그런 삶을 꿈꾸는 사람들이 증가하는 경향이 있었습니다. 중국인들이 언제든지 티베트를 여행할 수 있게 되면서 그런 환상은 더욱 커져서 우리 서양인들이 갖는 환상과 거의 유사해졌습니다. 이러한 환상은 회화와 소설 등에서도 찾을 수 있습니다. 예술과 문학 작품에서 티베트가 억압, 공해, 물질문명, 신이 살 수 없는 중국 중앙의 저지대에서 탈출할 수 있는 피난처로서 그곳에 가면 산속에서 보다 영험하고 자유로운 삶을 살 수 있을 것이라고 묘사되는 경우가 많습니다. 이제는 거의 알려져 신기할 것이 없는 땅인데도 아직도 우리가 티베트를 미스터리화하고 신화화하는 것은 중국의 점령과 티베트와 불교문화의 파괴 때문입니다. 또한 이제야 공업화, 탈공업화 신드롬을 향하고 있는 중국은 우리 서양에서 19세기 후반에 찾던 것과 똑같은 탈출구, 삭막하고 지저분하고 영혼이 없는 디킨슨적인 도시에서의 탈출구를 찾고 있는 중입니다. 중국이 얼마 전만 해도 가난하고 단조로운 전원생활에서 빠져나올 궁리만 하고 있었던 것을 생각하면 참 재미있는 일이죠? 인생의 바퀴는 그렇게 계속해서 돌게 마련인가 봅니다.

정신적 은사로서의 달라이 라마

툽텐 소파 린포체 라마 스님 달라이 라마는 불교의 전형입니다. 그분은 자비롭고 지혜로우시며 모두에게 현실적이고 겸손하십니다. 모두가 성하를 진정한 지도자로 보는 것이 그 때문이겠지요. 서구 세계의 사람들이 불교를 통해 삶을 이롭게 할 방법을 찾아내기 시작했습니다. 자신을 해하고 남을 해하지 않는 것, 그러기 위한 정신수련이 불교입니다.

츤마 잠파 돌카 성하가 가르치는 사랑, 자비, 친절은 범세계적인 가치입니다. 그는 겸손하게 "제 종교는 친절입니다" 하고 말씀하십니다. 상황이 어떻든 간에 옳은 길은 딱 한 가지, 친절을 행하는 것밖에 없습니다. 성하가 티베트로 돌아가서 그곳에 사는 이들도 이롭게 했으면 하는 바람입니다. 성하는 어떤 모습, 어떤 행동으로도 모든 중생을 이롭게 합니다.

윌리엄 E. 스윙 감독 세계종교연합선도기구에서(세계의 여러 종교로 구성된 UN과도 같은 조직을 만들고 싶다는) 본인의 뜻을 밝혔을 때 충분히 가능한 일이라며 반겼던 적이 있습니다. 예루살렘에서 함께 대담에 참여했을 때에는 정말 오랜 시간 동안 남들 이야기를 들어주는 것을 보고 하루 종일이라도 사람들의 이야기를 들어줄 그의 의욕에 감동했습니다.

로렌스 프리먼 신부 외적이고 지적이고 철학적인 면 모두에서 여러 수준으로 대합니다. 불교와 관련된 이야기도 상대에 맞춘 수준으로 이야기하기 때문에 그의 가르침은 누가 들어도 이해하기 쉽고, 그것이 그가 세계인의 마음을 사로잡는 이유이기도 합니다. 간혹 고리타분하게 들리는 때도 있기는 하지만 조지타운(Georgetown)대학에서 마지막 학기를 가르칠 때 달라이 라마가 워싱턴에 와 대성당(National Cathedral)에서 연설할 때 학생들을 데리고 연설을 들으러 갔습니다. 20여 분의 시간 동안 성하의 말은 귀로만 듣고 생각은 그의 연설을 한 번도 들어본 적이 없던 학생들에게 가 있었습니다. 무슨 생각을 하며 들을까? 그 오랜 시간 줄서서 기다린 보람이 있다고 생각할까? 끝나고 물었더니 학생 하나하나가 다 감명받고 감격했다고 하더군요. 다른 종교 지도자들과는 다르게 솔직하고 재미있게 말해서 좋았다면서요.

체링 샤캬 사람들은 그의 지혜에 굳은 신념을 가지고 있고 그가 하는 이야기는 불교와 불교철학에 대한 깊은 이해에서 비롯된다는 점을 압니다. 이력과 권위가 유효한 요인이기도 하죠. 사람들이 그를 따르는 이유는 단지 그가 달라이 라마로 선출돼 어린 나이에 정권을 손에 잡았기 때문이 아닙니다. 오히려 인간의 특성, 근본적인 문제 등에 대한 그의 이해와 그 깊은 이해를 오랜 수련과 학습으로써 얻었다는 점이 주요한 요인일 것입니다. 티베트 사회 내에서 이야기하고 설법하는 그를 본다면 그의 지식의 심오함을 알 수 있을 것입니다.

서구에서 우리들이 그의 그러한 모습을 보지 못하는 이유는 자리가 마련되었다고 해도 기껏해야 한 시간에서 길어도 두 시간밖에 안 되기 때문입니다. 티베트인들을 위해 하는 설법은 대개 18일에서 20일 동안 계속됩니다. 사람들이 며칠 동안 앉아서 가르침을 받는 것이지요. 그럴 때에는 불교 가르침의 깊은 관념체계까지 파고들어갑니다.

정말 깊이 들어가지요. 하지만 서양 사람들은 달라이 라마의 설법을 바라면서도 즉각적이고 실용적인 문제의 해답을 원합니다. 예를 들면 생태계 문제 등이 있겠지요. 반면 티베트인들은 달라이 라마에게서 훨씬 본질적인 가르침을 구합니다. 인간 존재의 의미 등과 같이요. 티베트인들은 일단의 특정 문제를 들고 가 물으면서 똑 부러진 해답을 요구하지 않습니다. 티베트인들은 사람으로서 살아가는 것이 무엇인지, 존재한다는 것이 무엇인지 등의 생각을 보다 많이 합니다. 서양의 경우에는 '이곳의 나무들을 베어야 할까', '저곳에 댐을 세워야 할까'가 더 큰 문제이지요. 그건 사소한 문제들입니다. 티베트인들은 달라이 라마를 찾아가서 '결혼은 어떻게 해야 할까요', '결혼생활에 문제가 많은데 어떻게 해야 할까요' 하고 묻는 것 역시 안 합니다. 티베트인들은 보다 넓은 시야를 가지고 있습니다.

니컬러스 브릴랜드 스님 성하가 만 명이 넘는 승려들 앞에서 옥좌에 앉아 있는 모습을 누구나 보지 못하는 것이 아쉽습니다. 토론토에서 있었던 일과는 비교할 수 없는 모습입니다. 매일 몇 시간씩 그렇게 앉아 절대 권위자로서 경문을 한 구절 한 구절 가르칩니다. 그들은 성하의 백성입니다. 1959년에 그와 함께 망명한 스님들이고, 지난 20년 동안 산을 넘어 탈출해 인도로 넘어온 스님들이고, 티베트 사회에서 태어나 자란 스님들입니다. 성하는 힘, 정통성, 권위로서 지성과 정신을 가르칩니다. 그들이 바라는 그의 모습은 자신들 앞에 앉아 달라이 라마로서의 역할을 하는 것입니다.

패트릭 프렌치 그는 다른 종교 인사들과 다릅니다. 빌리 그레이엄 (Billy Graham)이나 교황이나 무슬림 지도자들과도 다릅니다. 종교 인사들이 명성을 얻는 이유는 그들이 구체적이고 집약적인 메시지를 전하기 때문입니다. 때로는 인생이 잘못됐다고까지 합니다. 복음주의 기독교운동 때에는 특히 미국에서 어찌나 대단했는지, 인생을 바꾸라고 이야기하면 그 지도자의 지위가 올라갔습니다. 하지만 달라이 라마의 경우는 다르다고 생각합니다. 그는 대중연설에서도 장난을 잘 칩니다. 한번은 런던 연설에서 어떤 사람이 일어나 지극히 분별 있는 질문을 성실하게 했습니다. 달라이 라마가 몇 초 정도 생각했을까요. 그러고는 (패트릭 프렌치는 달라이 라마가 발음을 생략해 한 말을 그대로 따라했다) "아더너(I dunno, I don' t know의 축약음)" 그러더군요. 교황이었다면 상상조차 할 수도 없는 장난이었지요.

A. 제임스 루딘 랍비 마음속에 유함을 담고 겉으로 친절함을 내비치는 사람입니다. 하지만 승복을 벗기고 안경을 씌우고 정장을 입혀 넥타이까지 매주고는 뉴욕 거리에 내놓는다면 누구든 "멋쟁이 동양인이네. 변호사나 회계사 정도는 돼 보이는데" 할 것입니다. 서양인들이 그에게 끌리는 이유는 무엇일까요? 종교, 인생역정, 아니면 그의 사람 됨됨이? 아니면 그것들의 조합일까요? 다른 곳에 놓아볼까요. 코트와 넥타이를 주고 로터리클럽(Rotary Club, 국제 사교단체인 로터리 인터내셔널의 지회)에 보내봅시다. 불교계 대표로서요. 그렇다면 불교의 기본을 친절하게 소개할 것입니다. 보다 종교적이고 정신적인 환경에서

그의 동포들과 있을 때라면 목소리 톤이 다소 강해질 수 있을지 모르지만, 그때조차도 위엄스레 이야기하는 타입의 인물은 아닙니다. 하루는(1999년 11월 11일) 기자회견장에서 그런 모습을 보인 적이 있었죠. 모두 그가 달라이 라마라는 것을 알았으니까요.

유대교와의 만남

말이 많았던 빌 클린턴 대통령의 중화인민공화국 방문 하루 전의 1998년 봄, 달라이 라마 성하는 티베트 해방운동에 대한 대중의 지지를 얻어내기 위해 미국에서 15일을 보내고 중국의 티베트 점령 50주년 행사에도 참가할 일정으로 미국을 찾았다. 워싱턴 D. C., 뉴저지, 보스턴, 애틀랜타, 위스콘신 순방 일정 중 첫날인 4월 30일 목요일, 달라이 라마는 워싱턴 D. C.에 본부를 둔 티베트국제캠페인의 '진실의 빛' 상 시상식이 티베트하우스, 티베트재단, 에마누엘 성전 공동후원으로 열린 맨해튼의 에마누엘 유대교 성전에서 연설했다. 수상자는 마틴 스코시즈와 멜리사 매시선(Melissa Mathison)으로서 각각 달라이 라마 14세의 1937년부터 1990년대 후반의 인생을 그린 영화 「쿤둔(Kundun)」의 감독과 각본작가였다. 티베트국제캠페인의 대표인 존 애컬리(John Ackerly)의 초청으로 성하와 수상자들은 그날 저녁 지성소에 마련된 무대에 올랐고 존 애컬리가 개회사를, 로버트 서먼 교수가 환영사를, 달라이 라마의 가까운 동료인 로디 갸리가 매시선에

340

게 수상을, 유명 영화배우이자 티베트 해방운동가인 리처드 기어가 스코시즈에게 수상을, (UN 미국 대사) 리처드 홀브룩(Richard Holbrooke) 이 성하 소개를 맡았다.

로널드 B. 소벨 박사 우리에게 요청이 들어왔습니다. 에마누엘 성전의 중앙 지성소를 사용할 수 있겠느냐는 청이었습니다. 그 성전은 뉴욕 시 소재의 세계 최대 유대교 예배당이며, 성 요한 대성당(Cathedral of St. John the Divine)과 성 패트릭 대성당(St. Patrick's Cathedral) 다음으로 큰 세계 3위 규모의 교회입니다. 요청을 받고 고민할 필요도 없었습니다. 그의 방문 일정을 맞춰야 하는 일이 있기는 했지만 우리는 요청을 호의적으로 받아줬습니다.

서양에서의 교육센터 설립

췰팀 갤첸 게셰 1950년대에 시작되었습니다. 성하가 방문하셨던 79년에는 제 센터에 100명이 있었습니다. 그 후 84년에 성하를 초청했을 때에는 법회에 1,800명이 왔습니다. 89년에 로스앤젤레스의 칼라차크라 입문의식에 오시라고 했을 때에는 5,000명이 모였고 그 후 매년 늘어났습니다. 그 다음 96년에는 제 요청으로 성하가 와서 거의 7,000명이 모였고 2000년에는 무거운 주제였지만 5일 동안 매일 6,000명이 왔습니다. 그들이 온 이유는 고통에서 벗어나기 위해서였습니다. 그들은 사회 안에서 혹은 가정 안에서 문제가 있습니다. 또한 그들 스스로에게 문제가 없다고 하더라도 서로를 죽이는 등 세상의 막대한 문제를 보고 그것으로부터 벗어나고자 했습니다.

텐신 게펠 인도의 남걀사원에서 보내 이서커로 왔습니다. 우리 스님 중 한 분과 이서커에서 살고 있던 친구들 몇몇이 서구에 남걀사원의 지소를 만들자고 건의해 토론했습니다. 그들은 달라이 라마께서 이서커를 방문한 1992년에 한 번 상의하고 나중에 다람살라로 가서도 상의를 했습니다. 그 후 달라이 라마께서 사람들이 티베트 불교에 대해 배울 수 있는 매우 중요한 프로젝트가 될 것이라고 말씀하셨습니다. 그래서 남걀사원이 1992년에 생겨나게 됐습니다. 아직까지도 남걀사원은 달라이 라마 개인사원의 유일한 서양 지소입니다.

알렉산더 버진 박사 어디에 가서 가르치느냐에 따라 사람들이 다릅니다. 라트비아 사람들은 불교 가르침을 많이 접해보지 못했습니다. 관심도 크고 열성도 있지만 스승을 쉽게 찾을 수 없는 곳, 주로 예전에 공산주의였던 국가나 라틴 아메리카 등지에 가서 가르치는 관행은 제가 시작했다고 할 수 있습니다. 어쨌든 그런 곳에서는 초심자 수준으로 가르칩니다. 하지만 지금 살고 있는 이곳 베를린에서는 포괄적인 코스를 비롯해 정말 수준이 높은 상위 코스도 가르칩니다. 현실에 대한 불교 가르침, 불교에서는 '공(空, voidness)'이라고 합니다. 그런 깊이 있고 자세한 강의를 한 지도 꽤 오래됐습니다.

텐신 카초 스님　저는 공군사관학교의 군종승으로 있습니다. 공군사관학교에 군종승이 생기게 된 것은 신입생도 중 하나가 군종승을 원했기 때문이었습니다. 특히 사관학교의 첫 학년 때에는 생도 교육 일정이 꽉 짜여 있어서 학교 밖으로 나갈 수 없기 때문에 종교생활을 위해서는 학교 내에 종교인이 있어야 합니다. 학생은 불자는 아니라고 밝혔지만 정신적 스승의 필요성을 인정한 학교측은 승낙했고 생도가 인터넷에서 저를 찾았습니다. 연락을 받고는 학교로 가서 그곳에 있던 군종랍비를 만나 그의 부서에 소속돼 함께 프로그램을 짰습니다. 4년을 같이하다가, 생도는 2년 전에 졸업했습니다. 저는 학교에 계속 남게 되었고요. 작은 모임이기는 하지만 매년 계속해서 들어오고 있습니다. 제가 떠나더라도 불교에 관심을 갖고 찾아오는 학생들이 계속 있었으면 좋겠네요. 함께했던 생도 대부분은 신자가 아니었습니다. 하지만 신선하고 개방적이라는 면에서 불교에 관심을 갖고서는 많은 질문을 들고 찾아왔습니다. 일신론적 종교관을 가져서 부처님에 귀의할 생각이 아예 없었던 사람들도 있었기 때문에 모임에서 항상 많은 질문을 해왔습니다.

툽텐 소파 린포체 라마 스님　현재 우리가 계획하고 있는 가장 중요한 한 가지는 전 세계적인 교육체계입니다. 세계적인 문제, 마음으로부터 오는 문제, 불만족 등의 모든 문제를 해결하기 위해서는 좋은 정신과 좋은 심성을 가져야 합니다. 이미 인도와 부하라(Bukhara, 우즈베키스탄의 도시)에 학교가 있고, 외지고 가난한 마을에 학교를 더 지을 계획입니다. 캘리포니아에도 작은 학교가 있습니다.

심도 있게 티베트 불교를 공부하는
많은 서양인들이 느끼는 매력

텐신 카초 스님 여러 종교를 공부하던 중, 정확하게 1973년에 시작했습니다. 티베트 불교 스타일의 불교 가르침인 람림(도차(塗次), 즉 깨달음에 이르는 수행 단계)에 대한 글을 읽었습니다. 정말 큰 영향을 받았던 나머지 바로 출가해 불교센터로 들어가 행자생활을 하며 매일 공부했습니다.

툽텐 최된 스님 이야기가 좀 길어질 것 같기는 하지만 말씀드리자면, 저는 1975년에 법을 처음 접하고도 시간이 좀 지나서 미국을 떠나 인도로 가서 티베트인 사회에서 살기 시작했습니다. 오직 수행에만 전념했기 때문에 아주 오랫동안 성하가 누군지도 알지 못했습니다. 말뜻은 티베트의 종교 계급체제나 그쪽 부분의 티베트 문화를 몰랐다는 이야기죠. 하지만 스승님들께서 제게 성하의 법회에 참석해보라고 하셨습니다. 1977년이었던 같습니다. 하지만 설법 모두는 티베트어로 진행되었습니다. 아직 서구에 잘 알려지시기 전이었기 때문에 영어 통역도 붙지 않던 때였습니다. 하지만 스승님들께서 가라고 하셨고 그래서 가면 득이 될 것이라는 것을 알았기 때문에 뜨거운 볕 아래에 앉아서 한 마디도 알아듣지 못하고 티베트어로 된 경문 전체를 들었습니다. 그렇게 성하를 처음 만나 뵙게 되었습니다. 만났다고 하기는 뭐하고 거대한 인파에 묻혀 성하와 처음으로 한 공간에 있게 되었다고 표현하는 것이 옳겠네요. 성하에게서 가장 감동적이었던 것은 그분의 가르침이었습니다. 항상 제 마음에 곧바로 와 닿았던 것은 인생에 대한 완전한 접근이었습니다. 성하를 정말로 좋아하게 되었던 이유는 그분이 하시는 말씀이 모두 이치에 맞았고 제 삶에도 도움이 되었기 때문입니다.

그분을 직접 뵙고 당신께서 가르치시는 그대로 수행하고 사시는 모습을 보면서 큰 충격을 받았습니다. 제가 본 바로는 성하는 그 누구를 만나더라도 끊임없이 자비로써 대하셨습니다. 아무리 생각해도 정말로 어려울 것만 같은 상황에서도요. 수년 동안 티베트인들에게 티베트어로 말씀하시는 자리에 갔는데 처음 참석할 때부터 성하는 한 번도 빠짐없이 "중국을 미워하지 마십시오. 그들이 우리의 조국을 파괴했을지라도 그들이 우리를 고문했을지라도 그들을 미워하지는 마십시오. 폭력도 행하지 마십시오" 하고 말씀하셨습니다. 요즘의 젊은 세대 중 다수가 그런 말을 듣기 싫어한다는 것을 아시면서도 성하는 계속해서 같은 메시지를 전하십니다.

달라이 라마를 완전히 따르기 위해서는
불교신자가 되어야 하는가?

제프리 홉킨스 박사 어려운 질문이네요. 그는 불자입니다. 따라서 불교적 관점이 최고라고 생각할 것이 당연합니다. 그가 낸 책 몇몇에서 불교수행을 통해 깨달음을 얻는 이야기도 소개하고 있고요. 하지만 작가님이 그에게 똑같이 성하의 가르침을 완전히 따르려면 꼭 불교신자가 되어야 하는 것인가요 하고 묻는다면, 그는 아마 자비심만 가질 수 있다면 불자가 될 필요는 없습니다 하고 대답할 것입니다. 깨달음에 이르는 데에 얼마나 걸리는가 하는 문제는 매우 장기적인 시각으로 보아야 할 일입니다. 그의 체계를 그대로 따르자면 '완전히'라는 말은 이 생에서 성취할 수 있는 것과 관련해 이 생에서 체계를 끝까지 따르는 것을 의미하지 않을까요? 그리스도교인, 무슬림, 유대인 등이나 무신론자들이라면 발전이라는 측면에서 성취할 수 있는 것은 불교신자들과는 다를 것입니다. 따라서 그를 완전히 따르기 위해서는 불교신자가 되어야 하는가 하는 논제는 덫으로 작용할 수도 있습니다.

알렉산더 버진 박사 불교 가르침을 통해 사람들이 얻을 수 있는 혜택의 범위는 큽니다. 성하는 사람들의 기본 신앙체계와 관계없이 누구에게든 득이 될 방법이 있다고 합니다. 그 방법을 기꺼이 나누려고도 하고요. 성하는 모든 문화, 종교, 철학, 수행체계가 지식과 경험을 함께 나누어야 한다고 생각하고 있습니다. 따라서 그 정도 범위 내에서라면 그러한 방법을 익히고 수련하는 것은 보다 깊이 있게 들어간 불교 가르침을 따르는 것보다 쉬울 것입니다.

불교는 기본적으로 타인과 자신에게 부정적이고 파괴적인 습관을 없애고 스스로의 약점과 단점을 인식하고 보다 긍정적인 자질을 개발하는 훈련과 관계 있습니다. 친절하고, 사려 깊고, 민감하고, 자비로운 품성을 균형 있게 발전시키는 것은 물론이고 파괴적으로 행동하지 않고, 집중력을 유지하고, 마음이 산란하거나 나태해지도록 두지 않는 훈련과 더불어 욕심, 화, 시기심, 증오심, 자만심 등의 감정에 영향을 받지 않도록 단련하는 등의 여러 가지 훈련을 해야 합니다. 불교인이 되려면 정말 엄청난 노력을 해야 하는 것이지요. 그리고 실제로 벌어지는 상황이 아니지만 그것에 반응해 행동하게 만드는 환상의 심상도 인식할 줄 알아야 합니다. 예를 들면 편집증 같은 것들이 있겠죠. 이런 심상을 몰아내고 이 세계와 우리에게 실제로 어떤 일이 일어나는지 인식하는 훈련도 해야 합니다. 따라서 불교도의 길을 그대로 따르기를 바란다면 엄청난 노력과 훈련을 할 각오를 해야 할 것입니다. 성하는 그런 것을 감추거나 희석시키지 않습니다. 그는 사람들에게 불교가 쉽다고 이야기하거나 가장하는 일은 절대로 하지 않습니다. 보다 피상적인 불교 가르침으로도 우리가 혜택을 입을 수 있다고 말할 뿐입니다.

서양인이 장기간 공부하지 않고도
불교 수행자가 될 수 있는가?

리처드 기어 불교는 끝없는 정진입니다. 일단 발을 들이면 공부를 계속 해야 하지요. 어느 정도 편안한 마음이 생기는 상태까지 가는 것은 그리 어렵지 않다는 것이 어떻게 보면 불교수행의 문제입니다. 시간을 좀 들이면 그런 기법들을 배우고 사용해 꽤 많이 행복해지고 즐거워질 수 있습니다. 마음 자체가 변화하기 시작해서 일반적으로 모든 일에 크게 구애받지 않게 됩니다. 그러면서 삶이 나아집니다. 하지만 불교는 그것으로 끝이 아닙니다. 불교는 '완전한 변형'에 대한 종교이며 근본적인 변화는 궁극적으로 해야 할 일입니다. 이루어내기까지 수행을 멈춰서는 안 됩니다.

조너선 머스키 교수 티베트 불교를 특별하게 만들었던 특성은 서구에 유입되면서 이미 상당히 변했습니다. 많은 사람들이 티베트 불교라고 여기는 것은 50년이나 100년 전의 티베트 불교와는 많이 다릅니다. 과거의 티베트 불교에 대한 문서를 읽고 이해한 바로는 서양의 티베트 불교는, 티베트 망명정부도 한몫 거들었다고 생각하는데, 서구인의 구미에 맞춰 이해하기 쉽게 만들어진 것입니다. 티베트 불교에는 서양인들이 이해하기 어려운 부분도 많고 이해한다면 거부감을 느낄 부분도 상당히 많습니다. 따라서 서양에서 변형된 티베트 불교는 우리 서양인들을 위한 것이지 티베트인의 불교와는 다른 것이지요. 달라이 라마가 중요하게 여기는 것들에 대한 강연에 몇 번 참석하기도 했는데, 쉬운 이야기가 아니었습니다. 하나도 이해할 수 없더군요. 정말 어렵고 힘들뿐더러 사람들이 티베트 불교라고 여기는 것은 실제 티베트 불교의 완전한 모습이 아닙니다.

쵠마 잠파 돌카 신의 부름을 받는다*는 것이 어떠한 것인지 알게 되었습니다. 운이 좋아서 달라이 라마 성하의 가르침을 따르는 훌륭한 스승님의 가르침을 받을 수 있게 되었고, 스승님처럼 되겠다는 생각이 들면서 제 인생의 목표가 완전히 바뀌었습니다. 스승님은 친절과 자비를 행하고 중생을 돕고 선한 마음을 가지라는 부처님 가르침을 하루도 빠짐없이 실행에 옮기셨습니다. 또 다른 제자들과 똑같이 가르침을 주신 것도 참 고마웠습니다. 여러 제자 중의 하나구나 하는 생각만 들었지 제가 여자라서 다르게 느꼈던 적은 거의 없었습니다. 인도의 사찰에서 같이 공부하던 법우들과 평등한 대우를 받았고 여자라고 봐주는 것도 없어서 좋았습니다.

달라이 라마 성하에 대해 말씀드리자면, 그분의 설법을 인도와 미국 두 곳에서 들을 수 있었습니다. 두발이 있는 상태의 가장 마지막 사진은 계를 받기 5일 전쯤에 찍었습니다. 스승님과 저는 인도 남부의 한 사원에 있었습니다. 스승님과 저와 법우 한 분이 그곳에 갔고 스승님이 성하께 특별히 청을 넣어 친히 오셔서 우리 센터를 축복해

---

* 수계나 발심 정도로 생각하면 되겠다〈역주〉.

주셨습니다. 그래서 성하와 함께 단체 사진을 찍었습니다. 며칠 내로 계를 받기로 되어 있던 터여서 제게는 정말 의미 깊은 일이었습니다.

원리를 확실히 이해하기 위해서는 티베트어가 유창해야 하는가?

리처드 기어 잘 못해도 큰 상관은 없던데, 별 차이를 못 느끼겠습니다. 벌써 이만큼의 변화가 있었던 것을 보면 꼭 그렇지만은 않은 것 같습니다. 툽텐 진파 랑리는 성하의 수석 통역관입니다. 인도에서 그가 스님으로 있을 때, 아주 젊은 때였죠. 성하를 위해 영어 번역을 시작했던 때가 생각나네요. 우리는 아직 초기 단계에 있었습니다. 티베트 불교에 발을 들인 때가 1980년대 초였는데 그때는 사람이 손에 꼽을 만큼 밖에 없었습니다. 몇 개 단체에서 모인 작은 그룹이었지요. 버지니아대학의 제프리 홉킨스를 필두로 뉴저지의 게셰 완걀(Geshe Wangyal)을 나온 사람들도 있었고 제프리와 로버트 서먼과 다른 몇몇이 전부였습니다. 그러니까 팀을 조직해서 본격적으로 영어 번역을 시작한 것은 꽤 최근의 일이죠.

겔룩파를 시작으로 한 총 카파 라마의 경전 번역 기금은 내가 조성해서 러시아어로 옮겼습니다. 그게 15년 전의 일이었고 영어 번역본은 불과 2년 전에 나왔으니까 아직도 시작 단계라고 봐야겠죠. 몇백

년쯤 지나 우리 후세들이 이때를 이야기할 수도 있겠죠? 그때 번역서들이 처음 나오기 시작해서 번역가들을 거치며 용어들이 고정되기 시작했다더라, 이 단어, 이 개념은 어떻게 번역할 수 있을까, 지금 우리 시대에도 그때의 위대한 번역가들이 있을까 하는 이야기를 하겠죠? 물론 그럴 것이라고 봅니다. 정말 시처럼 아름다운 글들이 많습니다. 툽텐 진파가 정말 큰일을 해내고 있습니다.

알렉산더 버진 박사 각자의 흥미와 언어능력에 달렸다고 생각합니다. 언어를 이해하는 것도 중요하지만 티베트어 공부에 시간을 빼앗겨 경전, 수행법, 참선법 등이 뒷전으로 밀린다면 우스운 이야기겠지요. 언어 학습능력이 괜찮은 사람이라면, 티베트어가 쉬우니 다들 책부터 사라고 하지는 않겠습니다. 쉬운 언어가 결코 아닙니다. 하지만 티베트 불교를 심층적으로 공부하거나 연구해보고 싶다면 어렵기는 하더라도 꼭 배우는 것이 좋습니다. 우선 유럽 언어들로 번역된 자료를 찾기도 힘들지만 아직 용어 정립이 되어 있지 않기 때문에 역자에 따라 다른 말들로 인해 혼란스러운 경우가 자주 있을 것입니다. 책한 권을 읽고 또 다른 책을 읽었는데, 같은 티베트어 단어를 번역하면서 다른 말로 썼기 때문에 두 곳에서 얻은 정보를 결합시키기 힘든 것이지요. 그래서 저도 제 웹사이트 berzinarchives.com에 티베트 용어집을 만들어 놓았습니다. 심층적으로 공부하고 싶은 사람이 있다면 티베트어를 할 줄 몰라도 정리해 둔 용어만 가지고도 뜻을 어느 정도 파악할 수 있으리라고 봅니다. 티베트학 학자들이나 번역가와 작자 등이 번역할 때, 기술 용어 같은 것들은 괄호를 치고 원문을 넣어준다면 서로 다른 말을 쓰더라도 사람들이 다른 출처의 자료들을 서로 비교, 보충해서 보는 데에 어려움은 없을 것입니다.

번역하는 사람들이 용어 통일을 하게끔 만들 방법은 없습니다. 하지만 적어도 괄호 안에 원문을 함께 사용하게 한다면 혼동은 최소화할 수 있으리라는 생각입니다. 제 스승님이셨던 세콩 린포체(Serkong Rinpoché) 스님이 힘주어 하신 말씀이 있습니다. 이미 표준어와 방언 몇 개를 공부하고 통역 일을 하던 때에 한 말이었습니다. "그 어떤 스승이라도 자네가 공부하고 싶은 것을 전부 가르쳐 줄 시간은 없을 걸세. 보다 앞으로, 보다 깊이 나아갈 유일한 길은 스스로 원문을 읽을 수 있는 능력을 갖추는 것 외에 없네. 스스로 공부하고 난 다음에 의문이 생기는 부분을 풀어줄 스승을 찾기는 쉬워도 그 방대한 경문을 한 자 한 자 모두 설명해줄 사람은 찾기 힘들 것이야."

니컬러스 브릴랜드 스님 인도로 건너가 사원에 들어갔을 때에는 신자가 아니었습니다. 티베트어도 할 줄 몰랐고요. 제가 있던 사원은 들어가기 얼마 전에 재건축되었는데, 티베트에서는 스님들이 350명 정도 있던 꽤 큰 사원이었습니다. 스님들이 정말 많은 도움을 주셨습니다. 제 연구가 얼만큼 진행되느냐는 스님들의 도움에 달려 있을 정도였죠. 제 티베트어 실력은 스님들과의 토론을 통해서 늘었습니다. 수영을 배울 때 강사가 점점 깊은 쪽으로 밀어 넣지 않습니까? 그런 식이었습니다. 단조로운 삶이었습니다. 음식도 보잘 것 없고 물도 거의 없고. 공부를 중심으로 돌아가는 생활이었지요. 매일같이 5시 30분에 일어나 방에 앉아서 한 줄 한 줄 계속 반복해 읽으면서 경문을 외웠습니다. 동료 승려들은 하루에 100페이지도 외우던데 저는 스무 장도 힘들었습니다. 그렇게 외운 것으로 초저녁쯤 되면 모여서 토론을 했습니다.

타종교인의 불교 개종

툽텐 최된 스님 스스로를 불자라고 부르든 그렇지 않든 상관 없습니다. 개개인의 수행이 보다 중요하니까요. 다른 종교를 믿는다고 하더라도 불교의 가르침에서 많은 것을 얻을 수 있습니다. 사랑을 돋우고 자비심을 수양하고 분노를 다스리고 시기심을 다스리고 마음을 차분하게 가라앉히고 집중하는 명상법과 가르침에는 어려운 용어는 하나도 없습니다. 단지 방법에 대한 설명일 뿐이니까 타 종교인도 와서 듣고 자신의 종교관 내에서 연습하면 됩니다. 한번 끝까지 해보고 싶다는 생각이 든다면 그때, '저는 불자입니다' 해도 됩니다. 하지만 자신의 취지가 무엇이었는지 분명히 해두어야 합니다. 불교에서는 어떤 종교를 믿는 사람에게도 적용될 수 있고 인간으로서 당신을 이롭게 할 수 있는 몇몇 것들만 수행할 수 있습니다. 예를 들어 불교에서의 최종 목표는 깨달음입니다. 깨달음이 가능하다고 믿지 않는 사람이라면 깨달음을 목표로 하지 않으면 되는 것입니다. 그러다가 어느 시점에서 최종 목표에 대한 불교 가르침에 대해 듣는다면 그때 생각해보면 됩니다. 깨달음이라는 것이 정말 있을까? 가능한 것인가? 얻을 수 있을까? 얻는 방법은 뭐지? 그런 생각이 든다면 한번 살펴보는 것도 좋을 것입니다. 자신이 그렇다고 할 때에만 깨달음은 실행 가능한 목표가 될 것이고 깨달음을 위한 불교 가르침을 따르기로 결정하는 것은 그렇게 목표가 선 다음에 하면 될 것입니다.

윌리엄 E. 스윙 감독 달라이 라마가 지닌 신비주의적 요소에 이끌려 '나도 한번 해볼까' 하고 승복을 입는 사람도 있는 것으로 알고 있습니다. 달라이 라마는 단호하게 이야기할 것입니다. 2류 불교신자가 되려거든 1류 유대인이 되고 1류 그리스도교인이 되라고요. 불교에서 배우고 싶은 것만 배우고 돌아가라고 할 것입니다. 그는 세계 불교화를 이야기하지 않습니다. 그의 메시지에는 다른 종교에 대한 존경도 담고 있습니다.

패트릭 프렌치 그가 서구인이 불교로 개종하는 것을 꼭 좋은 일이라고만은 보지 않는 이유는 불문에 입문했다고 하더라도 수행을 이어나갈 사회 제반구조가 갖추어져 있지 않기 때문입니다. 한껏 열이 올라서 개종했는데 새로 받아들인 전통을 함께할 커뮤니티를 찾지 못한다면 얼마나 허망하겠습니까. 티베트 불교의 겔룩파 종을 따르기로 했다고 해봅시다. 겔룩파 종은 지극히 종교적인 시스템입니다. 수행 과정도 보통 버거운 것이 아니고 윤리 기준도 꽤 높습니다. 새로운 지평을 본 것 같은 생각에 흥분해서 그런 것들일랑 저 너머 산으로 보내는 사람들이 많습니다. 제 책에서도 소개한 바 있지만 달라이 라마는 성윤리에 관해서 꽤나 엄격합니다. 일례로 동성애는 절대로 인정하지 않습니다. 하지만 그의 문화 맞춤형 설법에서는 그런 입장을 취하지 않을 것입니다. 따라서 우리가 직접 듣는 것의 대부분은 달라이 라마가 특정 시장을 공략해 살을 붙이고 모를 다듬은 신(新) 버전 티베트 불교인 것입니다. 그도 부인하지는 않습니다. 달라이 라마와 주변 사람들과 직접 이야기해봤던 문제입니다. 사람들이 그 신 버전, 특히 신 버전이 담긴 책, 그가 직접 공개 강의에서 재탕 삼탕한 이야기를 들이민다고 하더라도 달라이 라마는 크게 상관하지 않을 것입니다. 설마 싶지요? 하지만 분명 달라이 라마가 가지고 있는 면입니다. 달라이 라마는 그 부분에 대해서 생각 좀 해봐야 할 것입니다. 어쩌면 그 주위의 사람들이 더 생각해봐야 할 일인지도 모르겠네요.

린첸 달로 성하는 서구를 방문하면서 불교를 포교하지 않으십니다. 하지만 몽골 같은 불교국가에 가시면 오랜 불교 전통을 고이 간직해야 한다는 뜻을 보이십니다. 종교적 가르침을 달라는 부탁을 받을 때, 그들이 이교도들이라면 먼저 "각자의 종교 전통을 지키시기 바랍니다" 하고 말씀하십니다. 항상 확실하게 필요하다고 느끼지 않는다면 개종하지 말라고 당부하십니다.

로렌스 프리먼 신부 그 부분에 있어서도 표리가 없는 사람입니다. 우선

한 가지 이유는, 그는 서양인들이 불교신자가 되기 힘들다는 것을 알고 있습니다. 성제*만 놓고 보더라도 받아들이기가 힘듭니다. 불교도가 되는 것은 쉬운 일이 아닙니다. 달라이 라마는 "누구에게나 종교를 택할 자유와 바꿀 자유가 있습니다. 누구나 기질적으로, 문화적으로 자신에게 가장 적합한 종교를 고를 수 있습니다" 라고 말합니다. 주교와 감독에게서는 그런 말을 기대하기 힘들 것입니다.

대화도 여러 번 가졌지만 긴장감은 단 한 번도 없었습니다. 좋은 마음 세미나가 끝나고 책이 날개 돋친 듯 팔려나갔습니다. 『좋은 마음(Good Heart)』이라는 책을 냈는데 꽤 인기가 좋았죠. 한 일이 년 지났을까, 그를 다시 만났는데 그리스도교인들에게서 감사 편지를 많이 받았다고 하더군요. 우리도 우리 책으로 정말 큰 도움을 받았다는 전 세계의 형제자매들에게서 수천 건의 연락을 받았습니다. 하나님을 멀리했던 형제자매들이 다시 편안한 마음으로 그리스도교 전통에 들어올 수 있었다고들 하면서요. 정말 기쁜 일이었습니다.

성하를 이탈리아의 우리 수도원으로 초청했습니다. 수도원에서 함께 묵상회도 갖고 우상과 말씀에 대한 이야기도 나눴습니다. 공개 행사도 몇 번 했는데 한 행사에는 젊은이 이삼천 명이 참가했습니다. 거의 이탈리아인들이었습니다. 가톨릭이거나 가톨릭은 아니더라도 태어나면서 세례를 받은 이탈리아인들이었죠. 그는 이런 말로 행사를 시작했습니다. "먼저 말씀드리고 싶은 것은 여러분 고유의 전통에

---

* Noble Truth, 보통 사성제라고 한다〈역주〉.

남으라는 것입니다. 전통을 지키며 그리스도인 됨이 진정으로 무엇을 의미하는지 찾으시기 바랍니다."

주부

달라이 라마의 영적 메시지에 이끌려 불교로 개종한 서양인들 중에는 유대인들이 유난히 많으며 불교 개종 유대인들을 특정 집단 내에서는 '주부(jubu)' 라고 부른다.

알렉산더 버진 박사 다소 과격하게 들릴 수도 있지만, 그런 은어 따위에 대해서는 생각해본 적이 없습니다. 그런 말은 그냥 넘겨버리고 맙니다. 몰지각한 사람들이 만들어서 쓰고 있는 단어일 뿐입니다. 여러 곳을 여행하며 다니지만 들어볼 수도 없는 말입니다.

수랴 다스 라마 그 무례한 말이 정말 싫습니다. 저는 주부가 아닙니다. 저는 부디스트입니다. 부모님이 주(Jew)이고 저도 주입니다. "나는 주이시(Jewish)가 아니야" 하지도 않습니다. 지난봄에 형이 부탁해서 다섯 살 된 조카와 함께 유월절도 같이 보냈습니다. 어머니도 자랑스러워하시고, 아버지는 7년 전에 돌아가셨지만 떠나시기 전에는 역시 기뻐하셨습니다.

『연화 속의 유대인 : 한 시인이 불교국가 인도에서 다시 찾은 유대인 정체성(The Jew in the Lotus : A Poet's Rediscovery of Jewish Identity in Buddhist India)』에서 저자 로저 캐머네츠(Rodger Kamenetz)는 유대계 미국인들의 최소 6퍼센트에서 30퍼센트가 불교 단체활동을 한다는 설문 결과를 밝혔다.

어빙 그린버그 랍비 그런 수치를 얻어낼 방법이 있기나 한지 의심스럽습니다. 다람살라에 갔을 때 여러 다른 일을 하며 머무르는 사람들이 많았습니다. 우리가 보기에도 유대인과 이스라엘인들이 많아 보였습니다. 하지만 그가 낸 수치는 과학적인 근거에 의한 것이 아닙니다. 순전히 그럴듯하게 꾸며낸 이야기일 뿐입니다. 달라이 라마는 도움이 어디에서 들어오는지 알고 있습니다. 캐머네츠의 말에 따르면 달라이 라마는 우선 불교에 입문하는 것을 막거나 주부들을 우리에게 돌려보낸다고 합니다.

하임 페리 박사 다람살라로 몸을 돌려 영성을 찾는 이스라엘 국민들을 많이 봤습니다. 제대 후에 어떤 뜻을 찾아 다람살라로 가는 젊은이들이 많습니다. 이미 이스라엘인들에게는 일반적인 통과의례처럼 되어 버렸습니다. 군 제대 후에 인도나 남미로 가는 것이 성인식의 최후 과정이라는 통념이 굳어졌습니다.

저는 우리 아이들에게 부처는 아브라함의 시대를 살았던 위대한 스승이라고 가르칩니다. 일반 의학과 대체 의학이 있는 것처럼 어느 하나가 우등하고 어느 하나가 열등하지는 않다고 가르쳐줍니다. 그들 모두 인간됨을 가르치는 위대한 스승이었습니다. 부처도 다를 것이 없었습니다. 우상숭배라고 하는 것은 그저 수단일 뿐입니다. 하지만 우리 종교에서는 허용되지 않는 수단입니다. 그냥 우리가 그럴 뿐이지 다른 사람들이 그런다고 욕해서는 안 됩니다. 저는 머리에 야물커를 씁니다. 선조 때부터 그래 왔던 전통이라서 야물커를 씁니다. 하지만 다른 사람들이 야물커를 쓰지 않는다고 욕하지는 않습니다. 주부들을 이해하기는 하지만 원래의 정체성을 완전히 지워버리는 지경까지 가는 것은 바람직하지 않다고 봅니다. 달라이 라마는 유대주의를 존경합니다. 불교에 가까이 다가가는 그 어떤 누구에게도 유대주의를 버리라고 하지 않습니다. 불교에서 얻을 것을 얻어 반석 같은 유대주의 전통 위에서 풍요로워지기를 바랄 뿐입니다.

지적 호기심과 감성적 능력으로서 유대주의 위에 무엇인가를 세워 유대주의를 여러 모로 업그레이드시킬 수 있다면 그것은 바람직한 일입니다. 일례로 시나고그에서는 미니안(minyan, '수'라는 뜻으로 정통파에서 기도하기 위해 모여야 하는 최소 열 명을 가리킨다)이 안 되면 다벤(daven, 기도)도 하지 못합니다. 명상에 대한 이야기를 빠뜨릴 뻔했군요. 이곳 예루살렘에는 불교명상법을 이용해서 유대인 됨의 더 깊은 측면들을 찾은 훌륭한 사람들이 많이 있습니다. 그들은 불교명상을 유대주의와 비교해 이질적으로 생각하지 않습니다. 우리는 침략당하고 박해받은 민족들이라는 면에서 하나의 공동체이니까요. 고난을 함께한 사람들은 뭉치는 법 아니겠습니까.

블루 그린버그 박사 달라이 라마도 그런 말을 했습니다. 직접적으로는 아니었지만 단계라는 개념을 빌려서요. 그는 첫 단계에는 돌아가서 고유의 전통을 찾으라고 합니다. 하지만 다음 단계에는 스스로 영적 만족과 행복을 찾을 수 없어서 다시 찾아온다면 누구라도 환영하겠 다고 덧붙입니다. 따지고 보면 결국에는 넘어오라는 이야기죠. 스스로를 무엇이라고 부르든 그들은 불교로 넘어간 사람들입니다. 그들은 할라카(Halakah, 유대교 법규)적으로는 유대인지만 실제로는 완전한 불교인입니다.

로널드 B. 소벨 박사 그가 말하는 달라이 라마 추종자의 30퍼센트가 어떤 유대인들인지는 모르겠지만 한번 그 수치가 옳다고 쳐봅시다. 그 30퍼센트의 대부분은 본능적인 연민에 의해 움직였을 가능성이 큽니다. 선조의 망명 역사를 그리 완전히 알지 못하는 유대계 미국인들조차도 연민에 이끌렸을 것입니다. 피, 문화적ㆍ역사적 피이기 때문에 어쩔 수 없습니다. 일종의 동질성을 느낄 수밖에 없습니다.

또한 20세기 후반, 21세기 초반에 세계적으로 소위 '영성(spirituality)'이라는 것이 부흥했다는 점도 주목해야 할 것입니다. 영성은 정의하기 어려운 말입니다. 게다가 얼마나 이질적인 말입니까. 당연히 사람들이 영성은 자신이 길러지고 태어나고 자란 전통이 아닌 다른 전통에서 찾아야 하는 것으로 생각하기 쉽습니다. 일전에 한 번도 경험해보지 못한 이질성 때문에 '남'의 영성에 끌리게 되는 것입니다.

수랴 다스 라마 (제임스 밀러로 동명인이었던) 제 열일곱 친구가 켄트 스테이트(Kent State)대학에서 1971년에 총에 맞아 죽었습니다. 인생관이 180도 바뀌었습니다. 하지만 불교는 뉴욕주립대(SUNY Buffalo)에 있던 68년에 이미 알았고 그런 심리학, 철학, 동양사상에 대한 관심은 항상 있었습니다. 로체스터 뉴욕 젠센터에 가서 젠(Zen, 직관을 통한 통찰에 의한 자기훈련, 명상, 깨달음의 성취를 가르치는 일본 불교)을 처음 접하게 됐습니다. 불교에 어느 정도 흥미가 있기는 했지만 불교 자체보다는 동양사상의 일부로서 관심이 있던 정도였습니다. 어려서 교회에 가고 시나고그에 가도 제가 찾는 것을 찾지 못했기 때문에 다른 곳에서 찾기로 하고 명상을 시작했고, 유명한 종교 지도자들을 다 쫓아다니면서 이야기를 듣고 책을 읽고 생각도 많이 했습니다. 그러다가 친구가 총에 맞아 죽는 것을 보고는 180도 바뀌어버린 것이었죠. 길거리에 나가 평화를 위해 투쟁하고 시위하는 것과는 다른 방법을 찾고 싶었습니다. 해답은 이미 바로 앞에 있었죠. 참선과 요가와 동양사상만큼 평화와 밀접한 것이 없었습니다. 그래서 72년에 졸업하고 오래 머물 생각으로 인도로 떠났습니다.

툽텐 최된 스님 젊었을 때 궁금한 것들이 많았습니다. 나는 왜 살지? 인생의 의미는 뭐지? 저는 베트남전을 보며 자랐습니다. 월남에 간 친구들이 관도 아닌 천 쪼가리에 싸여 돌아오는 것을 봤지요. 평화롭게 살기를 바란다면서 서로 싸우고 죽이는 이유는 뭐지? 왜 사람들은 한데 어울리지 못하는 거지? 정말 온갖 궁금증이 상념이 되어 머리를 떠나지 않았습니다. 종교에 기대어 보려고 했지만 제가 자랐던 곳에서 찾을 수 있었던 것은 유대주의와 그리스도주의밖에 없었습니다. 하지만 그런 세계관은 믿을 수가 없었습니다. 대학에 가서는 종교에 대한 생각을 아예 버렸습니다. 역사학을 전공하면서 하나님의 이름으로 서로를 죽인 사람들이 모든 세대에 있었다는 것을 알게 돼버렸습니다. 그러면서 오늘날까지도 깨닫지 못하고 있다는 것이 눈에 더 잘 들어왔습니다. 그래서 종교는 선한 것이 아니라는 생각을 갖게 되었습니다. 상념에 빠져들어 마음이 그리 좋지 않았던 때였습니다. 하지만 그것도 연이었겠죠. 그래서 불법의 넉넉함을 만나게 된 것일 테고요. 제가 처음 만난 스승님이 이런 말씀을 하셨습니다. "우리가 무슨 이야기를 하든 그대로 믿지 마십시오. 듣기만 하세요. 총명한 사람이니 생각하고 논리의 틀로 걸러내고 경험의 잣대에 맞춰보세요. 그러고 나서 믿음을 가질 것인지 수행을 시작할 것인지 결정하십시오." 그 태도가 좋아서 '일단 들어나 보자' 했습니다. 논리적으로 생각해봐도 맞는 말이라서 정신과 감정을 다스리는 법을 연습하기 시작했고 효과가 있는 것도 느꼈습니다. 물론 바로는 아니었습니다. 성하께서도 항상 시간을 들여야 한다고, 어려움을 극복하고 시간과 정성을 들여야 한다고 말씀하십니다. 어쨌든 서서히 오는 변화를 보고 정말 맞는 말이구나 싶었습니다. 힘이 있으면 작용이 있듯이 공을 들이면 정신을 수양해 자신과 남에게 불행을 초래하는 많은 것들을 없앨 수 있습니다. 논리적으로도 그르지 않고 말 그대로 이로웠기 때문에 불문에 들게 되었습니다.

블루 그린버그 박사 안식일에, 우리를 떠난 유대인 승려들을 초대했습니다. 모셰 왈덕스(Moshe Waldoks)가 의식을 집전했고 우리는 알레이누(Aleinu, 기도문의 일종)를 마치고 마지막 기도인 아돈올람(Adon Olam)까지 했는데 그 친구가 중간 중간에 모두가 부르는 전통 가락 말고 다른 음을 넣어 기도를 하지 뭡니까. 참다못해 올라가서 단춧구멍에 손가락을 끼고 잡아 흔들면서 "모셰, 전통 가락으로 불러!" 했습니다. 내심 유대인 영혼이 깨어나고 향수로 가득 차서 하나님 품으로 돌아오기를 바랐습니다. 환상이었죠. 구루를 만나기 위해서 3개월을 찾아 헤매 결국 산꼭대기에 올라가 몇 날 며칠을 기다렸다는 여자에 대한 재미있는 이야기가 있습니다. 결국 그를 만났지만 시간을 딱 30초밖에 주지 않았답니다. 세 달 동안 헤매고 며칠을 기다려 겨우 이 유명한 구루를 만나게 되었는데 30초라니. 어쨌든 들어가서 이야기했습니다. "모셰, 이제 집에 가자!"

툽텐 최된 스님 유대인들이 티베트 라마들을 금요일 저녁 안식일 만찬에 초대했습니다. 스님들은 영어도 모르고 유대주의에 대해서도 깜깜했지요. 해가 떨어지기 직전에 도착했기 때문에 유대인들은 모두 예루살렘을 향한 서쪽 정원에서 해지는 쪽을 바라보고 있었습니다. 여전히 예루살렘을 향하고 서서 기도를 시작했고 끝난 다음에는 노래도 좀 하고 춤도 좀 췄습니다. 의식이 다 끝나고 나서 전부 안으로 들어가서 저녁을 먹었습니다. 후에 티베트 스님들이 물어보셨습니다. "해를 숭배하는 사람들인가 보지요?" 하고요. 밖에 서서 서쪽으

로 지는 해를 보고 기도하고 있었으니까 모르는 사람들이 본다면 당
연히 태양 숭배자들인 줄 알겠죠. 그래서 정말 기본적인 것들에 대해
서 가르쳐 드렸습니다. 스님들 모두 좋아하셨습니다.

불교 개종이 그리스도교나 이슬람교 개종보다 용인되는가?

블루 그린버그 박사 개인적으로는 그렇지 않다는 생각입니다. 달라이
라마가 스스로도 즐겁고 남도 즐겁게 해 줄 수 있는 이유는 우리가 겪
어온 갖은 공포의 역사가 없기 때문이라는 느낌을 받았습니다. 유대
인-그리스도교 회담, 유대인-팔레스타인 회담도 여러 번 했습니다.
우리가 짊어지고 있는 무거운 역사가 그들에게는 없습니다. 여기에
서는 단지 친선일 뿐입니다. 하지만 그것 때문은 아닌 것 같습니다.
보다 용인되기 때문에 불교로 개종하는 것 같지는 않습니다. 그들이
불교인이 되는 이유는 다른 세상에 대한 동경, 불교가 가지고 있는 영
성과 신비주의적 가치가 그들이 찾고 있는 것과 상통하기 때문이 아
닌가 합니다.

A. 제임스 루딘 랍비 우리는 신흥종교 연구(루딘 랍비와 아내인 마샤 루딘
(Marcia Rudin) 작가는 신흥종교에 대해 여러 책을 쓰고 강의한 전문가다)를 하면
서 통일교를 제외한다면 유대인 부모들이 자녀들이 동양 열광자가

된다고 하더라도, 심지어 하레크리슈나교(Hare Krishna)에 빠진다고 하더라도 그리스도교인이 되는 것보다는 반대가 적은 경향을 찾아냈습니다. 동양에 대해서는 항상 호의적이었기 때문에 초기에는 반대가 있었다고 하더라도 상대적으로 약하고 지속적이지 않습니다. 자식이 예수를 따르는 것을 보느니 차라리 인도로 보내 불교 추종자나 열광자가 되게 하겠다는 심정은 분명 역사적인 이유 때문입니다. 후자를 좀더 용인하는 것은 사실입니다. 게다가 달라이 라마는 세계적 슈퍼스타가 아닙니까. 다른 설명이 필요 없습니다. 그 때문이라는 것 말고는요.

하임 페리 박사 저는 정통파 유대교도이지만 이렇게 자유롭습니다. 그리고 유대주의의 임무는 전 세계라고 믿습니다. 불교사원에 서서 승려 200명 앞에서 이야기를 하던 중에 안에 매고 있던 칫싯(tsitsit)을 꺼내들고 우리의 불경인 셰마에 대해 이야기했습니다. "우리의 만트라는 진실합니다. 아랍인들처럼 '알라 아크바(알라신은 위대하다)' 하고 외치지 않습니다. 우리는 '셰마 이스라엘' 하고 외칠 뿐입니다." 셰마 이스라엘은 '이스라엘이여 들으라' 정도의 뜻입니다. 모든 이스라엘 백성들, 모든 유대인들은 서로를 들어야 합니다. 부버(Martin Buber, 1878~1965, 오스트리아 출생 이스라엘인 철학자)가 말했듯이 신은 두 명의 사람 사이에 임하시기 때문입니다. 매일 드리는 기도의 절정에 도달하기 전에 우리는 이 실과 매듭으로 이루어진 술을 모두 꺼내들고 한데 모아서, 우리들만의 비밀이기는 하지만 말씀드리면 "세계 사방에서 우리를 모아주소서" 합니다. 칫싯을 꺼내들고 시온으로 돌아가고자 하는 우리 유대인의 열망을 정말 열심히 이야기했습니다. 그런데 연설이 끝나고 같은 이스라엘 사람들이 찾아와서는 제게 그러더군요. "칫싯에 정말로 그런 의미가 있었습니까?" 맥 빠지더군요.

불교 개종 그리스도교인

촌마 잠파 돌카 오래전에 기자로 일한 때가 있습니다. 그 후 몇 년 동안은 보스턴 지역의 대규모 뮤추얼 펀드 회사에서 재정 마케팅을 했고요. 저는 6년 반 전에 제공(Chegong, 혹은 체공 혹은 처궁)에서, 북한에서, 남한으로 탈출한 북한인 도교 신자 스승을 모시고 참선을 공부했습니다. 스승님이 "티베트로 가거라, 참선하거라, 스승을 찾거라, 티베트어를 배우거라" 하셨습니다.

그래서 캠브리지에 있는 상점 티베트 아츠에 가서 티베트어를 가르쳐줄 수 있는 사람이 있는지 물었더니 이름을 하나 대더군요. 저는 무신론자였기 때문에 종교적 배경도 아무것도 없었고 불교에 대해서도 하나도 몰랐었습니다. (콜로라도) 볼더에 살았을 때 불교 단체가 있었기 때문에 달라이 라마 성하가 누군지 알고 있는 정도였습니다. 어쨌든 이름을 받아적었습니다, '게세 출가' 하고요. 저는 그게 '수 메이시' 처럼 이름과 성인줄 알았습니다. 티베트 라마라는 것은 몰랐죠. 본 적도 들어본 적도 없는 사람이었습니다. 전화를 걸어서 티베트어를 배우고 싶다는 메시지를 남기고 얼마 지나지 않아서 일요일 저녁에 집으로 찾아오라는 연락이 왔습니다. 스님을 처음 본 순간 제 인생은 완전히 바뀔 것이라는 걸 알았습니다. 스승님은 정말 쉽게 가르쳐주셨습니다. 그전에는 제 인생이 어떤 모습이었든지 간에 스승님을 만난 순간 제가 무엇을 하기 위해 태어났는지 알게 되었습니다. 우선 티베트어를 몇 달 공부하고 나서 첫 설법을 들었습니다. 법회 내내 "어쩜 좋아! 스님이 되고 싶어!" 하면서 앉아 있었습니다.

리처드 기어 티베트 스승들은 서양인 제자들이 더 낫다고 합니다. 완전히 새로운 것이라서 흥미를 갖고 공부하기 때문에 제자들의 학습 의욕에 상승작용이 일어난다고 합니다. 서양인 제자들은 필기도 잘 하고 질문도 엄청 많이합니다. 가끔은 너무 흥분해서 스승님들이 주의를 주는 정도죠. 친구 중에 서양인 승려인 니키 브릴랜드(니컬러스 브릴랜드 스님)라는 놈이 있습니다. 인도에 있는 사원에 가서 승복을 입고 삭발하고 성하한테서 직접 계를 받았습니다. 그곳에서 공부를 시작했죠. 독신 승려로요. 스승님들과 공부를 할 때마다 즐거워 죽겠다더군요. 하지만 스승들이 그때마다 불러 세워서는 이런 동작을 했다고 합니다. 천천히 천천히 움직이면서 침착하라고요. 그 자식 정말 빠져 있었던 거지요. 어쨌든 티베트인들은 서양인들이 보이는 관심이 놀라웠을 것입니다. 그리고 우리 교육방식이 진실 탐구에 좋잖아요.

니컬러스 브릴랜드 스님 솔직히 말씀드리면 무엇에 이끌려 구도의 길에 들어섰는지 모르겠습니다. 하지만 이끌렸다는 것은 확실하게 압니다. 마음 저 깊숙한 곳에서 나오는 불교를 배우고 싶다는 열망이 있었습니다. 뉴욕에 있는 티베트센터에 가서 공부를 시작하고 나서야 만족스러워졌습니다. 삶은 아름다운 것만은 아니며 결국에는 고통이라는 생각을 항상 가지고 있었습니다. 정신 수련에 몰두하는 것이 인생을 의미 있고 책임 있게 사는 길이라는 생각도 어렴풋이 하고 있었습니다. 미련하게도 수사가 되면 자유와 기회는 사라지는 줄 알았습니다. 미혼이었고 사귀던 사람도 없었는데 '이때가 아니면 내 인생에서 언제 자유를 누리랴' 했습니다. 평생 승려로 살겠다는 다짐으로 뛰어든 것은 아니었습니다. 몇 년이 지나 성하와 상의하면서 승려가 되라는 말씀을 듣고 말씀에 따랐습니다. 저는 개종이라고 생각 안 합니다. 그리스도교 가정에서 자라 그리스도교 기숙학교에 다니면서 열네 살 때 침례를 받았습니다. 저는 제가 다른 종교 전통과 맺은 영적 약속에서 한 발도 떼지 않았다고 생각합니다. 단지 그 위에서 계속 나아가고 있을 뿐입니다.

연예인들이 느끼는 불교의 매력

블루 그린버그 박사 리처드 기어는 정치적인 양반입니다. 관심은 정치에 있습니다. 하지만 다람살라에서 한가한 나날을 보내며 분위기에 흠뻑 취해 있었던 적도 있었죠. '그때'가 종교적이었지요. 외딴 곳에 가서 정치활동 안 하고 있을 때요.

린첸 달로 리처드는 불교에 대해 많이 아는 내색은 하지 않지만 가르침을 받았고 종교학 교수를 해도 될 만큼 불교에 대해 많이 압니다. 뿐만 아니라 그는 수행에도 열심입니다.

리처드 기어 친절, 가장 겉면에서의 친절은 그저 친절입니다. 하지만 친절이라는 것을 깊숙이 파고들기 시작하면, 친절 안에는 방대한 영역이 있으며 상호연결 등 무궁한 관념이 포함돼 있습니다. 성하는 제대로 숙달된 거인이기 때문에 정말로 어려운 것들도 쉽게 이야기할 수 있습니다. 깨달음을 얻은 것을 아는 방법에 대해 이야기한 적이 있습니다. 부처가 한 말이었죠, 아마. 어부에게 '공'을 설명할 수 있으면 깨달음에 이른 것이라고 합니다.

메리 마거릿 펑크 수녀 스티븐 시걸보다 리처드를 자주 봤습니다. 리처드는 이 모든 일에서 자기 역할을 십분 해내는 좋은 사람이라고 생각합니다. 수행에도 열심인 사람이고요. 수행뿐만 아니라 인생을 열심히 사는 사람입니다. 보증까지 하라고 한다면 뒤로 물러서겠지만, 이쪽에서 함께 정말 멋진 점식식사를 한 적이 있습니다. 티베트어를 하지 못하는 사람은 딱 우리 둘밖에 없어서 서로 좋은 말벗이 돼줬죠. 그는 그리스도교 뿌리를 되찾으려고 하는 것 같았습니다. 리처드는 불교신자가 되기 전에는 크리스천이었습니다. 그리스도교와 불교를 같이 믿고 있지요, 그리고 달라이 라마 가족과의 관계에서도 성실합니다. 재단을 이끌면서 좋은 일도 많이 하고 있고, 정말 훌륭한 일이지요. 목표가 서면 한결같은 사람입니다. 리처드 기어는 티베트인들의 1등 투사입니다.

조너선 머스키 교수 부유층에게서 많은 기부금을 받기 때문에 그들을 무시할 수는 없습니다. 사실 칠푼이도 그런 칠푼이들이 없지만 말입니다. 그가 래리 킹 쇼에 나간 적이 있었는데 이렇게 소개됐습니다. '무슬림 세계의 지도자', 아니 '샤론 스톤'이었던가요? 어쨌든 "미스터 차이나, 달라이 라마를 환영해주세요"라고 했습니다. 달라이 라마는 왜 그런 사람들만 만나고 다니나 싶을 때가 있을 것입니다. 하지만 다람살라에서는 산을 넘고 물을 건너 수백 마일을 걸어서 다람살라로 왔다가 한참을 훌쩍이면서 달라이 라마를 만나고 또 그렇게 걸어서 티베트로 걸어가는 사람들을 매일같이 볼 수 있습니다. 그들 한 사람 한 사람의 얼굴을 어루만지고 손을 잡는 모습을 본다면, 그것이 달라이 라마의 진짜 모습입니다. 항상 열광팬들이 주위에 들끓지만, 이름 없는 티베트인들을 대하면서도 달라이 라마는 한 치도 모자람 없이 그들을 존중해줍니다. 사람들이 어떻게 해서든 성하를 보려고 하는 이유는 일단 만날 기회만 잡는다면 누구든 성심껏 대해주기 때문입니다. 사람들은 그가 개방적이고 친절해 보인다고 합니다. 그는 실제로도 개방적이고 친절합니다.

달라이 라마에 의한 수계

니컬러스 브릴랜드 스님 수계는 매우 정교한 의식을 통해 이루어집니다. 많은 스님들을 대동하고 성하가 중앙에 앉아 의식을 굽어보고 수계식을 행하십니다. 수계식이 중요한 이유는 부처님께 귀의함을 알리고 우리 시대를 사는 최고의 스승께 인정받는 것이기 때문입니다. 계를 받으면서 성하의 축복을 받을 수 있다는 것, 그분께서 직접 계를 받았음을 인정하고 받아들인다는 것은 큰 힘이 되는 일입니다.

텐신 카초 스님 (비구니가 되겠다는) 생각은 인도에 있던 때인 1975년부터 갖게 되었습니다. 스승님께서 계를 받으라고 하셨지만 딸도 길러야 했고 저도 좀더 성장하고 싶었기 때문에 10년을 기다렸습니다. 말씀을 듣고 바로 계를 받아버렸다면 아마도 어린 마음에 출가생활을 견디지 못하고 돌아왔을 것이라는 생각입니다. 그리고 1975년에는 달라이 라마 성하께서 서양인들에게는 계를 내리지 않을 때였고요. 계를 받아야겠다는 생각이 다시 한번 강렬하게 든 때는 1984년이었습니다. 성하께 편지를 써서 친히 수계법회를 열어줄 수 있겠냐고 여쭸습니다. 계는 다른 스님에게도 받을 수 있었지만 특별히 성하께 받고 싶었던 이유는 한참 성하에 대한 신념이 높아가던 때였고 굳게 믿고 있는 분과 수계식을 봉행하면 더욱더 정진할 수 있으리라는 생각에서였습니다. 그래서 1985년에 인도로 건너가서 성하의 개인 사원에서 조촐하게 열린 법회에서 계를 받았습니다. 내부 회의실과 작은 법당에서 수계식이 이루어졌는데 절차에 따라 완전한 계를 받은 스님이 여섯 분이 계셨고, 티베트 불교에서는 여자는 완전한 승려가 될 수 없기 때문에 저는 사미니계를 받았습니다. 계를 받은 사람은 남자 셋, 여자 셋, 이렇게 여섯이었습니다. 다행히 계를 받던 한 분이 통역가이기도 했기 때문에 티베트어로 진행되던 의식 전체를 귓속말로 설명해줬습니다. 다행이었지요. 인도에 도착하고 바로 있었던 의식이라서 시차적응이 안 돼 막 졸리려던 참이었거든요. 어쨌든 수계식 자체는 정말 아름다웠습니다. 끝나고 법당에서 나오는데 공물을 들고 급하게 들어오는 사람들이 몇 있었습니다. 그중 하나가 농담을 던지더군요. "방금 계를 받아서 아직 하나도 어기지 못한 때 바로 공물을 바치는 것이 가장 좋다고 하더라고요" 했습니다.

달라이 라마는 우리가 어떤 사람인지 궁금해 하셨습니다. 매우 공식적인 의식이라서 말은 많이 하지 않으셨지만 마치 우리가 어떤 사람들인지 파악하시겠다는 듯이 강렬하게 쳐다보셨습니다. 계를 내리면서 성하는 이름도 주는데 법명은 정말 신중하게 고르십니다.

알렉산더 버진 박사 여자에게 완전한 계를 주는 계보가 티베트에까지 들어가지는 못했습니다. 동양의 여러 불교국가에서도 비구니계의 전통은 깨졌지요. 하지만 타이완, 홍콩, 남한 등에서는 아직 비구니계가 살아 있기 때문에 사미니계를 받은 예비 여스님들은 그들 국가로 가서 완전한 계를 받고 싶어하기도 합니다. 특히 많은 사미니들이 타이완으로 가고, 홍콩으로 가는 스님들도 좀 됩니다. 성하는 사미니들이 그들 국가로 나가는 것을 장려하고 있으며 실제로 다소 다른 그들의 불교를 공부하도록 후원해주기도 했습니다. 티베트인 사미니들 중 일정 수도 근래에 외국에 나가 비구니계를 받으면서 공식적인 지위가 높아지고 있지만 아직은 완전한 계를 받은 여스님들의 수가 많지 않습니다. 하지만 점점 늘어나고 있는 추세입니다.

성하는 비구니계를 받아들이지 않고는 있지만 관심은 많이 보이고 있습니다. 그냥 쉽게 말하면, 여성의 지위는 남성들만큼 좋지 않습니다. 하지만 성하는 비구니계가 만들어진 불교 역사적 구조 내에서 티베트 불교도 변화시킬 방법이 있을지 살펴보고 있는 중입니다. 아직 완전한 계를 받지는 못하지만 사미니들의 상황도 상당히 개선되었습니다. 서양인 여성 스님들 중에 서양으로 돌아가서 여성 승방을 세우는 사례가 증가하고 있고 중국인 사회, 중국에 사는 중국인들이 아니라 싱가포르, 말레이시아, 타이완 등에 사는 중국인들이 티베트 불교에 대한 관심을 높이고 있는 추세입니다. 타이완에는 티베트 불교센터가 200곳 이상 있습니다. 이것은 티베트 불교에 대한 관심이 서양인들 사이에서뿐 아니라 동양 국가에서도 증가하고 있음을 보여줍니다. 이러한 현상은 티베트 불교가 불교의 보다 온전한 모습과 완전한 해석을 담고 있기 때문이라는 생각이지만 성하라는 인물의 영향도 클 것이라고 봅니다. 사람들은 그에게서 많은 힘을 얻지요. 그에게는 의욕을 북돋는 힘이 있습니다.

달라이 라마의 서구 포교 지속 동기

텐신 테통 박사 망명 초기에는 정말 어려웠을 것이라는 생각입니다. 이제 와서 되돌아보니 그런 생각이 들지만 그때는 왜 미처 생각지 못했나 모르겠습니다. 스물다섯, 스물여섯 나이에 얼마나 힘드셨겠습니까. 티베트의 모든 종교 제반시설, 대규모 사원이며 유구한 역사의 고찰에 정말로 정교했던 모든 의식과 예전 등 그 어떤 것도 성하를 따라 망명하지 않았습니다. 성하는 다람살라를 떠나는 경우가 거의 없었고 성하의 스승들이 근처에 있기는 했지만 모두 초라한 환경에서 살고 있었습니다. 불교의 근원지라고는 하지만 인도에는 더 이상 절과 스님들이 없었습니다. 탈출한 스님들이 몇 됐지만 제대로 식사도 못해서 건강 상태도 좋지 않은 판국에 어떻게 커다란 승단을 결성하고 대규모 의식을 봉행할 수 있었겠습니까. 초창기에는 그런 일들을 꿈에도 꾸지 못했습니다. 달라이 라마라는 역사적 제도 전체가 망명한 젊은이 손에 달려 있었습니다. 제도를 지휘할 때 쓰던 마구(馬具)가 다 사라진 손 위에 어마어마한 책임만이 덩그러니 남은 것입니다. 초창기에 티베트인들을 비롯해 히말라야 일대의 다른 불자들이 젊은 달라이 라마 성하를 그렇게 격려했던 이유는 달라이 라마 제도의 웅장함이 거의 사라지고 없었기 때문이 아니었나 싶습니다.

췰팀 갈첸 게셰 이미 인도 남부, 네팔, 시킴 등지에 사원을 많이 건설했기 때문에 인도에서는 공부하고 수행하기가 티베트에서보다 훨씬 좋습니다. 사원에는 티베트에서(한때 그랬던 것)처럼 공부하고 수행하는 사람들이 수천 명이 됩니다.

니컬러스 브릴랜드 스님 인도에서 난민으로 사는 그 오랜 기간 동안 영적 의욕을 유지시키며 티베트인 모두를 이끄는 일이 보통 어려운 일이 아니었겠지요. 소식조차도 주고받을 수 없던 때가 많았습니다. 그때는 티베트 내의 중국 당국이 불교수행을 절대로 용납하지 않았습니다. 신기한 일이지요? 성하께서 티베트를 떠나신 지 근 50년인데 티베트에 남은 사람들이 아직도 그에게 모든 종교적 권위를 돌리는 것을 보면요. 영적 권위는 강요할 수 있는 것이 아닙니다. 오히려 강요하는 순간 사라지는 것이 영적 권위입니다. 성하의 권위는 영적 가치와 정통성을 그대로 반영하는 것입니다. 그분이 종교적으로 수행하시는 역할의 순수성은 중국이 점령한 이후 강요된 수많은 도전 속에서 엄청나게 강화되었다고 생각합니다.

달라이 라마 메시지의 깊이 부족

A. 제임스 루딘 랍비 (펜실베이니아 주 그린스버그 세튼힐대학에서 1999년 11월 11일에 열린 초종교회의에서) 달라이 라마가 일어나 연설하는 것을 듣고 솔직히 말해 정말 실망했습니다. 영어 실력이 실망스러웠던 것도 아니고 스타일이 마음에 안 들었던 것도 아닙니다. 그런 걸 바라서는

안 되겠지요. 하지만 연설에 깊이가 없었습니다. 정말 단순하고 간단한 연설이었습니다. 어쩌면 그것이 달라이 라마의 힘인지도 모르겠습니다. 정말 원래 그런 사람일 수도 있겠죠. 내심 바라고 있었지만 중국을 비난하는 소리는 하나도 없었습니다. 정부에 대한 이야기도, 정치에 대한 이야기도, 심지어 티베트 이야기도 없었습니다. 사람 사이의 상호관계에 대해서만 이야기했습니다. 아는 단어가 그것밖에 없나 싶을 정도로 동정, 자비, 친절 등의 단어만 엄청 쓰면서요. 어느 정도 길었던 연설 그 자체는 좋았고 충분히 매력이 있기는 했지만 속으로 '이 양반이 랍비나 목사였다면 예배 때마다 똑같은 말만 하겠군' 했습니다. 어쨌든 저는 한 사람의 카리스마, 한 사람이 밟아온 길, 불교의 상징, 유명인으로서의 가치를 만나고 있었습니다. 얼마나 기대가 컸겠습니까. 하지만 그가 던진 메시지의 단순함은 충격적이기까지 했습니다. 천박하다고까지 이야기한다면 그것은 매도겠지요. 천박하지는 않았습니다만 보다 깊은 것을 바라고 있었는데 그 30분 동안 영어로 달콤한 말만 쓰면서 좋게 좋게 한 연설을 들으며 의문이 들더군요. 종교적으로 그를 따르는 사람들은 그렇다 치더라도 다른 사람들이 느끼는 이 사람의 매력은 도대체 뭐지?

하워드 커틀러 박사 많은 사람들을 놓고 이야기할 때에는 어휘를 그들 수준에 맞춥니다. 사실 그는 세계 최고의 지식인이라고 할 수 있을 정도로 해박하고 믿기지 않을 정도로 기민한 정신을 갖춘 사람입니다. 대중 연설에 오는 사람들은 칼라차크라 설법에서 나오는 시각화 기법의 그 복잡한 설명을 들을 일이 없습니다. 박사들과 불교철학에 대해 토론하는 모습을 볼 일은 더더욱 없겠지요. 정신에 대한 불교체계가 얼마나 정교하냐면, 불교에서는 정신상태를 8만 1,000가지로 분류했습니다. 그가 순전히 기억력으로 정신상태에 대한 이야기를 시작하면 듣는 사람들은 이내 현기증마저 느낄 정도입니다. 인간 이성을 사용한 논리, 토론, 분석 등에 그만큼 훈련되지 않았기 때문이지요.

윌리엄 E. 스윙 감독 내가 토씨 하나 틀리지 않고 그대로 똑같은 이야기를 했다면 사람들은 진작 밖으로 나가버렸을 것입니다. 미국에서는 13차원을 넘나들며 요란하게 하는 연설이 아니면 먹혀들지 않습니다. 달라이 라마가 이야기를 시작하면 얼마나 단순한지, 영성학 개론 첫 수업에 와 있는지 착각할 정도입니다. 하지만 30분 정도를 듣다 보면 정말로 난해한 주제를 줄이고 또 줄여서 간결하고 정제돼 명료한 윤리 강의라는 것을 알게 됩니다. 입심 좋은 사람들의 현란한 말에 귀가 단련된 사람들이라면 흔해 빠진 이야기로 들릴 수 있습니다. 하지만 가만히 들어보면 복잡한 상황을 간명한 도덕과 윤리로 축소해 요지만 전한다는 것을 알 수 있을 것입니다. 그것을 아는 사람들이 많기에 그 말에 반응하는 사람들도 많은 것이겠지요. 사람들은 세련되고 싶은 욕망은 벗어던지고 그의 여행길에 함께 오릅니다. 게임 규칙을 정하는 사람은 달라이 라마입니다. 게임이 벌어지는 곳은 달라이 라마의 구장입니다. 그리고 무엇보다도 그가 하는 이야기는 정말 심오합니다.

로널드 B. 소벨 박사 지적 응대함, 학식의 깊이, 이해의 너비로 혼까지 빼어놓을 만한 위대한 자료들은 세계 도처의 도서관에 깔렸습니다. 하지만 혼을 빼놓을 수 있는 사람은 얼마나 될까요? 그 심오한 사고와 학문의 위대한 학자적 업적이 책장에서 먼지 털어줄 사람을 기다리고 있는 것이 사실 아니던가요? 그런 곳에라도 잘 모셔져 있으니 망정이지 그러지 않았다면 인간의 지혜와 지식은 벌써 사라졌을 테죠. 누군가 농으로, 그렇게 심한 비아냥은 아니었지만 어쨌든 신학자들은 종교의 최대 적이라는 이야기를 했습니다. 한편으로는 발끈했지만 한편으로는 반성하게 되더군요. 신학 메시지가 지나치게 학술적으로 변한 것은 아닌가, 인류가 전혀 이해하지 못할 정도가 되어버린 것은 아닌가 하고요. 모든 종교의 궁극적인 공통점과 차이점은 무엇일까요? 제 생각에는 모든 종교를 똑같은 모습으로 만드는 것은 근원에 대한 의문입니다. 우리가 어디에서 왔지, 그러면 어디로 갈까, 그럼 여기에는 왜 있지, 그렇다면 여기에 있는 것에 중요한 의미가 있을까, 있다면 뭘까 하는 의문입니다. 그런 의문들이 모든 종교가 시작한 근본 이유입니다. 고대, 현대, 중세, 동양, 서양, 북반구, 남반구, 고도로 정교해진 21세기 종교사상이나 태고의 종교사상 가릴 것 없이 모든 종교의 근본적인 의문은 모두 같습니다.

종교가 저마다의 모습을 달리 하는 것은 각 종교가 그들 문제에 대한 다른 답을 내기 때문입니다. 하지만 그것도 의문을 낳지요. 인간은 참 단순한데 말입니다. 경멸적으로 하는 말은 절대로 아닙니다. 우리 인간은 단순합니다. 필요한 것도 단순하고 원하는 것도 단순합니다. 게다가 아무리 세련되고 고상해지려고 해도 단순함에서 벗어나기 힘듭니다. 이곳 미국에서조차도 정말로 진보된 배움을 얻을 기회가 없기 때문이지요. 학사 학위를 받고 명문 대학원 입학허가서를 받았다고 자동적으로 그가 깊이 있는 지성을 가진 사람이 되는 것일까요? 삼류 교육에 머물렀든 박사 학위를 받았든 우리 모두가 똑같이 가지고 있는 것은 무엇일까요? 우리는 그 근본적인 의문에 대한 해답을 알고 싶어 합니다.

그리고 달라이 라마는 자신의 근본적인 선으로써 누구도 흉내 낼 수 없는 그만의 방식으로 그들 의문에 대해 이야기할 수 있는 사람입니다. 깊이요? 사랑과 자비. 그가 이 성전에서 연설했을 때 주제가 21세기의 사랑과 자비였습니다. 기초적인 주제였습니다. 하지만 우리는 그 기본적이고 단순한 주제, 너무나도 많은 사람들이 일상과 사회의 한 귀퉁이에 밀어 넣은 채 잊고 사는 그 기본적이고 단순한 주제를 1차, 재차, 3차 들으면서 계속해서 재확인할 필요가 있습니다.

4

도전과 불확실성에 직면해서

달라이 라마와 오늘날의 망명 사회

수랴 다스 라마 국제 조력 기구들의 도움이 찾아들기 시작한 때는 1972년이었습니다. 물론 달라이 라마가 아직 서구 매체나 유명인사들의 관심을 사기 전이었기 때문에 시끌벅적한 도움은 없었습니다. 1959년에 그가 티베트에서 탈출했을 때 「타임」지에서 그에 관해 보도했지만 오늘날처럼 세계 곳곳을 누비는 유명인사가 되기 전이었기 때문에 달라이 라마를 만나 인터뷰를 하는 것은 지금보다 수월했었죠. 혼란스러울 법한 달라이 라마의 난민촌은 제법 평화로웠습니다. 제가 불자여서 달라이 라마와 함께 함께할 수 있던 사원이 아름다웠는지도 모르겠습니다.

다람살라의 발전

알렉산더 버진 박사 그곳에서 살던 30여 년 동안 엄청나게 변했습니다. 다람살라는 지금도 계속 변하고 있습니다. 열심히 도로를 보수하는 그곳 사람들의 모습은 30년 전에도 같았습니다. 당시 막 설립되던 인도 남부의 정착 캠프로 이주한 사람들은 그리 많지 않았습니다. 이주는 만만치만은 않은 일이었지요. 밀림의 나무들을 베어내고 뽑아내 농토로 개간하는 것도 버거운 일이었지만, 고향은 물론 인도 북부의 히말라야와는 사뭇 다른 남부 기후에 적응하는 것 역시 큰 걸림돌이었습니다. 하지만 시간이 지나면서 많은 것들이 변해갔습니다. 하루가 걸리는 거리도 걸어가야 했던 사람들은 이제 편리한 교통 덕을 볼 수 있게 되었고, 먼지가 날리던 길도 포장되었고, 택시가 들어오고 전화도 들어오고 급기야 인터넷 카페도 생기게 되었습니다.

티베트인들의 말에 따르면 중국 당국이 국경 수비를 느슨히 해서 티베트에서 사람들이 또다시 파도처럼 밀려온 것은 80년대 초엽이었습니다. 티베트 사람들은 59년에 나온 사람들과 구별해서 '새로 온 사람들'이라고 불렀습니다. 먼저 온 사람들은 이 사람들이 정착하는 것을 도와야 했기 때문에 사회적인 상황이 상당히 많이 변화하게 되었었죠. 재정착과 적응을 돕기 위해 서구에서 전보다 훨씬 많은 자원봉사자들과 원조가 밀려들었습니다. 이 사람들은 특히 사원에 새로운 피, 새로운 활력을 불어넣었습니다. 티베트에서 교육을 받지 못했기 때문이었는지 그들은 인도에서 자란 사람들보다 공부하는 데 훨씬 열정적이었습니다. 외부의 원조와 내부의 열성은 많은 이들의 귀감이 되었습니다.

　그곳에 거주하던 서양인들도 변화를 겪었습니다. 70년대 말, 80년대 초까지 소위 부유한 나라에서 온 사람들은 무비자 체류가 가능했기 때문에 그곳에서 오랫동안 거주하는 사람들이 많았습니다. 저는 대부분을 다람살라에 있는 도서관에서 공부하던 서양인 집단과 함께 지내고 있었죠. 그때는 장기 교육과정이나 장기 훈련이 있었지만 조금 지나 모든 사람이 비자를 받아야 되게끔 정책이 바뀌면서 인도에 장기간 머무는 것이 어려워졌기 때문에 교육과정과 훈련은 훨씬 짧아졌습니다. 서양인에게는 변화라면 큰 변화였죠.

　서서히 발전하면서 다람살라는 여행지로 변해갔고 특히 내국 여행자가 증가했는데, 그러면서 호텔이 여럿 들어섰습니다. 또 티베트인들에게 몰리는 후원과 그들 자신의 열정에 따른 성공 덕에 건물이 엄청나게 들어서게 되었습니다. 그곳에 처음 갔던 69년에는 거의 아무것도 없었지만 지금은 건물 숲이 빽빽하게 들어서게 되었죠. 수십 년 동안 전개되었던 히피 문화를 찾아 젊은이들이 여전히 인도로 가고 있었습니다. 하지만 인도에 도착해서는 영적인 면에 끌려서 원래 그들이 온 목적을 잊는 경우도 많았습니다. 대부분이 그랬던 것 같습니다. 성하가 그러한 추세에 대해 특정한 언급을 한 것 같지는 않군요. 하지만 대단히 많은 수의 사람들이 앞으로도 달라이 라마의 설법에 귀를 기울일 것이고 그럼으로써 마약을 멀리할 것입니다.

텐신 카초 스님　1985년에 다람살라에서는 큰 변화가 있었습니다. 1975년 제가 거주할 당시에는 물과 전기도 거의 들어오지 않고 변소도 없을 정도로 가난에 궁핍이 켜켜이 쌓여 있던 곳이었지요. 옷을 걷고 앉은 몸을 가릴 수 있는 곳이라면 어디든 공중화장실이었습니다. 대부분이 덤불이었고 때로는 덤불이 주변에 많다는 이유로 몇몇 수원지 바로 근처를 이용했으니 위험하기 짝이 없는 일이었죠. 1985년에 돌아가서는 그 변화에 엄청 놀랐습니다. 걱정과 관심, 전보다 훨씬 더 많은 관심이 집중되면서 병원과 같은 기반시설과 공공시설이 늘어났습니다. 하지만 그 엄청난 변화에도 시설은 아직 충분과는 거리가 멀었습니다. 다람살라의 절에 있었을 때 스님 한 분을 치과에 데리고 간 적이 있었습니다. 하지만 병원에서조차 어떤 예방 조치도 찾을 수 없을 정도였습니다. 치통을 없애겠다고 줄줄이 선 사람들에게 하던 처치는 주사를 놓고 이를 뽑는 게 전부였죠. 스님이 나오기를 기다리는 동안 뽑힌 이가 양철통에 떨어져 부딪히는 소리를 숱하게 들었습니다.

췬마 잠파 돌카　첫 방문은 그 자체만으로도 특별했습니다. 모시던 스승님이 그곳에 들른 지 몇 년이 되었기 때문에 스승님을 보고는 모두 정말로 반가워했습니다. 정말 대단한 환영이었죠. 그때가 제가 처음으로 성하를 뵙고 악수를 나눈 때입니다. 그것만으로도 정말 감격스러웠습니다. 우기 중이라서 비가 얼마나 쏟아졌는지 밖으로 나가는 것은 고사하고 문조차 열기 힘들 정도였거든요. 마치 소방 호스로 물을 하늘에서 쏘아 내리는 것 같았습니다.

블루 그린버그 박사 꽤 현대화되어있는 부분들 속에 대부분은 초라한 풍경, 다소 기묘해 보이기는 했지만 그곳은 꽤 아름다웠습니다. 우리는 산이 내려다보이는 곳에 선 카슈미르 산장에 묵었는데 형형의 안개와 색색의 하늘이며 가파른 절벽들이 어우러져 만든 그 광경에 입이 떡하니 벌어질 지경이었습니다. 갖가지 아름다움의 묘미가 존재하는 곳이지요. 참배하는 장소와 사원들의 화려한 색채, 그리고 오렌지색, 선황색, 암홍색이 조화를 이루는 승려복도 너무 아름다웠습니다. 매우 색채적인 경험이었습니다.

조너선 머스키 교수 다람살라에는 두 가지 모습이 있습니다. 오래전에는 영국 사람들의 고원 피서지였는데 그중 일부가 다람살라 너머 숲 위쪽에 아직 남아 있습니다. 지금의 다람살라는 히피족들과 배낭여행객의 안식처이고 불교에 관심 있는 사람들과 달라이 라마 근처에 머물기를 바라는 사람들이 모이는 중심지입니다. 다람살라의 날씨는 무척 좋습니다. 한 가지 유감스러운 점이 있다면 다람살라가 여행자들을 불러들이기 위한 싸구려 덫으로 변모하고 있다는 것이죠. 하지만 그곳은 여전히 멋진 곳이고 달라이 라마는 크기만 클 뿐 소박하기만 한 간단한 목조 단층집에 살고 있습니다. 달라이 라마의 거처가 조금 뜻밖인 것은 기관총을 든 인도 군인들이 그곳을 지키고 섰다는 것입니다. 방문해서는 달라이 라마와 밖에 나가게 된 적이 있었습니다. 함께 후문으로 나갔는데 군인들은 그가 그쪽으로 나간다는 연락을 받지 못했죠. 그들이 알고 있는 것이라고는 문이 열리고 있다는 사실이었습니다. 군인들이 갑자기 튀어나와서는 우리에게 총을 겨누었습니다. 그때 달라이 라마에게 이런 말을 했습니다. "비폭력의 위대한 사도인 성하를 여기 이 군인들이 지키고 있군요." 물론 인도 정부가 달라이 라마 때문에 정말 까다로운 입장에 있다는 것을 이해해야겠지요. 그들은 그에게 어떤 일도 일어나게 놔둘 수 없을 것입니다. 성난 중국인들이 항상 그들의 목을 조이고 있기 때문에 그의 활동을 통제해야 하는 것이겠지요. 그만큼의 신중을 보이는 것도 일리는 있습니다.

라사에서 다람살라로 옮겨진 달라이 라마 지도부

알렉산더 버진 박사 성하에게는 별 문제가 안 되는 것처럼 보였습니다. 육체가 존재하는 곳이 중요한 것이 아니라 인품 등에 있어서의 개인적 발전 그리고 자신이 돌보는 사람들의 사회적 복지에 대한 강한 개입이 보다 중요했습니다. 그는 5대와 13대 달라이 라마와 많이 가깝습니다. 이 둘은 단지 정신적인 행복에 머무르지 않고 티베트인들의 일반적인 사회, 정치적 상황을 돌보는 데에 많은 노력을 기울였습니다. 그게 꼭 사회적 제도에서 온 것이라고는 생각하지 않습니다. 여러 달라이 라마들은 보다 은둔자의 자세를 취했으며 그들 중 몇몇은

20대에 타계했을 정도로 오래 살지 못했습니다. 어떤 모습이든 그것은 성하가 존재하는 방식인 것이겠죠.

티베트 사람들에게 성하는 티베트 자체이며 희망의 상징입니다. 이것이 정복자들에 의해 유린된 티베트의 상황이 캄보디아와 같은 비슷한 처지의 다른 불교국가들 상황과 결코 같을 수 없는 이유입니다. 티베트인들은 수년을 강제수용소에서 보냈지만 유사한 어려움을 겪은 캄보디아인들보다 느끼는 고통도 덜했고 트라우마에서 회복되는 것도 빨랐습니다. 두 사회 모두 불교가 존재합니다. 하지만 불교국가라고 해서 똑같은 해석이 적용되어서는 안 됩니다. 이치에 닿는 유일한 설명은 성하의 존재와 그가 다시 티베트를 상징하기 바라는 희망이기 때문이라는 것입니다.

로버트 서먼 교수 처음 만났을 때에는 지금만큼 행복해 보이지 않았습니다. 1970년대에 들어서서야 그에게 중대한 변화가 일어나고 있다는 것이 보였죠. 사실 볼 때마다 약간씩의 변화가 있기는 했습니다. 그를 처음 만난 1964년부터 함께 1년을 보낸 1970년까지 중대한 변화가 있었습니다. 이 기간 동안 그는 상당히 성숙했으며 철학적으로나 정치적으로도 노련해졌습니다. 섭렵한 글의 양은 실로 엄청났습니다. 8년간의 공백을 거치고 다시 만난 1970년대 말 그는 다른 사람이 되어 있었습니다. 엄청난 힘을 갖고 있었습니다.

달라이 라마 정부와 행정 스타일의 발전

텐신 테통 박사 1990년까지 망명정부는 선출국회 형식이었습니다. 하지만 후보자를 성하께서 올리면 국회가 동의해 선출하는 식이었지요. 그래서 1990년에, 물론 여러 복잡한 이유가 있기는 했지만 우선 망명정부를 보다 민주적인 구조로 발전시켜야겠다는 취지에서 상당히 많은 사람들을 소집해 티베트 망명정부의 장관 선출을 제안하셨습니다. 확실히 하기 위해서 사람들은 평균 이상의 지지를 구했고 70퍼센트 한계의 승인이 제안됐습니다. 이 대회는 1990년에 있었고 첫 선거에서 네 명이 선출되었는데 제가 그중 한 명이었습니다. 그래서 저는 장관직 몇몇을 수행하게 되었고 잠시 동안 내각 의장직을 맡기도 했습니다.

리처드 블럼 성하는 균형을 잡는 데 애썼습니다. 망명정부도 훨씬 민주적으로 변모시켰습니다. 국민이 카샥(Kashag, 내각) 각료와 의회 의원들을 뽑습니다. 저는 중국인들에게 누누이 말합니다. "티베트인들이 요즘 달라이 라마에게서 어떤 대우를 받는지 알고 싶다면 망명정부를 살펴보세요."

텐신 테통 박사 제가 카샥에 있던 동안은 각료들이 셋에서 많아야 여섯이어서 꼭 위원회 돌아가듯 했습니다. 의장이라고 하더라도 힘이 더 있었던 것도 아니고 합의에 의해 움직였기 때문에 의장의 역할은

짚고 넘어가야 할 문제를 제기하고 결정 과정을 돕고 합의에 이를 수 있도록 하는 정도였지요. 독단적으로 결정하는 것은 하나도 없었습니다. 모두 함께 하나의 점에 모이도록 설득하는 정도였습니다. 따지고 보니 의장만 그랬던 것도 아니네요. 의원도 마찬가지로 합의를 이끌어내려고 노력했으니까 말입니다. 손들어, 4대2, 다음 안건, 이렇게 일한 적은 없었습니다. 어쨌든 의장의 역할이 그것이었습니다. 물론 성하의 내각에서 의장으로 있는 사람은 주요 안건의 논의나 논의 진행사항 등에 대해서는 성하께 보고해야 하는 의무가 있었습니다.

　보통 성하는 상황 모두에 관여하시지는 않았습니다. 성하는 보다, 뭐랄까요, 중요하고 커다란 문제가 떠오를 때에만 참여하는 것이 보통이었습니다. 성하께서 특별히 개입하셔야 하는 중대 문제도 어쩌다 한 번 발생합니다.

체링 샤캬 성하가 20대와 30대였던 초기에는 물론 친구와 고문들의 도움을 많이 훨씬 많이 받았습니다. 하지만 지금은 상황이 역전되었지요. 이제 연륜도 오래고 젊은 사람들한테 싸여 있으니까요. 지도를 구했던 스승들은 이미 떠나셨습니다. 성하도 교류할 사람들이 없어서 참 쓸쓸할 것 같다는 생각이 듭니다. 가깝게 지내는 고위 라마들도 없고 같은 수준의 지혜와 학식을 지는 나이 드신 분들도 드무니까 말입니다.

T. C. 테통 정부에 노련한 세대와 젊은 세대를 연결해줄 사람들이 더

필요하다는 말을 항상 합니다. 캘리포니아를 방문했던 1990년대 중반에 성하에게 다람살라로 돌아가서 몇 년 정도 일할 수 있다는 뜻을 전했습니다. 자식들도 이제 다 컸겠다, 학교도 마쳤겠다, 충분히 돌아갈 수 있었습니다. 여섯 달 후에 인도 사절직을 맡으라는 편지가 왔습니다. 거기에 있는 동안 각료로 선출되었고 정보국제관계부 서류를 넘겨받고 그 자리에 1997년에서 2001년까지 있었습니다. 성하와 매우 가깝게 일했는데 그처럼 규율이 잡힌 사람은 생전 처음이었습니다. 저 같으면 하루 종일 일해 피곤하면 안경을 벗어 테이블에 생각 없이 던져 놓지만 그는 손수건에 정성껏 싸놓습니다. 아무 일도 하지 못하고 기다리게 만드는 것도 싫어하고 쓸데없는 소리로 시간을 보내는 것도 좋아하지 않습니다.

툽텐 진파 랑리 박사 함께 외국을 방문할 때면 다들 지쳐도 그만큼은 언제나 쌩쌩해 보입니다. 지난여름에 토론토 칼라차크라를 끝내고 3주간 쉬었다가 영국, 스코틀랜드, 로마 순방에 따라야 했습니다. 캐나다에서 돌아와서는 완전히 녹초가 됐었지요. 이삼일 걸려 겨우 여독이 풀렸습니다. 하지만 성하는 항상 힘이 넘칩니다.

T. C. 테통 빈둥거리는 것을 좋아하지 않습니다. 끊임없이 무엇인가를 하지요. 망명 초기 때에는 배드민턴과 탁구를 쳤습니다. 보안 담당자들이 쉴 새 없이 돌아다니는 성하를 따라다니느라고 애 꽤나 먹었죠. 간혹 편히 앉아 친구들과 담소를 나누는 경우도 있었지만 대체

로 항상 바빴습니다.

책임 위임

텐신 테통 박사 차이가 조금 있었습니다. 평상적이고 일반적인 사항으로서 약간의 관심이 필요한 경우라면 성하의 결정이나 권고사항이 빨리 떨어졌습니다. 우리에게도 결정을 빨리 내리도록 하셨고요. 좀 더 어렵고 복잡한 문제들은 성하 역시 시간을 들여 살펴보시고 우리에게도 재차 생각해서 신중하게 결정을 내리도록 하셨습니다. 안건에 대해 다른 사람들과 의논하셨던 경우도 있습니다. 꼭 공식적인 자리를 만들어 그런 것이 아니라 틈틈이 기회 닿는 대로 사람들의 의견을 구하는 정도였습니다.

체링 샤캬 성하는 모든 일을 살펴보지는 않습니다. 물론 진행상황을 보고받기는 합니다. 그는 항상 국정의 일부를 아래 사람들에게 맡기려고 했습니다. 그것이 문제지요. 평생의 직책을 안고 태어난 사람들, 스스로 권력을 얻은 정치가라면 불안해서라도 아래에서 어떤 일이 벌어지는지 주도면밀하게 지켜볼 것입니다. 그렇지 않는다면 어렵게 얻은 힘을 잃게 될 테니까요. 하지만 달라이 라마는 달라이 라마가 되기 위해 태어났기 때문에 권력을 잃을 걱정을 하지 않아도 됩니다. 그래서 자신의 책임과 업무를 위임할 수 있는 것입니다. 항상 들여다보지 않아도 되는 거죠. 따라서 달라이 라마는 모든 실질적인 문제에 완전히 관여하며 통치하지 않는다고 할 수 있습니다.

티베트의 또 다른 문제점은 정치가들이 정책 결정에 완전히 무능하다는 것입니다. 티베트 정치가들은 사소한 문제로도 달라이 라마를 찾아 지도를 구합니다. 달라이 라마가 이들 정치가들과 관료들을 만날 때마다 "제게 오지 말고 스스로 결정하세요. 여러분을 뽑아준 사람들이 있지 않습니까. 그 힘을 이용하세요" 하고 말합니다. 선거를 통해 선출되었으니까 그 직권으로 결정을 내리라는 말이지요. 성하가 책임의 상당 부분을 위임하고 싶어한다는 것은 맞는 말입니다.

알렉산더 버진 박사 절대적인 권력에 있지 않다면 그렇게 편하게 있을 수는 없을 것입니다. 그는 분명 책임을 위임합니다. 모든 의사결정을 도맡고 모든 사람들이 자신에게 기대는 것을 원치 않지요. 하지만 아무리 그렇게 하고 싶어도 어려운 것이 티베트인 모두는, 거의 대부분은 그를 경외합니다. 그래도 달라이 라마는 책임을 위임하지요. 모든 사소한 일들까지 직접 결정 내리지는 않습니다. 신임하는 사람에게 문제처리에 관해 "스스로 판단해서 해결하세요" 하는 것을 본 적이 있습니다. 물론 사후에 보고하게끔 합니다.

툽텐 진파 랑리 박사 통역을 시작하기 전, 사원 대학교들을 돌며 학생으로 있을 때 성하를 알았습니다. 성하도 대학들을 찾아다니면서 토론 수업에 참여하곤 했죠. 개인적인 친분은 없었지만 토론에 참여하고 했으니까 낯은 익었을 것입니다. 1985년에 다람살라로 가서 성하의 가르침에 참석했습니다. 로스앤젤레스에서 사람들이 와서 법회가 열렸었죠. 그런데 공교롭게도 법회 첫날 담당 통역관이 참석하지 못하는 상황이 발생했습니다. 영어를 할 줄 아는 사람을 급히 찾던 중에 제가 영어를 한다는 말이 돌아서 결국 제 앞에 사람이 왔습니다. 공식적으로 통역을 한 적이 한 번도 없다고 대답했죠. 게다가 감히 성하의 가르침을 통역한다니요. 결국 살에 박힌 깃털 뽑히듯이 자리에 꼭 붙어 있다가 끌려 나가서는 통역을 하게 되었습니다. 원래 통역하기로 되어 있던 사람은 다음날 나타났습니다. 그래서 마이크를 같이 잡고 서로 다른 부분을 통역했습니다. 쑥스러운 말씀이지만 성하가 가르침을 주던 경문을 다른 통역자보다 제가 더 잘 알고 있었습니다. 법회가 진행되던 주에 성하와 따로 이야기할 기회가 있었는데 "얼굴은 익지만 영어를 할 줄 아는지는 몰랐습니다" 하더군요. 인도 남부에서 학생으로 있을 때 본 제 모습을 기억했던 것이지요. 그날 자신을 따라다니면서 통역하겠냐는 제의를 받았습니다.

린첸 달로 어떠한 정보라도 입수한 것은 절대로 잊는 일이 없습니다. 성하께 결재 받으러 갔다가 전년도에 보고한 일을 다시 꺼내야 할 때가 있는데 기억이 나지 않는 경우에는 "작년에 이렇게 보고하지 않았습니까!" 하고 전부 기억해서 말씀하십니다. 왜 그렇게 안 고쳐지는지 모르겠습니다. 이번에는 빠짐없이 보고해야지 하면서 만반의 준비를 갖추고 집무실에 들어가서 성하의 앞에 서면 준비했던 것은 몽

땅 잊어버리고 결국 딴 소리만 하고 나오게 됩니다. 아차, 하고 말씀 드리려는 도중에 성하께서 무슨 말씀을 하시거나 질문을 하시면 대답하다가 또 할 말을 잊어버립니다. 여기 미국에서 성하를 그렇게 많이 따라다녔지만 아직까지도 자주 그럽니다. 성하는 분명 개방적이시고 누구라도 편하게 대해주십니다. 그렇기는 하지만 성하가 여전히 어려운 것은 인간의 몸으로 화한 대자대비의 관세음보살이시기 때문일 것입니다.

제프리 홉킨스 박사 많은 사람들이 모인 앞에서 통역하는 것은 흥분되고도 어려운 일이었습니다. 어려워서 흥분되었었지요. 저는 의역은 하지 않습니다. 다시 말해 좀더 부드럽게 표현하겠다고 제 뜻을 붙이는 것은 가능한 한 삼갑니다. 물론 사람들이 전혀 못 알아듣게 이야기하지는 않지만요. 군더더기 없이 명료하고 직접적으로 뜻을 옮길 길을 찾아서 저는 단지 사람들이 저를 통과해서 그를 볼 수 있는 창으로 만들려고 노력합니다. 그런 노력 때문인지 제 일에도 관심을 보이는 사람들이 꽤 많습니다. 즐거운 일이지요. 망쳐버리면 어떻게 하나 하는 공포도 꽤나 즐거웠습니다. 그는 정말 길게 이야기하는 사람입니다. 통역자가 말을 옮길 틈도 주지 않고 정말로 오래 이야기합니다. 아마 세계 최고일 것입니다. 하지만 그것마저도 즐거울 수 있는 이유는 제가 영어로 옮긴 말을 가만히 듣고 있다가 놓친 부분을 다시 이야기하기 때문입니다. 함께 책을 쓸 때에는 저를 앉혀 놓고 필요한 내용의 책에 대한 가르침을 줍니다. 물론 가르침은 녹음해서 남기고 그것으로 책을 쓰고요. 법회에서 얻은 가르침을 정리한 다음 나중에 찾아가 경험을 물어 정리한 내용에 살로 붙여서 글을 쓰기도 합니다.

린첸 달로 88년도에는 종교정치지도자세계포럼(Global Forum for Spiritual and Parliamentary Leaders)에 참석했습니다. 옥스퍼드대학에서 규모가 큰 컨퍼런스가 있었는데 연설을 하기로 되어 있어서 성하도 런던으로 와 계셨습니다. 런던 방문을 제가 직접 계획한 것은 아니고 저는 여러 컨퍼런스 조직자의 한 사람이었기 때문에 그날 성하는 제게 손님이었습니다. 성하가 도착하실 시간에 맞춰 줄을 서서 기다리고 있는데 홀란드 출신의 랍비가 제 앞에 서서 "달라이 라마를 알고 있습니다. 홀란드에서 열린 컨퍼런스에서 만난 적이 있죠" 하더군요. 성하께서 도착하시고 마련된 자리를 찾아드리러 가는 중에 그 랍비가 다시 와서 성하께 악수를 청하면서 "성하, 저는 성하를 전에…" 하는데 달라이 라마 성하가 "예, 홀란드에서 뵀었지요" 하셨습니다. 랍비의 얼굴이 굳어버리더군요. "딱 한 번 뵀었을 뿐인데…" 하면서요. 그것도 따로 만나 이야기를 나눈 것도 아니고 여러 사람들 속에서 인사만 나눈 정도였다고 하더군요.

페마 크힌조 역시 독립운동가였던 형이 약속 지점에서 대기하고 있다가 노부링카 궁을 떠나 강을 건너오시는 성하를 맞았습니다. 달라이 라마 성하를 인도 국경까지 모셔다 드린 다음에 돌아가서 해방운동을 계속했습니다. 형은 1960년대에 인도로 넘어와 다람살라에서 성하를 잠깐 뵈었습니다. 2002년에 다람살라에 다시 왔는데 형은 완전히 다른 사람이었습니다. 할아버지가 다 됐더군요. 형은 성하를 뵈려고 수천 명이 만든 줄에 서 있었는데 성하께서 형을 보고는 바로 "우리 해방운동가 선생님도 많이 늙으신 것 같습니다" 하셨습니다. 형을 기억한다는 것이 놀랍기만 했습니다. 성하는 역시 우리 같은 사람이 아니구나 하는 생각이 다시 한번 들었습니다.

실책에 대한 인내

린첸 달로 물론 불편한 심기를 드러내십니다. 정말 직설적인 분이시라서요. 뭔가 잘못된 것을 보면 모르는 척 지나가는 경우는 절대 없지만 틀린 부분을 부드럽게 지적해주십니다.

리처드 기어 나나 다른 사람에게 몹시 노여워하는 경우를 한 번도 보지 못했다고 말하기는 힘들지만, 화를 내더라도 요령 있게 냅니다. 부처는 부처이지만 항상 웃고 미소 짓는 부처는 아닙니다. 상황에 따라서 필요하다면 화를 내기도 하지만 내더라도 기술적으로 냅니다. 감정까지 실어 노여워하지는 않죠. 화는 내지만 나를 미워하지 않는구나 하는 생각이 들게 냅니다. 그러고는 웃게 만들어서 불편한 마음을 덜게끔 도와줍니다.

미키 렘리 그가 한번은 이런 말을 했습니다. "저도 젊었을 때에는 성질 꽤나 있었습니다. 화를 내곤 했지요. 아주 오랫동안 수행에 수행을 거치고 근래 몇 년 사이에 화를 다스리는 법에 집중적으로 신경을 써서 조금 나아진 정도입니다." 캘리포니아에서 주말 워크숍을 하는 사람들은 "저는 제 안에서 분노를 없애버렸습니다" 하고 말하는데 달라이 라마가 조금 나아진 정도라면, 어디가 좀 안 맞죠?

하워드 커틀러 박사 그는 수십 년을 들여 인생을 관망하고 직관하는 법을 발전시켜 오고 있습니다. 어릴 때 시작해 지금 나이까지 수행했으니까 심하게 화를 내는 일은 절대 없겠죠? 정말 힘든 상황에 놓인 경우를 몇 번 관찰할 기회가 있었는데 행동이 말과 잘 일치했습니다. 분명 답답함과 실망스러움을 보이는 경우는 있지만 그런 감정은 대양의 표면, 깊은 분노의 감정이라기보다는 표면의 일렁임 정도입니다.

로버트 서먼 교수 열성 추종자가 찾아와서 티베트인들을 돕고 싶다고 해놓고는 어찌어찌하겠다는 이야기 없이 "어떤 분부라도 따르겠나이다, 성하" 하는 식으로 이야기하는 것을 좋아하지 않습니다. 그 자신은 모든 것을 알고 모든 상황에 어떻게 대처해야 하는지 안다고 믿는 사람들과 이야기하는 것을 싫어합니다. 택시를 탔는데 기사가 "좌회전이 좋습니까, 아니면 우회전이 빠릅니까? 신호 무시하고 가버릴까요?" 하고 분부를 내려주기를 바란다면 좋을까요?

재정문제에 대한 달라이 라마의 정책

페마 크힌조 제가 내각에 있을 때 성하께서는 낡은 자동차 두 대가 있었습니다. 차가 어찌나 낡았던지 기사들이 차가 고장 나지나 않을까 항상 걱정이었고 실제로 다람살라에서 다른 곳으로 이동할 때 위험했던 적이 많았다고 했습니다. 그래서 델리로 가서 새 차를 뽑았습니다. 하루는 성하께서 외국 방문 일정이 있어서 공항에 가셔야 했습니다. 기사가 물었죠. "어떤 차를 타고 가시겠습니까? 새 차를 준비해 놓을까요?" 성하께서 "그 차는 누구 것입니까?" 하고 되물으셨습니다. "보안장관이 성하를 위해 새 차를 구입했습니다" 하고 기사가 대답했습니다. 성하가 "아닙니다. 새 차는 필요 없습니다. 지금 있는 낡은 차들로 족합니다" 하고 말씀하셔서 우리는 바로 새 차를 팔았습니다.

제프리 홉킨스 박사 인도 남부에 정착한 티베트인들이 사원을 건축하는 것을 돕고 싶어 하는 사람들이 독일에 있어서 그들에게 지지서를 보내는 것은 어떻겠냐고 이야기하는데 그가 영어로 "부패행위입니다!" 하면서 그들은 사원이 필요 없고 참선하고 싶으면 숲속에 가서 하면 된다고 말했습니다. 그래서 사원과 공공시설로 들어간 것 모두가 부패는 아니라고 주장하며 싸워야 하는 입장에 놓이게 됐습니다. 평소에는 저도 같은 입장이었지만 어떻게 하다 보니 정 반대의 입장을 취하게 된 것이었죠. 어쨌든 그 때문에 한참을 이야기한 적이 있었습니다. 솔직하고 공정하지 않고는 못 배기는 성격에 크게 감동했습니다.

린첸 달로 성하는 설법하실 때에는 시간을 아끼지 않습니다. 돈에 대해서도 마찬가지로 관대하십니다. 어떤 것을 받으시더라도 그대로 동포들에게 내놓으십니다. 그렇게 내주시는 것이 많아서 개인 재정 관리를 하기가 여간 어려운 것이 아닙니다. 절의 주지나 라마들이 찾아와서 곤란한 상황을 털어 놓으면, 사원의 재정상황 같은 것 말이에요. 그러면 성하께서는 "알겠습니다. 시주하도록 하겠습니다. 이만큼 시주하겠습니다" 하십니다. 통장 상태는 파악하시지도 않은 채로요. 정말 많이도 내주십니다. 부에는 아무 애착도 없으신 분이죠. 당신께서 갖지 않으시는 것은 물론이고 가진 것을 친척들에게조차 나눠주는 일도 없습니다. 국민들이면 몰라도 친척들을 이롭게 하는 데 쓰는 것은 옳지 않다고 생각하시는 것이죠.

성하의 정말 총명하고 똑똑한 어린 조카가 미국으로 유학을 왔습니다. 아이의 어머니, 그러니까 성하의 형수 친구들이 등록금을 도와주기로 했습니다. 이곳저곳에서 도움을 얻어 박사 학위 과정의 1년을 마쳤습니다. 하지만 학비를 융통할 수가 없어서 1년만 마치고 포기해야 했습니다. 그런데도 성하는 도와주지 않으셨습니다. 조카가 삼촌이 어떤지 이미 알고 있었기 때문에 손을 벌리지 않았을 수도 있지만 상황을 알고 있는데도 돕지 않은 것을 보면 조카 학비를 대주는 것도 부당하다고 생각하셨나 봅니다. 성하의 동생에게는 아들 하나 딸 하나 이렇게 자식이 둘이 있습니다. 고등학교를 졸업시키고 동생 내외는 아이들을 미국으로 유학 보내고 싶어했습니다. 동생 부부는 성하에게서 돈을 한 푼도 받지 못했고 스스로 자식들의 미국 유학비를 댈 처지도 안 됐습니다. 인도에서 공부하겠다고 하면 학비 정도야 충분히 대줄 수 있었지만 아이들은 미국에 가고 싶어했습니다. 딸은 정말로 어렵게 어렵게 돈을 끌어다가 학위를 얻었지만 아들은 제때에 졸업하지 못했습니다. 다 돈 때문이었죠. 성하는 그런 분이십니다.

아들이 다람살라에 있을 때에는 성하의 어머니가 가끔 쿠키를 만드십니다. 성하는 어머니가 만든 쿠키를 좋아하셨죠. 가끔 인도인이 운영하는 식료품 가게에서 사과를 사서 성하께 드리기도 합니다. 성하 어머니를 맞은 관리 한 명이 어느 날인가 어머니가 사과를 봉지 가득 들고 왔다는 이야기를 했습니다. 그랬더니 성하가 "어머니, 사과는 왜 이렇게 많이 가지고 오셨어요? 많이 주시고 싶으면 세 개만 사오시지요. 어머니가 주시는 거니까 하나라도 정말 행복하게 받겠지만, 이렇게 많이 사오시면… 살 수단도 없으시잖아요. 저는 어머니를 도와드릴 수 없는 거 아시잖아요." 돈이 없다는 말은 아닙니다. 돈은 있지만 아무리 가족이고 친척이라도, 스스로에게도 돈은 한 푼도 쓰지 않는다는 말씀이지요. 그분은 항상 남 생각밖에 없습니다. 무엇을 가지고 있건 그건 다 티베트 동포에 속한 것이라고 생각하십니다.

정말 욕심이 없는 분입니다. 성하께서 법회를 집전하시면 사람들은 입장권 수익의 일부가 성하께로 가는 줄 압니다. 하지만 그런 돈은 하나도 없습니다. 법회를 조직한 사람들이 일부를 시주하기는 하지만 성하는 절대 받지 않습니다. 노벨평화상을 받았을 때에도 상금을 나눠서 큰 몫을 나병 환자 치료에 쓰라며 테레사 수녀에게 주고, 굶주린 자들을 먹이라며 또 큰 몫을 아프리카로 보내고, 심지어는 코스타리카의 평화대학에 기증한 돈도 있습니다. 성하의 미국인 지인들이 "티베트를 위해서 어느 정도 남겨두시는 것도 좋지 않겠습니까" 하는 말을 들으시고 그제야 조금을 정부 자금으로 돌렸습니다. 성하는 한시도 빠짐없이 우리 중생들을 생각하십니다.

누군가 성하께 노벨상 상금을 어디에 쓰겠느냐는 질문을 했습니다. "티베트인들은 가난합니다. 난민입니다. 하지만 굶주려 죽는 사람은 없습니다. 저는 배고픈 자들을 돕고 싶습니다. 아프리카에 보내 배고픈 사람들이 허기라도 면할 수 있게 할 생각입니다" 하고 대답하셨습니다. 보도가 나가고 바로 온갖 기부금 신청이 몰려들었고 그래서 상금을 여럿으로 쪼개게 되었습니다.

페마 크힌조 다람살라는 산 중턱에 있어서 좋은 길이 별로 나 있지 않습니다. 보안장관으로 있을 때 혹시 성하께서 갑자기 편찮아지신다면 괜찮은 병원으로 빨리 모실 길이 없어서 한참 걱정하다가 인도 정부에 응급차를 제공해 달라고 요구했습니다. 그렇게 부탁하기를 2년, 결국 구급장비를 완벽하게 갖춘 응급차를 보내왔습니다. 저는 기쁜 마음에 정말 비싼 차가 왔고 궁에 항시 대기시켜 놓을 것이라고 했더니 성하는 왜 그런 비싼 차를 모두가 사용하게 하지 않고 당신 혼자만을 위해 썩혀 두느냐면서 완강하게 반대하셨습니다. "인도 정부에 돌려주도록 하세요." 정부에서 일하던 동료 모두가 놀랐었죠.

갈수록 세계 순방을 늘리는 달라이 라마의 역할

린첸 달로 스케줄 일체는 해당 지역 주최자들이 준비합니다. 마이애미를 방문하셨을 때(2004년 9월)에는 주최측에서 일정을 짜서 (뉴욕의) 티베트 사무소로 보냈습니다. 그러면 사절이 일정을 확인하고 고칠 것을 고쳐서 다시 보냅니다. 일정에 큰 문제가 없다면 다람살라로 보내고 서기관들이 살펴본 다음 (성하께) 승인받습니다. 하지만 방문하시면 (원래의 일정에 없던) 많은 사람들이 시간을 내달라고 합니다. 물론 성하는 "그야 당연히 내드려야죠" 하시지요. 그래서 그 사람들을 모두 일정에 끼워 넣느라고 어려움이 많습니다. 일정이 빡빡하고 힘들어지는 것도 그 때문이고요.

애니 워너 그는 스케줄링 프로세스에 적극적으로 참여합니다. 조그만 세부사항들로 부담 주지 않으려고 우리도 노력하기는 하기는 하지만 오히려 스스로 나서서 일정을 모두 살펴보고 손댄 다음 인도를 떠납니다. 일정이 지나치게 빡빡하다 싶으면 행사 진행시간을 줄이게끔 하기도 합니다. 정말 꼼꼼하고 정확한 사람입니다. 북미 공항에 떨어지고부터 출국할 때까지 완전히 분 단위 스케줄로 움직입니다. 길게는 35일이나 되는 그 긴 일정표에 빼곡히 적힌 스케줄의 1분 1분을 인도를 떠나기 전에 모두 체크하지요. 접견 스케줄의 경우에는 항상 끼워 넣을 준비를 하고 있어야 합니다. 성하가 먼 곳에서 온 선생을 만나고 싶어하는 경우도 있고 티베트에서 어떤 가족이 와서 돌아가면 다시는 볼 기회가 없을 것이라면서 꼭 만나야겠다는 경우도 생기고 해서 스케줄에 넣을 수 있게 항상 준비해 둬야 합니다.

노부 체링 (2004년 4월 토론토 방문 중) 일정을 꽉 채우고 싶지는 않았습니다. 오전 일곱 시부터 오후 네 시에서 다섯 시까지 가르치시는 것만도 힘든 일이니까요. 대학교, 단체, 정치가들 등의 많은 요청을 받았지만 거절했습니다. 온타리오 주지사 알현 신청마저도 거절했습니다. 시간이 넉넉지 않았던 터라 일정은 최대한 간단하게 짰습니다. 모든 행사가 스케줄대로 진행됐지만 개별 알현이 몇 건 있어서 약간 변동되기는 했습니다.

패트릭 프렌치 그의 개인 서기 텐신 게체 테통(Tenzin Geyche Tethong)에게 "왜 성하가 이런 스케줄에 맞춰 움직이게 하는 겁니까?" 하고 물었더니 "성하께서 그렇게 결정하셨기 때문입니다. 그분은 운명으로 받아들입니다. 세계의 많은 사람들한테 알리는 것이 티베트 불교를 아끼는 길이라고 생각하십니다" 하고 대답하더군요. 의식적으로 내리는 결정이라는 것은 압니다. 어쩌면 정말 하기 싫은 때에 싫은 마음도 없지는 않겠죠. 그래도 얼마나 큰 영향을 미치는지, 사람들이 얼마나 바라는지 알기 때문에 내리는 결정일 것입니다. 이제 칠순이

내일모레니 갑작스럽게 '이제는 그만두겠어' 하고 말하는 때가 오지 않을까요? '더 이상 세계인의 순회 달라이 라마가 아니오, 몇 년 은신하다가 돌아오겠소' 하고 이야기한다고 해도 저는 하나도 놀라지 않을 것 같습니다.

린첸 달로 어떤 사람이라도 시간만 된다면 그가 하고 싶어하는 이야기의 중요도나 사회 신분을 따지지 않고 만나겠다고 하십니다. 만나 달라는 청에 그러겠다고 대답하면 그것으로 스케줄은 바뀝니다. 노벨평화상을 타신 다음에도 미리 잡아 놓은 약속을 취소하려고 하지 않으셨습니다. "무려 한 달 반 전에 시간을 내겠다고 약속한 사람들인데 인터뷰 시간을 내겠다고 취소해서야 되겠습니까" 하시면서요.

과거에는 항상 균형을 맞추려고 하셨습니다(해외 방문을). "미국 방문 일정이 지나친 듯합니다. 1년에 한 번이면 족해요. 다른 갈 곳도 많습니다" 하시면서요. 유럽에는 국가가 수두룩하고 일본, 오스트레일리아, 뉴질랜드, 러시아, 몽골 등 다른 곳도 방문하십니다. 각각의 도시에 대해서는 사절과 서기관이 어떤 초청을 받아들이느냐에 달렸지만, 공식 요청을 직접 받을 때에는 시간을 내주는 것만으로도 초청자들을 도울 수 있는 일이라면 흔쾌히 응하십니다. 하지만 초청에 응하지 않아도 아쉬울 것이 없는 사람들이라면 거절합니다. 최고 명문대학에서 온 초청이라도요. 우선 누가 초청하고 목적은 무엇인지 알아봅니다. 법회를 준비할 계획이라고 한다면 "누가 참석할 예정입니까?" 하고 물어보십니다. 대답을 듣고서 가르침이 도움이 될 사람들이 참석한다면 그제야 초청을 받아들입니다.

보안 문제

애니 워너 미국에서는 국무부 관리들이 달라이 라마를 따릅니다. (2004년 4월) 캐나다에서는 수행하지 않았지만 각 순방 도시에 특별 정부 인원이 배치되었습니다. 그래서 밴쿠버에 있을 때에는 그 지역 담당 관리들이 공항까지 경호했고, 오타와에 갔을 때에는 그 지역 관리들이 공항에 나와 마중했습니다.

페마 크힌조 성하께서 패서디나(Pasadena)에 계시던 2004년 4월에 법회에 갔는데 경호원 모두가 중국인이라서 놀랐습니다. 성하께 다가가려고 하자 경호원 몇이 막았습니다. "그럼, 그렇게 해야지요. 저도 전에 이런 일 해본 적 있습니다" 하고 말했습니다. 밖에서 기다리면서 성하의 보안 책임자에게 메시지를 보냈습니다. 안에서 관계자가 나와서는 중국인 경호원들에게 "이분은 전 안보장관이십니다" 했습니다. 경호원들이 재차 미안하다며 사과했지만, 일을 제대로 해줘서 고맙다고 말해줬습니다.

해외 방문 때의 달라이 라마의 에너지

애니 워너 비행기에 타고 있을 때에는 대부분 아무 것도 안 하고 쉽니다. 긴 비행일 때에는 한 끼 정도만 먹고요. 주로 비즈니스칸 제일 첫줄에 개인 보좌관과 함께 탑니다. 출발 전에 시간이 없었다면 비행기에서 아침 기도를 하고 자리를 잡고 명상을 하는 경우도 있습니다. 승무원들이 같이 사진을 찍고 싶어 하는 경우도 있는데 항상 기꺼이 승낙합니다.

린첸 달로 연세를 그리 드셨는데도 힘이 넘쳐나는 것이 신기하죠. 성하께서 방문하실 때면 우리는 여섯 시에 일어나도 저녁에는 녹초가 돼 침대에 뻗습니다. 하지만 성하는 해외 방문 중에도 꼭 새벽 세 시에 기침해서 참선과 기도를 여섯 시 전에 모두 마칩니다. 여섯 시에 아침식사를 하고 그러면서 라디오를 들으시지요. 주로 BBC입니다. 아침식사를 마치고 신문을 본 다음 일곱 시 반이면 벌써 사람들 만날 준비를 합니다. 접견 스케줄이 일곱 시 반이나 여덟 시에 잡히는 일도 많습니다. 자기 관리에 철저하고 규율도 엄격히 선 분입니다. 식사도 항상 정시에 하고 저녁은 차만 드시는데 간혹 쿠키 한두 조각을 드시기도 합니다. 그러면서도 항상 기운이 넘치시지요. 하지만 줄지어 있는 사람들을 차례로 만나는 그런 공식 리셉션 자리에 서 계신 다음에는 피곤한 기색을 보이기도 합니다. 정말 피곤해지기 때문에 저녁 리셉션 자리도 그리 좋아하지 않으십니다.

수랴 다스 라마 참 휴식을 취할 줄 아는 사람입니다. 텔레비전 보면서 쉬거나 하는 일은 없고요. 시계나 기계를 만지작거린다거나 정원에 나갑니다. 1980년대 후반에 우리 센터에서 설법하시면서 지내시라고 도르도뉴(Dordogne, 프랑스 남부의 도시)에 임대한 집 관리를 제가 맡았는데 성하와 함께하면서 물론 좋은 일이 많았지만 아침 일찍, 다섯 시나 여섯 시 쯤 주위를 걸으면서 꽃을 보는 것이 정말 좋았습니다. 파리에서 함께 영화를 보러 가기도 했습니다. 베르나르도 베르톨루치 (Bernardo Bertolucci) 감독의 「리틀 부다(Little Buddha)」를 개봉 첫 회에 봤습니다. 성하가 몇 번 울기도 했는데 특히 보리수 아래에서 공격받는 장면에서 감동이 컸었나 봅니다. 영화관에 갔던 것은 아주 특수한 경우였습니다. 영화는 물론이고 그렇게 친한 리처드 기어가 나오는 영화도 안 보는 사람입니다. 계를 받은 스님들은 영화관에 가는 것도 삼가야 합니다. 미얀마나 태국의 엄격한 스님들은 영화관에 가는 것을 파계라고까지 생각합니다.

린첸 달로 사실, 서기관들에게 사람들이 거의 방문하지 않을 것 같은 도시나 휴가지 등을 스케줄에 며칠 끼워 넣는 게 어떻겠냐고 말해보기도 했습니다. 특히 여기 미국을 방문하실 때에는 워싱턴, 토론토, 뉴욕, 로스앤젤레스 등의 대도시 말고 애리조나 주 투손 같은 곳에서 법회를 열도록 하자는 이야기가 몇 번 나오기도 했습니다.

시도는 몇 번 해봤지만 그렇게 며칠 쉬시도록 설득하지는 못했습니다. 성하께서 그러시더군요. "여기에서 쉬어서 뭐하겠습니까? 지루하기만 할 텐데요. 행여 쉬고 싶다면 다람살라에서 쉬는 편이 훨씬 낫습니다. 다른 곳에서는 쉬고 싶지 않아요. 쉬어도 쉬는 것 같지 않고요."

하워드 커틀러 박사 휴가가 필요 없나 봅니다. 이만큼 일했으니까 이만큼은 쉬어야지 하고 일과 휴가를 나누는 사람이 아닙니다. 휴가가 필요 없는 사람이기는 하지만 간간히 짬이 나면 공부나 참선을 합니다. 그에게는 몇 시간이고 수행을 하는 것이 휴가입니다. 그렇게 재충전하지요.

애니 워너 방문 중에는 정말 쉴 새 없이 움직입니다. 몸 상태가 좋은 날에는 점심 먹고 잠시 쉰 다음에 사람들을 만납니다. 토론토에 며칠 있었을 때(2004년 4월)에는 다람살라에서 성하의 식사를 준비하는 사람들이 오타와에 사는 티베트 남자들과 함께 모든 식사를 준비했습니다. 일정이 짧은 경우에는 대부분 호텔에 준비를 시켜 룸서비스로 받아 객실에서 식사합니다.

메리 마거릿 펑크 수녀 오지는 않았지만 복통이 그렇게 심했다니 어쩔 수 없었죠. 꼼짝도 못할 상태였다고 합니다. 인도 남부의 어떤 병원에 있다가 그나마 호전돼서 다람살라로 옮겨 요양했다고 합니다. 장이 완전히 막혔었다고 하더군요. 티베트 불교 수도사가 그러는데 누가 음해했나 봐요. 보호 당번을 서 봐서 이해가 가는 것이, 음식 담당하는 사람들이 따로 있고 먹기도 따로 먹는데 좀 있다가 과일 케이크 한 조각 달라고 하고 좀 있다가 차 한 잔 달라고 하고 그랬습니다. 음식을 소독할 길이 없었죠.

조너선 머스키 교수 모든 국외 이주자 사회에서 그렇듯이 달라이 라마와 티베트인 망명자들 전체에 대한 좋지 않은 소문이 많습니다. 달라이 라마와 다른 두 고위급 라마의 적대관계에 대한 루머는 끊임없이 있었습니다. 음해나 독살 시도가 있다는 이야기도 나돕니다. 루머가 사실인지 정확히 밝혀내기는 힘듭니다.

달라이 라마의 서구식 사회복지사업 촉진

알렉산더 버진 박사 그리스도교에서 비롯된 많은 영향 중에 성하는 특히 봉사활동에 흡족해 합니다. 사회적, 지리적 여건 때문에 티베트에는 고아원과 양로원 등이 없습니다. 모두가 대가족 내에서 전부 해결되었기 때문에 필요가 없었던 것이죠. 따라서 기독교 사회가 그런 일들을 어떻게 하는지 보고 배우고 싶어합니다.

텐신 카초 스님 근래에 들어 꽤 많은 노력을 기울이고 있습니다. 정말 신나는 일이에요. 서양인 스님 두어 분이 티베트 불교 전통은 따르지만 서양인만을 위한 승방을 시작하고 싶어서 성하를 찾아갔습니다. 지도도 구하고 도움도 얻으려고요. 스님들은 열두 명 정도의 작은 서양인 승단을 만들고 싶다고 했고 달라이 라마 성하께서는 "아니지요, 아니에요, 열두 분이 아니라 200분의 승단을 만듭시다" 하셨습니다. 그래서 지금 진행 중에 있습니다. 땅은 이미 인도 남부 세라사원 근처에 마련됐고 성하는 스님들 일정까지 살펴봐 주십니다. 일은 어떻게 진행해야 하는지, 스님들 수행에는 차질이 없는지 확인하면서 상당히 신경 써줍니다. 근래에 일어난 정말 큰 변화죠. 서양인들이 스님이 되는 데에 어려움이 많다는 이해가 높아지면서 변화의 속도도 빨라지고 있습니다. 대부분 큰 관심과 포부를 갖고 오지만 계를 받고 나면, 나라를 잃고 해서 힘든 일이 많기 때문이겠지만 서양인 스님들에게는 거의 아무 지원도 없기 때문에 우리는 거의 스스로 돌봐야 했습니다, 예전에는요. 어쨌든 지금은 서양인 승단도 지원이 필요하다는 인식이 높아지면서 상황이 변하고 있는 중입니다.

메리 마거릿 펑크 수녀 지금은 훈련기라고 할 수 있겠죠. 지난 10년 동안 세속에 대해서도 연구하기 시작했습니다. 오직 깨달음, 오직 불경 하면서 그쪽만 팠던 사람들이라서 의료복지, 사회복지 같은 것은 거의 몰랐습니다. 그만한 가치가 없다는 생각에서 사회문제에는 거의 신경 쓰지 않았죠. 사실 저도 티베트 스님들이 사회에 참여하도록 훈련시켜 보려고도 했지만 실패했습니다.

티베트 여성의 지위

텐신 카초 스님 여러 아시아 사회 중에서도 티베트 여성들은 사회에서 정말 중요하고 활동적인 역할을 맡고 있습니다. 1959년 전까지 유지되었던 전통 사회구조에서는 남성의 상당수가 사원생활을 했기 때문에 여자가 살림도 맡고 일도 하는 등 여러 일들을 도맡았던 이유가 큽니다. 수가 적기는 하지만 정부와 정치계 요직에까지 진출하는 여성도 있습니다. 여성에게 정말 좋은 일이죠. 티베트 여성들은 사회 영향력이 꽤 셉니다.

블루 그린버그 박사 (다람살라 간담회에서) 질문 하나를 했습니다. "그럼 여성들은 어떻습니까?" 하고요. 발표자가 현대사회로 변모해가는 티베트에 대해 이야기하고 있었거든요.

어빙 그린버그 랍비 재미있는 일이었습니다. 달라이 라마 뒤에 그보다 나이가 훨씬 많은 계셰들이 앉아 있었습니다. 우리로 따지면 대학총장과 수도원장이 되는 사람들이었지요. 사원과 학계에서 벗어난 적이 거의 없고 서구도 경험해보지 못한 사람들이었기 때문에 정말로 비현대화된 사람들이었습니다. 솔직히 말해 전부 노인네들이었지요. 젊어야 70대에서 80대 정도 돼 보이는 사람들이 간담회 내내 조는 것 같았습니다.

　어쨌든 아내가 (여성에 대한) 질문을 했고 달라이 라마가 "우리는 교육에 항상 힘써 왔습니다" 하면서 여성의 발전에 대해서 이야기하는데 그 게셰 너덧 분이 잠에서 깨서는 작은 소리로 서로 (랍비는 게셰들의 말을 흉내냈다) 샬라샬라 하면서 이야기하더군요. 뭔가 마음에 안 든다는 식으로 서로 팔꿈치로 툭툭 치면서요. 대답이 한 중간쯤 갈 때까지 소리가 점점 커져서 앞줄에 있던 우리 모두에게 꽤나 거슬릴 정도였습니다. 달라이 라마 역시 들었겠죠. 하지만 달라이 라마는 대답을 마쳤습니다. 여성이 사회 지도층에서 보다 중요한 위치에 설 수 있는 여러 방법을 다 설명했습니다. 그러고는 몸을 돌려서 티베트어로, 물론 우리는 무슨 소린지 하나도 못 알아들었죠, 샬라샬라 하니까 그쪽도 샬라샬라 하더군요. 달라이 라마는 다시 몸을 돌려서 "게셰님들도 저와 같은 생각입니다" 하더군요. 완벽한 대답 아닙니까? 또 다시 그런 생각이 들었습니다. 정말 샘나기도 했고요. 신의 권위로 이야기하면 모든 게셰들이 동의한다… 개혁 의지가 있다면 그것부터 바꾸면 어떨지. 비아냥거리는 것은 절대로 아니고, 꽤나 깜찍하다는 생각이 들었습니다. 최소한 어느 정도 선까지는 서구에 문을 열고 현대화를 꾀하지만 내부의 중심 집단의 모습과 비교하면 정말 대조되지 않습니까? 깜찍했습니다.

툽텐 최된 스님 1993년에 서양 불교 지도자들과 성하와의 컨퍼런스가 있었습니다. 여러 다른 종파의 스님들이 한 서른 분가량 있었습니다. 우리는 매일 주제를 달리 해서 닷새 동안 성하를 만났습니다. 하루는 여성의 위치에 대해 이야기했는데, 한 사미니가 발제를 맡아서 전날

밤에 우리 몇이 모여 준비를 도왔습니다. 티베트 사람들은 자기투영 능력이 없습니다. 인류학, 심리학, 사회학 등과 같은 학문이 발전하지 못했기 때문에 자신들의 문화적 특징을 보지 못합니다. 어쨌든 스님은 성하 앞에서 발표를 했습니다. "성하, 실상에는 없는 모습을 가정해서 말씀드릴 테니까 제가 말씀드리는 내용을 머릿속에서 잘 그리면서 들으시기 바랍니다. 성하는 초대를 받고 가르침을 들으러 법회에 가셨습니다. 거기에는 여자 달라이 라마가 있었지요. 티베트의 종교, 정치 지도자로서 계속해서 환생한 여성의 계보를 잇는 14대 달라이 라마 성하가 있었습니다. 주위를 살펴봤는데 모든 라마가 여자입니다. 눈 씻고 살펴봐도 남자는 하나도 없습니다. 남자라고는 성하 혼자밖에 없었습니다. 그래서 생각했습니다. 이 현실에서의 내 자리는 어디지? 그림에 나오는 보살은 전부 여자고 성하 바로 옆에 서 있는 고승들도 전부 여자인데 말이야. 남자로서 뭐를 할 수 있을지 의심스러워서 라마 한 분께 물었더니, "수행에 정진한다면 후생에서는 여자로 태어날 수 있을 것이니라" 했습니다. 만족스럽지가 않아서 다른 라마를 찾아 물었습니다. "티베트 불교에서 남자들의 역할을 무엇입니까?" 그랬더니 "만물은 공이니라, 남자도 없고 여자도 없으니 걱정하지 말지어다"라는 대답을 들었습니다. 그래도 성에 안 차서 다른 라마에게 물었습니다. 라마는 "선한 업력을 쌓았다면 너는 사미가 되어 모든 비구니들을 바라지하며 많은 공덕을 쌓을 수 있을 것이니라" 하고 대답했습니다."

이야기가 그 정도 진행되자 모든 서양 스님들은 일제히 웃기 시작했습니다. 정말 배꼽이 빠져라 웃었지요. 성역할을 모두 바꿔 놓은 이야기였으니까요. 하지만 티베트 스님들은 얼굴색 하나 변하지 않고 앉아 있었습니다. 이해하지 못했던 것입니다. 발표가 끝나고 성하 께서 말씀하셨습니다. "감각이 있는 모든 생물에는, 심지어 동물과 곤충일지라도 불성이 있습니다. 따라서 모든 여성도 남성과 동등하게 불성을 깨울 수 있어야 합니다" 하면서 긴 가르침을 주셨습니다. 성하는 항상 여성의 영적 능력을 인정했지만 여성이 차별받고 우리에게 똑같은 기회가 주어지지 않는다는 것은 인식하지 못한 듯합니다. 하지만 점점 깨닫고 있습니다.

하지만 우리 주위를 둘러보더라도 그런 컨퍼런스가 많습니다. 정신인생 컨퍼런스를 볼까요? 사무소에서 여성을 초청하는 경우는 없다고 봐도 될 정도입니다. 거의 남성 전유 컨퍼런스죠. 저도 겨우겨우 한두 번 끼어들어간 정도입니다. 티베트 사회가 꼭 우리보다 뒤처졌다기보다는, 우리도 변하고 있으니까 티베트도 함께 변화하는 모습을 보이기 바랄 뿐입니다. 그런데 성하하고 개인적으로 만나서 이야기했을 때나 특히 '서양인 승려로서의 삶' 이라는 프로그램이나 사원을 만들고 싶다는 이야기에 하신 대답을 보면, 성하는 항상 여자에게도 동등한 권리와 그에 따르는 책임이 있다고 강조합니다. 제게 직접 "능력이 닿는 일이면 어떤 일이든 어떤 행동이든 하고 능력이 되지 않는다면 능력을 키우도록 항상 노력하세요. 어려움이 있다면 우리에게 와서 상의하고요. 도울 방법을 찾을 수 있을 것입니다" 하고 말씀하신 적이 있습니다. 하고 싶은 것은 뭐든지 하라고 하십니다. 시스템이 문제네, 편견이 심하네, 해봤자 못하게 막을 거 나만 손해네, 내가 여자인 게 죄지 하면서 가만히 앉아 배 아파하지만 말고 뭐든 하라고 말씀하십니다. 그런 태도를 싫어하시죠. 성하의 그런 조언이 정말 정말 큰 도움이 됐습니다.

메리 마거릿 펑크 수녀 아시아 문화권이기는 하지만 솔직히 여성들과 멋진 관계를 유지하며 삽니다. 남편에게 맞았다거나 하는 여성 학대 이야기는 들어보지 못했습니다. 티베트인들은 유전적으로 술을 잘 마시지 못하지만 서양화되면서 술을 마시는 사람들이 늘어나서 달라이 라마가 술을 마시지 않게끔 하려고 노력하는 것을 보면, 지금까지도 여자가 남자에게 학대당하지 않는다고 장담할 수는 없습니다. 하지만 재미있는 일은 티베트의 고원지대에서는 일처다부제가 관행적으로 인정되고 있다는 것입니다. 일부다처제가 장려되는 무슬림 문화나 말일성도(Latter Day Saints, 소위 몰몬교라고 하는 그리스도교의 교파) 문화와는 반대가 되는 것이죠. 높은 표고 때문에 출산이 어려워서 여성은 가능한 많은 아이를 낳아야 하는 것입니다. 또 지형이 험난해서 남자들은 야크 버터를 구하기 위해서 실크로드를 따라 두세 달을 다녀와야 하기 때문에 남편에게는 아내와 잠을 잘 수 있는 체계적인 순서가 있습니다. 아이가 태어나면 모두를 '삼촌'이라고 부르고 아버지가 누구인지 묻는 경우도 없습니다. 어머니의 원래 짝이 꼭 아버지는 아니니까요. 그냥 삼촌들 중 하나겠거니 하는 것이죠. 아빠가 누군지 중요한 것이 아니라 인생이 중요한 거니까요. 어쨌든 그런 가족제도 속에서 여성들은 존중받고 대우받는 가장입니다. 따라서 티베

트는 우리가 생각하는 것 그 이상으로 동등한 사회입니다. 그러면서
도 남자 스님 몇 명이 여자로 태어나 중이 될 바에는 원숭이로 환생하
고 싶다고 하더군요. 그런 것을 보면 여자 승려가 남자 승려보다 더
높은 환생이라는 것을 알 수 있습니다.

여성 성직자들의 지위

번역하면 '벼락 암퇘지*' 라는 뜻의 보살인, 도제 팍모(Dorje Phagmo)
는 18세기에 삼딩(Samding) 사원의 주지가 되기도 했지만 대부분의 티
베트인 여성 성직자들은 전통적으로 남성 성직자보다 낮은 지위에
위임되었다.

텐신 카초 스님 특별한 경우나 혼자라도 공부해보겠다는 욕구가 넘치
지 않았다면 대부분의 여성 스님들은 교육을 받지 못했던 것으로 보
입니다. 스스로 발심해서 가르침을 더 배우려는 욕구를 보였다는 여
성 수행자들에 대한 자료가 있는 것을 보면 비율은 낮지만 항상 존재
했던 것 같습니다. 하지만 일반적으로 승려 제도에서 여성들을 위한
배려는 크게 없었습니다. 요즘 들어 조금씩 변하고 있기는 합니다.

---

* Thunderbolt Sow, 산스크리트어의 Vajra Varahi로서 금강석 암퇘지(Diamond Sow)라고
도 번역된다. 한글 번역 이름이 속되다고 생각되면 금강빈돈(金剛牝豚)이라고 불러도 되겠다
〈역주〉.

달라이 라마의 관심도 크고 서양의 관심과 요구도 크기 때문이죠. 왜 여성들에게는 남성들과 똑같은 지위가 안 주어지냐 하는 식의 압력도 상당하리라고 봅니다. 어쨌든 성하는 여성 승려들의 기회를 증가시키고 더 나은 가르침과 조건을 마련해주기 위해서 직접적으로 관여하고 계십니다. 정말 최근에 일어난 변화입니다.

알렉산더 버진 박사 최근에 사미니들에 대한 지원이 증가하고 있는 것이 사실입니다. 여성 승려들의 환경, 티베트 불교를 비롯해서 세계 불교국 전체의 전통을 놓고 객관적으로 살펴볼 때 여성 승려들의 환경이 썩 좋았던 것은 아닙니다. 하지만 그것은 불교문화에 의한 것이라기보다는 아시아 문화 전반에서 여성이 처했던 일반적인 위치에 의한 것이라고 봅니다. 물론 티베트는 다른 아시아 국가보다 여성의 지위가 높았던 것이 사실이지만 여러 전통 사회의 일반적인 실상에서의 여성의 지위는 남성과 동일하지 않았습니다.

성하는 매우 불합리하고 불공평한 현상으로 보고 환경을 개선하려고 여러 조치를 취하셨습니다. 특히 망명하고 나서요. 그래서 여성 승려들의 사원도 꽤 많이 세워졌습니다. 서양인들이 이런 문제에 워낙 민감하다 보니까 자금 등은 서양에서 원조된 경우가 많고요. 성하는 여성 승려들에게 동등한 교육 기회를 주고 있지만 예전부터 전통적으로 그래 왔던 것은 아닙니다.

툽텐 최된 스님 제 궁극적인 목표가 성별 차이와 관계없는 것이, 불교적 관점에서 보자면 감각이 있는 모든 존재는 남성과 여성, 암컷과 수컷을 불문하고 모두 깨달음에 이를 수 있기 때문입니다. 성하께서는 티베트 여자 스님들에게도 꽤 많이 지원해왔습니다. 우리가 '서양인 승려로서의 삶'이라는 교육 프로그램을 시작하면서 1996년에 인도에서 3주 프로그램을 실시했습니다. 성하는 도움도 많이 주셨고 허가도 내리셨고 추천서도 써주셨고 프로그램이 끝난 다음에 단체 알현도 허가해주셨습니다. 프로그램에는 100명 가까운 여성 스님들이 참가했습니다.

중국의 계산과 오산

중화인민공화국은 달라이 라마 처리 문제를 놓고 50년이 넘게 장고하고 있다. 성하가 티베트에서 탈출할 수밖에 없는 상황을 만든 실수를 시작으로 특정 부분의 자치권을 요구한 협의안을 놓고 진지하게 협상하기를 거부함으로써 중국은 상황을 악화시켰다. 동시에 세계 각국을 순방하며 중도 접근법을 펴는 성하는 문제의 정치적 측면과 인권 문제 측면에 계속해서 관심을 집중시키고 있다.

중국은 왜 성하가 티베트에 남지 못할 상황을
만들었는가? 정도껏 양보하는 편이 낫지 않았나?

체링 샤캬 티베트 진군 직전에 마오쩌둥은 중국 장병과 병사들에게 중요한 연설을 했습니다. 그는 이미 상황이 좋지 않다는 것을 분석하고 있었습니다. 재미있는 일이지요. 통찰력이 뛰어났던 마오쩌둥은 티베트를 점령하더라도 통치는 달라이 라마에게 맡겨야 하리라는 것을 이미 알고 있었습니다. 중국은 티베트의 역사, 문화 조건을 충분히 이해하고 있었습니다. 그들의 실수는 혁명이 결국에는 티베트인들에게도 먹혀들어가리라고 생각한 것이었습니다. 공산주의자들이기는 했지만 그들도 지극히 경제결정적인 시각을 갖고 있었습니다. 국가 정체성이 어쨌든 간에 길만 뚫어 놓으면 문화, 종교 가치관은 자연적으로 변할 것이라고 믿었습니다. 하지만 예상이 빗나간 것이죠.

패트릭 프렌치 마오는 대화에는 관심이 없었던 것이 분명합니다. 달라이 라마는 1950년대 내내 대화를 시도했지만 중국은 거부했습니다. 1951년에 체결된 17개조 협정안에 따르면 티베트의 문화와 정체성은 보존되어야 할 것이었지만 사실 중국 공산당은 파괴할 생각만 하고 있었습니다.

체링 샤캬 중국은 서양을 이해하지 못합니다. 또한 중국 내에서 자신들이 하고 있는 일이 서양의 성장 과정을 따르는 일이라고 생각합니다. 우리는 현대화하고 있다, 우리는 서구를 배우려고 노력한다, 종교는 나쁘다, 종교는 지독히 나쁜 것이다, 우리는 현대인이다, 하지만 너희들은 구시대의 사람을 떠받들고 있다, 우리가 너희보다 진보 분자다…. 중국의 지대한 모순성입니다.

중국의 진보 개념은 1930년대와 40년대에 머물러 있습니다. 관념과 영적 발달을 비롯해서 환경과 생태계 문제보다는 물질적 발전과 풍요를 훨씬 중시하고 있는 것이죠. 서구에서는 정치 경계가 뒷전으로 물러난 지 오랩니다. 좌익이냐 우익이냐가 중요한 것이 아니라 인권, 빈곤, 영적 문제, 유전공학 등이 주요 현안입니다. 서구에서는 더 많은 합의가 이루어지고 있고 따라서 달라이 라마는 그러한 상황에 잘 부합합니다. 하지만 중국은 서양이 변했고 세계가 변했지만 중국 자신은 변하지 않았다는 것을 이해하지 못하고 있습니다. 결국 중국이 곤혹스러울 수밖에 없는 이유는, 중국 학자들과 저술가들의 글을 보면 아시겠지만 다윈 진화론적 사회발전 모델, 사회가 진보함에 따라 종교는 필요 없어진다는 생각에 빠져 있기 때문입니다. 다른 나라도 그런다면 이해가 가겠지만 대부분의 탈공업화 사회가 영적, 사회적 문제에 훨씬 큰 관심을 보이기 시작했는데도 중국은 유독 변함이 없습니다. 그러니 달라이 라마가 서양에서 그만한 입지를 얻게 된 것을 이해하지 못할 수밖에요.

클린턴이 장쩌민을 만나 나눈 담화가 텔레비전에 방송됐습니다. 클린턴이 장쩌민에게 달라이 라마를 만나보라고 이야기했죠. "달라이 라마가 서양에서 매우 인기 높은 것은 알고 있습니다. 이유를 이해하려면 연구를 좀 해야 할 것 같습니다. 조사 좀 해봐야겠습니다."
이게 장쩌민의 답이었습니다.

리처드 블럼 클린턴, 고어, 시라크에 제 아내까지 장쩌민에게 달라이라마와 화해하라고 누구이 말했습니다. 그냥 제 생각이기는 하지만 장쩌민이 물러나기 이전에 화해를 마음먹고 있었던 것 같습니다. 기억하실지는 모르겠지만 클린턴 대통령과 함께 간단한 기자회견을 할 때 장쩌민이 협상의 뜻을 밝혀서 모두 충격받았던 적이 있지요. 꼭 그 때문이라고 할 수 있을지는 모르겠지만 우익이 쳐올라오면서 자리에서 밀려난 것은 분명합니다.

해리 우 살아남고 싶다면 몇 보 후퇴해야 하지만 어디 보십시오, 놈들이 마음을 고쳐먹나. 중국 공산당 간부가 이제 와서라도 바꾸겠다고 했다고 합시다. 시간을 조금만 줘라, 민주주의를 실현시키겠다 하면서요. 1년을 줘보십시오. "아니, 공산주의자로 남기로 했어" 할 것입니다. 공산주의는 그들의 궁극적인 목표입니다. 현실의 압력이 대단하다고 해도 마음을 바꾸지 않을 것입니다. 이미 너무 늦어버렸거든요. 중국은 거짓말만 늘어놓을 뿐입니다. 아버지는 잘나가던 은행가였습니다. "중국에 남겠다"고 하셨죠. 영국 사람들이 떠나라고, 홍콩으로 가라고 그렇게 빌었지만 아버지는 중국에 남았습니다. "여기가 내 조국이오" 하면서요. 아버지는 1986년에 돌아가셨습니다. "실수였다"는 유언을 남기셨습니다. 다 늦어버린 것을 어떻게 합니까. 인생도 망가지고 가족도 망가졌습니다. 피를 흘리고 눈물을 쏟아본 사람이나 깨닫는 것입니다. 간부들은 "이거 봐, 바뀌었잖아. 앞으로도 계속 바뀌나갈 거야" 하고 말하지만 절대로 양보 안 할 것입니다.

조너선 머스키 교수 우선 중국은 기이할 정도로 느긋한 국가라는 점을 기억해야 할 것입니다. 이쪽 세계(유럽)의 세계 지도자들이 정책을 바꾸건 말건 일단 이들 민주 국가에서는 정부가 끊임없이 변합니다. 블레어가 이끄는 정부가 섰으면 그 다음에는 다른 사람을 앞세운 정부가 들어서게 됩니다. 중국에 대해서 알 수 있는 한 가지는, 홍콩에 살면서 그곳 「타임스(The Times)」를 만들 때에도 보면, 중국은 정말 오랜 기간 동안 똑같은 관료층을 유지했다는 것입니다. 1997년 이후 홍콩 반환 문제를 놓고 협상한 사람들도 항상 똑같았습니다. 반면 영국은 항상 바뀌고 있었지요. 윗자리로 올라가는 사람도 있었을 것입니다. 외무부 내의 보다 중요한 자리로 승진하면 다른 사람이 그 자리를 채웠겠지요. 하지만 중국은 항상 같은 사람이 협상 테이블에 앉았습니다. 티베트에 대해서도 마찬가지입니다. 티베트를 관리하는 사람들에도 변화가 없습니다. 정책이 섰다가 사라지는 일은 없습니다. 항상 동일한 정책이 유지될 뿐이지요. 현재 중국을 통치하고 있는 원자바오는 1988년에 티베트 당 서기였습니다. 티베트에 있을 때 그를 인터뷰한 서양인은 저뿐이지 않았나 싶습니다. 티베트인들을 정말 싫어하던 사람입니다. 티베트에 있는 것도 못 견뎌했고요. 티베트에 대해 정말 강경한 입장을 갖고 있던 사람이었습니다. 이제 중국 전체를 굴

린다고 해서 마음이 바뀌었을까요? 그때나 지금이나 똑같을 것입니다. 오랜 세월이 지났지만 중국은 그쪽에 대해서만큼은 아무런 변화도 보이지 않습니다. 달라이 라마는 변했습니다. 독립 고집은 접고 중국과 협상을 시도하고 있습니다. 하지만 그러면 뭐합니까. 중국은 어떻게 나오든 대화할 생각이 없는데 말입니다.

리처드 블럼 말은 많지만 중국이 성하가 돌아오는 것만큼은 막지 않을까요? 중국은 기회가 닿을 때마다 그를 비방하고 깎아내립니다. 티베트에 달라이 라마의 사진이 걸려 있지 않은 이유는 인민이 원치 않기 때문이라고 생거짓말을 합니다. 하지만 달라이 라마가 돌아가는 순간 티베트는 기쁨으로 폭발할 것입니다. 그가 티베트를 떠난 1959년 이후로 가장 역사적인 순간이 되겠지요. 그런 암담한 현실과 맞닥뜨리리라는 것을 그들도 알고 있습니다. 그래서 협상을 하고 싶지 않은 것이죠.

오빌 쉘 성하가 티베트에 다시 발을 들인다면 그 어느 때보다도 열렬한 환호가 쏟아질 것입니다. 종교 지도자든 정치 지도자든, 복권된 지도자든 새로 선출된 지도자든, 등장 혹은 재등장에 그만큼 열렬한 환영이 기대되는 경우는 없을 것입니다. 중국이 벌벌 떨면서 바라볼 수밖에 없을 순간이겠지요. 일단 들어온 이상 어쩔 수는 없고 성하가 마음에 들게끔 행동하기를, 그 순간을 원동력으로 삼아 독립을 추진하는 일이 없기를 바라야 할 뿐일 것입니다. 본인 생각으로는 그런 일은 발생하지 않으리라고 보지만, 중국은 모험을 감행할 수 없는 입장입니다. 불쌍한 일이지요. 믿고 모험할 만한 가치가 충분히 있는 일인데 말입니다.

리처드 블럼 중국이 막 경제성장을 시작한 몇십 년 전만 해도 상황은 우리에게 유리했습니다. 지금은 그걸로 다 뭘 할 생각인지 스스로도 알고 있는지는 모르겠지만 해외 직접투자가 증가했습니다. 중국은 세계에서 가장 빠른 경제성장을 보이고 있습니다.

우선 중국의 역사를 이해해야 합니다. 과거의 왕과 황제에서부터 지금에 이르기까지 그 무엇보다도 우선시했던 것은 안정성입니다. 문화대혁명 등과 같은 무시무시한 대가를 치르면서까지 정권교체를 막는 것이 중국입니다. 앞으로 20년, 50년, 아니면 100년 동안 이대로 계속된다면 중국은 원하는 것을 얻을 것입니다. 국가가 민주주의로 조금씩 나아가고는 있지만 평범한 사람들은 민주주의든 뭐든 크게 신경 쓰지 않습니다. 300만 타이완인들이 상하이로 이주했습니다. 구태여 민주주의를 버리고 사회주의체제로 이동한 이유는 무엇일까요? 자신도 가족도 더 좋은 기회를 얻을 수 있는 곳이었기 때문입니다.

텐신 테통 박사 그랬다고 하더라도(약간 양보했다고 하더라도) 문제는 해결되거나 앞으로의 협상 과정을 수월케 하지는 못했으리라고 봅니다. 상황 자체에 근본적으로 문제가 있는데 약간의 수정으로 문제가 해결되겠습니까. 뿌리부터 뽑지 않는다면 달라이 라마 성하가 돌아오 게끔 하는 것만으로는 문제를 해결할 수 없습니다. 성하는 티베트인, 티베트 문화, 티베트 정치의 가장 강력한 상징으로서 사랑받고 경외 시되고 계십니다. 성하가 돌아오는 것만으로도 어느 정도 만족할 사 람들은 많겠지만 티베트인 모두가 만족하지는 않을 것입니다. 성하 도 알고 계시고 중국도 알고 있는 일입니다. 그것이 문제가 쉽게 풀 릴 수 없는 이유이지요.

덩샤오핑과 후야오방이 정책을 조금만 더 잘 썼다고 하더라도 성 하는 최소한 방문이라도 할 수 있었을 것이고 벌써 80년대 중반 정도 에 어떤 타협이라도 얻어내서 상황이 매해 악화되는 것만큼은 막을 수 있었을 것입니다. 하지만 그러지 못했던 주된 이유는 대부분의 생 각처럼 티베트인과 중국인이 서로 어울리지 못해서가 아니라 중국의 내부사정 때문이었습니다. 1987년에 티베트인들의 첫 시위가 있고 나서, 사실 첫 학생운동은 중국 내부에서 발생했습니다. 어쨌든 그 후 중국 내부개혁 문제가 부각되었고 보수적인 입장을 취하게 되면 서 결국 티베트 문제는 뒷전으로 밀리게 된 것입니다.

덩샤오핑의 그릇된 도박

아쟈 린포체 덩샤오핑도 생각이 없던 사람은 아니었습니다. 중국을 개방시키면서 스님들에게만큼은 굳게 닫아 놓았던 사원의 문을 열었습니다. 예전과 비교한다면 나아졌으니까 티베트 안에 남은 티베트인들은 어느 정도 고마운 마음도 있었을 것입니다. 절차도 조건도 까다롭기는 하지만 적어도 사원을 건축하거나 승려가 될 희망을 걸고 신청까지는 할 수 있는 자유 정도는 생겼습니다. 예전과 비교하면 자유롭게 되었다고 할 수 있는 일이죠.

성하의 파견단이 쿰붐사원에 처음 왔을 때 다른 린포체들과 함께 첫 사절을 맞았습니다. 우리 절에 처음 왔을 때에는 우리에게 도움이 되었습니다. 좋은 일이었지요. 하지만 몇 년 지나서는 사람들이 두려워하면서 직접 이야기하지 못하게 되었습니다. 한 해가 더 지나고 두 번째 파견단이 왔습니다. 그 다음에는 모두가 안심했고 티베트의 상황도 그리 나쁘지만은 않았습니다. 계속 나아지고 있는 형편입니다.

페마 크힌조 1992년에 티베트에 다시 갔을 때 사람들은 성하께서 어떻게 지내시는지, 언제 돌아오실지 알고 싶어 했습니다. 정치적으로 어떻게 돌아가는지는 잘 모르고 있었지만 성하에 대한 소망과 믿음과 사랑은 대단했습니다. 성하를 알현하고 성하만이 티베트인들의 유일한 희망이라고 보고드렸습니다.

툽텐 소파 린포체 라마 스님 (소파 스님이 2002년에 티베트를 세 번째 방문하던 중에) 한 라마가 저를 특별히 초대해서 빨리 독립되지 않으면 안 된다며 걱정을 털어 놓았습니다. 연륜이 있으신 분들은 곧 열반에 드실 테고 그러면 교육도 제대로 받지 않은 젊은이들만 남을 것이라면서요. 사람들은 성하의 귀국을 더 이상 기다리기 힘들다고들 했습니다. 정말로 간절히 바라고 있었습니다. 마치 먹을 것이 없는 사람처럼, 굶어죽고 있는 사람이 음식을 찾듯이 티베트가 해방될 날을 바라고 있었습니다.

선 웨이드 중국 중앙 정부의 달라이 라마 관련 종교정책은 분명합니다. 티베트 독립에 대한 입장과 중국 분리운동을 확실히 멈추고 티베트가 절대로 분리될 수 없는 중국의 일부임을 천명하며 타이완도 중국의 영토임을 인정한다면 우리는 대화를 시작할 용의가 충분히 있습니다.

체링 샤카 아주 느리게 진행되고는 있지만 중국도 두 가지는 알아나가고 있습니다. 우선 전에는 전통이라는 전통은 모두 불도저로 밀어버리고 다시 지었지만, 이제 티베트는 해외의 지지를 얻고 있습니다. 라사의 촌락을 파괴하고 유리성을 세운다면 중국은 해외의 따가운 눈총을 피할 수 없을 것입니다. 두 번째로, 관광객들은 그런 모습을 좋아하지 않습니다. 유리로 덮인 빌딩을 보려고 그곳까지 갈 사람은 없을 것입니다. 관광객을 끄는 것은 전통 가옥과 건축물입니다. 그리고 또 한 가지, 그런 변화는 티베트 지역의 공해를 가중화할 것입니다. 이런 실질적 문제를 비롯해 국제적 압력 때문에라도 정책을 바꿔서 라사의 자연경관과 전통 건축물을 유지해서 티베트의 독특한 특징을 유지할 수밖에 없습니다.

또한 대형 사원과 포탈라궁 같은 것들은 자신들은 돈 하나 들이지 않고 유네스코나 포드재단 등에서 막대한 후원금을 끌어올 수 있는 자원이기 때문에 굳이 쓸어버리는 짓은 하지 않을 것입니다.

텐신 테통 박사 뉴욕에 있었던 1980년에 티베트 방문, 티베트 망명자 2차 파견단에 들어갔습니다. 저는 스위스, 영국, 일본, 인도 등의 티베트 대표로 구성된 2차 파견단의 명목상 대표였습니다. 우리는 성하와 망명정부를 대표해서 1980년 여름에 티베트를 방문했습니다. 중국이 스스로 초청했는지 아니면 우리의 요구에 동의한 것인지는 모르겠지만 어쨌든 조국 땅을 밟았습니다. 덩샤오핑이 한참 과오를 뉘우치고 바로잡으려고 하던 때였지요. 티베트 문제를 결론지을 길을 찾고 있던 때였습니다. 그런 노력은 당시 중국공산당 총서기였던 후야오방 하에서 진행되었습니다. 파견단과 함께한 조국 방문은 정말 좋았습니다. 우선 티베트에서 어떤 일이 벌어지고 있는지 최근 몇 년 새 어떤 변화가 있었는지 직접 눈으로 확인할 수 있어서 좋았고, 조국 각지의 동포와 만날 수 있어서 좋았습니다.

어느 곳에서든 동포들과 직접 만나 이야기할 수 있었던 이유는 우선 우리가 대부분의 시간을 중부가 아닌 동부의 외딴 지역에서 보냈기 때문이었습니다. 어느 곳에 도착하든 우리는 바로 도시와 마을로 들어가서 사람들을 만났습니다. 물론 먼저 알고 있었던 사람들은 우리를 마중하기도 했습니다. 각지에서 몰려든 많은 사람들이 우리를 보자마자 눈물을 쏟았습니다. 공안 당국과 군 당국 아래서 그동안 경험한 억압과 고통과 수모에 치욕과 공포며 어디에도 하소연할 곳이 없는 서러움까지, 해외에 나가 있는 우리를 보고 그 모든 것이 눈물로 쏟아져 나온 것이었겠죠. 이곳저곳 돌아볼 때마다 파괴의 흔적이 역력했습니다. 정말 심했습니다. "사찰은 어디 있죠? 사찰은요?" 하고 물어봐야 할 정도로 사라지고 폐허만 남았습니다. 총 6,500곳의 승방과 사원 중에서 남은 것이라고는 열 몇 곳밖에 없었습니다.

다른 곳에서는 큰 문제없이 방문이 진행됐지만 마지막에 라사를 가면서는 일이 틀어졌습니다. 우리가 가는 곳마다 티베트인 수천 명이 모여들면서 중국 간부들이 지레 기겁을 하고는 우리를 라사 밖으로 몰아냈지요. 공식 일정이 끝나지도 않았는데 말입니다. 되놈들 하는 짓거리가 원래 그 모양이기는 하지만 아무 경고나 협의도 없이 우리를 도시 밖으로 추방했습니다. 그래도 나중에 할 말이 있으려면 구실은 있었어야 하는 것이 아니겠습니까? 추방 이유는 대규모 불법 집회 '선동'이었습니다. 우리가 가면서 사실 반(叛) 중국 정서가 실제로도 강력하게 표출될 만큼 높아졌습니다.

중국이 파견단의 티베트 방문을
허락한 이유는 무엇인가?

텐신 테통 박사 중국은 티베트 침략을 결정할 때부터 단지 군사력으로만 해결할 문제가 아니라는 점을 알았습니다. 정말 복잡한 정치문제가 엮여 있다는 것을 알았죠. 하지만 어떤 이유에서인지 손도 못 대고 있다가 문화혁명의 종반에 다다라서야 덩샤오핑과 후야오방은 중국에 바뀌어야 할 것이 많다고 생각했는지 티베트 정책 변화를 꾀했습니다. 손쉽게 처리할 것이라고 생각하고 티베트를 변화시킬 것이라는 단호한 입장을 밝혔죠.

우리가 티베트를 방문한 무렵이 후야오방이 비밀리에 티베트를 방문한 때였습니다. 먼저 사람을 보내서 정황 조사를 이미 끝내 놓았던 상태였죠. 이후 그는 티베트에서 공개적으로 지난 20년 동안 중국이 티베트를 위해 별로 한 것이 없다면서, 어쩌면 사회 후퇴를 야기했을지도 모른다고 이야기했습니다. 이후 몇 년에 걸쳐 당 간부들의 80에서 90퍼센트를 송환하겠다고 하면서 그동안의 모든 과오를 용서해달라고 공식적으로 사과했지요.

그렇게만 됐다면 얼마나 좋았겠습니까. 하지만 생각지도 못한 차원의 문제가 생겨났습니다. 60년대와 70년대를 걸쳐 중국 사회 전체가 스스로 시행한 정치운동에 희생당했습니다. 그러면서 티베트인들은 공산 해방을 반겼고 날로 변화하고 있고 삶 전반이 개선되고 있으며 미신과 종교에서도 해방되었고 모두 막스주의자와 사회주의자가 돼서 현대화, 과학화되고 있으며 티베트의 사회, 경제적 진보에 감사하고 있다고 선전했습니다. 물론 지어낸 말이었지요. 불똥이 자신에게 튈까 봐서 지방 관료들이 중앙 정보에 허위 보고서를 제출하는 경우도 빈번했으니까 중앙 정부가 정확히 파악하지 못했을 가능성도 큽니다.

중앙 정부의 주요 관료들이 결국 때가 됐다고 생각하고 까짓 것, 대표단을 들이도록 하자 하고 생각했겠죠. 침략한 사실이 여전히 부끄럽기는 했지만 길도 안 났던 곳에 길을 닦고 학교도 없던 곳에 학교를 세우고 전기도 넣고 현대화시켰으니 별 말 없겠지 싶었을 것입니다. 아주 자신에 차 있었죠. 우리가 자주 제시하는 사례는, 첫 파견단 때에나 우리가 방문했을 때도 티베트 북부 지역 몇 곳에서 중국 관료들이 지역민들에게 달라이 라마 성하를 대표하는 사절단이 방문할 것이지만 반감을 드러내지는 말아달라고 당부했던 사실입니다. 웃으면서 맞아 달라, 시위도 하지 말고 돌도 던지지 말아 달라, 과격한 행동은 절대로 하지 말라고 부탁할 만큼 중국은 자신에 차 있었습니다. 중국 간부들은 티베트인들이 달라이 라마 성하의 사절 반대운동이 진행될 것이라고 내다보고 있었습니다.

하지만 바람과는 반대의 상황이 벌어졌지요. 상황은 완전 반대였습니다. 어디를 가든 사람들이 몰려나와 포옹하고 악수했습니다. 특히 첫 파견단 때에는 열렬한 환영이 쏟아졌습니다. 첫 파견단에 성하의 남동생이 있었습니다. 제가 다녀온 후 바로 떠난 3차 파견단에는 성하의 여동생이 있었습니다. 우리가 라사를 방문했을 때에는 이른 새벽이건 늦은 밤이건 동포 수천 명이 몰렸는데 시간이 지나면서 다소 파괴적인 면을 보이기 시작했습니다. 사흘이나 나흘이 지났나, 쿰붐사원 유적을 방문했는데 중국 당국의 허가도 받지 않고 티베트인 6,000명이 당국 허가를 받지 않은 트럭 80대를 동원해서 몰려들었습니다. 그래서 중국은 뭔 일이 나겠구나 했던 것이지요. 조직이 뒤에 깔리지 않고 사전의 계획이 없었다면 그렇게 많은 사람이 단번에 집결할 수는 없다고 생각하고 엄청 불안해했습니다.

조너선 머스키 교수 (1990년 티베트 방문 때) 제가 만난 점령 정부하의 모든 티베트 사람들은 요직에 오른 티베트인이라고 할지라도 중국의 영향력에서 벗어나는 순간, 달라이 라마는 위대한 사람이며 중국을 경멸한다고 이야기할 것입니다. 1981년에 처음 갔을 때에는 달라이 라마의 사진을 소지하는 것은 엄한 형벌을 받을 수 있는 불법행위였지만 누구를 만나더라도 티베트인이라면 어딘가에 꼭꼭 숨겨 놓은 달라이 라마의 작은 사진이 하나 정도는 있었습니다. 가능한 많은 티베트인을 만나서 이야기하자 하고 결심했습니다. 영어를 모르면 중국어로라도 이야기하면서 몇 군데를 돌아다녔지만 달라이 라마에게 열광하지 않는 사람은 없었습니다. 단 한 명도요.

페마 크힌조 (1992년에) 고향 마을의 학교를 방문했습니다. 티베트 동쪽 구석에 붙은 마을이죠. 하루는 아이들이 성하에 대한 노래를 부르는 소리를 들었습니다. 가사를 받아 적어서 나중에 성하께 드렸습니다. 복을 내려주실 수 있게 성하께 이름이라도 전해 달라는 사람의 부탁도 함께 전했습니다. 성하께 망명사회 속의 티베트인들보다 중국인들의 압제 속에서 살고 있는 티베트인들이 강하다는 말씀도 드렸습니다. 우리 불쌍한 동포들은 정체성도 문화도 잃지 않고 있었습니다. 중국은 겨레의 마음까지 빼앗지는 못했다는 생각이 들었습니다. 물론 중국 당국의 앞잡이 노릇을 하는 사람도 없지는 않지만 극히 소수일 뿐이었습니다. 티베트에서 만난 동포들은 아무것도, 제게서 아무 선물도 바라지 않았습니다. 하지만 성하의 사진을 얻을 수 없겠냐는 사람이 그렇게 많을 줄 미리 알았으면 어떻게 해서라도 챙겨갈 걸 하는 생각이 들었습니다.

메리 마거릿 펑크 수녀 우리는 (1995년에) 관광 비자를 받아서 갔습니다. 수사나 수녀 자격으로 간 것이 아니었기 때문에 여느 관광객과 같은 대우를 받았습니다. 티베트는 거대한 땅덩이입니다. 미국의 3분의 1 크기나 되지만 인구는 극히 적습니다. 이렇게 말해도 되는지 모르겠지만, 중국이 알고 있는 티베트에는 굶는 사람이 하나도 없었습니다. 충분한 식량 생산과 분배가 이루어졌었죠. 땅도 부족하고 먹을 것도 부족한 중국이 어떻게 했겠습니까. 그냥 쳐들어간 것이죠.

우리는 사원 열여섯 곳을 방문했습니다. 그 열여섯 곳 중에서 사원으로서의 기능을 하고 있는 곳은 단 셋밖에 안 됐습니다. 다른 곳은 관광객 유치를 위한 쇼에 불과했죠. 스님들이 몇몇 있기는 했지만 기도와 말씀이 없는 껍데기 사원이었습니다. 그제야 복원되던 곳들도 있었습니다. 자기네들이 부숴버리고 말이에요. 그것도 티베트인들을 부려서. 그리고 모조품도 얼마나 많던지, 진품은 거의 사라지고 싸구려 불상 같은 것들만 그득했습니다. 하지만 유목민들은 진짜였습니다. 유적지 순례를 하고 사리탑을 돌면서 기도도 하는 그들의 눈 속에서는 빛이 나왔습니다. 정말 아름다운 눈빛이었어요. 하지만 우리가 돌아본 곳 중에서 진짜 승려가 있다는 생각이 든 곳은 딱 셋밖에 없었습니다. 그들이 당한 고통과 결국 떠날 수밖에 없었던 이야기는 수도 없이 많습니다.

툽텐 소파 린포체 라마 스님 한때 티베트에서는 불자의 삶이 가능했습니다. 놀라운 곳이었습니다. 꽃과도 같은 곳이었지요. 하지만 티베트에 갔을 때에는, 저는 중국 공산 정부가 점령한 이후에 1986년, 1987년에 한 번씩 그리고 최근에는 2002년에, 이렇게 세 번 다녀왔습니다. 티베트는 엄청나게 변해 있었습니다. 제가 가서 주로 본 곳은 티베트 대승 불교 전통이 탄생한 곳 몇이었습니다. 세 번째 갔을 때에는 두 달 동안 있었습니다. 암도에 갔었지요. 책도 많이 가져갔었는데 그들(중국 당국)이 얼마나 엄격한지 국경을 지날 때부터 가이드를 붙였습니다. 버스 운전사들마저도 눈에 불을 켜고 감시했다는 생각이 듭니다. 나이 든 사람들은 독경도 하고 서로 이해했지만 가이드를 맡은 젊은이들은 모두 정말 엄격했습니다. 실제로 스파이 노릇도 했습니다.

페마 크힌조 (1992년에) 라사에 일어난 변화를 봤습니다. 포탈라궁에 들어가려면 입장권을 사야했고, 중국은 모든 것을 완전히 중국화시켜 놨습니다. 그렇게 변화시켜 놓았지만 발전만큼은 없었습니다. 반면 영국은 티베트를 200년 동안 통치하면서 대학과 학교를 세우고 병원을 세우고 좋은 길을 만들었습니다.

메리 마거릿 펑크 수녀 라사에서 본 사람들은 열 명 중 일곱 명 꼴로 중국인들이었습니다. 라사에는 티베트촌이 있었는데 과일 시장도 많이 열리고 여자들이 티베트 전통 앞치마 같은 것들도 두르고 있고 해서 꽤 볼 만했습니다. 하지만 그 밖의 부분은 아무 데서나 볼 수 있는 도시와 크게 다를 것이 없었습니다. 포탈라도 관광지에 지나지 않았고요. 꼭대기 층에 중식 레스토랑도 있었습니다. 라사 중심지의 중앙 사원인 조캉은 여전히 순례자들이 찾는 곳이었습니다. 그곳에서 예전의 모습을 어느 정도 유지하고 있는 곳은 그나마 조캉사원밖에 없었던 것 같습니다. 하지만 도시는 잘도 오염시켜 놨더군요. 그런 높은 고원에서 자동차 배기가스 규제도 없지, 사람들은 저마다 입에 담배 물고 있지, 어디를 가도 밟히고 치이는 게 담배였습니다. 보기 안쓰러울 정도였어요. 정말 많은 사람들이 건강상태가 안 좋아 보였고, 해도 될 말인지는 모르겠지만 위생상태도 정말 나빴습니다. 하수구는 뚫어만 놓으면 내려간다고 쳐도 그 높은 곳까지 물은 제대로 끌어올리기는 하는지 솔직히 의심되더군요. 물 내리는 변기만 갖다놓고 현대화라고 외치면서 전통 방식대로 살아가는 그런 곳이었습니다. 제대로 돌아가는 듯이 보이지는 않았죠. 라사로 들어가는 길목에 우리는 '서양인 본부'를 세웠습니다. 우리가 묵었던 홀리데이인을 그냥 그렇게 불렀습니다. 중국이 정말 막대한 돈을 쏟아 부어서 궁궐처럼 만들어 놓은 호텔인데, 라사를 잘 모르는 사람들은 호텔이 라사 안에 있다고 생각하고 라사가 정말 좋은 곳이구나 생각할 겁니다. 하지만 도시 안으로 들어가면 딴판인 데다가 정작 그곳 사람들은 이용하지도 못합니다. 정말 문제가 많은 곳입니다. 교육제도도 그렇고요. 아이들은 국어시간에 중국어를 배웁니다. 그 다음에 배워야 하는 언어가 영어고, 티베트어는 제 2외국어 지위밖에 안 됩니다. 그러니 솔직히 말해 문화말살이죠.

해리 우 중국 중앙 정부는 티베트어가 가능한 사람들을 당에 그러모으고 있습니다. 라오가이 캠프들을 운영하는 관리들도 대부분 티베트인들입니다. 중국인 공산주의자들을 대체한 티베트 공산주의자들이죠. 하지만 그런 사람들, 그런 공산당원들조차도 '달라이 라마' 라는 소리를 들으면 자다가도 깹니다. 아무리 공산주의자가 되었다고 하더라도요. 성하는 그곳에서 그만큼 강력한 인물입니다. 제가 2년 전에 성하의 티베트 방문을 그렇게 주장했던 이유도 그 때문입니다. 그라면 역사를 바꿔 놓을 수 있습니다.

상황이 변했습니다. 종교활동도 서서히 활발해지고 있습니다. 신을 몰아낸 자들이 공산주의자였음을 알고부터 사람들은 그들을 더 이상 믿지 않습니다. 이제 중국인들도 인간으로서 신앙을 찾고 있습니다. 수백만의 사람들, 그리스도교인, 불교신자, 파룬궁 수행자들이 신앙생활을 하고 있습니다. 티베트인들도 바꿔 놓을 수 있는 뭔가가 필요합니다. 그것이 현 상황입니다. 우리가 그들을 돕지 않는다면, 우리가 그들을 이끌 주축을 찾아주지 못한다면 그들 모두를 잃는 것은 기정사실입니다.

조너선 머스키 교수 중국 정부가 티베트에서 저지른 만행은 정말로 끔찍합니다. 또 그들이 내거는 구실과 명분이 모두 거짓말이라는 것을 아는 순간 그 끔찍함은 더 크게 다가옵니다. 저는 아주 오랫동안 티베트 역사에 관심이 있었습니다. 중국 고전사를 공부하던 학창시절로 거슬러 올라가니 꽤 오래됐다고 할 수 있겠죠. 제가 전적으로 티베트인들 편에 설 수 없는 이유는 중국과 티베트의 과거를 알기 때문입니다. 『티베트의 혁명가들(Tibetan Revolutionary)』을 쓴 사람은 중국의 만행을 그대로 보여주면서도 티베트는 중국령으로 남아야 한다고 주장합니다. 티베트는 이미 예전의 독립국으로 돌아간다고 해도 그 모습을 찾을 수 없을 만큼 문화적으로, 물리적으로 훼손되었습니다. 중국은 티베트 문화를 서서히 잠식하고 있습니다. 특별한 영적 가치관을 아직까지도 간직하고 있다면 그것이 서서히 사라지도록 유도하고 있고 중국 국민들을 자신들이 원하는 모습을 바꾸고 있듯이 티베트인들도 같은 모습으로 변화시키고 있습니다. 모두 돈을 신봉하는 사람들로 만들고 있습니다. 라사에서 어제 돌아온 사람이 이제 그쪽도 술집도 많고 여자를 사는 것 역시 일도 아니더라 하더라도 저는 놀라지 않을 것입니다.

달라이 라마에게 생명을 불어넣는 것은 업력도 윤회도 아니라고 생각합니다. 그는 알고 있습니다. 앞으로 사반세기만 지나면 티베트인들은 중국인이라는 거대한 덩어리 속에 융화되리라는 것을 달라이 라마는 알고 있습니다. 티베트를 한때 구분시켰던 것이 과거에는 무엇이었든 간에 소규모 현상으로만 남을 것이라는 점을 알고 있습니다. 중국은 티베트도 늪 속에 빠뜨릴 것입니다. 제가 그곳에 갔을 때 본 바로는 벌써 어느 부분은 그렇게 돼버렸습니다.

텐신 테통 박사 성하께서 가까운 미래에 티베트로 돌아가실 수 있다면, 정말 깨끗하고 명확하고 안정적인 조건으로 귀국하실 수 있다면 티베트인 망명자 대부분도 티베트로 돌아갈 가능성이 큽니다. 성하를 곁에서 따르는 것이 우리에게는 보다 자연스럽고 덜 고통스러운 삶입니다. 타국살이를 하고 있는 티베트인들 대부분, 특히 인도와 네팔 등지에 있는 동포 대부분은 주류 사회에 크게 동화되지 않았습니다. 대부분은 아직 서로 모여 작은 사회를 구성하고 살고 있기 때문에 가능하다면 티베트에서 생활하는 것이 편하다고 생각할 것입니다. 물론 망명자 거의 전부가 고향의 가족과 연락하고 있기도 하고요. 소식을 전할 길이 없어서 안타까워만 하다가 지난 10년에서 15년 사이부터 비교적 자유롭게 연락을 주고받을 수 있게 되었으니까 특히 인도와 네팔의 많은 수는 티베트로 돌아갈 것이라는 생각입니다.

유럽과 미국의 동포들도 인도 아대륙에 있는 사람들만큼 많지는 않겠지만 역시 많은 수가 티베트로 돌아갈 확률이 높습니다. 하지만 이미 더 큰 세계를 발견한 이상 그곳에 남고 싶어하는 티베트인도 있을 것이라고 예상합니다.

달라이 라마의 라사 귀환을
허가하지 않는 것은 중국의 실수인가?

로버트 포드 그야 당연하죠. 그 자체만으로도 실수가 아닌가요? 하지만 중국이 특이한 접근법을 쓰고 있다는 것도 어느 정도 고려해야 할 것 같다는 생각입니다. 성하는 세계적인 지지를 얻고 있지만, 유감스럽게도 세계의 모든 '정부' 차원의 지지가 들어오지는 않지만 말입니다. 어쨌든 저 정부들은 말이야 하면서 심지어 자신의 정부에게도, 아직 준비가 돼 있지 않은 우리 영국 정부에게도 대항해 잘못되었다고 말하는 세계인들이 달라이 라마 편에는 있습니다. 중국은 어떤 말을 하건 "또 인권 문제 가지고 물고 늘어지네" 하는 소리로밖에 안 들릴 겁니다. 하지만 이것은 그렇게 가벼운 문제가 아닙니다. 신앙의 자유를 비롯해서 모든 것을 박탈당한 한 민족에 대한 문제입니다. 정당한 권리를 찾다가 처형당하고 학대당한 사람들의 이야기입니다. 그들이 국가를 잃었다는 것은 모두들 알고 있습니다. 하지만 우리 서양은 이렇다할 대책을 내놓지 않고 있습니다. 물론 저도 그리할 수 없는 문제가 있다는 것을 알고 있습니다. 군사행동을 감행하라는 이야기는 절대 아닙니다. 폭력이라면 저도 반대합니다. 하지만 성하의 뜻과도 부합하는 지극히 평화적인 방법으로 다양한 형태의 압력을 가한다면 고집 센 중국도 결국 방법을 바꾸지 않을까 하는 생각입니다.

선 웨이드 소위 중도라고 하는 것의 미래에 대해 간략하게 말씀드리지요. 과거 달라이 라마는 티베트 문제와 관련해 소위 제안과 협상안을 제시했습니다. 하지만 그들 제안 모두는 근본적으로 왜곡돼 있습니다. 티베트가 고대로부터 불가분의 중국 영토였다는 것은 역사적 사실입니다. 또한 그들 제안에는 티베트에도 적용된 지 상당한 시간이 지난 민족자치제에 대한 언급이 없습니다. 1987년 9월, 달라이 라마는 미국을 방문했고 하원 인권위원회와 함께 소위 5개조 평화안이라는 것을 발표했지만 그것은 중국 영토 분리 공작이라는 사실을 인식해야 합니다. 더불어 1998년 6월, 달라이 라마는 프랑스 스트라스부르에서 열린 유럽연합회의에서 소위 7개조안을 내놓으면서 그 안에는 소위 중도의 핵심을 담고 있다고 주장했습니다. 하지만 이들 제안 역시 실제로는 2단계 티베트 독립실현 전략의 첫 단계일 뿐입니다. 전략의 첫 단계는 그들이 말하는 높은 수위의 자치를 통해 달라이 라마의 절대적 티베트 통치기반을 세우는 것이고, 두 번째 단계는 티베트의 독립을 실현하는 것입니다. 달라이 라마를 내세운 반역집단 전체는 독립의 발판으로서 자치를 실현하려 한다는 것을 인정해야 할 것입니다.

중국의 비타협적인 태도의 지속

우리는 인터뷰 요청을 위해 워싱턴 D. C.의 중화인민공화국 대사관에 근무하는 선 웨이드에게 전화했다. 요청에 응하기 전에 그는 "달라이 라마 같은 하찮은 작자에 대한 글은 왜 쓰려고 하시오?" 하고 물었다.

말콤 리프킨드 경 그것이 공식 기조입니다. 중국은 모든 것에서 달라이 라마를 오직 자기 자신만 대표하는 하찮고 무의미한 존재라는 입장을 고수해왔습니다. 이유는 그의 입장을 받아들이고 그를 한 국가의 합법적인 대표로서 인정한다면 그 지위에 합당하는 대우를 해주어야 할 것이기 때문입니다. 따라서 그들 역시 모르는 바는 아니지만 그 외에는 달리 뾰족한 수가 없는 것입니다. 티베트 본래의 자주권을 부인하면서 달라이 라마를 티베트인들의 대변인으로서 인정할 수는 없는 일이지요. 스스로 만들어낸 상자에 갇혀서 중국은 옴짝달싹 못하고 있는 것입니다.

선 웨이드 종교권, 인권 운운하며 중국을 비방했던 서양인들이 있습니다. 이유는 간단합니다. 달라이 라마를 사용해 중국의 명성과 권위를 실추하기 위함입니다. 이용되는 것이 달라이 라마이기는 하지만 달라이 라마 스스로 만들어낸 전략입니다. 그에 대한 우리 중앙 정부의 정책은 분명히 밝혔습니다. 공은 그쪽 진영으로 가 있으니 어떻게 할지 결정해야 할 측은 우리가 아닌 달라이 라마입니다. 우리는 이미 정책을 세웠고 그와 미래를 협의할 의도가 있지만, 단 티베트 독립 입장을 포기하고 중국 위협 활동을 중지한다는 전제하에서 입니다.

서양 정부들이 달라이 라마가 그들 국가를 방문하도록 초청하는 것도 상황을 악화시키는 도발행위일 뿐입니다. 일례로 우리는 티베트가 중국의 일부임을 인정함과 동시에 티베트 독립은 인정하지 않을 것임을 분명히 밝혔음에도 불구하고 달라이 라마 방문을 허가한 미국 정부에게 몇 년에 걸쳐 유감을 분명하게 표시했습니다. 그들도 사실을 인식하고 있다고 인정한 이상 달라이 라마가 그들의 영토 내에서 아무 활동도 하지 못하게끔 처리하도록 요청하는 것은 지극히 당연한 일입니다.

패트릭 프렌치 그 시작부터 알아온 사람으로서 이야기하자면, 달라이 라마가 덩샤오핑이 티베트 문제에 개인적인 관심을 보이던 때인 80년대 초에서 중반까지 협상을 끝내고 귀국할 방법을 찾아냈다면 티베트에게 분명 이익이었을 것입니다. 티베트가 잘 되었기를 바라면서 하는 이야기라는 것을 미리 밝히지만 중국 정부가 협상에서 멀어진 이유는 연예인들의 힘을 빌리려 했던 티베트의 잘못도 큽니다. 그렇게 콧대 높은 사람들인데 중국이 점점 불안해하는 것은 당연한 일이 아니었을까요? 그들은 실제로 정치적 테두리 안에서 달라이 라마가 현재 상태의 중국, 티베트자치구로서의 티베트로 돌아오도록 설득하고 있는 것입니다.

달라이 라마의 리사 귀환이 허가된다면
그것은 티베트 홍보전략의 대승리일까?

말콤 리프킨드 경 물론입니다. 1997년 이전까지는 중국이 전체주의 시스템을 유지하고 있었기 때문에 생각할 수조차 없는 일이었습니다. 아시다시피 전체주의 체제에서는 구제 내에서의 권력 분립을 절대로 용납하지 않으니까요. 더 쉽게 말씀드리자면, 스탈린이 소비에트연방 내의 자치권을 인정하는 것이나 히틀러가 제3제국(the Third Reich, 나치 점령 시대를 말한다) 내에서 자주권을 인정하는 것과 다를 것이 없습니다. 물론 낙관적으로 전망할 수만은 없는 일이지만 기존의 입장을 바꾸어 놓았을 법한 요인은 중국 안에 공존하게 된 두 체제입니다. 일련의 가치관 차이와 시스템 차이를 극복하고 홍콩이 중국의 일부가 될 수 있었고 중국이 타이완도 유사한 조건에서 귀속시키려고 하는 것을 볼 때 작가님의 질문도 예전처럼 생각할 수조차 없는 것도 아닙니다.

티베트인들이 영원히 중국의 일부로 남겠다고만 한다면 중국이 티베트에게 진정한 자치권을 주지 않을 이유가 있을까요? 앞으로 이 문제가 해결되려면 중국이라는 틀 내에서 일정한 자치권을 행사하고 그렇게 하게끔 하는 것이야말로 양측이 뜻을 모아야 할 지점일 것입니다. 홍콩도 반환 협상이 타결되기 10년에서 15년 전까지만 해도 불가능할 것이라고 보았지만 결국 반환되지 않았습니까? 미래는 어떻게 될지 모르는 법입니다. 달라이 라마도 티베트 민족의 생존을 위한 투쟁에서 자신이 가진 유일한 힘은 인기뿐이라는 점을 분명히 알고 있고, 중국도 그렇게도 골치 아픈 그의 유명세를 부추기는 것은 자신들이 티베트를 통치하고 있기 때문이라는 점을 알고 있기 때문입니다. 인기 위에 만들어 놓은 강력한 입지 때문에 달라이 라마는 중국이 문제를 묵살하지는 못하리라는 것을 알고 있습니다.

체링 샤캬 티베트는 이제 뒷전으로 밀리고 불교를 최우선으로 생각하게 되었다고 말하면서 성하에게는 희망을 걸 수 없다고 주장하는 티베트인들이 몇 있습니다. 공개적인 정치 캠페인을 벌이지 않는 것은 사실입니다. 티베트에 득이 될 게 없는 것도 사실입니다. 티베트 해방으로 시작했던 캠페인의 중심에는 이제 불교 포교가 자리 잡아가고 있습니다. 물론 그는 스스로 포교를 하고 있다고 인정하지는 않지만 불교 전파도 주요 관심사인 것은 사실입니다. 그래서 티베트 정계 내부에서는 종교 인사에게 종교와 국가 문제 전부를 맡겨도 좋은지에 대한 열띤 토론이 벌어지고 있습니다. 속세만을 위한 체제가 필요하다고 주장하는 사람들의 입장은 나라가 우선이고 종교는 차선이어야 한다는 것이죠. 민감하고 어려운 문제입니다. 달라이 라마의 입장은 "불교에 유익한 그 모든 것은 티베트에도 유익하다"일 것입니다. 거기에 말도 안 된다고 반박하는 사람들이 있는 것이고요.

중국이 언젠가는 달라이 라마와 관련한 서양의
솔직한 심정을 이야기해 달라고 요청할까?

말콤 리프킨드 경 다른 문제에서도 마찬가지지만 중국인들은 문제가 있을 때 단기간에 해결하는 법이 없습니다. 그들 입장에서는 티베트에 유효한 정치적 제재를 가하는 것도 없기 때문에 그들에게도 살 만한 지위가 주어져 있다고 생각합니다. 중국 자체를 근본적으로 재개편하는 정치 혁명이 일어나지 않는 한 그러한 견해는 바뀌지 않을 것입니다. 절대로 일어나지 않으리라고는 할 수 없는 일이니, 일단 그때에 가서 완전한 정치적 해방까지 얻어낼 수 있다면 티베트에게는 그것이 최선의 길일 수도 있겠지요.

로렌스 프리먼 신부 그는 망명으로써 더 큰 권위를 얻었습니다. 티베트에서 일어나는 일을 보면서 그의 가슴은 특히 쓰릴 것입니다. 성하는 티베트 승려들을 만납니다. 오직 달라이 라마를 향한 사랑으로 히말라야의 눈밭을 헤치고 다람살라에까지 오는 사람들을 만납니다. 그런 이들 중에는 신체적으로 남성보다 약한 여자도 있습니다. 성하가 그들을 만나서 할 수 있는 것은 가슴에 맺힌 이야기를 들어주는 것밖에 없습니다. 어쩌면 그것이 어떤 명약보다, 그 어떤 상담보다 월등한 치료책일 수 있겠지요. 성하를 사랑하고 헌신하는 마음, 그런 사람들에게 관심을 기울이고 동정심을 보이는 그의 마음이 한데 합쳐져 무거운 짐이 됩니다. 그런 결합체는 그가 짊어지고 가야 할 십자가입니다. 하지만 그가 말했습니다. "티베트에 남았다면 이처럼 많이 보고 배우고, 이처럼 많은 일도 하지 못했을 것입니다"라고요. 그는 자신의 지적, 개인적 지평을 넓혔습니다. 그에게 선택의 여지가 있었다면 분명 티베트에 남았을 것이라고 생각합니다. 그는 어떻게 보면 유익한 일도 많았던 타향살이지만 처음에도 결국에도 비극이라고 말합니다. 어쨌든 지난 50년 동안 달라이 라마가 그 비극적인 삶에서 대단한 것들을 끄집어낸 것은 사실입니다.

하임 페리 박사 결국 그들은 '뭔가를 놓쳤구나' 하는 생각이 들 것입니다. 싸움이 멎으면 자신들의 이야기를 들어주는 사람들도 없을 테니까 다시금 서양의 관심을 끌 수 있도록 다른 영적 조직을 찾아낼 것입니다. 그것은 중국 경제, 중국이 세계에 비치는 모습 등에 있어서 정말 중요하기 때문입니다. 지금은 관심이 올림픽에 가 있기는 하지만요.

어느 날 아침 잠에서 깨서 우리가 너희들을 모욕했지, 너희들은 우리 형제자매야, 돌아와, 라사에 있는 사원을 다 가져도 좋아, 자치권도 줄게, 지방 정부도 마음껏 운영해 하고 말할 것입니다. 중국은 왜 그렇게 어리석은지 모르겠습니다. 세계가 티베트인들의 모습에서 영감을 얻고 힘을 얻지만 유독 중국만 그렇지 못하는 이유는 무엇일까요? 중국은 다른 세계에 있는 것일까요? 그들을 감싸 안고 그들도 우리 세계의 일부라는 것을 보여주는 것, 그것이 그들에게 해야 할 일일 것입니다.

5

달라이 라마는 영원할 것인가?

대화

최근 몇 년 동안 달라이 라마는 크리스천, 유대인, 무슬림 성직자들을 비롯해 학자들과의 대화를 실시했고 서구 저명한 과학자들과의 간담회에도 활발히 참여했다.

윌리엄 E. 스윙 감독 그가 종교 간 대화에 관심을 갖기 시작한 이유는 지극히 실용적인 목표 때문이었습니다. 그는 세속적으로 또 종교적으로 세계의 지지를 얻어야 하는 사명을 띤 사람입니다. 티베트 불교계에만 호소했다면 계속 그 자리에서 맴돌고만 있지 않겠습니까? 우선 다른 종교에 대해 배워야 했을 것입니다. 하지만 지금은 다른 종교의 사람들과 참된 공감대를 형성하게 되었습니다. 우선 첫 단계에서는 기도하며 하나님과 대화하기를 바라는 마음, 가난한 자를 도우려는 마음을 이해하게 되었고 두 번째 단계에서는 공통된 정신을 발견하게 되었고 마지막 세 번째 단계에서는 종교 간의 화합이 꼭 필요한 이 세계를 도울 수 있게 되었습니다. 그는 초기의 실용적인 뜻을 버리고 이제는 종교 관계 개선 무대에서의 역할모델이 되었습니다.

뉴저지 워싱턴의 불교사원에서 개최되었던 달라이 라마와 유대교 학자들의 첫 만남에 이어 유대인 종교 인사와 학자 여덟 명으로 구성된 파견단이 1990년 10월 23일 늦은 오후에 다람살라에 도착했고, 달라이 라마와의 6일 간의 대화는 다음날 아침에 시작되었다. 그들은 캉가 계곡(Kanga Valley) 절벽에 자리해 경관만큼은 빼어났던 숙소, 카슈미르 산장에 묵었다.

블루 그린버그 박사 커밍스 재단(Cummings Foundation)이 다 처리해줘서 우리는 크게 신경 쓸 것이 없었지만 음식이 율법에 맞춰 준비될지 걱정되기는 했습니다*. 하지만 그렇다고 굶어죽을 일도 아니고, 어쨌든 혹시 몰라서 2주 분량의 참치 캔과 무교병(효모를 넣지 않은 빵)을 챙겼습니다. 하지만 우리가 도착하기 전에 주방 전체를 유대 율법에 맞게 준비해 놓았더군요.

---

*특히 육류에 대해 까다로워서 유대인들은 율법에 맞게 도살하여 피를 전부 뺀 다음에 먹기 때문에 여행할 때에 고충이 많다〈역주〉.

툽텐 최된 스님 (준비를 한 사람은) 린첸 켄도(Rinchen Khandro Choegyal)였습니다. 직원이라고는 한 명밖에 안 되는 작은 숙박업소의 주인이었지만 손님들이 불편을 겪지 않을지 걱정이 정말 컸습니다. 카슈룻이 있는 이유를 완전히 이해하고 한 준비는 아니었겠지만, 일단 알기만 하고 이해는 대표단이 오고 나서 됐을 것 같습니다. 그는 자신의 숙소를 찾은 손님들이 최대한 편안하게 묵을 수 있도록 뭐든 할 각오가 단단히 돼 있었습니다. 자신도 종교 세계에서 살기 때문에 그들에게도 똑같이 규율이 있을 것이라는 것을 알았던 것이죠.

불상 앞에서 땅에 엎드려 절하는 사람들을 보고 유대인 몇몇이 받은 충격이 적지 않았던 것 같습니다. 그들과 잠깐 시간을 보내면서 우리는 우상에게 절하는 것이 아니다, 따라서 십계를 어기는 것이 아니다 하면서 설명하느라고 애를 먹었던 기억이 나네요. 우리는 돌덩어리를 숭배하는 것이 아니라 그것이 상징하는 부처의 가치, 모든 종교와 모든 국적의 사람들이 우러러볼 수 있는 가치에 경의를 표하는 것이라고 설명했습니다. 처음 볼 때에는 우상 숭배로 여겨졌지만 설명을 듣고 어느 정도 이해할 것 같다는 태도를 보인 사람도 몇 있었습니다.

유대인의 딜레마, 달라이 라마를 '성하'로 부르는 것

툽텐 최된 스님 달라이 라마 성하를 어떻게 불러야 할지에 대해 정말 대규모 토론이 열렸습니다. 성하(His Holiness, Your Holiness)는 티베트 어를 번역한 것이지, 티베트인들이 그를 '성하' 하고 부르지는 않습니다. 누군가 번역해서 사용하기 시작하다가 전부가 쓰게 된 단어일 뿐입니다. 성하께서 "모든 중생은 이제부터 나를 성하라고 부르라" 하고 말하지는 않으셨습니다. 하지만 말이 귀에 익고 또 입에 익으면서 교황을 이를 때와 마찬가지로 '성하'라고 하게 되었죠. 하지만 유대 인들에게는 골치 아픈 일이 아닐 수 없었습니다. 성하라고 부르면 달라이 라마를 종교적으로 따르는 것이나 마찬가지였으니까요. 그들은 결국 고위 종교 인사로서의 경의를 표시하지만 타종교인에 써도 무방한 히브리어 호칭을 사용하기로 했습니다. 물론 성하는 그들이 당신을 어떻게 부르건 하나도 신경 쓰지 않으셨습니다.

블루 그린버그 박사 '성하'라는 호칭이 난감해 죽을 지경이었습니다. 따라 부르지 않자니 그를 '성하'라고 부르는 사람을 무시하게 되는 일이 될 수 있다는 생각도 들었고요.

그들(전불교승려회의(The Conference of All Buddhist Monks)의 승려들) 모두 가 그 앞에서 절했습니다. 하지만 컨퍼런스에서는 자신은 신이 아닌 인간이라고 하더군요. 하지만 그들이 그를 대하는 모습은 그의 말과 달랐습니다. 어쨌든 그는 그들이 그런 기이한 방식으로 경의를 표하는 사람들 앞에서 엄숙한 모습을 보이려고 애쓰거나 하는 것 없이 웃고 농담하면서 이야기했습니다. 아, 그리고 콧물이 나오던 모습이 생각나네요. 감기 기운이 있는 듯했었는데, 어쨌든 그런 모두가 그를 정말 '인간적'으로 보이게 만들었습니다. 스스로 신이라고 생각하는 사람이 그런 모습을 보일 리는 없겠죠. 그리고 대신 코를 닦아주는 사람도 없었습니다.

의견교환

어빙 그린버그 랍비 우리를 놀라게 했던 것은 일정한 서양화를 거친 그의 측근과 관료들 전부가 물론 개개인의 차이가 있었지만, 전체적으로는 통신, 행정, 관료문화 등의 서양 문제 대부분을 능숙하게 처리한다는 점이었습니다. 유대인과 현대성에 대해 이야기하면서 그는 자신과 같이 서양화 과정, 현대화 과정을 거친 사람들이 보다 박식하고 세련돼진다는 것을 깨닫게 되었습니다. 비록 서구의 영향을 받기는 했지만 여전히 불교 전통도 받들고 있기는 합니다. 예를 하나 들까요? 신에 대한 이야기가 나왔습니다. 간담회 중에 누군가 "스스로 신이라고 생각하십니까?" 하고 물었습니다. "저는 신이 아닙니다. 저는 승려이고 스승일 뿐입니다" 하고 달라이 라마가 대답했습니다. 그리고 농담하더군요. 제가 들었던 중에 가장 재미있던 대답이어서 '금주의 명답' 제일 꼭대기에 올렸습니다. 그러더군요. "20년 동안을 신이 되었다 인간이 되었다 하면서 살았습니다. 그러면서 정말 많이 컸지요." 사실입니다. 정말 기막히게 성장했습니다. 그 주변의 사람들도 성장하기는 마찬가지였지만 여러 철학과 다른 사상을 흡수하고 종교에 대해서 보다 고급스러운 언어로 이야기할 수 있는 학문적 세련미와 지식 면에서는 그의 성장이 단연 최고였습니다.

달라이 라마가 가장 좋아하는 의견교환

어빙 그린버그 랍비 달라이 라마가 가장 좋아했던 이야기는 잘만 샥터 (Zalman Schachter) 랍비와 나눈 이야기였습니다. 천사에 대한 이야기였지요. 둘이 천사들을 어찌나 좋아하던지, 샥터 랍비가 좀 지나치나 싶을 정도로 이야기했지만 달라이 라마도 내내 신나게 들었습니다. 제 생각에는 불교사상에서는 깨달음을 더해갈수록 보다 상위의 존재로 태어난다고 믿지 않습니까, 그래서 천사들의 등급도 깨달음에 의해 정해지는 것이라고 착각하고 있어서였던 것은 아니었을까 싶기도 합니다. 제 가설이 사실인지는 모르겠지만 어쨌든 천사 이야기에 둘은 정말로 죽이 맞았습니다.

툽텐 최된 스님 좀 자제 좀 해주지, 말이 정말로 길어졌습니다. 잘만 샥터라는 사람이 천사 이야기를 꺼냈습니다. 성하께서 몇 가지 물었던 이유는 불교에서도 높은 영적 수준에 도달해서 수행자들을 돕는 높은 존재들이 있기 때문이었습니다. 하지만 천사와는 다른 존재들입니다. 어떻게 어떻게 이야기가 흘러나가더니만 사람들이 전부 빠져들어서는, 정말 중요한 주제인 것처럼 말입니다. 개인적인 생각일지도 모르겠지만 그리 중요한 주제는 아니었습니다. 유대교와 그리스도교에 천사라는 존재가 있고 '너희들이 수행하는 것을 돕는구나' 하면 끝날 일이었습니다. 그것으로 종교의 진정한 의미를 알 수 있는 것도 아니었지요.

어빙 그린버그 랍비 그들에게 가장 큰 영향을 미친 토론은 가정과 가족에 대한 제 아내의 이야기였습니다. 솔직하게 한번 말해봅시다. 티베트 지도자들은 전부 미혼의 승려들입니다. 가정과 가족이 종교교육과 사회화에 얼마나 중요한 수단으로 작용하는지 생각해본 적조차 없는 사람들입니다. 정말로 아무 생각도 없었죠, 물론 제가 아는 것이 전부가 아닐 수 있지만 말입니다. 그들은 오직 종교의식과 신학에서만 도움을 구하고 있었습니다. 달라이 라마의 생각이 그랬습니다. 비교할 수 있는 대상도 거의 없는 상황이었습니다. 그래서 농담처럼 그런 말을 했습니다. 안식일을 개발하면 좀 알 수 있을 것이라고요. 물론 무턱대고 우리를 따르라고 했던 것은 아니고, 종교의식 개발 가능성에 큰 관심을 보이기에 했던 말이었습니다. 정통 안식일이 가족의 유대에 얼마나 큰 영향을 주는지 이야기하면서도. 그래서 그들은 우리 안식일 예배에 참석했습니다. 기겁을 하더군요. 좋은 뜻의 기겁이요.

툽텐 최된 스님 제가 아는 한 티베트 사람들은 고유의 문화를 지켜나
갈 많은 아이디어를 얻게 됐다면서 간담회에 대해 진짜로 만족해했
습니다. 물론 두 종교 간에는, 한쪽은 사원생활 위주이고 한쪽은 가
족생활 위주인 것처럼 종교문화를 유지해나가는 방법 등에 있어서
커다란 차이가 있었지만 티베트인들은 매우 긍정적인 경험이었다고
평가했습니다.

제 생각에도 6일간의 대화는 양측 모두에게 큰 이득이 됐습니다.
성하는 특히 유대인이 오랜 망명 생활과 그런 중에도 고유의 종교를
지켜낼 수 있었던 점과 함께 티베트에 어떻게 적용시킬 수 있을지에
대해서 큰 관심이 있었습니다. 유대인들의 경우에는 비록 자신의 종
교에 대해 잘 알고 있지는 않았지만 아무 편견 없이 바라보는 타 종교
인들과 처음 만나서 이야기한 자리라서 의미가 컸을 것입니다. 보통
유대인의 종교 간 대화에서는 그리스도교와의 역사문제, 대량학살을
비롯해서 그 외 수많은 문제들 때문에 서로 수비적인 자세를 취하거
든요. 하지만 티베트인들은 유대인들에 대해서 들어보지도 못하고
어떤 사람들인지는 더더욱 모르는 경우가 대부분이었죠. 그래서 너
는 누구니, 어떤 경험을 했니, 누구를 믿니, 종교문화는 어떠니, 가족
들과는 어떻게 사니 하는 질문을 했던 것입니다. 항상 '이번에도 책
이나 잡히지 않으면 다행이다' 하면서 종교회의에 참석하던 사람들
이었던지라 티베트인들의 태도에 정말 놀랐겠지요.

이후의 초종교 대화

1998년 11월 11일, 당시 전미유대인위원회 초종교회의 감독이었던 A. 제임스 루딘 랍비는 달라이 라마와 함께 펜실베이니아 주 그린스버그의 가톨릭 여학교인 세튼힐대학이 주최한 초종교 세미나에 참석했다. 세미나는 총 1,248명이 도달하기 전에 그린스버그 도심의 팰리스시어터(Palace Theater) 극장을 중심으로 도시 곳곳에는 환영 현수막과 깃발이 걸려 있었고 경찰력도 대거 동원되었다. 피츠버그 주민으로서 안수 받은 장로교 목사였으며 「미스터 로저스의 이웃(Mr. Rogers' Neighborhood)」이라는 텔레비전 프로그램의 사회자로 더 잘 알려진 고(故) 프레드 로저스가 행사의 진행을 맡았다. 대화 참가자들로는 루딘 랍비를 비롯해 앤서니 보스코(Anthony Bosco) 로마 가톨릭 주교를 비롯해 피츠버그이슬람센터(Islamic Center of Pittsburgh) 대표 이맘 압둘 마주드(Imam Abdul Mawjoud)도 있었다.

달라이 라마는 연설에서 21세기에 대한 원대한 포부를 밝혔으며 자신의 '어설픈 영어'에 대한 자조적인 농담을 곁들이면서 사랑과 자비의 메시지를 전했고 인간의 활동이 '인간적 애정과 분리된다면 기계화되는 크나큰 재앙을 초래할 것이며 종교도 더럽혀질 것'이라고 경고했다.

A. 제임스 루딘 랍비 달라이 라마에게는 엄청난 보안 관계자가 붙었습니다. 그린스버그 같은 펜실베이니아 촌 동네에서, 정말 어마어마한

숫자였지요. 게다가 2001년 이전의 일이었고 특이할 것도 없었던 종교 간 대화였는데 말입니다. 달라이 라마는 제가 랍비라는 이야기를 미리 듣고 좋아했다고 합니다. 제가 처음은 아니었지만 랍비는 많이 만나고 싶다면서 정말로 듣기 좋은 말만 했습니다. 저는 어색하기만 했습니다. 어색하다고 퉁명스럽게 대한 것은 아니었지만 반가워서 얼싸안은 정도까지는 못 됐습니다. "만나서 정말 반갑습니다" 하고 이야기는 했지만 아무 타이틀도 안 붙이고 그냥 '유(you)'라고 불렀습니다. 그리고는 정말 재미있는 일이 생겼지요. 세튼힐대학의 한 수녀(세튼힐 사랑의 자매들(Sisters of Charity of Seton Hill)의 부대표 말린 만댈릭(Marlene Mondalek) 수녀)가 "랍비님, 나중에 일어나서 강단을 걸을 때에 달라이 라마의 시야를 가리면서 걸어가야 하죠? 그럴 때에는 꼭 몸을 돌리고 손을 모아서 인사해야 합니다" 하더군요. 그래서 말했습니다. 물론 정중하게요. "그렇게는 못 하겠습니다. 하나님께도 절하지 않는데 그한테 왜 고개를 숙입니까?" 하고 말했죠. 이해심이 부족하다는 듯이 쳐다보더군요. 이맘도 놀랐나봅니다. 제게 와서 악수를 청하더니 "저도 못할 일입니다. 절을 안 해도 되게 해줘서 고맙습니다. 영어도 잘 하지 못하는데, 랍비님 덕에 수고를 덜었습니다" 하더군요. 제 차례가 돼서 자리에서 일어나 평소 때와 하나도 다르지 않게 연설대로 걸어 나가서는 시편 107편(압제자로부터 해방시켜준 주에게 감사하는 내용)을 읽었습니다. 다 읽고 돌아와 앉으면서 제 차례가 끝났습니다. 다음에 이맘이 일어나서 코란 몇 구절을 읽고 돌아와 앉았습니다. 달라이 라마는 아무 이야기도 없었고 이맘과 랍비 하나가 아무렇지도 않게 앞을 지나갔다고 해서 상처받은 기색도 없었습니다. 아무렇지도 않은 듯이 보였지요. 그러나 가톨릭 주교는 정말로 했습니다. 앞을 지나가다가 손을 들어서 '지붕' 같은 모양을 만들고는 달라이 라마에게 고개를 숙였습니다. 그가 그들 방식으로 인사를 했건 안 했건 사실 객석에서는 알아차릴 사람이 없었습니다. 모두 미스터 로저스를 보느라고 바빴으니까요. 학생들은 달라이 라마보다는 미스터 로저스에 관심이 더 컸습니다. 미스터 로저스가 키웠다고 해도 될 아이들이었으니까요. 그 수녀가 한 말은 선수를 치자는 뜻에서 한 것 같았습니다. 방문자의 기분을 상하게 하지 말자는, 뭐 그런 식의 환대의 뜻을 보이자는 이야기였겠지요. 다음 날 비행기를 타고 피츠버그에서 집으로 돌아오는 길에 곰곰이 생각해봤습니다. 가톨릭 주교는 달라이 라마가 무엇을 원하는지, 우리에게서 어떤 행동을 원하는지 한참 궁리했겠죠? 아니면 그냥 영화에서 본 행동일 수도 있고요.

그 세일즈맨이 그날 그곳에서 팔았던 것은, 그런 청중 앞에서 계속 되풀이 하는 똑같은 말일 수도 있겠지만 저는 그날 처음으로 딱 한 번 들었을 뿐이니까 어떤지는 모르겠고, 어쨌든 그가 가지고 나온 것은 꽤 그럴듯한 메시지였습니다. 그리 어려운 요구도 없었고요. 메카를 바라보며 하루에 다섯 번씩 기도해야 한다, 예루살렘을 바라보고 기도해야 한다, 음식을 먹는 데에 있어서도 율법을 어겨서는 안 된다, 할례를 받아야 한다, 남성과 여성의 경계를 넘어서는 안 된다, 아랍어를 배워야 한다, 히브리어를 배워야 한다, 라틴어를 배워야 한다 하는 말은 없었습니다. 그냥 달콤하고 담백하고 솔직한 메시지였습니다.

사실 그날 그 자리에 있었던 사람들이 그의 메시지를 실제보다 깊이 있게 생각해서 약간 기분이 언짢기도 했습니다. 하지만 최고의 설교 중에는 지극히 단순한 것들을 담고 있는 경우도 있지요. 어쩌면 사람들에게는 '무엇'을 설교하는지가 아니라 '누가' 설교하는지가 중요했던 것이었는지도 모르겠습니다. 남을 개종시키지 않아도 되고, 스스로 개종하지 않아도 되고, 프랭클린 그레이엄(Franklin Graham, 빌리 그레이엄 목사의 아들이자 상속자)처럼 공립학교에 다니지 않아도 되고, 기독교로 개종하는 사람들을 그냥 내버려 둬도 되고, 피츠버그에 불교 수도사 하나 보내서 캠퍼스에서 축어적인 단어로 된 똑같은 메시지나 반복하게 만들면 만사 땡인 사람이 왔는데, 그렇게 많은 사람들이 모일 것은 뭐고, 경찰력이 동원될 것은 뭐고, 깃발까지 여기저기 붙일 것은 또 뭐였을까요? 그야 물론 미국이라는 나라가 연예인, 인기인 숭배에 찌든 나라인데다가 그도 미스터 로저스처럼 인기인이었으니까. 학생들은 귀를 쫑긋 세우고 들었습니다. 연설 내용에 누구라도 이의를 제기할 수 있는 부분은 하나도 없었습니다. 그것이 정말 불교라면, 왜 사람들이 매력을 느끼는지 알겠더군요. 준법 사상과 도덕 사상이니까요. 좋은 일을 해라, 사람들에게 친절하게 대해라, 동정심을 가져라, 스스로도 아껴라 하는 말밖에 없지 않습니까.

그리스도교 단체와의 대화

윌리엄 E. 스윙 감독 그는 그리스도교 신학을 잘 알고 있습니다. 수난일, 십자가, 부활, 성령 등에 대해서 잘 알고 있습니다. 고통과 자애처럼 그리스도교와 불교의 공통된 가치에 대해서도 잘 이야기할 수 있습니다. 그리스도교 이야기를 꺼내면 제목만 듣고도 우리가 생각하고 이야기하는 것들을 똑같이 생각할 수 있는 정도입니다.

달라이 라마의 참여를 위한 준비

메리 마거릿 펑크 수녀 악몽입니다. 모든 면에서 악몽이에요. 그런 악몽 같은 준비를 모두 치르고도 처음에 그는 나타나지도 않았습니다. 함께 준비한 사람이 그러더군요. "달라이 라마가 나타나는 것은 축복이지만, 나타나지 않는 것 역시 축복입니다." 그는 상당한 권위자이기 때문에 어찌나 신경이 쓰이는지 그가 없을 때 대화가 잘 흐르는 것이 사실입니다. 하지만 익숙해지면 어떤 문제에 닥칠지 알게 되면서 문제를 미리 피할 수 있기도 하지요. 그들(달라이 라마의 측근)이 더 잘하는 일입니다. 이제는 정말로 두툼한 봉투를 보내서 예측이 필요 없게 만들어버리죠. 지난 8년 동안 달라이 라마를 돈벌이에 이용한 사람들 때문에 문제가 많았습니다. 달라이 라마를 마치 여기저기 돌아다니는 행상처럼 이용하면서 결국 달라이 라마를 모욕한 셈이지요. 달라이 라마의 참여를 이유로 어떤 금전적인 이윤도 얻지 않을 것이라고 약속해야 하지만 이미 수차례 다녀갔는데도 불구하고 모두가 계속해서 보고 싶어하니까 사람들 입장에서는 악몽입니다. 그의 가르침이 지닌 힘도 갈수록 강해졌고요. 이것도 쌓이기 때문에 그러는 것 같습니다. 그에 대한 책을 여러 권 읽다보면 그 사람의 깊이를 알게 됩니다. 그러다가 직접 가르침을 듣기 시작하지요. 그가 우리 시대 최고의 스승이라는 것은 어쩌면 맞는 말인지도 모르겠습니다. 모든 노력이 헛된 것은 아닐 거예요.

로렌스 프리먼 신부 그가 대화(1994년에 런던에서 실시된 좋은 마음 세미나)에서 제안했던 것들로 인해 대화의 진정한 모습에 대해 이해할 수 있게 되었습니다. 상대방의 뜻을 바꿀 생각으로 참여한다면 그것은 대화가 아닙니다. 절대로 대화가 될 수 없었습니다. 단지 생각을 교환할 생각으로 만난다면 그것은 토론이지 진정한 대화가 아닙니다. 타인의 견해로서 현실을 바라볼 생각으로, 서로 견해를 교환할 생각으로 참석한다면 그것에서부터 세계의 미래에 특별하고 중요하게 작용할 진정한 대화가 시작됩니다. 대화의 개념은 오직 종교에만 국한되는 것이 아닙니다. 중동 위기, 북아일랜드 문제 등 모든 것에 적용됩니다. 좋은 마음 세미나가 본격적으로 시작되면서 그가 이야기했던 여러 일들, 다양한 형태의 대화, 순례, 수행, 공동 묵상회, 세계 발전을 위한 공동 노력 등을 실시할 '평화의 길' 프로그램에 착수할 수 있었던 것도 그러한 대화가 진행되었기 때문이었습니다. "그럼 그렇게 할까요? 다양한 대화를 가져보도록 합시다" 하고 말했더니 "좋습니다. 그렇게 하도록 합시다" 하고 대답해서 우리는 다람살라에서 만나기로 결정했습니다.

첫 해는 순례였습니다. 그가 그리스도교 명상가들을 초대해 우리 측에서 약 200명이 참가해서 매일 아침 함께 명상도 하고 오전과 오후에 대화도 가졌습니다. 정말 멋진 만남이었죠. 첫날의 첫 명상이 끝나고 나서 함께 차를 타고 대화를 갖기로 한 승방으로 이동했습니다. 지나가는 길에 티베트인 노점상에 티베트 탱화가 걸려 있는 것이 보여서 그에게 이야기했습니다. 티베트 난민들이 어떻게 생활해나가고 있는지 한참 이야기하던 중이었지요. "탱화 하나를 사서 런던의 우리 센터에 걸었으면 좋겠다 싶습니다." 약간 이상한 눈빛으로 쳐다보더군요. 차를 멈추지 않고 가던 길을 갔습니다. 승방에 도착하고 바로 우리 명상센터를 위한 선물이라며 커다란 둥근 통을 줬습니다. 감사하다고 말하고 통을 열었더니 정말 티베트 천으로 예쁘게 싸인 탱화가 있는 것이 아니겠습니까! 그림을 조심스럽게 펴고 있는데 그가 "무엇인지 아시겠습니까?" 하고 물었습니다. "부처, 아니면 바퀴인가요" 하고 대답했습니다. 아니었습니다. 다람살라의 티베트 승려들이 티베트 양식으로 그린 그리스도 탄생화였습니다. 크리스마스 카드를 보고 작업을 했겠죠. 대신 그림에는 티베트 천사들이 있었고 황소 대신 야크가 있었습니다. 우리가 대화에서 서로의 상징과 서로의 눈을 통해 서로를 보았음을 이야기해 주는 고마운 선물이었습니다.

무슬림 사회와의 대화

알렉산더 버진 박사 성하는 서아프리카 기니의 수피교(Sufism, 이슬람교 전통의 신비주의) 지도자 디알로(Tirmiziou Diallo) 박사를 만났습니다. 그는 수피교를 비롯해 이슬람교 전반에서 자비가 지니는 의미에서 대해서 성하와 이야기하고 뜻을 전했습니다. 성하는 매우 흥미있어했습니다. 성하는 평소에 종교에 관심이 많고, 타종교에 대한 이해가 서로 화합할 수 있는 가교가 되어준다고 생각하십니다. 사람들이 다른 종교를 컬트로서만 인식하고 구분한다면 그것은 그 종교와 종교 집단 전체에 상당히 불공평한 일이겠지요. 하지만 성하는 여러 종교와 철학들 간의 공통분모를 찾아서 세계 복지를 위해 함께 할 수 있는 일을 찾습니다. 특히 요즘 같은 때에는 무슬림을 겁에 질린 눈으로만 바라볼 것이 아니라 마음을 열고 배우려는 노력을 함으로써 일부 원리주의자와 광신도들이 이슬람교의 본 모습이 아니라는 점을 깨달아야 한다는 달라이 라마의 메시지는 의미가 크다고 하겠습니다. 이슬람교뿐 아니라 그리스도교, 유대교, 힌두교를 비롯한 그 어떤 종교도 마찬가지입니다. 이것이 그가 여러 종교에 대해 관심을 갖는 이유입니다.

과학 대담

애덤 잉글 과학에 대한 그의 관심은 자비의 가르침에서 비롯되었습니다. 불교는 해방을 추구합니다. 하지만 다른 신학사상과는 달리 해방은 초자연적인 힘을 가진 존재에 의해서가 아닌 진실성에 대한 스스로의 이해, 그 이해를 해방의 기본 지식으로 삼는 것으로써 이루어집니다. 그런 면에서 볼 때 불교는 완전한 과학이라고 할 수 있습니다. 불교는 깨달음에 이르는 것을 목표로 한 관찰, 실험, 경험주의입니다.

툽텐 진파 랑리 박사 어느 고대 철학을 비롯한 종교 전통과 마찬가지로 불교에도 영적 세계를 비롯해 물리적 세계를 바라보는 고유의 종교관이 있습니다. 성하는 여러 차례에 걸쳐 불교의 세계관이 과학의 경험적 증거에 대치된다면 대치되는 부분은 바꾸어야 할 것이라는 뜻을 밝혔습니다. 불교에서는 경문의 권위보다는 이성과 경험적 증거를 중요하게 여깁니다.

정신과 인생 컨퍼런스

애덤 잉글 비정기적으로 다람살라에 가서 상담합니다. 한 시간 정도 만나면서 연구소 전략에 대해 설명한 다음 조언을 듣습니다. 그는 상담을 위해 미리 자료를 읽어보거나 하지는 않습니다. 티베트어로 된 자료가 없어서 그런 이유도 있겠지만 그에게는 수년간의 대화를 통해 쌓아온 지식이 있습니다. 성하는 우리 일이 어느 단 한 사람이 맡아 하기에는 너무 중요하다는 말을 개인적으로 한 적이 있습니다. 자신이 더 이상 참여하지 않더라도 대화와 협력이 계속될 수 있게 할 장치가 필요하다는 조언을 줬습니다.

툽텐 최된 스님 정신과 인생 컨퍼런스에 몇 번 참석했습니다. 서양 과학자들과 교류할 수 있는 자리였지요. 그 자리에서 그분의 호기심, 개방성, 배우고자 하는 의욕, 교리에 얽매이지 않는 태도를 볼 수 있었습니다. 성하는 과학이 불자들의 말이 그르다는 것을 증명한다면 진실을 구하는 자로서 우리의 기존 입장을 고치고 진실을 따라야 할 것이라고 말씀하셨습니다. 과학자들 사이에서 보인 성하의 탐구정신이 정말 좋아보였습니다.

툽텐 진파 랑리 박사 처음 시작한 1987년부터 성하와 함께 정신과 인생 모임에 나갔습니다. 사람들이 그에게서 위압감을 느꼈는지는 모르겠습니다. 풍채가 좋지는 않지만 존재감만큼은 거대하니까요. 그가 모임에서 큰 자리를 차지하는 이유는 사람들이 완전히 빠져들기 때문입니다. 소위 다질문 접근법이라고 하는 것을 사용하는 현대 세계에서는 정말 보기 드문 모습이라고 할 수 있지요. 주어진 순간마다 완전히 집중해서 참여하는 사람은 찾기 힘듭니다. 하지만 서양 학문 배경의 사람들을 특히 무기력하게 만들 수 있는 모습이기도 합니다. 성하는 발표를 집중해서 듣다가 갑자기 끼어들어서 "'이것'은 왜 안 합니까?" 하고 묻습니다. 그러면 과학자들이 놀라서는 "그것이 '바로' 우리가 다음 단계에 취한 것입니다" 하고 말합니다.

애덤 잉글 정신과 인생 모임에는 제가 '첫 경험'이라고 부르는 것이 있습니다. 각 과학자에게는 토론의 배경에서 벗어나지 않는 범위에서 발제할 수 있는 기회가 주어집니다. 한 참가자가 "제 논술을 변호하면서 이렇게 불안했던 적은 없었습니다" 하고 말하는 것을 들었습니다. 어떤 사람들은 어려운 주제를 건드리는 것에 지나치게 조심하는 경향을 보입니다. 새로 들어온 사람은 정중함을 보입니다. 팔을 걷어붙이고 곤란한 질문을 던지는 것을 자제하지요. 하지만 모임이 1주일 정도 진행되면서 대부분 긴장을 풀고, 달라이 라마는 학문적 공격도 기꺼이 받을 마음이 있는 동료 학자라는 점을 깨닫게 됩니다. 그는 정말 개방적이고 기민한 사람입니다. 과학자들이 일련의 연구 과정을 이야기하는 도중에 성하가 중간에 끼어들어서 몇 단계 나아간 실험에 대한 질문을 던지는 일이 많습니다. 한번은 한 참가자가 이렇게 말했죠. "성하, 직업을 바꾸시는 것은 어떻겠습니까? 정말 훌륭한 과학자가 되실 수 있을 것 같습니다."

달라이 라마를 대등한 토론 상대로 보는 과학자들의 시각

피에트 헛 박사 (다람살라에서 1997년에 열린) 우리 모임은 매일 아침 우리 물리학자와 천체물리학자 대표단 다섯이 돌아가면서 각기 전문 분야에 대한 요약 발표를 하는 형식으로 진행됐습니다. 그러면 달라이 라마가 질문을 했지요. 오후에는 보다 일반적인 대담을 가졌습니다. 오전 시간 동안 모든 논리 단계를 하나도 놓치지 않고 재빨리 이해하는 그의 모습을 볼 수 있었습니다. 발표를 하는 중에 단계 하나를 빼먹으면 그가 어김없이 "'이것'은 어떻게 됩니까?" 하며 끼어들었습니다. 발표를 따라오는 것에서 나아가 이후 단계를 미리 추측하고 이해하는 경우도 많았습니다. 사실 '저 학생이 수업을 잘 따라올 수나 있을까' 하고 갔지만 '저런 학생만 있으면 좋겠다' 싶을 정도로 지식도 풍부하고 이해력도 높고 완전히 몰두했습니다. 정말로 어떻게 하면 저렇게까지 집중할 수 있을까 싶을 정도였습니다. 그 자체만으로도 대단한 경험이었지요. 생각과는 달리 참 편안한 사람이었습니다. 주위 사람들이 경외하고 떠받드는 모습을 많이 봐서 불편하지나 않을까 걱정했지만 아니었습니다. 어느 동료 학자들과 다를 것이 없는 모습이었습니다.

툽텐 최된 스님 사람에 따라 다릅니다. 어떤 과학자들은 의심부터 품고 접근하고 어떤 과학자들은 마음을 열고 접근합니다. 하지만 마음을 바꾸고 돌아서는 사람들을 정말 많이 봤습니다. "빨간 천을 두르고 머리는 민 이 사람은 누구지?' 하면서 오더라도 발표를 하는 중에 성하께서 중간에 막고 질문하는 것을 봅니다. 과학자들의 이야기를 직접 들어도 대부분 한창 연구하고 있는 중이라서 아직 결과를 얻지 못한 것들이라고들 하죠. 그러면 성하는 그들이 연구 중에 있는 주제에 대해서 불교적 관점을 말씀해주시기도 합니다. 과학자들도 서서히 불교 관점을 받아들이는 모습이 가끔씩은 신기하고 재미있습니다.

폴 데이비스 교수 종교적 권위와 철학적 지혜를 구분해야 할 필요가 있다는 생각입니다. 교황을 비롯해 여러 고위 성직자들을 만나면서 그들이 정말 강한 성격의 매우 성스러운 사람이라는 느낌을 받았습니다. 그들이 특정 집단에서 발휘하는 권위와 도덕적 지도력은 거대합니다. 하지만 그들에게 과학적, 철학적 사고의 선방에 설 수 있을 만큼 정통하기를 기대할 수는 없습니다. 달라이 라마는 이론물리학 같은 학문을 공식적인 체계에서 공부하지 않은 것으로 압니다. 하지만 함께 토론했던 주제는 물리학, 우주론, 시간의 본질, 데카르트 이원론적 관점에서의 정신의 본질 등 물리학 박사 학위를 가지고 있지 않은 이상 말도 꺼내기 힘든 것들이었습니다. 물론 원하기만 한다면 어디에든 논문을 내놓을 수 있을 것입니다. 과학적 견해와 새로운 학설과 개진할 뜻만 있다면 어떤 철학 저널이라도 퇴짜 놓지는 않을 것입니다. 티베트 불교의 상징으로서, 티베트인 망명자들의 대표로서, 티베트인들이 겪는 불법적 권리침해 문제를 간디와 똑같은 같은 방법으로 풀어내려는 노력에서 그보다 훌륭한 사람이 없는 것이 사실입니다. 하지만 그렇다고 해서 그것이 그가 서양 과학자들에게 인정받을 만큼 물리적 우주의 본질에 대한 통찰을 가지고 있다는 것을 의미하지는 않습니다. 그럴 수도 있지만 그렇지 않을 수도 있는 것이지요. 결국 과학적 세계관과 동양적 세계관에 대한 이 이슈는 다소 지나치게 과대 포장되지 않았나 싶습니다.

달라이 라마 제도의 미래

달라이 라마 14세가 죽으면
달라이 라마 제도에 어떤 영향을 미치겠는가?

하워드 커틀러 박사 '달라이 라마' 로서의 모습에 부합되는 사람은 앞으로 없지 않을까 하는 생각입니다. 그는 수천 년 내려오며 축적된 전통의 유구한 시스템 속에서 성장했습니다. 그가 현대 세계에 들어오기는 했지만 그의 초기 교육과 세계 지도자들에게서 받은 영향은 대체시키기 힘들 것입니다.

리처드 기어 성하는 고통받는 중생이 있는 한 영원히 우리 곁에 남을 것이라고 약속했습니다. 물론 환생하겠지요. 의심할 여부가 있나요. 다음에는 어떠한 모습으로 나타나실지 알 수는 없지만 말입니다. 부처님은 무수한 모습으로 중생을 돕습니다. 열네 번 환생하면서 달라이 라마에는 여러 다른 모습이 있었습니다. 평가에 의견이 엇갈리는 달라이 라마도 있었고 모든 능력을 갖추고 자비로운 성하 같은 달라이 라마도 있었습니다. 다음의 달라이 라마는 어떤 모습일지 기대해 보는 것도 흥미로울 것 같습니다. 우리도 그때까지 살아서 어린 달라이 라마가 어떤 성품과 어떤 능력을 가지고 있는지 직접 볼 수 있었으면 좋겠습니다.

조너선 머스키 교수 몇 년 안으로 다음 달라이 라마가 결정될 일이 없기를 바라지만 어쨌든 이야기가 나왔으니까 5년에서 10년 사이로 잡아볼까요? 우선 다음 달라이 라마가 나오기 전까지는 공위기간이 있겠지요. 그 이후에도 대부분의 티베트인들에게서 적법한 달라이 라마로 인정된 사람이 성장하려면 20년은 더 기다려야 할 것입니다. 좋다고는 할 수 없는 상황이지요. 그 사이에 중국이 자신들의 달라이 라마를 찾아낼 수도 있는 일이고요.

췰팀 걀첸 게셰 제도는 변하지 않을 것 같습니다. 아주 오래전에 BBC가 성하에게 "돌아가시면 티베트에 문제가 발생할까요?" 하는 질문을 했습니다. "저는 엎드려 절하지 않을 것입니다" 하고 대답하셨습니다. 뜻인즉 성하는 중국의 힘에 절하지 않겠다는 말이지요. 성하가 또다시 열반에 들기 전에 티베트가 해방될 것이라고 믿습니다. 성하는 장수할 것입니다. 말씀하셨듯이 티베트 백성을 보살펴야 하니까요.

A. 제임스 루딘 랍비 그는 독신입니다. 결혼하지도 못하고 아이도 없고, 그래서 그가 생명의 코일을 모두 풀어버린 다음에는 사람들은 당분간 장로들에게 기댈 것입니다. 유대교, 개신교, 가톨릭에 위대한 장로들은 많습니다. 달라이 라마를 고르는 일은 상당히 복잡한 과정이 될 것입니다. 유대교에도 그런 것이 있었습니다. 이스라엘 땅 내부가 아니라 밖에서 지도자가 될 랍비로서 '망명족장(Exilarch)'이라고 불렀지요. 중국은 어쩌면 티베트 내에 꼭두각시를 앉힐 것입니다. 그 라마는 라사에 살고 있다는 것만으로도 나름대로의 정통성을 갖게 되겠지요. 그리고 외부에도 망명족장이 한 명 생길 것입니다. 정말 심각한 분열이 생기게 될 것입니다. 달라이 라마는 모세를 모범으로 삼아 자신이 살아 있는 동안에 스스로 자신의 자리를 승계할 여호수아를 뽑는 것이 어쩌면 현명한 방법인지도 모르겠습니다. 카리스마까지 그대로 물려줄 수는 없겠지만 힘은, 전부는 아니더라도, 후계자에게 물려줄 수 있을 것입니다. 다른 집단은 어떤 반응을 보일지 모르겠지만 우리 유대인들은 이해할 수 있을 것입니다. 지난 2,000년 동안 우리는 주권을 잃고 떠돌았습니다. 하지만 배움의 집과 성직을 유지할 수 있었습니다.

패트릭 프렌치 그러한 노력에서 이제 망명정부에는 수상이 있고, 수상과 각료들에게 정권을 이미 일정 부분 이양하는 등 천천히 준비하고 있습니다. 하지만 실질적으로는 망명정부 수상보다는 달라이 라마에게 관심이 더 큽니다. 그들의 백 마디보다는 달라이 라마의 한 마디가 지닌 영향력이 더 큰 것이지요. 그리고 정체가 어느 정도 민주화되었다고 하더라도 아직까지는 달라이 라마가 아니겠습니까. 바꿔보려고 갖가지 방법으로 노력했지만 아직까지는 결국 달라이 라마입니다. 달라이 라마는 죽을 때 사후에 해야 할 일들에 대한 구체적인 지령을 남길 것 같습니다. 중국이 아이를 찾는 과정을 가로채서 꼭두각시 달라이 라마를 만들어낼 가능성이 크니까요. 그리고 달라이 라마가 이후에는 다시 환생하지 않을 것이라는 말도 했습니다. 하지만 모호한 대답도 많이 있었기 때문에 어떻게 될지는 잘 모르겠지만 앞으로 어떤 일을 하라고 분명하게 밝히는 문서를 남기지 않을까 생각합니다. 그러면 망명정부는 뜻을 이어받아서 모두를 한 사람 아래에 규합시키겠지요. 그는 아마도 망명정부의 수상이 될 것이고요. 그러한 생각을 갖고 있지 않을까 예상은 해보지만, 일단 실현 가능성이 거의 없는 이유가 운동의 성패, 아니 존속 여부는 지도자의 카리스마, 로비 활동, 사람들의 시선을 모을 수 있는 매력에 달렸기 때문이지요. 따라서 개인적으로 앞날이 걱정스러울 뿐입니다.

조너선 머스키 교수 얼마나 가슴 아픈 일입니까. 생각하기도 싫을 것입니다. '고든 브라운이 다음 수상이 될까'와 같은 문제가 아니니까요.

어렵고 난처한 주제입니다. 우선 지금까지 열네 명의 달라이 라마가 있었습니다. 대부분은 침대에서 죽지 않았습니다. 좋은 평가를 받지 못한 달라이 라마도 몇 있었습니다. 이번 달라이 라마는 어떤 잣대로 잰다고 하더라도 훌륭한 사람입니다. 휴 리처드슨이 라사에서 30년 대 후반에 달라이 라마를 처음 본 기록을 읽어보셨다면, 리처드슨은 불교와는 전혀 관계가 없고 정말 객관적으로 관찰만 하던 영국인이었지만, 그가 놀라운 아이였다고 밝혔습니다. 모두가 똑같은 이야기를 했습니다. 지식이라고 표현하기는 그렇고, 뭐랄까요, 그 어린 아이에게서도 많은 사람들이 큰 지혜를 봤습니다. 어쨌든 어렸을 때부터 범상치 않은 사람이었습니다. 물론 그 자신은 "저는 단순히 승려일 뿐입니다. 단지 지나가는 사람일 뿐입니다. 제 자리를 맡을 다른 사람이 나타날 것입니다. 모두 자리를 내주고 자리를 얻고 하듯이요" 하고 말합니다. 하지만 많은 사람들이 그렇게 생각하지 않지요. 이해할 수 있는 일 아닙니까. 정말 소중하고 보배로운 이 사람이 사라지면 티베트의 모든 것은 바뀔 것이라고 생각하는 것은 끔찍한 일이겠지요.

중국과 티베트 망명자들 사이에서는 죽은 10대 펜첸 라마의 승계자를 놓고 싸움을 벌이고 있습니다. 달라이 라마가 제게도 직접 이야기했지만 중국이 어린 펜첸 라마를 납치하고 자신들이 만들어낸 아이를 앉힌 것은 앞으로 어떤 일이 벌어질지 지켜보기 위함입니다. 달라이 라마가 "제가 죽으면 중국은 제멋대로 다음 달라이 라마를 지명할 것입니다" 하고 말했듯이 진짜 큰 문제가 생길지도 모릅니다. 적절한 비유일지는 모르겠지만, 펜첸 라마 유괴는 달라이 라마 유괴를 위한 리허설입니다.

텐신 테통 박사 정말 말도 안 되는 상황 아닙니까? 중국 공산당이 나서서 티베트 라마의 화신을 결정한다니요. 티베트에 있는 공식 펜첸 라마는 공산당이 지정한 아이입니다. 성하가 위임한 사람들이 직접 찾아내서 성하께서 인정하신 펜첸 라마는 어떻게 되었는지 모릅니다. 그것으로 끝날 일이 아닙니다. 중국은 그 어떤 비열하고 잔인한 방법을 동원해서도 또다시 똑같은 짓을 할 겁니다. 달라이 라마 성하의 다음 화신은 어떨까요? 분명히 표적이 될 것입니다. 티베트 망명정부는 다음 달라이 라마 수색 과정에 즉시 착수할 것입니다. 앞으로는 그 과정이 양쪽에서 진행될지도 모르겠네요. 그런 일이 없기를 바라지만요. 그런 역한 상황이 발생하기 훨씬 이전에 모든 티베트 문제가 해결됐으면 좋겠습니다.

텐신 카초 스님 어느 정도의 후퇴는 있겠지요. 하지만 그분은 떠나셨다가도 다시 중생을 위해 나타나는 보살이며 부처입니다. 성하는 승계 과정을 위해서 몇 가지 기발한 전략을 내놓으셨습니다. 그중 하나는 직책을 버리고 은퇴하시는 것입니다. 물론 살아계시는 한 성하를 따르겠다고 하는 사람들이 대부분이겠죠. 하지만 퇴직하시더라도 우리와 함께하면서 가르침을 주실 수 있을 것입니다. 물론 실현 가능성은 희박한 일이지만요.

체링 샤카 티베트와 달라이 라마 제도, 티베트 불교와 관련해 국제적으로 한 일을 볼 때 달라이 라마의 업적은 대단합니다. 또한 티베트 사회 내부적으로도 종교교육만큼 강조한 속세교육, 사원과 승단의 내부 개혁, 종교 관습 개혁처럼 많은 변화를 가져왔습니다. 그는 티베트 사회와 국제 사회에 많은 영향을 미쳤습니다.

로널드 B. 소벨 박사 티투스(Titus Flavius Vespasianus, A. D. 39~81, 로마 황제, 재위 A. D. 79~81)의 군대가 예루살렘을 포위하고 있었을 때 요하난 벤 자카이(Yochanan ben Zakkai)라는 위대한 학자가 관처럼 만든 상자에 실려 몰래 빠져나가 예루살렘 밖의 야브네(Yavneh)로 가서 예시바(yeshiva, 학교의 일종)를 세웠고, 그렇게 유대주의는 명맥을 이을 수 있었습니다. 하나님께서 내린 시간을 다 끝내고 요하난 벤 자카이는 죽었지만 제자들이 그의 자리에 섰고, 그 제자들이 죽고 다시 그들의 제자들이 그 자리에 서서 또 많은 제자들을 인도했습니다. 따를 지도자는 항상 있었습니다.

우리가 그랬듯이 그들도 그럴 수 있을 것입니다. 망명 사회에서도 어떻게든, 어떤 방법을 써서든 달라이 라마 전통을 영원히 이어나갈 것입니다. 달라이 라마와 티베트 불교를 믿고 따르는 사람들은 믿고 있습니다. 믿어야 할 것이고 계속 이어나가야 할 것입니다. 몇 년, 몇십 년, 몇 세대를 거친다고 해도 계속 이어나가야 할 것입니다.

알렉산더 버진 박사 성하는 새로운 화신이 성년에 이를 때까지 정부 전체가 섭정에게 맡겨지는 고전적인 방식이 재현되는 것을 바라지 않습니다. 그는 보다 민주적이고 민중적인 정치구조를 확립시키기 위해서 엄청난 노력을 했습니다. 지금이라도 자리에서 물러나서 정치적인 측면에는 개입하지 않을 생각은 있지만 사람들이 티베트를 상징하고 대표하는 그에게서 지시받기를 원하기 때문에 그러지 못하고 있을 뿐입니다. 하지만 15대 달라이 라마가 어떤 위치에 있게 될지는 조건과 상황에 따라서 달라질 것입니다. 여러 라마의 화신의 성장과 발전은 어떻게 양육되느냐, 어떤 스승을 만나느냐, 어떤 사회 체계에 속해있느냐에 따라 달라지기 때문에 앞을 내다보기가 정말 힘듭니다. 티베트인들은 분명 새로운 달라이 라마에게 희망을 걸고 믿기 힘든 존경심을 보일 것이지만, 펜첸 라마와 유사한 상황에 처하게 될 가능성도 큽니다. 중국이 나서서 스스로 달라이 라마를 만들어버린다면 달라이 라마 제도의 앞날은, 글쎄요.

페마 크힌조 중국 지도층은 티베트 문제와 달라이 라마의 관계를 이해하고 있습니다. 달라이 라마가 이제(2004년에) 69세라는 것도 알고 있고요. 그들은 성하가 돌아가시면 티베트 문제도 함께 사라질 것이라고 믿고 있습니다.

망명자들은 티베트로 돌아가기를 바라는가?

텐신 카초 스님 돌아가고 싶어하는 사람들이 분명 많습니다. 그중에서 선봉에 선 사람은 단연 성하시죠. 급변하는 세계정세에 희망과 용기를 높이면서 언젠가는 조국으로 돌아갈 수 있을 것이라고 말씀하십니다. 중국이 지난 일이십 년 동안 겪은 급격한 변화는 미래를 낙관하기에 충분합니다. 중국에는 이제 불과 몇십 년 전까지만 해도 상상할 수 없었던 자유 기업과 개인 회사들이 많습니다. 이미 세계라는 큰물에 뛰어들었고 발전을 위해서는 앞으로도 계속해서 전 세계와의 관계를 유지해야 할 것입니다. 그리고 중국은 뛰어난 불교학자, 승려, 사원, 종파, 성지 등 풍부한 불교 역사를 지닌 나라이기 때문에, 물질문명에 회의를 느낀 서양인들이 불교에서 해답을 찾아내고 있듯이, 물질적인 성장을 거듭하는 중국에서도 언젠가는 한계를 느끼고 수행에 관심을 갖고 부처님께 귀의하는 사람이 많으리라고 생각합니다.

텐신 게펠 티베트에 돌아가서 발전된 모습을 보고 싶습니다. 중국의 속국이 아닌 우리나라에서 우리의 고유의 문화와 전통을 지켜내고 싶습니다. 저는 해방을 바랍니다. 티베트가 티베트인을 위한 완전한 자치국가가 되기를 바랍니다. 우리 나라에서 평화와 행복을 위해 힘쓰면서 세계와 이웃 나라에 기여하고 싶습니다. 이웃인 중국에도 평화와 행복을 가져다주고 싶습니다. 예, 그렇습니다. 저는 티베트로 돌아가고 싶습니다. 제 고향, 제 조국 티베트로 돌아가고 싶습니다. 희망은 절대 놓지 않습니다. 항상 바라고 있습니다. 언젠가는 변하리라 믿고 있습니다. 부처님의 가피로 그렇게 될 수 있고, 우리 티베트 동포들의 노력으로 그렇게 될 수 있고, 달라이 라마 성하의 노고로 그렇게 될 수 있고, 세계의 도움으로 그렇게 될 수 있을 것입니다. 세계는 바뀌고 있습니다. 중국도 바뀌고 있습니다. 그래서 저는 달라이 라마 께서 살아계실 때 티베트로 돌아가기를 항상 축원하고 있습니다.

칠팀 갈첸 게셰 중국은 티베트가 중국 땅이라고 생각합니다. 새빨간 거짓말입니다. 우리 티베트 사람들은 티베트가 티베트인들의 나라라고 말합니다. 진실은 그 무엇보다도 중요한 것입니다. 진실은 화학무기보다도 강합니다. 화학무기는 인명을 앗아갈 수는 있지만 진실을 파괴할 수는 없습니다. 우리에게는 '진실'이 있습니다. 따라서 우리는 언젠가는 우리 조국으로 돌아갈 것입니다. 우리는 영원히 난민으로 살지 않을 것입니다.

달라이 라마는 자신이 라사로
돌아갈 수 있을 것이라고 생각하는가?

로버트 포드 희망 속에 사는 사람 아닙니까. 물론 그렇게 생각합니다.

하지만 우리 서양인들이 쉽게 잊어버리는 것은, 티베트인들과도 수차례 이야기해봐서 알지만 그들의 시각과 우리의 시각에 차이가 크다는 점입니다. 성하가 "그래도 우리는 운이 좋습니다. 그리스도교인들과 다른 종교인들은 한 생에서 모든 것을 해결하고 심판대에 올라야 하지만 우리는 한 생, 다음 생, 그 다음 생, 계속해서 다시 태어나 새로운 생에서 새로 시작할 수 있습니다" 하고 말했듯이 그들의 시간 개념은 우리와 다릅니다. 따라서 티베트의 미래를 바라볼 때 우리의 시각을 버려서는 안 되겠지만 티베트인들의 시각으로 바라볼 수도 있어야 한다는 말입니다.

티베트에게 서양이 아무 그럴듯한 도움도 주지 않고 있다는 현실 때문에 가슴이 콱 막히는 때가 있습니다. 전에는 미치도록 화가 났습니다. 하지만 지금은 가끔씩 답답한 정도입니다. 화나고 답답할 때에는 돌아가서 티베트인들의 견해로 생각하면서 이렇게 말해봅니다. "뭐, 그까짓 게 무슨 문제야. 지금은 우리 모두 고통받고 있지만 결국에는 바로잡힐 텐데" 하고요. 불교에 이런 짤막한 말이 있습니다. "생은 고통이고 해탈이다." 한 번, 두 번, 세 번, 네 번, 다섯 번, 그리고 그 이상 태어나면서 고통받다가 결국에는 해탈해서 열반에 듭니다. 티베트인들은 이런 시각으로 세상을 봅니다. 꼭 보고 죽어야 한다, 꼭 해야 한다 하는 우리 서양식 조급함이 없습니다. 그들은 손 놓고 있기만 할 뿐이라는 말은 아니고요. 단지 우리와는 다른 관념을 가지고 있다는 이야기입니다.

하인리히 하러 언젠가 그와 그의 나라를 아끼는 우리 모두가 해방된 티베트에서 성하와 함께할 수 있기를 바랍니다. 저는 세계를 돌면서 모든 박물관에서 문화재를 가지고 올 것입니다. 그렇게 모은 탱화와 불상과 조각들을 원래 주인인 티베트에 돌려줄 것입니다. 저도 문화재를 가지고 나왔고 나중에 달라이 라마 가족이 탈출하면서도 가지고 나왔습니다. 많은 사람들이 탈출하면서 문화재도 많이 모였습니다. 성하는 "이걸 가지고 나오셔서 참 기쁩니다. 이곳 리히텐슈타인의 박물관에서 안전하게 보관해주고 있으니 말입니다" 했습니다. 박물관은 취리히에도 있고 제 고향에도 하나 있습니다. 성하는 티베트에서 물건을 챙겨 나온 사람들을 모두 칭찬했습니다. 티베트인들이 손재주가 뛰어났다는 것을 증명해주는 것들이니까요.

어떤 사람들은 돌아갈 가망이 없다고 말합니다. 하지만 시도때도 없이 일은 벌어집니다. 두 독일이 통일했고 러시아가 공산주의를 포기했습니다. 중국도 언젠가는 공산주의를 포기할 날이 올지도 모르겠습니다. 하지만 저는 올림픽이 중국에서 열려서 속상합니다. 경제 때문에 어쩔 수 없고 세계가 아시아와 교역하고 싶어하기 때문에 어쩔 수 없는 일인지는 알지만 정말로 화나는 것은 중국인들이 아테네에서 붙인 성화를 가져갈 것이라는 점입니다. 중국이 아테네에서 성화를 붙여서 라사로 가져갈 때, 티베트를 가로질러 티베트 국경을 넘어서 중국으로 들어갈 때, 그들이 가장 먼저 자랑할 것이 포탈라입니다. 포탈라를 중국 건물이라고 하면서 중국인들은 포탈라를 중국 선전에 쓸 것입니다. 달라이 라마는 티베트를 위해 무엇인가를 할 수 있는 유일한 사람입니다. 그리고 그는 우리가 희망을 버리지 않기를 바랍니다. 물론 그는 정말로 믿고 있습니다.

체링 샤카 그는 정말로 돌아가고 싶어하지만 중국이 달라이 라마를 받아들이기는 힘들 것입니다. 달라이 라마가 아무리 "저는 정치에 관여하지 않을 것입니다. 동굴에 들어가서 살 것입니다" 하고 말한다고 하더라도 그가 티베트에 존재한다는 것만으로도 사람들은 그를 중국의 티베트 지방정부를 대체할 통치자로 볼 것이기 때문입니다. 중국 당과 정부가 그 꼴을 볼 수 있을까요? 윤리적으로도 인민을 위해서도 중국인들이 통치해야 하는 것이 옳다고 생각하는 사람들인데 말입니다. 중국이 개혁해서 민주주의 사회가 되지 않는 한 일어나기 힘든 일입니다. 대부분의 독재국가와 마찬가지로 중국 정부의 문제는 사회 윤리의 영도자가 되고 싶어 한다는 것입니다. 정치 지도자임과 동시에 윤리 지도자가 돼서 모든 것을 결정할 힘을 한 당에 모으고 싶어 하는 것입니다. 중국이 이렇게 이야기했다고 해봅시다. "좋아, 우리는 민정에만 관심이 있을 뿐이야. 라마를 모시고 싶으면 모시고, 궁궐을 짓고 싶으면 지어도 좋아. 우리 정부는 알 바 아니야." 어림도 없는 소리죠. 전체주의 체제에서는 절대로 나올 수 없는 말입니다. 달라이 라마뿐만이 아닙니다. 중국은 교황이 지정했다는 것이 배가 아파서 가톨릭 주교들을 인정하기를 거부합니다. 중국 내의 주교는 중국 공산당이 지정해야 속이 풀릴 사람들입니다. 하지만 가톨릭 입장에서는 절대로 용납할 수 없는 일이죠. 그래서 바티칸과 중국이 관계가 나쁜 것이고요. 교황청에서 중국으로 사람을 보내면 당국이 직접 나서서 밀어냅니다. 정작 중국인 가톨릭들은 공산당이 지정한 주교를 인정하지 않는데도 말입니다. 미국 대통령들이 주교를 지명하던가요? 랍비가 뭐하든 신경 쓰던가요? 의회도 대통령도 관여하지 않는 일입니다. 하지만 중국은 정치 지도자가 생기고 힘을 얻으면 공산당을 대체할 존재가 될지 모른다는 생각에 지레 겁을 먹습니다.

조너선 머스키 교수 그렇게 낙관할 수 있다는 것이 존경스럽기도 하지만 개인적으로 그런 낙관론을 긍정적으로 바라볼 수는 없습니다. 하지만 세계 곳곳에 흩어진 티베트인들의 지도자가 아닌 이상 달라이 라마의 생각과 감정을 고스란히 알 수는 없겠지요. 표리가 없는 사람이라는 것은 굳게 믿기 때문에 말하는 그대로가 그의 신념이라고 생각하기는 합니다. 일을 수월하게 하기 위해서는, 그는 이제 곧 70대입니다. 영원히 살 수 없다는 것은 그 자신도 압니다. 따라서 아직 힘이 있을 때 티베트인들에게 최선인 협상을 이끌어내야 하지 않을까요? 후대 달라이 라마는 서너 살 난 꼬마일 것입니다. 그의 말이 맞는다면 다음 달라이 라마는 티베트에서 태어나지 않을 것입니다. 따라서 중국은 자기 멋대로 아이 하나를 골라서 달라이 라마 자리에 앉히겠지요. 펜첸 라마처럼 말입니다. 그렇게 된다면 달라이 라마 제도는 끝입니다. 달라이 라마는 그 자체로서 모든 티베트인들의 희망입니다. 그가 모든 이들의 희망을 대변하기 때문에 이 희망, 중국이 인간성, 사람다운 마음을 보여줬으면 하는 희망을 이야기하는 것이 중요한 것이죠. 그에게 중국과는 내가 더 경험이 많아서 알지만 티베트가 유일하게 희망을 걸 수 있는 것은 당이 전복돼서 완전히 새로운 스타일의 정부가 중국에 들어서는 것이라고 몇 번 말한 적이 있습니다. 하지만 저는 그것마저도 희망적이지 않다고 생각합니다. 중국인이든 화교에게든 물어보십시오. 티베트가 독립해야 한다고 생각하는 사람은 정말 극소수입니다.

달라이 라마가 티베트로 돌아간다면
그의 인기는 퇴색될까?

린첸 달로 망명해 계심으로써 그분은 우리를 위해서 티베트 사회를 많이 변화시키셨습니다. 성하를 티베트의 미래, 망명자들의 힘과 희망으로서 따르면서 우리 티베트 난민들은 잘 생활할 수 있었습니다. 지금은 3만 명 이상의 티베트 아이들이 학교에서 정식적인 교육을 받고 1만 5,000 스님들이 정식적인 사원에서 불법을 배우고 있습니다. 이 모든 것이 가능한 이유는 그분의 노력 때문입니다. 조국을 떠나 있으면서도 우리는 우리 문화를 지키고 있습니다. 오늘날 티베트 문화의 정수를 찾을 수 있는 유일한 곳은 인도와 네팔 등지의 티베트 난민 정착지뿐입니다. 그곳의 동포들은 언어와 문화와 종교를 유지하고 있을 뿐만 아니라 계속해서 강화하고 발전시키고 있습니다. 인도와 네팔의 히말라야 지역을 띠처럼 두르며 살고 있는 티베트 민족 속에서 우리의 문화는 단절된 유물이 아니라 지속되는 전통입니다.

패트릭 프렌치 가능성은 극히 희박하지만 어쨌든 달라이 라마가 지금 바로 돌아갈 수 있다고 가정한다면, 중국 정부에게서 상징적인 직위를 받게 될 것이고 그러면 티베트를 이렇게까지 발전시킨 활동은 하지 못하게 되지 않을까요? 어쨌든 지금까지도 어떤 형태로든 대화의 여지가 없었던 것을 보면 결과를 전망하기도 힘듭니다.

1999년에 가서 정계, 제계의 각 부분에서 뛰고 있는 여러 사람들과 이야기를 나누면서 달라이 라마를 향한 인간적인 충정, 신적인 존재로서 그에게 보이는 강한 신념이 아직도 그곳에 살아있다는 점을 느꼈습니다. 달라이 라마가 라사로 돌아간다면 분명 흥분과 기쁨이 티베트를 가득 메울 것입니다. 티베트 각지에서 수백 수천 명이 일제히 모여들어서 그를 맞을 것입니다. 그것이 중국 공산당이 스스로 판 무덤이 될 것입니다. 중국은 달라이 라마 자체를 부정합니다. 그의 사진을 소지하는 것마저 금지하지요. 하지만 지난 50년 동안 망명 생활을 한 사람들을 포함해서 티베트인들 전부는 그를 자신들의 삶의 중심인물로 보아왔고 아직도 변함이 없습니다.

오빌 쉘 달라이 라마를 대체할 사람이 없는 이유는 그가 티베트가 분리되고 고립돼서 문화, 종교적으로 완벽했던 과거와 이어주는 끈이기 때문입니다. 오직 이익에만 눈이 어두워서 무조건 이기고 보자는 식의 태도로 일관하고 있는 중국의 생각이 맞습니다. 그가 떠난다면 게임의 판세는 완전히 바뀔 것입니다. 그에게 어떤 대안이 있을지 모르겠습니다. 사실 있기나 할까 걱정입니다. 달라이 라마가 떠나고 없다면 중국이 티베트에서 어떤 짓을 하더라도 사태를 진정시킬 사람이 없으리라는 것이 안타깝습니다.

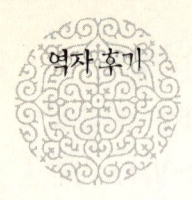

함께 중국 지도를 들여다볼까요? 거대한 땅덩어리의 중국이 있습니다. 과거야 어떻든 지금의 모습이 중요하기는 하지만 네이멍구자치구, 신장위구르자치구, 시짱자치구 등 자치구라는 이름으로 표기된 지역은 역대 중국 황조에 먹혔다가 떨어져나가기를 반복한 이력이 있거나 최근에야 병합돼 중국이라는 이름의 지도에 들어간 땅입니다. 이 책에는 그중 시짱자치구, 응당 주권을 회복해서 하나의 독립된 국가가 되어야할 티베트, 티베트인들과 그들이 따르는 달라이 라마에 대한 세계 사람들의 시각이 담겨 있습니다.

중국의 오른쪽 아래에는 한국이 붙어있습니다. 두 나라를 구분 짓는 선은 20세기 초반에 확립되었습니다. 중국의 랴오닝성, 지린성, 헤이룽장성의 일부 혹은 대부분도 우리의 할아버지, 증조할아버지 때까지만 해도 본래 우리 땅이었다가 청과 일제가 간도협약을 맺으면서 국경선이 아래로 내려와 두만강과 백두산에 걸치게 되었습니다. 하지만 그게 무슨 대수겠습니까. 이미 먼 과거의 일. 동해, 독도 문제만으로도 힘겨운데 말입니다. 우리 대부분에게는 얼마 전 이슈화됐던 동북공정도 이미 아득하게만 느껴질지도 모르겠습니다.

문을 굳게 닫고 부처님만 믿으며 살던 티베트인들은 1951년에 급변한 세상의 호된 맛을 보았습니다. 우리도 외세의 침략, 하면 자다가도 벌떡 일어날 만큼 많이 당한 겨레이고 나라 아닙니까. 고구려 때부터 이미 중국의 영토였네, 한국의 왕은 중국 황제가 지정했네 하면서 티베트를 집어삼킬 때 내세웠던 똑같은 논리로 한국을 먹었을지도 모릅니다. 이미 김일성을 선두로 공산주의화된 세력이 북한에 있었으니 '붉은 깃발 아래, 봉건주의에 착취당하는 인민을 해방시키겠다' 며 쳐들어오지는 못했지만, 우리가 이렇게 건재한데도 고구려사를 중국사에 편입시킨 중국인들이라면 충분히 가능한 일이지 않았을까요? 우리가 그때 아차, 했다면 남한은 그렇다 치더라도 적어도 '본래 자신들의 땅' 이었던 북한 지역은 중국에 먹히지 않았을까요?

사실 티베트가 중국에 점령된 1951년, 우리는 6.25전쟁(한국전쟁이라고도 하지만 저는 외국이 붙여준 이름보다는 우리 문화가 녹아든 이름인 6.25전쟁이 더 좋습니다) 해결에 한창이었습니다. 제2차 세계대전의 요충지였던 한국에서 일본이 물러간 지 얼마 되지 않았던 때였고 대대적인 전쟁이 벌어지던 터였기 때문에 세계의 관심은 한반도에 쏠려 있었습니다. 히말라야 산맥을 넘은 중국군에게 침략당하고 나서 세계 강대국과 UN에 던진 티베트인들의 호소가 묵살되었던 가장 큰 이유는 세계의 관심이 우리에게 쏠려 있었기 때문이 아닐까 합니다. 그때의 세계 이슈가 한국이 아닌 티베트였다면 어땠을까요? 중국의 불법 침략이 세계적으로 인정되어 티베트는 독립하고 한국은 찍소리도 못하고 땅의 전체, 잘 해야 절반을 중국에 내주어야 하지 않았을까요? 휴전 협정이 맺어지게 된 근본적인 이유도 UN 총회의 '중공은 한국 침략자'라는 결의안 때문이었습니다. 우리의 노력만으로 이만큼이라도 지키고 있는 것이 아닙니다.

아무리 아마추어 역사학도라도 가정이 얼마나 부질없는 짓인 줄은 압니다. 하지만 중국이 역사적 문화 주도력, 부상하는 경제력을 믿고 이미 몇 해 전에 역사적 도발을 시작한 이때에 그러한 시나리오가 전혀 의미 없지는 않으리라는 생각입니다. 중국의 역사 교과서에 나온 지도에서 한국의 절반은 이미 중국에 먹혔습니다. 동북공정이 궁극적인 성공을 거두면, 동해 표기 문제와 독도 영유권 문제는 한국과 일본이 아닌, 중국과 일본이 풀어내야 할 문제가 될지도 모르겠습니다.

티베트와 달라이 라마에 대한 책에 너무 우리 이야기를 하지 않았나 싶습니다. 하지만 세계의 주요 문화 권역을 주도했던 세력 사이에 위치한 중앙아시아에서 찬란한 문화를 가지고 한때 번성했던 여러 민족들이 각기 뭉쳤다가는 흩어지고 주권을 찾았다가는 빼앗기고 국경선을 저만큼에 그었다가는 물리고 하는 역사를 되풀이했습니다. 독자적이고 찬란한 문화전통을 가진 우리지만 거대한 중국 세력의 도발에서 자유로운 때는 적었습니다. 어쩌면 우리도 거대한 중국 문화권의 변방에 있는 나라라는 점에서 우리가 보잘것없이 여기는 티베트와 비슷한 위치일지도 모릅니다.

달라이 라마를 굳게 믿고 힘을 실어주는 티베트인들, 그런 티베트인들 모두를 위해 초인적인 노력을 쏟는 달라이 라마, 그들 모두의 노력도 중요했지만 그들이 이나마라도 목소리를 낼 수 있는 것은 그것을 들어주고 호응한 세계인이 있기 때문이었습니다. 세상 이치가 그렇지 않습니까. 더불어 살아야 하는 세상이기에, 자신이 아무리 옳고 부단히 노력한다고 해도 타인의 시각에 따라 옳은 것이 그르게 되고 노력이 헛수고가 됩니다.

그런 의미에서 달라이 라마를 둘러싼 내부, 외부 인물들의 시각과 평가가 담긴 이 책은 의미가 크지 않을까 싶습니다. 헤이그에 파견된 특사의 호소는 무시되었지만 결국 우리가 일본의 식민지라는 치욕적인 이름을 벗었듯이 티베트가 중국의 시짱자치구라는 이름을 벗고 떳떳이 세계 지도에 티베트라는 이름 아래 국경선을 그릴 수 있을지는 그들의 노력과 더불어 우리의 눈과 입에 달려 있습니다.

한국이 일본의 영향력에서 벗어나 한국이라는 이름으로 세계무대에서 활동하는 것이 옳았고 세계지도에 동해가 동해로 표기되고 독도가 독도로 표기되는 것이 옳듯이 티베트는 티베트가 되는 것이 옳습니다. 자, 이제 저는 제 목소리를 냈습니다. 꼭 같은 목소리를 내도록 강요하는 것은 아닙니다. 하지만 독자 여러분도 이 책을 계기로 적어도 생각만큼은 밝힐 수 있었으면 합니다. 시짱자치구이든, 티베트이든 목소리를 내봅시다.

2006년, 비구름이 몇 주째 물러나지 않는 여름의 한 날에

황 정 연